本书受全国高校古籍整理研究工作委员会资助指导

古籍研究

总第61卷

《古籍研究》编辑委员会　编

凤凰出版社

图书在版编目（CIP）数据

古籍研究. 总第61卷 / 《古籍研究》编辑委员会编
-- 南京 : 凤凰出版社, 2015.5
ISBN 978-7-5506-2165-7

Ⅰ. ①古… Ⅱ. ①古… Ⅲ. ①古籍－研究－中国
Ⅳ. ①G256

中国版本图书馆CIP数据核字(2015)第095959号

书　　名	古籍研究(总第61卷)
编　　者	《古籍研究》编辑委员会
责任编辑	李相东
出版发行	凤凰出版传媒股份有限公司 凤凰出版社(原江苏古籍出版社) 发行部电话025-83223462
出版社地址	南京市中央路165号,邮编:210009
出版社网址	http://www.fhcbs.com
经　　销	凤凰出版传媒股份有限公司
照　　排	南京凯建图文制作有限公司
印　　刷	江苏凤凰扬州鑫华印刷有限公司 扬州市江阳工业园蜀岗西路9号,邮编:225008
开　　本	787×1092毫米　1/16
印　　张	20
字　　数	438千字
版　　次	2015年5月第1版　2015年5月第1次印刷
标准书号	ISBN 978-7-5506-2165-7
定　　价	82.00元

(本书凡印装错误可向承印厂调换,电话:0514-85868858)

《古籍研究》主办单位

安徽大学文学院

安徽大学古籍整理研究所

安徽省古籍整理出版办公室

淮北师范大学古籍整理研究所

安庆师范学院文学院

安徽师范大学中国诗学研究中心

目　　录

古文字考释

年谱与传记

皖籍文献专题

学术丛札

文献学评论

白氏集还是百氏集
——兼论"牡丹最贵唯春晚"是否为白居易诗佚句

陈才智

最近，笔者因撰关于白居易咏牡丹诗的一篇文章，注意到许多文献引录诗句"牡丹最贵唯春晚，芍药虽繁只夏初"，归为白居易所作，但《白居易集笺校》、《白居易诗集校注》及《全唐诗补编》皆未收之，有学者认为这大概是白居易集之佚句①。还有不少人认为出自宋人苏轼，题为《月季》②。但检《苏轼诗集》、《全宋诗》第14册苏轼卷及现有苏诗辑佚成果，均未见苏轼有上引题为《月季》之诗作或诗句。

从现存文献看，这一诗句最早出自宋人陈景沂《全芳备祖》，明毛氏汲古阁旧抄本《全芳备祖前集》卷二十"月季花·七言散句"引录"春色四时长在目"，"花落花开无间断，春来春去不相关"，下均标为出自"白氏集"③。"但闻花开日日红"紧随"春色四时长在目"之后，"牡丹最贵惟春晚，芍药虽繁只夏初"紧随"花落"一联之后，均未标出处，距前面惯例，当为承前省注，亦出自"白氏集"。《文渊阁四库全书》本《全芳备祖》所据为编修励守谦家藏本，亦作《白氏集》。此即所谓"牡丹最贵唯春晚，芍药虽繁只夏初"为白居易所作之"证据"。但笔者以为，这恐怕是个误会。

首先，《全芳备祖》今存最早的元椠本中，上述"白氏集"作"百氏集"④，清人《御定佩文斋广群芳谱》(《文渊阁四库全书》本)卷四十三引"花落花开无间断，春来春去不相关"，"牡丹最贵惟春晚，芍药虽繁只夏初"，亦作《百氏集》。那么，究竟应该是《白氏集》，还是《百氏集》？抑或二者是并存不悖的两部书？细检有关文献，发现《百氏集》又见于宋谢维新《古今合璧事类备要别集》、元阴劲弦《韵府群玉》、明彭大翼《山堂肆考》、明郑若庸《类隽》、清汪灏等《佩文斋广群芳谱》、清华希闵《广事类赋》、清张英等《渊鉴类函》等。《文渊阁四库全书》本《全芳备祖》所引并无"百氏集"，只有"白氏集"，共计30处(不计承前省注者)。明毛氏汲古阁抄本《全芳备祖》所引多作"白氏集"，共

---

① 如汤华泉：《唐宋文学文献研究丛稿》，合肥：安徽大学出版社，2008年，第213页。

② 如王荣主编、张雨生等编：《天津园林绿化》(天津：天津科学技术出版社，1989年，第54页)，施宗明主编，中国科学院昆明植物研究所等编：《云南名花鉴赏》(昆明：云南科学技术出版社，1999年，第126页)，李文鲜主编：《月季》(北京：中国林业出版社，2004年，第3页)，高世良：《百花百话》(天津：百花文艺出版社，2007年，第28页)，张金波、袁剑侠、王慧林编著：《花鸟画题跋备览》(郑州：河南美术出版社，2009年，第203页)等。

③ 《全芳备祖》，河南教育出版社1994年影印上海辞书出版社藏本，收入范楚玉主编《中国科学技术典籍通汇》"农学卷"。"中国基本古籍库"(刘俊文总策划、总编纂、总监制，北京爱如生数位化技术研究中心开发制作，合肥：黄山书社，2005年)亦据此汲古阁抄本录入。

④ 《全芳备祖》，农业出版社1982年影印本，第624页。据日本宫内厅书陵部珍藏元刻残本影印，所缺部分据华南农业大学农史研究室藏抄本补足。影印本卷二十为元刻残本。

计30处(不计承前省注者),亦有"百氏集",只有5处(不计承前省注者)。有学者云:"汲古阁抄本所涉35处,也只一两处误书,余均作'《百氏集》'。"①殆误。宝祐四年(1256)成书、与《全芳备祖》时代接近的《古今合璧事类备要别集》卷二十四(《文渊阁四库全书》本)只有一处作"白氏集"。姑且先从《全芳备祖》入手。《全芳备祖》全称《天台陈先生类编花果卉木全芳备祖》,是一部有关花果草木等植物资料的类书,卷首有宝祐元年(1253)癸丑中秋安阳老圃韩境序,辑者陈景沂自跋作于宝祐四年(1256)丙辰。因其书集花果草木尤全且备,凡事实、赋咏必稽始探原,故称"全芳备祖"。辑者陈景沂,名咏,以字行,号江淮肥遯愚一子。台州天台(今浙江临海)人。理宗时,上书论恢复,不报,遂专意著述。自谓"束发习雕虫,弱冠游方外",足迹遍及今江南东部广大地区,每到一地都"晨窗夜灯,不倦披阅",广事搜求资料。中年成书,晚年才刻印。元椠本题"江淮肥遯愚一子陈景沂编辑,建安祝穆订正"。书分前后两集。前集二十七卷为花部,著录植物120种;后集三十一卷为果、卉、草、木、农桑、蔬、药共七部,著录植物176种。两集合计296种,每种植物均分为"事实"、"赋咏"、"乐府"三祖。"事实祖"又细分为"碎录"、"纪要"、"杂著"三目。"碎录"叙述该种植物的名称、产地、形态、习性和功用;"纪要"记载该植物的掌故;"杂著"收录有关的文赋。"赋咏祖"收录有关的诗歌。"乐府祖"专收词,并以词牌标目归类。各项都以辑录前人著述为主,个别地方偶有编者意见。书中所引资料,详于文学作品而略于植物文献。所引诗文,尤其是宋人诗文,不少已经失传,其中有晏殊、丁谓、贾似道等人的作品,都借此保存下来,可供后人钩沉辑佚。早在宋代,汇编近三百种植物资料于一书者,除以野生植物为主要对象的《本草》之外,以此书为最,且资料较齐全,查检较方便,对后来的著作有深远影响,诸如《群芳谱》、《广群芳谱》、《采芳随笔》等,大都以此书为蓝本。不过,《全芳备祖》辑录的诗词文献错谬讹漏较多,署名方式混乱,诗句重出以及漏刻作者的情况屡见不鲜,有学者认为"这些文献疏失使其文献价值大打折扣,也严重影响了后人判断作品的真正归属,因此使用该书辑佚时尤当审慎"②。所言极是。

其次,姑且先绕开从版本角度来断定"白氏集"或"百氏集"的是非,从《全芳备祖》引录的诗句入手。明毛氏汲古阁抄本《全芳备祖》较《文渊阁四库全书》本更为完备,其所引"白氏集"及"百氏集"共计35处,《文渊阁四库全书》本《全芳备祖》引录"白氏集"30处。不妨来一一验看一下。(1)汲古阁抄本《全芳备祖前集》卷十七"蔷薇·七言散句"部分引录"石家锦帐依然在,闲倚东风应不收",四库本作"石家锦障依然在,间(闲)倚东风应不收",实出唐杜牧《蔷薇花》,而同卷此后仅隔一页之"七言绝句",已收录此诗全文:"朵朵精神叶叶柔,雨晴香拂醉人头。石家锦障依然在,闲倚东风夜不收。"末注"杜牧"(四库本作杜牧之),这一前后如此接近的疏漏其实本可以避免。(2)《前集》卷二十六"阴阳为炭地为炉,铸出金钱不用模。谩向人前逞颜色,不知还解济贫无",实为唐·皮日休《金钱花》,见宋洪迈编《万首唐人绝句》卷五十五。《四库全书考证》卷六十三其实已据《全唐诗》校改:"'铸出金钱不用模',原本模讹磨,

---

① 见程杰:《〈全芳备祖〉的抄本问题》,《中国农史》,2013年第6期。

② 刘蔚:《〈全芳备祖〉文献疏失举正》,《清华大学学报》,2006年第5期。

据《全唐诗》改。"却并未顺便订正其作者和出处之误。(3)《后集》卷十三"一缄书札藏何事,先被东风暗折开",实出唐·钱珝《未展芭蕉》,亦见宋洪迈编《万首唐人绝句》卷五十五,"先被东风暗折开"作"会被东风暗折看",折,《才调集》作拆。(4)《后集》卷十四(四库本卷十三)"流水涓涓落砌莎",实出宋·张咏《夜坐》,见其《乖崖集》卷五。(5)《后集》卷二十二"南山豆苗早荒秽,青门瓜地新冻裂",实出唐·杜甫《投简成华两县诸子》,见宋郭知达《九家集汪杜诗》卷七。(6)《后集》卷二十三"蕨芽已作小儿拳",实出宋·黄庭坚《观化十五首》其十一,见《山谷外集》卷十三。以上6处是明毛氏汲古阁抄本和《文渊阁四库全书》本《全芳备祖》引录"白氏集"中可以确知并非白居易所作者。另外,《前集》卷二十五"冰姿淡不妆",又见金·庞铸《梨花》[①],既有可能是庞铸本人之诗作,也有可能是庞铸袭用《全芳备祖》所引[②]。而其他的13处,包括5处作"百氏集"者,经与今存白居易诗集一一比对,均未见于白集,若果皆为白诗,则不啻今存白集辑佚工作一大"硕果"。但这里有一个问题,即——

最后,《全芳备祖》引录白居易诗,还有注为白乐天、白居易、白香山(或香山)者,经与今存白集比对,排除个别因文献疏失导致的误署,如《后集》卷一荔枝门七言散句"十年结子知谁在",误署白乐天,实为戴叔伦《荔枝》,见《全唐诗》卷二七四;《后集》卷九蒲桃门七言散句"九月肃霜初熟时",误署白乐天,实为刘敞《蒲桃》,见其《公是集》卷二,大部分可以找到其原文。唯一一处例外是《文渊阁四库全书》本《全芳备祖》前集卷二"冰肌玉骨钟琼萼,雪魄蟾魂孕秀根"、"雾重不胜琼液冷,雨余惟见玉容低",两联注为"白乐天",检白居易集未见。但核对《全芳备祖》农业出版社1982年2月影印本此卷用以配补的徐氏积学斋抄本,则注为"白氏集",而《古今合璧事类备要别集》卷二十四注为"白氏集",此即上文提及的《文渊阁四库全书》本《古今合璧事类备要别集》出现的唯一一处"白氏集"。那么相比之下,为何惟有注为"白氏集"者,就都找不到白集原文呢?带着这个疑问,笔者再次翻检《全芳备祖》农业出版社1982年2月影印本,发现其中据日本宫内厅书陵部藏元刻残本影印部分,即前集存卷十四至二十七、后集卷一至卷十三,卷十八至卷三十一中,可以辨识的、上述明毛氏汲古阁抄本和《文渊阁四库全书》本作"白氏集"者,元刻残本皆作"百氏集",而用以配补的徐氏积学斋抄本,则多作"白氏集"。然后,笔者又比对了与《全芳备祖》时代接近的《古今合璧事类备要别集》所引"百氏集",总计17处,其中与《全芳备祖》诗句不同者4处。(1)卷二十九"野客归时山月上,棠梨叶颤暝禽呼",出自苏轼《宝山新开径》,原作"野客归时山月上,棠梨叶战暝禽呼",见《东坡全集》卷五。(2)卷三十六"能买三秋景,难供九府输",不知所出。(3)卷三十八"秋风生桂枝",《全芳备祖》注为沈休文诗句,应属《古今合璧事类备要别集》之疏误。(4)卷四十一"露垂珠颗重,日辉水晶明",

---

① (金)元好问:《中州集》卷五。

② 庞铸,字才卿,自号默翁。《中州集》称其大兴(今北京)人,《金史》作"辽东人"。明昌五年(1194)进士,仕有声。贞祐二年(1214)南渡后,为翰林待制,迁户部侍郎。坐游贵戚家,出倅东平,改京兆路转运使。博学工文,能诗善画,造语奇健不凡,文采风流,为时辈所推。赵秉文有题《庞才卿画春山高隐图》、《庞才卿画长江图》,元好问《庞都运山水》亦有"门阑喜色到崔卢,文赋声名逼两都。重为溪山感畴昔,风流还有此翁无"之叹。存诗二十首,见《中州集》卷五。事迹见《金史》卷一二六。

“辉”，一作“耀”(《渊鉴类函》卷四百三)，不知所出。其余13处均与《全芳备祖》相同。因此《百氏集》与白乐天无关，其中所引，均未见于现存白集。

至此，当可论定，所谓“白氏集”，实为抄手之笔误，应作“百氏集”。从所涉作品看，《百氏集》为南宋中后期的一部总集[①]，《古今合璧事类备要别集》也曾引录。这部《百氏集》与白乐天无关，这一点从《古今合璧事类备要别集》卷四十一“珠颗”和紧接其后“宝珰”下分别注明出处“《百氏集》”与“白乐天”(二者相连并置)，也可见一斑。至于“牡丹最贵唯春晚，芍药虽繁只夏初”、“花落花开无间断，春来春去不相关”，与其他30多处《百氏集》所引诗句一样，均非白居易诗佚句。

(作者单位：中国社会科学研究院文学研究所)

① (清)汪灏等《广群芳谱》卷四十七及卷五十二皆引称“宋《百氏集》”，或亦有所据。但清张英等《渊鉴类函》卷四百三“蒲萄三”中，“珠颗、宝珰”下注云：“明《百氏集》：‘露垂珠颗重，日耀水晶明。’白乐天诗：‘九月肃霜初熟时，宝珰碌碌珠累累。’”初看似乎清人还见到过明人编撰或翻刻之《百氏集》，其实追溯其源，即《古今合璧事类备要别集》卷四十一“珠颗”下注所云“露垂珠颗重，日辉水晶明(《百氏集》)”。抄手将“水晶明”之“明”与《百氏集》联抄而致误。

“牛郎织女”非殷芸《小说》佚文考

——兼论古小说辑佚之误区与研究方法

郝　敬

殷芸《小说》，是中国小说史上现存第一部以“小说”命名的小说书。是书最早见于《隋书·经籍志》的著录。《隋志》子部“小说家”类云：“《小说》十卷。”题下注曰：“梁武帝敕安右长史殷芸撰。梁目三十卷。”①《梁书》与《南史》的本传都未曾提及殷芸编撰是书。刘知幾《史通》“杂说中第八·诸晋史”篇云：“又刘敬升（叔）《异苑》称晋武库失火，汉高祖斩蛇剑穿屋而飞，其言不经。故梁武帝令殷芸编诸《小说》，及萧方等撰《三十国史》，乃刊为正言。”②《旧唐书·经籍志》子部“小说家”类云：“《小说》十卷。”题下注曰：“殷芸撰。”③《崇文总目》“小说”类云：“《小说》十卷，殷芸撰。”④《新唐书·艺文志》“小说家”类云：“殷芸《小说》十卷。”⑤《宋史·艺文志》“小说”类云：“殷芸《小说》十卷。”⑥两宋私家书目亦有相关著录。尤袤《遂初堂书目》“小说”类云：“殷芸《小说》。”⑦题下无注。晁公武《昭德先生郡斋读书志》“小说”类云：“殷芸《小说》十卷。”题下注曰：“宋殷芸撰。”⑧陈振孙《直斋书录解题》“小说家”类云：“《殷芸小说》十卷。”题下注曰：“宋殷芸撰。”⑨郑樵《通志·艺文略》“小说”类云：“《小说》十卷。”题下注曰：“梁武帝敕安右长史殷芸撰。”⑩而明代《文渊阁书目》与《永乐大典》均未见录存，故是书大约亡佚于元明之际。其佚文往往散见于宋元以后的类书中，如宋晁载之《续谈助》引录 74 条、宋朱胜非《绀珠集》节录 22 条、宋曾慥《类说》节录 44 条、明陶宗仪《说郛》引录 25 条等。

对殷芸《小说》的辑佚开始于鲁迅先生，他大约在 1910 年查引 12 种古籍，初步辑出 135 条佚文，收入《古小说钩沉》⑪。20 世纪 40 年代初，余嘉锡先生亦博采 26 种古籍，独立辑得 154 条佚文，撰成《殷芸小说辑证》⑫。50 年代初，唐兰先生据《续谈助》、

---

① （唐）魏徵、令狐德棻：《隋书》，卷三十四，北京：中华书局，1973 年，第 1011 页。

② （唐）刘知幾：《史通通释》，上海：上海古籍出版社，2009 年，第 449 页。

③ （后晋）刘昫：《旧唐书》，卷四十七，北京：中华书局，1975 年，第 2036 页。

④ （宋）王尧臣、欧阳修：《崇文总目》，卷二十七，《中国历代书目丛刊》第一辑上，北京：现代出版社，1987 年，第 90 页。

⑤ （宋）欧阳修、宋祁：《新唐书》，卷五十九，北京：中华书局，1975 年，第 1539 页。

⑥ （元）脱脱：《宋史》，卷二百六，北京：中华书局，1977 年，第 5219 页。

⑦ （宋）尤袤：《遂初堂书目》，《中国历代书目丛刊》第一辑上，北京：现代出版社，1987 年，第 1145 页。

⑧ （宋）晁公武：《郡斋读书志校证》，卷十一，上海：上海古籍出版社，1990 年，第 546 页。

⑨ （宋）陈振孙：《直斋书录解题》，卷十一，上海：上海古籍出版社，1987 年，第 316 页。

⑩ （宋）郑樵：《通志二十略》，北京：中华书局，1995 年，第 1656 页。

⑪ 鲁迅：《古小说钩沉》，济南：齐鲁书社，1997 年。

⑫ 余嘉锡：《殷芸小说辑证》，见《余嘉锡论学杂著》，北京：中华书局，1963 年，第 280－324 页。

《说郛》等书和鲁迅《古小说钩沉》，定著佚文 151 条，撰成《辑殷芸小说并跋》[①]。80 年代初，周楞伽先生在余本的基础上，结合鲁本，从各类古籍中进一步辑佚和考订，收得 163 条佚文，并对每条佚文详加校注，撰成《殷芸小说》[②]。后出转精的周本是目前学术界公认最完善的版本，被小说研究者普遍采用。

一

由于殷芸《小说》散佚情况严重，研究者往往多方辑佚，寻找散失文字，力图复其原貌。袁珂先生《中国神话史》辑得“牛郎织女”文字一条。其云：

> 牛女神话明显见诸记载的，还是六朝殷芸《小说》——“天河之东有织女，天帝之子也。年年机杼劳役，织成云锦天衣。帝怜其独处，许嫁河西牵牛郎，嫁后遂废织纴。天帝怒，责令归河东，但使一年一度相会。”殷芸《小说》早已亡佚，此从明冯应京《月令广义·七月令》，但标《小说》。考《小说》作者四家，除殷芸外，还有六朝宋刘义庆《小说》十卷，六朝佚名《小说》五卷，均早亡；又有唐刘餗《小说》三卷，即今《隋唐佳话》。鲁迅《中国小说史略》第六篇“六朝之鬼神志怪书（下）”说，殷芸《小说》，“明初尚存”；则《月令广义》所引之《小说》，应即是殷芸《小说》。但鲁迅、余嘉锡、周楞伽三家所辑《殷芸小说》，都未辑入“牛郎织女”这一条（即使存疑，也当辑入），应是疏漏。《佩文韵府》卷二十六上“牛”字亦引此，文字几乎全同，惟作《荆楚岁时记》，茅盾《中国神话研究初探》从之，恐不足据。因《韵府》晚出，《荆楚岁时记》是一部有名的岁时书，今本有残阙，唐以后类书如《艺文类聚》、《太平御览》等在“岁时”目下于此书多所征引，独此条未被引用，《韵府》从何单独引用此条？在有些问题疑而未决时，暂时只好相信这就是殷芸《小说》的佚文。[③]

袁珂又作注佐证其论点：“即使是殷芸《小说》，此条亦不当在遗弃之列，宋张文潜有《七夕诗》，内容全本此条，可见他是见过此条的。”[④]自袁珂《中国神话史》提出《月令广义》中所引《小说》“牛郎织女”事出自《殷芸小说》，影响颇大，学界往往从其说，未加考察便直接将其作为《殷芸小说》佚文来用者甚众，即使少数对引文加以说明者，也只是简单注明袁珂已论证过，一笔带过[⑤]。袁珂的这种观点已深入人心，被研究者不断

---

① 唐兰：《辑殷芸小说并跋》，见《周叔弢先生六十生日纪念论文集》，香港：龙门书店，1951 年初版，1967 年影印，第 191－230 页。

② （南朝梁）殷芸：《殷芸小说》，上海：上海古籍出版社，1984 年。

③ 袁珂：《中国神话史》，上海：上海文艺出版社，1988 年，第 317－318 页。

④ 《中国神话史》，第 318 页。

⑤ 将此条视为殷芸《小说》佚文并稍加说明的，为数不多，如徐传武《漫谈古籍中的银河牛女》、周玉娴《〈新刻全相牛郎织女传〉考述》、纪永贵《董永遇仙传说研究》、吴从祥《唐前文学作品中的女性形象研究》、丘慧莹《江南的牛郎织女宝卷研究》等单篇或学位论文。徐传武之文受袁珂影响，据鲁迅《中国小说史略》中说该书明初尚存，断定此《小说》为殷芸《小说》；周玉娴、纪永贵、吴从祥等人文章则在此条下注释为参照袁珂观点；丘慧莹之文在正文中将此条视为殷芸《小说》内容，另外又在引文下加注释说：“其余如清李渔辑《警世选言》卷一《灵光阁女诬词》引《齐谐记》，清褚人获《坚瓠二集》卷二引《述异记》，《佩文韵府·尤韵》引《荆楚岁时记》皆有（注转下页）

所用。不论是文化学还是文学,主题学还是考据学,几乎完全将袁珂的这种观点作为定论来处理。的确,袁珂的论证逻辑大致不差,又有鲁迅先生《中国小说史略》对殷芸《小说》"明初尚存"[2]的断语,似乎已成铁案。不仅如此,这些论文还反映出小说研究领域对于从类书中辑佚搜奇的传统方法,已经约定俗成地被认可与沿袭。

那么,袁珂之观点究竟正确与否,论证的方法是否合理,鲁迅先生的断语又是否精准,笔者以为还需还其本原,重新审视与考量。袁珂先生的分析,实存在疏漏和不足,在没有发现充分证据的条件下,不能直接将其视为《殷芸小说》的散佚文字。

下面,笔者将以文献学的考察与文艺学的思辨相结合的方法,讨论《月令广义》中"牛郎织女"条是否属于殷芸《小说》的佚文,并进一步讨论现在学术研究中古小说辑佚的误区,以及古小说研究方法的新视角。

因论证篇幅较长、材料较为零散、论证逻辑环环相扣,故先将本文的大致思路与结构作一简单交待:

1. 袁珂观点的不当处:《月令广义》的成书时间与殷芸《小说》亡佚时间的比较;《月令广义》所引《小说》的具体考辨。

结论:明代类书中"《小说》"指称内涵变化——泛指诸书,并非特指殷芸《小说》。

2. 上述结论的佐证之一:明代同期类书《天中记》所引《小说》的具体考辨。

3. 上述结论的佐证之二:唐代集注中"《小说》"指称的内涵——《文选》李善注;宋代诗注中"《小说》"指称的内涵——赵次公注杜诗、苏诗。

二

《月令广义》是明代冯应京与戴任共同辑录的一部时令类书籍,据书前李登拜所作序文时间为万历辛丑岁(1601)孟秋,可知《月令广义》的刊刻时间应在公元1601年后不久。冯应京生于明世宗嘉靖三十四年(1555),卒于明神宗万历三十五年(1605),此时为明代后期,距明初已200余年。即便如鲁迅《中国小说史略》言殷芸《小说》"明初尚存",于情于理,冯应京辑此书也未必能见到殷芸《小说》原本。因此,袁珂据鲁迅之"明初尚存"的断语,认为《月令广义》中所引"《小说》"为殷芸《小说》,实不当。

当然这仅仅是将殷芸《小说》亡佚时间与《月令广义》成书时间相比较,作出的初

(接上页注)类似的引文。除了正文中已提及的《荆楚岁时记》,不论东阳无疑《齐谐记》或吴均的《续齐谐记》,殷芸或刘悚的《小说》,任昉或祖冲之的《述异记》,今本皆无类似的引文。明冯梦龙《情史》(《古本小说集成》,上海:上海古籍出版社,年代不详,原版影印),卷十九'织女'条亦有类似记载,然未注明出处,页1570—1571。"不加任何说明,直接将该条视为殷芸《小说》佚文的情况,则更为普遍,如中一《七月七述略》,赵逵夫《论牛郎织女故事的产生与主题》、《先周历史与牵牛传说》,周蒙《从天文星象说到牵牛织女》,夏维波、杨宇《中国文学中河桥意象与性爱主题的文化阐释》,易蓉《民俗风情画卷的展示》,谭达先《澳门民间文学述略》,冯汝常《幻文:神魔小说特色的根源之一》,张玉璞、曹瑞娟《"七夕"题材诗歌源流考》,王帝《牛郎织女神话传说及其演变》,黄凌云《云锦:〈红楼梦〉中追忆往昔的符号》,叶嘉莹《女性语言与女性书写》,刘学智、李路兵《七夕文化源流考》,王人恩《云锦·江南织造·〈红楼梦〉》,杨国学《武夷山玉女大王故事及其母题源流研究》,徐磊《面向民间与主流的文化内在整合》,高梓梅《汉画"马头娘"神话涵容的文化信息》等单篇或学位论文。

② 鲁迅:《中国小说史略》(蓬莱阁丛书本),上海:上海古籍出版社,1998年,第39页。

步判断，也并非确证。因此，我们还需对《月令广义》所引“《小说》”文字加以考察。

《月令广义》中一共有五处引有《小说》，其中三处直接标明为“殷芸《小说》”，两处则称“《小说》”。在其标为“殷芸《小说》”的条目中，有两条见于周楞伽先生辑本，另一条是否为殷芸《小说》则存疑。而其他两处所称“《小说》”的条目，均不见今本殷芸《小说》。具体如下：

1.《月令广义》卷十四“七月令”，“一年一会”条下：

> 《小说》：天河之东有织女，天帝之子也。年年机杼劳役，织成云锦天衣，容貌不暇整。帝怜其独处，许嫁河西牵牛郎，嫁后遂废织纴。天帝怒，责令归河东，但使一年一度相会。①

此条文字为《月令广义》所引众书中，最为学界经常引用者，袁珂《中国神话史》所引即出于此。但是稍稍扩大视野，即可发现这条资料并非《月令广义》所单独记载。例如，同时期稍早的另一部较为著名的类书《天中记》，也记载了这一条，见于该书卷二“牵牛织女”条：

> 《荆楚岁时记》云：“尝见《道书》云：牵牛娶织女，取天帝二万钱备礼，久不还，被驱在营室。”又《小说》云：“天河之东有织女，天帝之子也。年年机杵劳役，织成云锦天衣，容貌不暇整理。天帝恰[怜]其独处，许嫁河西牵牛郎，嫁后遂废织纴。天帝怒焉，责令归河东，但使其一年一度相会。”②

明清时期编纂的类书性质的作品，多从前代类书、丛书中转引。我们不能因为殷芸《小说》“明初尚存”，就认为《月令广义》中所引《小说》为殷芸《小说》佚文。况且，殷芸《小说》是否“明初尚存”，并不是一个确证。此处所引文字与《月令广义》几乎完全一样，仅个别字有异。《天中记》与《月令广义》均成书于神宗万历年间，《天中记》还要稍早一些③，且明确标有《天中记》的引文在《月令广义》多次出现，加上这两处引文的文字又极为近似，不由使我们怀疑，《月令广义》中所引《小说》文字很有可能是来自《天中记》一类的类书，或者二书引自于同一祖本。

如果这个推论是成立的，那么，我们可以通过考察《天中记》的“《小说》”引用情况，与《月令广义》的“《小说》”引用情况加以比较，得出“《小说》”这个词汇的使用在明代类书中的意义。这一点，本文的第三节将会详细论述。这里先暂时跳过，继续考察《月令广义》。

本条“牛郎织女”事最早记载于何书，今日已无法详细考证④。所知最早与此故事情节密切相关的是南宋张耒的《七夕歌》⑤，其中“河东美人天帝子，机杼年年劳玉

---

① (明)冯应京辑，(明)戴任增释：《月令广义》，《四库全书存目丛书·史部》第164册，济南：齐鲁书社，1996年，第784页。

② (明)陈耀文：《天中记》(清光绪听雨山房本)，卷二，第52—53页。

③ 据《郘亭知见传本书目》所记，有明穆宗隆庆三年(1569)己巳初刊本，五十卷本。

④ 此条小说在明清文献中出处显得极为混乱，如明人张鼎思《琅邪代醉篇》卷一“织女条”引《述异记》、清代所修《佩文韵府》引《荆楚岁时记》、李渔辑《警世选言》卷一《灵光阁女诬词》引《齐谐记》，均与此条内容大致相同。

⑤ 宋陈元靓《岁时广记》误为与张耒同时的张天觉(张商英)所作。

指。纤成云雾紫星衣，辛苦无欢容不理。帝怜独居无与娱，河西嫁与牵牛夫。自从嫁得废织纴，绿鬓云鬟朝暮梳。贪欢不归天帝怒，谪归却理来时路。但令一岁一相见，七月七日桥边渡"一段文字，很可能就是本于此条而来。由于不见于唐宋时期的各类笔记及类书记载，我们只能从其他条目中推断此条信息。以时间为序：

晋张华《博物志》卷十"杂说下"：

旧说云，天河与海通，近世有人居海渚者，年年八月，有浮槎去来不失期，人有奇志，立飞阁于查[槎]上，多赍粮，乘槎而去。十余日中犹观星月日辰，自后茫茫忽忽亦不觉昼夜。去十余日，奄至一处，有城郭状，屋舍甚严。遥望宫中多织妇，见一丈夫牵牛渚次饮之。牵牛人乃惊问曰："何由至此？"此人具说来意，并问此是何处，答曰："君还至蜀都访严君平则知之。"竟不上岸，因还如期。后至蜀，问君平，曰："某年某月有客星犯牵牛宿。"计年月，正是此人到天河时也。①

梁宗懔《荆楚岁时记》②

《说郛》本作：

七月七日，此夜云为织女牵牛聚会之日。戴德云："此月也，织女东向。"盖言星也。《春秋斗运枢》云："牵牛神名略。"石氏《星经》云："牵牛名天关。"《佐助期》云："织女神名收阴。"《史记·天官书》云："是天帝外孙。"傅玄《拟天问》云："七月七日，牵牛织女会天河。"此则其事也。河鼓、黄姑，牵牛也。③

《宝颜堂秘笈》本作：

七月七日，为织女牵牛聚会之夜。

按，戴德《夏小正》云："是日织女东向。"盖言星也。《春秋斗运枢》云："牵牛神名略。"石氏《星经》云："牵牛名天关。"《佐助期》云："织女神名收阴。"《史记·天官书》云："是天帝外孙。"傅玄《拟天问》云："七月七日，牵牛织女会天河。"此则其事也。旧说天河与海通。近世有人居海渚者，每年八月，有浮槎去来不失期。人有奇志，立飞阁于槎上，多赍粮，乘槎而去。十余月至一处，有城郭状，屋舍甚严，遥望宫中有织妇。见一丈夫，牵牛渚次饮之。牵牛人乃惊问曰："何由至此？"此人为说来意，并问此是何处。答云："君还至蜀都，访严君平则知之。"竟不上岸，因还如期。后至蜀，问君平。君平曰："某年某月，有客星犯牵牛宿。"计年月，

---

① （晋）张华：《博物志校证》，卷十，北京：中华书局，1980年，第111页。

② 南朝梁宗懔所撰，隋杜公瞻注，按照《旧唐书·经籍志》、《新唐书·艺文志》、《崇文总目》、《郡斋读书志》、《通志》、《直斋书录解题》、《文献通考》、《宋史·艺文志》所著录，卷数有一卷、二卷、四卷、六卷和十卷之别。根据《郡斋读书志》所载宗懔自序，该书"录荆楚岁时风物故事，自元日至除日，凡二十余事"，再结合各家引文情况来看，原书当为一卷，杜注本增为两卷。元末陶宗仪《说郛》尚载有此书节本，明初所修《永乐大典》已不见引，是书大约亡于元明之际。今本《荆楚岁时记》为万历年间明人辑本。一个是陈继儒《宝颜堂秘笈》本，辑录48条；一个是何允中辑《广汉魏丛书》本，辑录36条。《说郛》本和明代两种辑本中都保存了"七月七日"的内容，但各本的原文及注文则有所不同。参见（梁）宗懔撰，（隋）杜公瞻注，宋金龙校注：《荆楚岁时记》，太原：山西人民出版社，1987年，第14页。

③ （明）陶宗仪：《说郛》，卷二十五，北京：中国书店，1986年，据涵芬楼1927年11月版影印，第20—21页。

正此人到天河时也。牵牛星,荆州呼为河鼓,主关梁。织女则主瓜果。尝见《道书》云:"牵牛娶织女,借天帝二万钱下礼,久不还。被驱在营室中。"河鼓、黄姑,牵牛也,皆语之转。①

《广汉魏丛书》本文字与《宝颜堂秘笈》本接近,仅无"旧说天河与海通……被逐在营室中"一段文字,但又与《说郛》本类同。②

梁吴均《续齐谐记》:

桂阳城武丁,有仙道,常在人间,忽谓其弟曰:"七月七日,织女当渡河,诸仙悉还宫。吾向已被召,不得停,与尔别矣。"弟问曰:"织女何事渡河?去当何还?"答曰:"织女暂诣牵牛,吾复三年当还。"明日失武丁,至今云织女嫁牵牛。③

唐韩鄂《岁华纪丽》卷三

"鹊桥已成"条下:

《风俗通》云:"织女七夕当渡河,使鹊为桥。"④

"织女将渡"条下:

吴均《齐谐记》云:桂阳成武丁,有仙道,忽谓弟子曰:"七月七夕织女将渡河,暂过牵牛。吾向以被召。"明日失所在。后世人至今云织女嫁牵牛。⑤

唐赵璘《因话录》卷五《徵部》:

《汉书》载张骞穷河源,言其奉使之远,实无天河之说。惟张茂先《博物志》,说近世有人居海上,每年八月,见海槎来不违时。赍一年粮,乘之到天河,见妇人织,丈夫饮牛。遣问严君平,云:"某年某月某日,客星犯牛斗,即此人也。"后人相传云:得织女支机石,持以问君平。都是凭虚之说。今成都严真观有一石,俗呼为"支机石",皆目云:当时君平留之。宝历中,余下第还家,于京洛途中,逢官差递夫舁张骞槎。先在东都禁中,今准诏索有司取进,不知是何物也。前辈诗往往有用张骞槎者,相袭谬误矣。纵出杂书,亦不足据。⑥

---

① (明)陈继儒:《宝颜堂秘笈》(广集第一),第三帙,文明书局1922年印行。

② 余嘉锡《四库提要辨证》认为,说郛本和宝颜堂秘笈本都是后来从各种类书中辑佚出来的,并非原本。日本学者守屋美都雄则认为,尽管现在这两个系统的流行本中有脱漏、衍增、意改、误写、混淆,而以这些缺点并不足以判定《荆楚岁时记》就是后人的辑本。宗懔的原书唐时还有流传,至宋已为稀见,至元则完全逸失,但杜注本实际上未曾逸失。参见刘晓峰:《〈荆楚岁时记〉在日本》,《民间文化论坛》,2006年第1期,第22—26页。

③ (南朝梁)吴均:《续齐谐记》,引自上海古籍出版社编:《汉魏六朝笔记小说大观》,上海:上海古籍出版社,1999年,第1007—1008页。亦见《艺文类聚》卷四,文字稍异:"桂阳城武丁,有仙道。谓其弟曰:'七月七日,织女当渡河,诸仙悉还宫。'弟问曰:'织女何事渡河?'答曰:'织女暂诣牵牛。'世人至今云织女嫁牵牛也。"

④ (唐)韩鄂:《岁华纪丽》(《丛书集成初编》本),上海:商务印书馆,1937年据明万历刻《秘册汇函》本影印,第77页。该条不见于今本《风俗通义》,王利器《风俗通义校注》将其作为佚文列入"阴教"类下。

⑤ 《岁华纪丽》(《丛书集成初编》本),第77页。

⑥ (唐)赵璘:《因话录》,上海:上海古籍出版社,1979年,第108页。

宋陈元靓编《岁时广记》[1]

卷二十六“七夕上”：

梁吴均《齐谐记》曰：桂阳成武丁，有仙道，常在人间，忽谓其弟曰：“七月七日，织女当渡河，诸仙悉还宫。吾向已被召，不得暂停，与尔别矣。”后三千年当复还。弟问曰：“织女何事渡河？兄何当还？”答曰：“织女暂诣牵牛，一去后三千年当还。”明旦，果失武丁所在，世人至今犹云：“七月七日，织女嫁牵牛。”宗懔《荆楚岁时记》：七月七日，世谓织女牵牛聚会之日。是夕，陈瓜果于亭中以乞巧。（第293页）

“出河西”条下：

焦林《天斗记》：天河之西有星煌煌，与参俱出，谓之牵牛。天河之东，有星微微，在氐之下，是曰织女。杜甫诗云：牵牛出河西，织女出河东。张天觉《七夕歌》云：河东美人天帝子，机杼年年劳玉指。织成云雾紫绡衣，辛苦无欢容不理。帝怜独居无与娱，河西嫁得牵牛夫。贪欢不归天帝怒，谪归却踏来时路。但令一岁一相逢，七月七日桥边渡。（第294页）

“借聘钱”条下：

《荆楚岁时记》：尝见《道书》云：“牵牛娶织女，取天帝二万钱下礼，久而不还，被驱在营室。”言虽不经，有足为怪。（第295页）

“架鹊桥”条下：

《风土记》：织女七夕当渡河，使鹊为桥。（第297页）

“无稽考”条下：

《学林新编》：世传织女嫁牵牛，渡河相会。按《史记》、《晋天文志》云：河鼓星在织女牵牛二星之间。世俗因传渡河之说。媟渎上象，无所根据。《淮南子》云：乌鹊填河成桥而渡织女。《荆楚岁时记》云：七夕，河汉间奕奕有光景，以此为侯，是牛女相过。其说皆怪诞。七夕乞巧，见于周处《风土记》，乃后人编类成书，大抵初无稽考，不足信者多已。（第298页）

“好诞妄”条下：

《复雅歌词》：七夕故事，大抵祖述张华《博物志》、吴均《齐谐记》，夫二星之在天，为二十八舍。自占星者观之，此为经星，有常次而不动。诗人谓“睆彼牵牛，不以服箱。跂彼织女，终日七襄。虽则七襄，不成报章”者，以比为臣而不职也。夫为臣之职，用人者之责也。此诗所以为刺也。凡小说好怪，诞妄不终，往往类此。天虽去人远矣，而垂象粲然，可验而知，不可诬也。词章家者流，务以文力相高，徒欲飞英妙之声于尊俎间，诗人之细也夫。（第299页）

---

① （宋）陈元靓：《岁时广记》（《丛书集成初编》本），上海：商务印书馆，1936年，据清光绪归安氏刊十万卷丛书本排印。

卷二十七“七夕中”“乘浮槎”条下：

张茂先《博物志》：旧说天河与海通，近世有人居海上者，每年八月，见浮槎来不失期，心窃异之，候其复来，乃赍一年粮乘之。十余日，犹见星月日辰风，自后茫然，亦不觉昼夜。忽至一处，有城郭屋舍甚盛。遥望宫中，有妇人织，见一丈夫，牵牛渚次饮之。惊问曰：“何由至此？”其人说与来意，并问此是何处，答曰：“君至蜀郡访严君平则知之。”不及登岸，复乘槎还家。径入蜀问君平，君平曰：“某年月日，有客星犯牛宿。”计其年月日，正是此人到天河也。宗懔作《荆楚岁时记》，乃引《博物志》，直谓张骞乘槎，宗懔不知何据。赵璘《因话录》亦尝辨此事。（第307页）

“得机石”条下：

《荆楚岁时记》：汉武帝令张骞使大夏寻河源，乘槎经月而去。至一处，见城郭如官府，室内有一女织，又见一丈夫牵牛饮河。骞问曰：“此是何处？”答曰：“可问严君平。”织女取楮机石与骞而还。后至蜀问君平，君平曰：“某年月日，客星犯牛女。”所得楮机石，为东方朔所识。（第307—308页）

从以上6种引书所举15条材料看，除《荆楚岁时记》所引《道书》，叙述内容略近于《月令广义》所引《小说》，其余大多辗转以《博物志》所记“浮槎”事，间叙“牛郎织女”。从唐至宋，并无一种书叙及此条材料为殷芸《小说》，故据明人类书以此条作为殷芸《小说》，实有相当疑点。

2.《月令广义》卷二十二“昼夜令”，“科头晏起”条下：

《殷芸小说》：管宁泛海覆舟，曰：“吾尝一朝科头，三晨晏起，过必在此。”[①]周楞伽辑本有此条，原文为：

管宁避难辽东，还，遭风船垂倾没，乃思其督过，曰：“吾曾一朝科头，三晨晏起。今天怒猥集，过必在此。”风乃息。[②]

元人所编《韵府群玉》卷九“上声”部“科头晏起”条下所引“殷芸《小说》”，与《月令广义》此条内容一字不差。[③] 故《月令广义》此条很可能是明人辗转节引，似从此出。与前条情况相似。

3.《月令广义》卷二十二“昼夜令”，“昼夜”条下：

《殷[殷]芸小说》：燕以日出为旦，入为夕；蝙蝠以日入为旦，出为夕。争之不决，诉于凤凰。半路一禽，曰：“不须往，凤凰在假，训狐权摄。”此托喻事物各尚其时。[④]

此条虽题为《殷芸小说》，却并不可靠。考燕蝠争昼夜事，目前最早可追溯至苏轼乌台

---

① 《月令广义》，《四库全书存目丛书·史部》第165册，第22页。

② 《殷芸小说》，第102—103页。

③ （元）阴时夫：《韵府群玉》（清文渊阁四库全书本），卷九，第596页。

④ 《月令广义》，《四库全书存目丛书·史部》第165册，第30页。

诗案事。[①] 宋朋九万辑《东坡乌台诗案》"寄周邠诸诗"条下：

> 熙宁六年，因往诸县提点，到临安县，有知县大理寺丞苏舜举，来本县界外太平寺相接。轼与本人为同年，自来相知。本人见轼，复言舜举数日前入州，却被训狐押出。轼问其故，舜举言我擘画得户供通家业役钞规例一年，甚简。前日将去，呈本州诸官，皆不以为然。呈转运副使王庭老等，不喜，差急足押出城来。轼取其规例看详，委是简便。因问训狐事，舜举言自来闻人说一小话，云："燕以日出为旦，日入为夕。蝙蝠以日入为旦，日出为夕。争之不决，诉之凤凰。凤凰是百鸟之王。至路次逢一禽，谓燕曰：不须往，凤凰在假。训狐权摄。"舜举意以话戏笑王庭老等不知是非。隔得一两日，周邠、李行中二人亦来临安，与轼同游径山。苏舜举亦来山中相见，周邠作诗一首与轼，即无讥讽。次韵和答，兼赠舜举，云："餔糟醉方熟，洒面唤不醒。奈何效燕蝠，屡欲争晨暝。"其意以讥讽王庭老等，如训狐不分别是非也。[②]

这首让东坡获罪的诗名为《径山道中次韵周长官兼赠苏寺承》。元丰二年(1079)七月，监察御史里行舒亶在奏状中说东坡此诗"杂取小说燕蝠争晨昏之语"[③]。而南宋赵次公注东坡诗时，在本诗"奈何效燕蝠，屡欲争昼暝"句下，亦有同样说词："《小说》载蝙蝠与燕争昼夜，不决，往问凤凰，凤凰方睡，遂投训狐。此事详见《诗案》，且云：某欲以讥王庭老如训狐不分别是非也已。"[④]

那么，此处之《小说》是否为《殷芸小说》呢，不妨再查看下赵次公注东坡诗中所引其余"《小说》"条。宋代王十朋所辑《东坡诗集注》中，赵次公注引《小说》九次，并无一条见于周楞伽殷芸《小说》辑本。(本文第四节将有详细论证)以此推断，此条亦无可能是殷芸《小说》。将此条归入殷芸《小说》，很可能是后人从赵次公注及《乌台诗案》中舒亶之说引发的。宋代以后的文献中，提及此事，文字或与赵次公注同，或与《乌台诗案》中东坡自述同。如前文所提元人编修《韵府群玉》一书，卷十三"去声"部"凤睡"条下亦引《小说》："蝙蝠与燕争昼夜，不决，往问凤凰，凤凰方睡，乃往投训狐。"[⑤]与赵次公注仅有一字之差。又，卷十五"去声"部"日出为旦"条下，亦引《小说》："燕以日出为旦，入为夕；蝙蝠以日入为旦，出为夕。争之不决，诉于凤凰。半路一禽，谓燕曰：'不须往，凤凰在假，训狐权。'"[⑥]与《月令广义》所引亦仅一字之差，并近于《乌台诗案》。更有意思的是，东坡所述此故事，是将自己辗转听来的口语——"小话"，转化成

---

① 元丰二年(1079)，苏轼被监察御史何正臣、舒宜及李定等人罗织罪名，上书弹劾，说他写诗讽刺新法、诽谤朝廷，将其逮捕入狱，构成历史上有名的文字狱"乌台诗案"。苏轼在狱中对其诗文进行阐释和申诉，后被集成《乌台诗案》一书，原载《苏子瞻学士钱塘集》，三卷，今已佚。现存宋人朋九万编《东坡乌台诗案》。

② (宋)朋九万：《东坡乌台诗案》(《丛书集成初编》本)，上海：商务印书馆，1939年据清李调元函海本排印，第13—14页。

③ 《东坡乌台诗案》，第2页。

④ (宋)苏轼撰，(宋)王十朋集注：《集注分类东坡先生诗》，卷十七，上海：商务印书馆，1929年影印南海潘氏藏宋务本堂刊本，第165页。本文所引东坡诗句及赵次公注，均以此为底本，下不赘述。

⑤ 《韵府群玉》(清文渊阁四库全书本)，卷十三，第826页。

⑥ 《韵府群玉》(清文渊阁四库全书本)，卷十五，第951页。

文言记录，与《小说》原文压根不会相同，而后世误引此条为《小说》时，却往往与东坡之语近似，传承脉络，一目了然。

4.《月令广义》卷二十三“昼夜令”，“烛龙衔火”条下：

> 《山海经》：钟山之神名曰烛龙，身长千里，视为昼，瞑为夜，口衔火以照天门。《小说》：西北无日之国，有龙衔火而照。①

考此条原出自《楚辞》，《天问》篇云：“日安不到，烛龙何照？”王逸注：“言天之西北，有幽冥无日之国，有龙衔烛而照之也。”②《山海经》、《淮南子》亦有类似记载，但殷芸《小说》现存文字并无记载，子、史二部与小说相关诸书也无记载。如按袁珂收“牛郎织女”条例，此条亦应收入殷芸《小说》，不知何故未收？

5.《月令广义》卷二十三“昼夜令”，“铜藻盘”条下：

> 《殷芸小说》：中朝有铜藻盘，晨夕恒鸣，问张华，华曰：“此盘与洛钟官商相谐，宫中朝暮撞，故声相应，可鑢令轻，则韵乖自止也。”如言果止。③

此条与周楞伽辑本第142条相同，个别字有异。考殷芸《小说》所录，该条原采自《异苑》，文字基本相同：

> 晋中朝有人畜铜澡盘，晨夕恒鸣如人扣。乃问张华，华曰：“此盘与洛钟宫商相应，宫中朝暮撞钟，故声相应耳。可错令轻，则韵乖，鸣自止也。”如其言，后不复鸣。④

《月令广义》引此条，并未深究其源，可能是录自他书，辗转采引，与上述诸条相似。

综上所述，《月令广义》所引“殷芸《小说》”三处，有一处实考非出殷芸《小说》；所引“《小说》”两处，均不能断定为殷芸《小说》。从以上考察，我们可以得出：第一，明人所撰类书，往往辗转他引，并未见到全书。因此存在以讹传讹，以误沿误的可能。第二，明人所指“《小说》”，可能是特指“殷芸《小说》”，也可能是泛指诸书，需要细加考察，不能望“《小说》”就认为是殷芸《小说》。

当然，这两点结论还仅仅是通过《月令广义》一部书得出，我们还可通过明代其他类书引《小说》的具体情况来进一步考察，以证是非。

三

前文提及的明代类书《天中记》中所引《小说》条目，共有22条，分别标为“殷芸《小说》”、“商芸《小说》”、“刘氏《小说》”、“《杭州小说》”、“《钱希白小说》”、“《小说旧闻》”以及“《小说》”等名目。其中，“《小说》”引8条，“殷芸《小说》”引6条，“商芸《小说》”引4条，“《刘氏小说》”、“《杭州小说》”、“《钱希白小说》”与“《小说旧闻》”各引1

① 《月令广义》，《四库全书存目丛书·史部》第165册，第40页。
② （宋）洪兴祖：《楚辞补注》，北京：中华书局，1983年，第93页。
③ 《月令广义》，《四库全书存目丛书·史部》第165册，第46页。
④ （南朝宋）刘敬叔：《异苑》，北京：中华书局，1998年，第7页。

条。按,殷芸《小说》与商芸《小说》本为一书,作者却分两种名称标目,可见所引殷芸《小说》并非从原书而来,极有可能采自诸书。

除去《刘氏小说》、《杭州小说》、《钱希白小说》、《小说旧闻》等与殷芸《小说》无关引书,不妨先查考涉及《天中记》中所引《小说》条目。《天中记》所引殷芸《小说》6条,经考察,均为殷芸《小说》现存文字有载;所引商芸《小说》4条,亦均为殷芸《小说》现存文字有载。无误,文繁不录。这里重点讨论所引《小说》的8条文字。

1. 卷二"星","牵牛织女"条下:

《荆楚岁时记》云:"尝见《道书》云:牵牛娶织女,取天帝二万钱备礼,久不还,被驱在营室。"又《小说》云:"天河之东有织女,天帝之子也。年年机杼劳役,织成云锦天衣,容貌不暇整理。天帝怡[怜]其独处,许嫁河西牵牛郎,嫁后遂废织纴。天帝怒焉,责令归河东,但使其一年一度相会。"①

此条文字,周楞伽辑本无录,上文已有论述,此不赘述。

2. 卷三"雹","雹渊沉伏"条下:

袁安为阴平长,有惠化。县先有雹渊,冬夏未尝消释。岁中辄出,飞布十数里,大为民害。安乃推诚洁斋,引愆贬己,至诚感神,雹遂为之沉沦,伏而不起,乃无苦雨凄风焉。(注曰:《小说》)②

此条文字,周楞伽辑本第65条有载。

3. 卷八"嵩山","瞻眺"条下:

昔傅亮北征,在河中流,从客问之曰:"潘安仁《怀旧赋》曰:前瞻太室,旁眺嵩丘。嵩丘、太室一山,河[何]云前瞻旁眺哉?"亮对曰:"有嵩丘山,去太室七十里,此是写书误耳。"(注曰:《小说》)③

此条文字,周楞伽辑本第162条有载。

4. 卷二十五"博学","铜盘鸣"条下:

中朝时,有人畜铜澡盘,晨夕桓鸣如人扣,以白张华。华曰:"此盘与洛钟宫商相谐,宫中朝暮撞,故声相应。可鑢令轻,则韵乖,鸣自止也。"依言,即不复鸣。(注曰:《小说》)④

此条文字,周楞伽辑本第142条有载。

5. 卷四十三"瑟","湘灵鼓瑟"条下:

天宝十年,钱起从乡荐,居江湖客舍,闻吟于庭中曰:"曲终人不见,江上数峰青。"视之,无所见矣。明年,崔玮试《湘灵鼓瑟诗》,落句久不属,即用为末句,因

① 《天中记》(清光绪听雨山房本),卷二,第52—53页。

② 《天中记》(清光绪听雨山房本),卷三,第113页。

③ 《天中记》(清光绪听雨山房本),卷八,第8页。

④ 《天中记》(清光绪听雨山房本),卷二十五,第110页。

中选，人以为鬼谣。（注曰：《小说》）①

此条文字所叙唐事，故非殷芸《小说》无疑。考文字本事，当出于《旧唐书·钱徽传》，《唐诗别裁》、《唐诗纪事》、《诗话总龟》、《唐才子传》等书亦有载。《天中记》云出《小说》，当泛指《唐才子传》之类的诸书。故清人张英撰《渊鉴类函》，卷一百八十九礼部六"瑟三"条下，云出"《小说》"，②大约因此而来。

6. 卷四十六"鲭"，"五侯鲭"条下：

娄获字君卿，历游五侯之门。每候，五侯各遣饷之君卿，口厌滋味，乃试合五侯所馈之鲭而食，甚美。世所谓五侯鲭，盖君卿之为也。（注曰：《语林》）

或云，获兼善五侯，不偏食，故合而为鲭。（注曰：《小说》）③

考"五侯鲭"事，《语林》、《世说》、《西京杂记》、《太平广记》均有记载。尤以《太平广记》二百三十四卷"五侯鲭"条，文字与本条无异，惟作出"《世说》"④。故《天中记》当误"《世说》"为"《小说》"。此条非殷芸《小说》。

7. 卷五十五"马"，"玉狮子"条下：

梁武帝有良马，名照殿玉狮子。（注曰：《小说》）⑤

考唐宋以来典籍，并无相关记载。惟明清类书有所引用。如明顾起元《说略》卷三十"虫注"，亦曰："《小说》：'梁武帝有照殿玉狮子。'"⑥存疑。

8. 卷五十八"鹤"，"跨鹤"条下：

有客相从，各言所志，或愿为扬州刺史，或愿多赀财，或愿骑鹤上升。其一人曰："腰缠十万贯，骑鹤上扬州。"欲兼三者。（注曰：《小说》）⑦

此条文字，周楞伽辑本第132条有载。台湾云林科技大学汉学所黄东阳曾撰文《"骑鹤上扬州"非殷芸〈小说〉佚文辨正》⑧，辨其正误，可与本文相佐证。文繁不录。

综上所述，《天中记》所引《小说》8条文字，只有3条确属殷芸《小说》，3条非殷芸《小说》，2条存疑待证。而从上述8例看，《天中记》中"《小说》"的指代，也存在着泛指与特指相兼顾的情况。并且，明人撰书时传抄讹误的因素，也使得"《小说》"的泛指程度趋于扩大。

结合《月令广义》与《天中记》所引《小说》，我们发现，"《小说》"一词的指代对象在明代类书中已经发生了变化，即由特指殷芸《小说》，发展为泛指包括殷芸《小说》在内的诸种笔记、传奇等。那么，我们辑录殷芸《小说》佚文，就要避免望文生义，应作具体

① 《天中记》（清光绪听雨山房本），卷四十三，第8页。

② （清）张英：《渊鉴类函》（清文渊阁四库全书本），卷一百八十九，第4216页。

③ 《天中记》（清光绪听雨山房本），卷四十六，第127页。

④ （宋）李昉：《太平广记》，卷二百三十四，北京：中华书局，1961年，第1792页。

⑤ 《天中记》（清光绪听雨山房本），卷五十五，第23页。

⑥ （明）顾起元：《说略》（清文渊阁四库全书本），卷三十，第433页。

⑦ 《天中记》（清光绪听雨山房本），卷五十八，第43页。

⑧ 黄东阳：《"骑鹤上扬州"非殷芸〈小说〉佚文辨正》，《文献》，2007年第4期，第47—52页。

分析与考辨。

四

上文讨论了明代类书引“《小说》”的指代变化。那么，正如所有的文学现象一样，这种变化不是一夕而成，必定有其发展衍变的过程。我们不妨通过考察殷芸《小说》成书后，唐宋时期各种典籍中注引“《小说》”的具体指代情况，检验上文的论点。

唐人对于各种典籍的注本很多，但由于距离殷芸《小说》成书时间较近以及注书体例的不一，在唐人史注中，我们就很少发现注引《小说》的例子。如《史记》三家注中，司马贞《史记索隐》、张守节《史记正义》引书500余种，并未见引用殷芸《小说》之例。刘知幾撰《史通》，除去《杂说篇》中特指殷芸《小说》[①]，其余论述十余处皆泛指非正史外的一切史料，即包括子、史部的诸书。对比史注中征引的阙失，唐人集注中，就可以发现注引《小说》的用例。如《文选》李善注中，卷十六《怀旧赋》“前瞻太室，傍眺嵩丘”句下，李善注曰：“《小说》曰：昔傅亮北征，在河中流，或人问之曰：‘潘安仁作《怀旧赋》曰：前瞻太室，傍眺嵩丘。嵩丘、太室一山，何云前瞻傍眺哉？’亮对曰：‘有嵩丘山去太室七十里，此是写书误耳。’”[②]所引即殷芸《小说》，见周楞伽辑本第162条。

宋代对各种典籍的注本也沿袭了唐人注本中对“《小说》”的指代用例，并且更加广泛地用“《小说》”来泛指诸书。由于唐宋诗歌用典的发展，宋人为唐宋诗集作注，往往会出现引用《小说》之例。这就为我们考察宋代的“《小说》”指代的情况提供了一个更佳的契机。不妨选取一个最具代表性的诗注——赵次公注杜诗、注苏诗，加以检验我们的观点。

杜诗赵次公注散见于宋人的各种集注本，林继中先生据明钞本《新定杜工部古诗近体诗先后并解》残卷为底本，参校《先后解》残卷（杜甫草堂本），又对《九家注》、《百家注》等诸多注本，辑校考订，撰成《杜诗赵次公先后解辑校》[③]。赵次公注引《小说》，据林继中辑本约有8处（含林辑本未曾标注出的5条），如下：

1.《渼陂行》“此时骊龙亦吐珠，冯夷击鼓群龙趋”句下，赵次公注引《小说》曰：“有人入仙室，见一羊吐珠。他日，问张华，云：‘此骊龙也。’”（第123页）此条与殷芸《小说》卷七“晋江左人”中“洛下有洞穴一条”内容相似，但繁简不同。考殷芸《小说》该条出自刘义庆《幽明录》，《太平广记》、《太平御览》等皆有所引，大同小异。故该条当为殷芸《小说》。

2.《羌村三首》“夜阑更秉烛，相对如梦寐”句下，赵次公注引《小说》曰：“有人梦至帝所，见扇有书字。视之，则题云：‘夜深更秉烛，相对如梦寐。’初不记忆其为杜诗也，觉而悟之。”（第221页）该条据文意所指“杜诗”，当不为唐前《小说》如殷芸《小说》、刘义庆《小说》者，应是唐后作品。而异名“小说”如刘悚《隋唐嘉话》者，亦无该条

---

① 《史通通释》，第449页。

② （南朝梁）萧统编，（唐）李善注：《文选》，卷十六，上海：上海古籍出版社，1986年，第731页。

③ （唐）杜甫著，（宋）赵次公注：《杜诗赵次公先后解辑校》，上海：上海古籍出版社，1994年。本文所引杜诗及赵次公注，均引自本书，下不赘述。

内容。又,赵次公曾在《风疾舟中付枕书怀三十韵奉呈湖南亲友》"畏人千里井,问俗九州箴"句下,注称苏鹗《演义》为"《小说》"。(第1465页)今查亦无此文字。赵次公当以"《小说》"泛称相关笔记资料,并非确指某书。存疑待考。

3.《促织》"草根吟不稳,床下夜相亲"句下,赵次公注引《小说》曰:"宫人以金笼盛之。"(第301页)据此条内容,"金笼"事当出五代王仁裕所撰《开元天宝遗事》,其书"金笼蟋蟀"条曰:"每至秋时,宫中妃妾皆以小金笼捉蟋蟀,闭于笼中,置之枕函旁,夜听其声。庶民之家亦皆效之。"[①]赵次公注引该条资料,同前引殷芸《小说》,多为意引,并未逐字录出。故该条当出王仁裕《开元天宝遗事》。

4.《病后遇王倚饮赠歌》"长安冬菹酸且绿,金城土酥静如练"句下,赵次公注引《小说》曰:"胡人入吾地者,见莴苣云:'此狼牙菜也,安可食!'后却见来服,乃曰:'怪其食狼牙菜,原有地酥为解。'"(第340页)此条亦不见诸种小说记载,疑为佚书佚文。

5.《伤春五首》"烟尘昏御道,耆旧把天衣"句下,赵次公注引《小说》"郭翰传"云:"天衣本非针线为耳。"(第598页)考郭翰事,《太平广记》卷六十八"女仙十三"有载,语句无误,但称"出《灵怪集》"[②]。而《佩文韵府》卷六"缝"韵下,引郭翰事云出《灵怪录》。按《灵怪集》、《灵怪录》现存文字俱有郭翰事,而《灵怪集》在宋代已残佚,如《太平广记》、《类说》所引文字,均有与现存不相吻合者。又赵次公注引小说,未有确指《灵怪集》一书。综合考虑,此条当出于《灵怪录》。

6.《催宗文树鸡栅一首》"课奴杀青竹,终日憎赤帻"句下,赵次公注引《小说》曰:"空宅云有怪,或居之。中夜,有赤帻而来者,问其怪类,答曰:'老鸡也。'"(第948页)此条内容,本出晋干宝《搜神记》卷十九"安阳亭"条,文字不甚相同,当为赵次公略引。文繁不录。故该条《小说》当为《搜神记》。

7.《奉酬薛十二丈判官见赠一首》"欲学鸱夷子,待勒燕山铭"句下,赵次公注引《小说》云:"(范蠡)以西子而去。"(第1215页)据此条内容,范蠡西子事出于东汉赵晔《吴越春秋》与东汉袁康《越绝书》,前云:"越浮西施于江,令随鸱夷而终。"[③]后云:"吴亡后,西施复归范蠡,同泛五湖而去。"[④]赵次公多处注引《吴越春秋》、《越绝书》,本条所云《小说》,当泛指两书。

8.《奉酬薛十二丈判官见赠一首》"相如才调逸,银汉会双星"句下,赵次公注引《小说》云:"织女渡河从牵牛。"(第1215页)织女事,多见于各种典籍,《续齐谐记》、《荆楚岁时记》、《风俗记》、《博物志》、《太平御览》都曾引用。而殷芸《小说》现存佚文并无此条。上文曾有论述,此不展开。

可见,在杜诗赵次公注中,"《小说》"一词的指代确实已经由特指殷芸《小说》,扩大至泛指包括殷芸《小说》在内的诸种小说、笔记、传奇书。此外,通过第8例,如果袁珂以为《月令广义》所引为殷芸《小说》佚文是正确的,那么,赵次公注中的这个引书用例则明显优于明代的《月令广义》,何以不据?所以,尽管宋注引"牛郎织女"的用例优

---

① (五代)王仁裕:《开元天宝遗事》(唐宋史料笔记丛刊),北京:中华书局,2006年,第22页。

② 《太平广记》,卷六十八,第421页。

③ 周生春:《吴越春秋辑校汇考》,上海:上海古籍出版社,1997年,第270页。

④ 李步嘉:《越绝书校释》,武汉:武汉大学出版社,1992年,第370页。

于明代类书所引，但基于学术的严谨，考虑到唐宋以来“《小说》”一词的指代变化，我们依然不能将其视为殷芸《小说》佚文的确证。

我们还可进一步考察赵次公注东坡诗引《小说》的用例。东坡诗赵次公注也散见于宋人的各家注本中，本文以题为王十朋所撰《增刊校注百家注东坡先生诗》为据，加以分析。东坡诗赵次公注引《小说》9 条，如下：

1. 卷二《〈虔州八境图〉八首》其八“谁向空山弄明月，山中木客解吟诗”句下，赵次公注：

> 次公：《寰宇记》所载上洛山多木客，乃鬼类也。形似人，语亦似人。而徐铉《小说》载鄱阳山中有木客，自言秦时造阿房宫采木者也，食木实，遂得不死，时就民间饮酒，为诗一章云：酒尽君莫酤，壶倾我当发。城市多嚣臣，还山弄明月。然鄱阳则饶州也，非虔州事，岂先生因虔有木客遂用此耶？①

考徐铉所撰《稽神录》，此条为佚文②。赵次公以“《小说》”代指《稽神录》。

2. 卷五《书焦山纶长老壁》“一旦或人问，每睡安所措。归来被上下，一夜着无处。展转遂达晨，意欲尽镊去。此言虽鄙浅，故自有深趣。持此问法师，法师一笑许”句下，赵次公注曰：

> 次公：此篇先生用《小说》一段事裁以为诗，而意最高妙。③

查唐宋典籍，并无本事相关记载。疑为赵次公评苏轼以小说叙事之法为诗笔，并非特指某一小说书，或泛指诸书。存疑。

3. 卷五《石塔寺》“饥眼眩西东，诗肠忘早晏。虽知灯是火，不悟钟非饭”句下，赵次公注曰：

> 次公：《小说》载唐王播少孤贫，客木兰院，随僧斋粥。僧厌苦之，饭后击钟。其后，播镇扬州，访旧处，题诗曰：上堂已了各西东，惭愧阇梨饭后钟。说者谓往时寺僧不能礼贤，至今其徒以饭后钟为作。今先生诗意，言播特饥而迷路，不知直往寺中，贪吟诗而失时，不知趁时而往饭。谚云：早知灯是火，饭熟已多时。④

据赵次公注引本事，当出自五代时期王定保所撰《唐摭言》⑤，故赵次公以“《小说》”代指《唐摭言》。

4. 卷十《橄榄》“待得微甘回齿颊，已输崖蜜十分甜”句下，赵次公注曰：

> 次公：《小说》：待得你回味，我已甜了。⑥

查唐宋典籍，并无本事相关记载。赵次公注东坡诗，当为首出，故后出之书往往据其复引，如宋戴埴撰《鼠璞》，卷上“橄榄”条下曰：“注坡诗者引《小说》：‘橄榄与枣争，枣

① 《集注分类东坡先生诗》，卷二，第 108 页。
② （宋）徐铉：《稽神录》，北京：中华书局，1996 年，第 148 页。
③ 《集注分类东坡先生诗》，卷五，第 105 页。
④ 《集注分类东坡先生诗》，卷五，第 117—118 页。
⑤ （唐）王定保：《唐摭言》，卷七，上海：中华书局上海编辑所，1959 年，第 73 页。
⑥ 《集注分类东坡先生诗》，卷十，第 94 页。

曰:待尔回味,我已甜特。'"[1]

5. 卷十《苏州闾丘江君二家雨中饮酒二首》"莫遣歌声便驻云"句下,赵次公注曰:

次公:《小说》载王魁诗云:谢氏筵中闻雅唱,谁人戛玉在簾帷。一声透过秋空碧,几片行云不敢飞。[2]

按,王魁事,多见于宋代戏曲及各种话本。最早出张师正《括异志》"王廷评"条[3],但无赵次公注中王魁之诗,情节也较为简单。至李献民《云斋广录》"王魁歌"条,故事情节已较为详备[4],但亦无赵注所引王魁诗。《齐东野语》[5]、《宋诗纪事》[6]亦同。曾慥《类说》卷三十四引《摭遗》,录《王魁传》,存有赵注所引王魁诗[7]。按,《摭遗》,刘斧所撰,《宋史·艺文志》"小说"类著录,已佚。至罗烨撰《醉翁谈录》,录《王魁负心桂英死报》,故事情节始与后代戏曲情节相同[8],亦有是诗。王魁赋诗记载之书应前于赵次公注东坡诗之时,当为刘斧《摭遗》。故赵次公以"《小说》"代指《摭遗》。

6. 卷十一《仆曩于长安陈汉卿家见吴道子画佛碎烂可惜其后十余年复见之于鲜于子骏家则已装背完好子骏见遗作诗谢之》"素丝断续不忍看,已作胡蝶飞联翩"句下,赵次公注曰:

次公:《小说》载一道人为戏术,碎剪绢作胡蝶而飞,少还复如故。或有藏其一蝶,而绢亦亏如蝶之大。[9]

查唐宋典籍,并无本事相关记载。不知赵次公何据,待考。

7. 卷十三《纸帐》"破屋哪愁仰天见"句下,赵次公注曰:

次公:退之寄卢仝诗:破屋数间而已矣。又,《小说》有县令求雨于董君异,君异仰视其屋曰:贫家屋皆见天,不可以得雨,如何?[10]

考董君异事,出《神仙传》卷十"董奉"条[11],故赵次公以"《小说》"代指《神仙传》。

8. 卷十三《祥符寺九曲观灯》"宝珠穿蚁闹连朝"句下,赵次公注曰:

次公:《小说》载有以九曲宝珠,欲穿之而不得,问之孔子。孔子教以涂脂于线,使蚁通焉。[12]

---

① (宋)戴埴:《鼠璞》(宋咸淳百川学海本),卷上,第11页。
② 《集注分类东坡先生诗》,卷十,第111页。
③ (宋)张师正:《括异志》,卷三,北京:中华书局,1996年,第38页。
④ (宋)李献民:《云斋广录》,卷六,"丽情新说下"条,北京:中华书局,1997年,第41—43页。
⑤ (宋)周密:《齐东野语》,卷六,北京:中华书局,1983年,第107页。
⑥ (清)厉鹗:《宋诗纪事》,卷二十二,上海:上海古籍出版社,1981年,第559—560页。
⑦ (宋)曾慥:《类说》(明天启六年岳钟秀刻本),卷三十四,北京:书目文献出版社,1998年,第583—584页。
⑧ (宋)罗烨:《醉翁谈录》,辛集卷二,上海:古典文学出版社,1957年,第91—95页。
⑨ 《集注分类东坡先生诗》,卷十一,第161页。
⑩ 《集注分类东坡先生诗》,卷十三,第64页。
⑪ (晋)葛洪:《神仙传》(清文渊阁四库全书本),卷十,第41页。
⑫ 《集注分类东坡先生诗》,卷十三,第72页。

九曲宝珠事,殷芸《小说》确有记载,惟故事情节与之稍异,录周楞伽辑本第45条以比较:

孔子去卫适陈,途中见二女采桑。子曰:"南枝窈窕北枝长。"答曰:"夫子游陈必绝粮。九曲明珠穿不得,著来问我采桑娘。"夫子至陈,大夫发兵围之,令穿九曲珠,乃释其厄。夫子不能,使回、赐返问之。其家谬言女出外,以一瓜献二子。子贡曰:"瓜,子在内也。"女乃出,语曰:"用蜜涂蛛,丝将系蚁,蚁将系丝;如不肯过,用烟熏之。"孔子依其言,乃能穿之。于是绝粮七日。[①]

虽故事情节叙述不同,但赵次公注引他书,往往以意引为主,并非全部摘引原书文字,故该条可以断为殷芸《小说》。

9. 卷十七《径山道中次韵答周长官兼赠苏寺丞》"奈何效燕蝠,屡欲争晨暝"句下,赵次公注曰:

次公:《小说》载蝙蝠与燕争昼夜,不决,往问凤凰,凤凰方睡,遂投训狐。其事详见《诗案》,且云:某意以讥王庭老如训狐不分别是非也已。[②]

该条文字本文第二节已有论证,此不赘述。

通过以上9条赵次公注东坡诗引《小说》的用例,我们可以更加确定,宋注中的"《小说》"指代情况,已经由特指殷芸《小说》发展为泛指与笔记、传奇等相关的诸书。赵次公注引《小说》9次,只有1次实考为殷芸《小说》,作为泛称的"《小说》"意义,可见一斑。

自唐宋以来,各种典籍注本中的"《小说》"一词,已经由特指殷芸《小说》,发展为泛指诸书。那么,这种发展趋势在明代自然也不会后退,不会再回到具体的指称。因此,据明代类书所引"《小说》",是否就能断定为殷芸《小说》,需要逐条文字的考辨,而不能望文生义。

五

以上,我们讨论了"《小说》"这个词从唐宋时期到明代的指向发生的变化。因此,袁珂据明代类书《月令广义》所引《小说》,就断"牛郎织女"为殷芸《小说》佚文,实属不当。第一,不符合"《小说》"指称在唐宋以后由特指到泛指的变化趋势;第二,设使袁珂所论正确,则杜诗赵次公注引《小说》"牛郎织女"条,比《月令广义》条更有时间的优势。第三,通过具体到每条引文资料的分析,我们无法断定赵次公注引的《小说》就是殷芸《小说》,则《月令广义》所引《小说》,更无法断为殷芸《小说》。

通过对《月令广义》所引《小说》"牛郎织女"条非殷芸《小说》佚文的考察,我们还可以进一步反思长期以来学术研究中古小说辑佚方法的误区,以及如何拓展古小说研究方法的新视角。诚然,据类书辑佚古小说散失之文字,是行之有效的研究方法。

① 《殷芸小说》,第48页。

② 《集注分类东坡先生诗》,卷十七,第165页。

但是具体到特殊的文本、特殊的个案，我们则不能大而化之。考虑到古人对于小说观念的接受与发展，我们在使用类书时，就必须格外谨慎，不可以字概貌，妄下断语。如果不能严谨考察，讹误难免会沿袭，造成学术考量的长期失准。

同时，通过这个个案的考察，我们还可以开拓小说研究的新视角。研究小说，并不一定只能局限在小说文本，或是创作背景的研究，我们还可以从观念接受、作品接受的层面加以考察，展开一个研究的新天地。而接受的层面，则可以跳出以往对于小说作品的反馈研究，从其他类型的文学作品中去思考、分析。例如从历代史注、集注、诗注中的引书，去考察小说在文学史中的发展程度与接受程度，就可以得出或佐证一些之前不曾触及和深入的观点。过去我们研究诗歌，未能注重文章；研究小说，未能注重曲艺，往往将研究的角度局限在一个很狭窄的单一空间里，不能将视野有效地扩大。那么，打通各个文体类型的研究，研究不同文体的交叉层面，或许对现在的文学研究，能起到一些持续而深入的促进作用。

（作者单位：安徽大学文学院）

晚明松江“雅社”考论

汪　超

明清时期松江地区文人结社尤为兴盛，所谓“松郡文社甲天下”①，松江本为文人名家聚集之地，故而文社数量众多且名闻一时，如复社、几社、十六子社、小昙花社、求社、景风社、雅似堂社等。但是，在此之前晚明松江地区还活跃着另一文人社团——“雅社”，郭绍虞《明代的文人集团》、谢国祯《明清之际党社运动考》、何宗美《明末清初文人结社研究》及其《续编》都尚未提及，本文主要就“雅社”的成员、活动、宗旨，以及对于“云间诗派”的影响进行初步探讨，以作明代文社研究的有力补充。

一、“雅社”成员考

“雅社”成立于乙卯年(1615)十二月廿二日，唐汝询《编蓬后集》卷十五《雅社约》云：

> 乙卯岁杪，偶憩海上，愁霖晦冥。客居寡欢，日与元常诸君悲歌相答，酒酣耳热，怆然与怀。正以嘉会难长，良俦莫逆，藉非寄情高咏，奚以托好千秋。于是举生平所与操觚艺林，填篪调合者得十二人为雅社，推长舆先生为盟主。后每有一题，在远必告，毋畏难而阁笔，毋托事以废吟，唐代也然。科条不立，无所遵守，谨著社约十四条于右。

《编蓬后集》卷十三《与沈茂之》诗亦可为证：“无聊之极，与唐元常辈十二人结一社，名曰雅社，足下虽居远亦在列。每月议一题附寄，属草遗我，庶几天涯比邻，稍慰落寞，五言布臆，无惜报琼。”

“雅社”初期成立时成员只有十二人，《编蓬后集》卷九有《季冬廿二日同潘上民、张元里、元应、王玄超夜集唐元常斋头约张长舆、沈茂之、吴逸一、徐唐运、张圣清并见孟庄为社，分韵得灯字》诗。此外，《编蓬集》卷五唐汝询作有《寄怀社中诸友十首》：《怀长舆》、《怀逸一》、《怀上民》、《怀茂之》、《怀元里》、《怀唐运》、《怀元应》、《怀元常》、《怀圣清》、《怀玄超》。初期十二位成员共同推举张所敬为社团盟主，张所敬(1539—?)，“字长舆，人称黄鹤先生，上海之龙华里人。观察史七泽公所望之兄也”。张氏家族为松江地区之望族，而张所敬“更以词赋狎主齐盟，诗得孟襄阳、李供奉之脉络，晚年直逼杜少陵堂奥，文则非先秦两汉不道只字。海内名公巨卿莫不知海上有长舆先生，而王弇州司寇尤极相推重，至季孟于李济南、汪新安之间，由是问奇执贽者履

---

① (清)叶梦珠：《阅世编》卷四，上海：上海古籍出版社，1981年，第102页。

满户外，而公犹以不及事陆文裕公为恨，盖文裕为海上坛社之前驱”①。王世贞、李攀龙、汪道昆都是晚明文坛名噪一时的文人，王世贞推尊张所敬伯仲于李攀龙、汪道昆之间，虽然不免有歌谀称颂之嫌，但是被唐汝询等人推举为雅社盟主，也可谓实至名归之确事。

“雅社”成立之时所立社约，其中“广同志”规定社员却复之原则：

昔惠远社白莲，却康乐而邀靖节，靖节复攒眉而去之，何则？道不同不相为谋。吾党结社不敢有所却复，不敢有所邀。调谐者听其入，韵殊者任其去，孟氏之设科是矣。然吾郡家擅龙雕，人操牛耳，社宁止于十二，惟诸君不鄙而俯就焉。

明确标举“广同志”的旗号，任凭志同道合者主动加入，来去自由，由于松江地区“家擅龙雕，人操牛耳”，文人名士各持己见，百家争鸣，故而“社宁止于十二，惟诸君不鄙而俯就焉”。但是，自乙卯年十二人结社孟庄后，还有不少文人不断加入，在《编蓬集》、《编蓬后集》中可见唐汝询与之结社见赠的诗作，如《编蓬集》卷四《喜李徵之见访四首》（徵之雅欲就余结社，余适欲访之先期而至）、《编蓬集》卷七《倪懋父欲就余结社以寄之》等。

另外，在张所敬周围也聚集不少文人，如“其同社友人相与弹射诗文者，则有冯山人子乔，山人老而侨居春申浦之东，公时操豚胝斗酒相劳，若已复经纪其丧事”②。冯迁，字子乔，号樵谷，“隐居，教授自给。御史耿某督学江南知之，檄邑令，表其庐曰逸民。杂不往谢，其耻干谒如此。著有《长铗斋集》、《云水道人集》、《南游稿》”③。张所敬之子张积祥也加入“雅社”，其为刘方《天马媒》传奇所作引语云：“吾社刘子晋充，仙才侠骨，翩若行空天马，殆不可羁，世无薛翁神鉴，犹然辕下局促耳。家从父方伯（按：张所敬弟张所望）公一见惊赏，引缔忘年，虽昌黎之遇长吉未或过之。社弟怡庵张积祥题。”④崇祯二年吴中刘方来访张所望，也加入张所敬主盟之“雅社”，故而张积祥才有“社弟”之称。

综上所述可见，“雅社”主要成员除却早期唐汝询明确提及的十二位外，李徵之、倪懋父、冯乔、张积祥、刘方等人也先后加入，共同组成晚明时期松江地区的这一社盟。

二、“雅社约”

张所敬、唐汝询等初立“雅社”之时，鉴于“科条不立，无所遵守”的结社规范，故而“谨著社约十四条于右”，也作为诗社成立的纲领性宣言。

（一）“古人为式，性情为用”

针对晚明诗坛诗歌创作的现状，“雅社”文人提出痛革之举，“定风格”条云：

①② （明）何三畏：《张文学长舆先生传》，《云间志略》，台北：学生书局，1987年，第1701—1705页。

③ （清）王昶：《蒲褐山房诗话新编》，济南：齐鲁书社，1988年，第238页。

④ （明）刘方：《天马媒》传奇卷首，《古本戏曲丛刊》本。

> 吾明诗格愈变愈下，于鳞尚声调而影响蹈袭之弊，与中郎任才情而俚俗险怪之窦。鉴夫白雪黄金，既以起人之厌，而车车马马，讵谓得诗之神？近来年少毁李师，袁势当然矣。然所造句非饥犬饿猫，即蚓之蛙出，此又步骤中郎而骈拇者也。吾党须痛革此弊，以古人为式，性情为用。譬良御而得善马，始有一发千里之势，若曰去其辔，断其镳，虽有龙媒奚用之？诡遇获禽者，吾不取也。

明代诗坛门派各立，家倡其言。“雅社”成立时的万历诗坛，以李攀龙（于鳞）、王世贞（元美）为首的“后七子”，主盟诗坛几十年，“声华意气，笼盖海内。一时士大夫及山人、词客、衲子、羽流，莫不奔走门下，片言褒赏，声价骤起。其持论，文必西汉，诗必盛唐，大历以后书勿读，而藻饰太甚”，致使“晚年，攻者渐起”[①]。其中以袁宏道（中郎）为代表的公安派诗人，为涤荡文坛的拟古之风，倡言“独抒性灵，不拘格套，非从自己胸臆中流出，不肯下笔”[②]，也即出现社约所言“近来年少毁李师，袁势当然矣”的现象。但是，其末流陷入一味蹈袭之弊，故而张所敬、唐汝询等人提出“吾党须痛革此弊，以古人为式，性情为用”的立论宗旨，试图针对二者之流弊予以中和调节，以古人法式为根本，用之性情为调谐，从而达到融合二者之精华，形成“合之双美”的最佳境界。

对于“以古人为式”的实施，社约提出“备诸体”的具体要求：“青莲称七言不如五言，五言不如四言，为其渐近古也。今作者工近体，罕集古风，终是管中窥豹，吾党必先精骚选，次及律绝，始可入大乘法门。”高度肯定古风之于近体的重要性，要求精熟骚选与律绝，方才入门之正，为学必精。这也可以从《编蓬集》中看出，其卷首即拟古十九首，而且五言、七言古诗多达二百余首，都是试图从文体角度入手以求古式。

（二）规范之“社会”活动

与明代诸多诗社一样，社约也对“社会”活动进行详致约定，主要在于雅集宴酒、吟诗倡和两个方面。

首先，“期雅集”。“以文会友，志不在饮，以酒陶情，草蔬亦佳。每会肴不过五品，或人操一物，不贵多而贵精。饮期微醺，不至酩酊，足称雅集矣”。觞咏自娱，作为文人雅集的必选胜事，至于菜肴饮酒皆在其次，目的在于藉此相逢会友的机会。他们或聚集园亭，吟诗唱和，如唐汝询有《春半归郊园示社中诸友二首》诗[③]；或放舟江湖，游赏烟霞，如宋徵璧《清秋张圣清席上同杨幽妍校书》自注云：“圣清名积源，国子生，大方伯七泽公次子，生而有俊才，性解音律，尤好吹洞箫，自造一书画舫，游家泛宅，拟之浪迁，舟中多载古玩名迹，陈、董二先生呼为小友。”

其次，“稽课程”。“士朝而受业，书而讲贯，夕而习复，夜而计过无憾，而后即安，此一日之课也。由日而月，由月而岁，岂容无所稽考，诗虽一艺，然不立课程，则无所遵守。每以一月为率，诵选诗若干，近体若干，须精熟。”明确规定社员的定期诗作，这

---

① 《明史·王世贞传》，《四库全书》本。

② （明）袁宏道：《叙小修诗》，钱伯城笺校：《袁宏道集笺校》，上海古籍出版社，1981年，第188页。

③ （明）唐汝询：《编蓬后集》卷六，《四库全书存目丛书》集部第192册，第711页。

在周裕度《天马媒》题辞中亦有反映:“春秋,每课一目,拈双韵,一时同社面赤未就,而晋充已稿落几上,舒啸自若矣。”通过固定的课目形式,督促社员加强习作,提高诗文水平。

最后,“拟题诗”。诗社的重要活动即为拟题作诗,“唐人佳句因题而得,题不广句且局矣。凡我社友每月轮拟二题,转相传付。他若燕饮,或送别,须各分赋一物”,吟诗唱和之时切磋诗艺,饮酒吟赏之余增进友谊。其中所拟之题,又分为“公题”、“私题”:“合社共赋者为公题,人自命题着为私题。公题每月一篇,不可缺。私题任与,难限其数。”当然,所拟题的诗作都要呈送盟主张所敬先生过目,“每一题集为卷,以呈长舆先生,请得高下”,“就公题所得一岁二十四首,一社合之当得三百篇。复以私题入之会成一帙,岁终呈盟主,定其殿最,庶可以无憾矣”,从而使得“自满者抑之,自怯者扬之,庶几后进知所指归云”。

(三)崇文谊、敦游扬

社约还对社员交往作出善意提醒,相互帮助参订修改诗歌,注意维护社员之间的友谊。如“许互订”云:“人有好尚,诗不易评。盟主既品题矣,十二人又当转相参订,不惟使诗篇尽善,亦朋友责善一端。”虽然有盟主张所敬的整体把关,但是社员之间亦要相互润色,以期大家的作品能尽善尽美,并且列举先贤作为效仿之典例,“敦游扬”云:“昔东野诗名得韩而起,鲁直声价因苏而高。吾曹亦宜揄扬先达,荐宠后辈,期无愧于韩苏云。”唐代韩愈与孟郊、宋代苏轼与黄庭坚,都是揄扬荐宠的经典美谈,所以社约也期望成员之间能够借鉴效仿,于互助互进间努力提升。

当然,针对当时文坛的某些弊端,社约还希冀成员之间真诚相待,不仅要“戒面谀”:“古人藉苦口为良药,今人藉谀言为芳饵。吾曹以千秋相许,岂宜有所谀?诗之好丑,各宜据实。庶几敬礼之文,得订于陈思;老妪之论,有补于香山也。”而且还要“禁谈短”:“汝无面从,退而后言,虞舜之戒也。吾党以诗相规,一字一句,悉面质之,无得退而议其短。”针对诗歌创作等问题都是当面探讨明白,既不要相互之间的阿谀奉承,彼此忠诚相待,又不能口蜜腹剑,功过是非都要言明,这样才能保持亲密无间的社盟之谊。

所以,社员之间感情十分亲密,他们也自诩欲效唐代元白之风,“吾曹虽以称诗而结社,实期著信于艺林,既约之后,得失相规,患难相惜,休戚相关,有无相共,毋以细故而弃大德,毋以契阔而有遐心。挽颓风于末俗,存古道于草莽,防萧朱之后嫌,起张范而无愧。俾千秋不以词藻称,而以交谊显,则雅社之本意也”。唐汝询《编蓬集》、《编蓬后集》中有多首表达怀友念旧的诗作,如卷五《附书元常偶题》:“作客秦淮柳半青,社中亲友散如星。缄成尺素灯花落,愁绝孤吟一草亭。”另外,唐汝询还为社友作祭文,如《祭沈茂之太孺人文》等,体现出“以文会友”的真正内涵,以及社员之间深厚情谊。

三、“雅社”与“云间诗派”

就整个明代诗学发展而言,“至于明,始有格调、气势之论矣。古必汉魏,律必盛唐，举宋、齐、梁、陈暨大历以降之作，悉弃而弗采，实云隘矣。于是何、李倡于前，王、李沿于后。公安、竟陵矫之，云间诸子复小异之，而一代之诗局遂终"①。万历、天启诗坛诸音竞呈，王世贞为首的"后七子"、三袁为代表的"公安派"、钟谭为代表的"竟陵派"，尤其是随着王学的渐起和李贽的鼓吹，后七子及其追随者倡导的拟古之风渐退，只有东南一带文人仍然坚守兴举复古的正统思想，如匡社、南社、应社、几社等，都是试图救公安、竟陵之弊，重倡前、后七子的拟古论调，宋琬《周釜山诗序》亦持此论："明诗一盛于弘治，而李空同、何大复为之冠；再盛于嘉靖，而李于鳞、王元美为之冠。……云间之学，始于几社，陈卧子、李舒章有廓清摧陷之功。"②视"前七子"、"后七子"和"云间诗派"为明代诗歌复古的三个阶段，这在廖可斌《明代复古运动研究》也有相同详尽论述。

对于"云间诗派"的界定研究，"云间派主要就是以几社胜流为基础的，带有政治色彩的文学团体或文学流派"③，主要以陈子龙、李雯、宋征舆"云间三子"为首，谢明阳《云间诗派的形成——以文学社群为考察脉络》又认为"云间诗派的发展历经了'几社'、'云龙唱和'、'云间三子'三个阶段"④，都注意到以"几社"为首的"云间诗派"的复古之举，但同时还不容忽视"雅社"的铺垫过渡作用，应该作为"云间诗派"的先声，这主要可以从三个方面予以认识：

首先，时间、地点的趋同。明清之际江南地区社团兴盛，但是成立时间皆在"雅社"之后，如"匡社"、"南社"成立于 1620 年，"应社"成立于 1624 年，即使同样活跃于松江地区的"几社"也是成立于"己巳"也即崇祯二年 1629 年，"两社对峙，皆起于己巳之岁"（杜登春《社事始末》），是时两社士子聚集杜麟徵别墅贺其早得贵子，"借汤饼为东南一大会"。由于共同活动于松江地区，诗社之间社员也多交往，有些甚至同时参加不同社盟，"几社"陈子龙就跟张所望交往颇深，并且还曾受张所望之子所托撰写《明中奉大夫山东布政使司右布政使七泽张公神道碑铭》⑤。

其次，复古主张的倡导。"雅社"与"几社"的立社宗旨颇为一致，"雅社约"明确指出"吾明诗格愈变愈下，于鳞尚声调而影响蹈袭之弊，与中郎任才情而俚俗险怪之窦"，故而提出"吾党须痛革此弊，以古人为式，性情为用"。"几社"也是"一洗公安、竟陵之陋，而复见黄初、建安、开元、大历之风"⑥。都是针对公安、竟陵的末流弊端，重新倡导复古的诗学主张。而复古理论的具体阐发，也是围绕"文当规摹两汉，诗必宗趣开元"的命题⑦，"云间三子"的首领陈子龙提出"情以独至为真，文以范古为美"⑧，与雅社"以古人为式，性情为用"的主张如出一辙。此外，他们都十分尊崇前、后七子，"雅社"成员称谓李攀龙为"李师"，而唐汝询自幼受其兄教诲影响，"惟其兄汝谔笃嗜

① （清）程梦星：《国朝诗的序》，（清）陶煊、张璨编：《国朝诗的》，《四库禁毁丛书刊》集部第 156 册，第 438 页。

② （清）宋琬：《安雅堂文集》卷一，上海：上海古籍出版社，1996 年，第 13 页。

③ 刘勇刚：《云间派文学研究》，中华书局，2008 年，第 3 页。

④ 谢明阳：《云间诗派的形成——以文学社群为考察脉络》，《台大文史哲学报》第 66 期，2007 年第 46 页。

⑤ （明）陈子龙：《安雅堂稿》卷一二，台北：伟文图书出版社，1977 年，第 353—355 页。

⑥ （清）宋琬：《尚木兄诗序》，《安雅堂文集》卷一，上海：上海古籍出版社，1996 年，第 18 页。

⑦ （明）陈子龙：《壬申文选凡例》，《陈子龙文集》，上海：华东师范大学出版社，1988 年，第 667 页。

⑧ （明）陈子龙：《佩月堂诗稿序》，《陈子龙文集》，上海：华东师范大学出版社，1988 年，第 381 页。

王李之学，故汝询所作，亦演七子流派”[1]。“云间三子”编选的《皇明诗选》更为明显，其间所选明代诗歌共一千余首，其中前后七子的多达760首，公安派、竟陵派的则只有一首，体现出强烈的尊崇思想和个人情绪。

最后，结社的组织方式。“雅社”、“几社”都可谓较为严格的诗社，二者都有详尽的立社约章，“雅社”如前所述有“期雅集”、“拟题诗”、“稽课程”等社团活动，“几社”也是如此，“近有云间六七君子，心古人之心，学古人之学，纠集同好，约法三章。月有社，社有课，彷梁园、邺下之集，按兰亭、金谷之规”[2]，并且“六子自三六九会艺、诗酒唱酬之外，一切境外交游，澹若忘者；至于朝政得失，门户是非，谓非草茅书生所当与闻，而以中原坛坫，悉付之娄门、金沙两君子，吾辈偷闲息影于东海一隅，读书讲义，图尺寸进去已尔”[3]，意在潜心文艺的以文会友。由此可以看出，同为松江地区的诗社会盟，二者在总体宗旨和社约形式上存在诸多相同之处，在关注研究“几社”、“复社”热点的同时，不容忽视早先“雅社”对松江诗社尤其是“云间诗派”的影响。

对于晚明时期松江地区的“雅社”考论，不仅在于展现诗社的成员宗旨，而且还在于揭示其过渡先导的重要作用，一方面“雅社”保持明代前期诗社的特点，多是诗酒自娱、切磋诗艺的以文会友，还是较为纯粹的文人雅士诗林同好之举，不同于晚明社盟的亦文亦政的现象。另一方面在社盟复古主张和结社组织形式上，也为其后松江地区文社如“几社”提供参考借鉴，尤其是“云间诗派”较为重要的前期铺垫，关于“云间诗派”的界定研究，就不可忽视“雅社”的重要地位。

（作者单位：安庆师范学院文学院）

---

① 《编蓬后集》卷十五，第806页。

② （明）姚希孟：《几社壬申合稿》序，杜骐徵等编《几社壬申合稿》，北京出版社，2000年，《四库禁毁丛刊》集部34—35册，第485页。

③ （明）杜登春：《社事始末》，《昭代丛书》道光本，第6页。

“泊鸥吟社”考论

胡媚媚

“泊鸥吟社”，又名“泊鸥社”、“鸥社”，是清代嘉庆、道光时期浙江绍兴地区的一个诗歌社团，在当地的诗社中具有代表性，影响相当广泛。关于该诗社，学术界尚无研究。本文将通过现存文献资料，对该诗社的一系列问题进行系统的梳理和考察，力求还原其历史概况和细节，剖析其对当地诗坛的深刻影响。

一、“泊鸥吟社”的主要成员

成员数量属于诗社的基本情况之一，也是考量诗社影响力的重要方面。光绪年间潘衍桐所辑《两浙輶轩续录》对“泊鸥吟社”的成员有明确的记载，其补遗卷四岑振祖名下所附诗话记载：

> 晚岁归里，与邬先生鹤徵、茹先生蕊、纪先生勤丽、王先生衍梅、周先生师濂、杜先生煦、杨先生桀、商先生嘉言、施先生琦、何先生一坤、诸先生创、赵先生错、陈先生祖望、王先生望霖，洎释卍香、妙香二上人，结“泊鸥吟社”。先生年最高，为之长。①

由此可知，“泊鸥吟社”的成员有岑振祖、邬鹤徵、茹蕊、纪勤丽、王衍梅、周师濂、杜煦、杨桀、商嘉言、施琦、何一坤、诸创、赵错、陈祖望、王望霖、释与宏（卍香其号）、释汉兆（妙香其号）等十七人，社长为岑振祖。

岑振祖（1754—1839），字端书，号镜西，又称壶中老人，浙江余姚人，诸生，著有《延绿斋诗存》，其中收录了一些结社唱和的诗歌。其后人岑象坤撰有《二十一世会稽镜西公年谱》，也记载了不少关于“泊鸥吟社”的资料。

邬鹤徵（1781—1849），字雪舫，浙江山阴（今绍兴）人，诸生，著有《吟秋楼诗钞》。《两浙輶轩续录》卷三十九邬鹤徵名下引孙德祖语：“先生与笠舫[王衍梅]同时与于‘鸥社’。”又陶濬宣语：“君初名鹤舟，刻《吟秋楼二集》时始署今名，‘鸥社’中之最著者。诗境清华微宛、自然入妙。”②说明邬鹤徵和王衍梅两人是“泊鸥吟社”的代表社员。

茹蕊（生卒年不详），字韵香，号也园，又号玉笥山农，浙江会稽（今绍兴）人，乾隆五十一年丙午（1786）副贡，官松阳训导，著有《吟花书屋诗草》、《一笑了然斋诗钞》。道光六年丙戌（1826）武林渊雅堂刻茹蕊等撰《山阴赠行诗录》，也记录了他与岑振祖、

---

① （清）潘衍桐：《两浙輶轩续录》补遗卷四，《续修四库全书》第1687册，第322页。

② 《两浙輶轩续录》卷三十九，第468页。

商嘉言、纪勤丽、释与宏、邬鹤徵、周师濂等人的交游、唱和。

纪勤丽(1763—?),字百谷,浙江山阴人,著有《邻彭山馆诗钞》。

王衍梅(1776—1830),字律芳,号笠舫,浙江会稽人,嘉庆十年乙丑(1805)进士,官广西武宣知县,以吏议落职,著有《绿雪堂遗集》。

周师濂(1765—?),字又溪,号竹生,浙江山阴人,嘉庆六年辛酉(1801)拔贡,著有《竹生吟馆诗草》。《两浙𬨎轩续录》卷二十一周师濂名下诗话记载:"时与岑镜西、邬雪舫、王笠舫、何半余诸先生齐名,为'鸥社'之老宿。"[①]又,李慈铭《越缦堂文集》卷二《耻白集序》说:"《耻白集》二卷,亡友周君雪瓯之所作也。君世家山阴。其大父竹生先生以诗名越中,与同邑邬雪舫先生齐名,称'周邬',结'泊鸥社'相唱和,皆以诸生老,各有诗集行于世。"[②]可见,周师濂也是"泊鸥吟社"较为著名的社员。

杜煦(1780—1850),字棣君,号尺庄,浙江山阴人,嘉庆十二年丁卯(1807)举人,道光元年辛巳(1821)举孝廉方正,著有《苏甘廊集》。

杨桀(生卒年不详),初名枝,字戟辕,号吉园,浙江会稽人,嘉庆十九年癸酉(1813)岁贡,官泰顺训导。《两浙𬨎轩续录》卷二十七收录了他的七首作品。

商嘉言(1775—1827),字拜廷,号〇莽亭,浙江会稽人,诸生,著有《〇莽亭诗草》。他是岑振祖的表侄,也是其《延绿斋诗存》的编选者。

施琦,生平不详,与邬鹤徵等人有交往。邬鹤徵《吟秋楼诗钞》二集卷二有《哭施璞园琦》一诗[③]。二集卷四《亡友施璞园没十年矣,其子贫不能葬,展读遗诗,泫然有作,并寄笠舫》[④],其后七首为《丙戌嘉平二十八日,得孙志喜》[⑤]。该诗集内部没有明确编年,作品大致按照创作时间排次。因此,施琦(璞园其字号)"没十年"应为道光六年丙戌(1826),上推其卒年大约为嘉庆二十一年丙子(1816)。据下文对"泊鸥吟社"创立时间的考证,施琦的逝世早于该诗社的成立,不能算作社员。此外,其他社员的集子中也并无施琦参加社集的依据。不过,施琦生前与部分社员有所交游唱和是事实。

何一坤(1769—1816),字半余,号经香,浙江山阴人。

诸创(生卒年不详),号丹萝,浙江山阴人,著有《城南草堂诗钞》。

赵错(生卒年不详),字鼎成,号省园,浙江会稽人,著有《省园诗钞》。

陈祖望(1792—?),字冀子,号拜乡,浙江会稽人,诸生,著有《思退堂诗钞》。

王望霖(1774—1836),字济苍,号石友,浙江上虞人,官中书科中书,著有《天香楼遗稿》。

此外,还有两位诗僧社员。释与宏(1758—1838),号卍香,浙江山阴人,小云楼僧,著有《懒云楼诗草》。释汉兆(1769—?),字伴霞,号妙香,浙江宁海人,山阴方广寺僧,著有《妙香诗草》。《两浙𬨎轩续录》卷五十一记载:"与越中名士王笠舫进士、周又

① 《两浙𬨎轩续录》卷二十一,第573页。

② (清)李慈铭:《越缦堂文集》卷二,《清代诗文集汇编》第713册,第256页。

③ (清)邬鹤徵:《吟秋楼诗钞》二集卷二,道光二十九年己酉(1849)刻本,第11页b。

④⑤ 《吟秋楼诗钞》二集卷四,第19页b、第21页a。

溪明经辈结'泊鸥社'于耶溪镜水间，以吟咏自娱。"[①]

岑振祖年辈最高，为"泊鸥吟社"的社长，而邬鹤徵、纪勤丽、王衍梅、周师濂、杜煦、何一坤、诸创、赵锴、释与宏等人则为骨干社员。邬鹤徵《吟秋楼诗钞》二集卷三《怀人诗五章》包括了《纪百谷》、《王笠舫》、《陈拜乡》、《诸丹萝》、《释卍香》五篇[②]，对这五个社员也作了简要的刻画和评论。

"泊鸥吟社"与会人数众多，不止上述十六名社员。如，《两浙辅轩续录》卷十七记载："姚樟，字芗林[又作香林]，会稽人，乾隆甲寅举人，官丽水教谕。"又引《校官诗录》："姚氏推越中望族，芗林又善继述，此真读书种子也。'泊鸥吟社'，芗林与焉。"[③]可知，姚樟也是该诗社的成员。岑振祖的《延绿斋诗存》卷首，也有姚樟的题词[④]。

又，释与宏《懒云楼诗草》卷二有《十一月三日，岑镜西招同姚香林，王新圃，王芝亭，杨吉园，周又溪、藕船、小梅，赵省园，邬雪舫，诸丹萝，李青厓及余，集"泊鸥吟社"，即事十四韵》[⑤]。可知，王"新圃"、王六桥（芝亭其字号）、周"藕船"、周"小梅"和李"青厓"（又作青崖）五人也是该诗社的成员。而释汉兆《妙香诗草》卷三《题社友王新圃别驾小影》一诗[⑥]，再次证明了王"新圃"曾参与"泊鸥吟社"。

又，岑象坤《二十一世会稽镜西公年谱》"道光十九年己亥，公八十六岁"条记载："杜尺庄先生……与同社杨吉园、王月槎诸先生制公栗主，送入诗巢。"[⑦]可见，王海观（字见沧，月槎其号）也是社员之一，生平未详。

此外，《两浙辅轩续录》卷三十九记载："平浩，字养中，号元卿，一号悔迟，山阴人，著《金粟书屋诗稿》。……又与'泊鸥吟社'茹韵香、纪百谷、邬雪舫诸老游，诗日益进。"可见，平浩也很有可能是"泊鸥吟社"的成员。补遗卷五，录有姚汝晋《题岑镜西先生延绿斋诗集》二首，其一尾联云："忘机合与鸥为侣，社长头衔署泊鸥。"[⑧]岑振祖《延绿斋诗存》卷首题词，也收录了这两首诗[⑨]。姚汝晋（1781—?）字锡三，号梅垞，浙江会稽人，嘉庆十九年甲戌（1814）进士，也很有可能参加过岑振祖主持的"泊鸥吟社"。

又，《延绿斋诗存》卷十两首诗歌《灯节前，订存斋前辈、虚舟、香林、新圃、六桥、虚斋、小梅作壶碟会，分致小启，再用前韵》[⑩]、《立夏前四日，省园招同纪三百谷、袁耐亭、周小梅饮秀皋斋至夜分，即席和百谷韵》[⑪]，基本可认定为"泊鸥吟社"集会所作；卷十二《挽周存斋前辈》[⑫]、《挽童陆村》[⑬]，也提到结社之事。因此，周大业（存斋其

---

① 《两浙辅轩续录》卷五十一，第143页。
② 《吟秋楼诗钞》二集卷三，第10页a—b。
③ 《两浙辅轩续录》卷十七，第424页。
④ （清）岑振祖：《延绿斋诗存》题词，《清代诗文集汇编》第439册，第233页。
⑤ （清）释与宏：《懒云楼诗草》卷二，道光七年丁亥（1827）刻本，第14页a
⑥ （清）释汉兆：《妙香诗草》卷三，道光三年癸未（1823）刻本，第21页b。
⑦ （清）岑象坤：《二十一世会稽镜西公年谱》，《北京图书馆藏珍本年谱丛刊》第120册，第171页。
⑧ 《两浙辅轩续录》补遗卷五，第375页。
⑨ 《延绿斋诗存》题词，第235页。
⑩ 《延绿斋诗存》卷十，第387页。
⑪ 《延绿斋诗存》卷十，第392页。
⑫ 《延绿斋诗存》卷十二，第416页。
⑬ 《延绿斋诗存》卷十二，第420页。

号)、"虚舟"、胡开炘(虚斋其字号)、袁鼎(耐亭其字号)、童震(陆村其号,又作菉村)等五人应当也是该诗社的成员。邬鹤徵《吟秋楼诗钞》三集卷一《己丑二月二十九日,省园主人招同镜西、吉园、根翁、又溪、晓云、卍香集秀皋别业》[①],"根翁"和陈"晓云"同样也可能是社员。周师濂《竹生吟馆诗草》卷八《春分日,小梅叔招饮,时在座者岑镜西、姚香林、王新圃、杨吉园、家存斋,予邀茹韵香来,后至者为严曙堂》[②],说明严"曙堂"也有结社的可能。

上述姓名不详的诗人,其字号有可能是已知十六名社员的别字、别号,在此特作说明。

综上所述,"泊鸥吟社"的成员至少有岑振祖、邬鹤徵、茹蕊、纪勤丽、王衍梅、周师濂、杜煦、杨槃、商嘉言、何一坤、诸创、赵错、陈祖望、王望霖、释与宏、释汉兆、姚樟、王"新圃"、王六桥、周"藕船"、周"小梅"、李"青厓"、王海观等二十三人。而平浩、姚晋汝、周大业、"虚舟"、胡开炘、袁鼎、童震、"根翁"、陈"晓云"和严"曙堂"等十人也极有可能是社员。人数总计为三十余人。根据释汉兆《次岑镜西先生花朝后一日,雨中偕"泊鸥吟社"二十五人泛舟赴小云楼探梅,舟中先得二首韵》一诗[③],可知"泊鸥吟社"的一次社集曾达到二十五人之多。除上述三十三人之外,该社可能还有其他临时性社员,如岑振祖的儿子、侄子和骨干社员的兄弟、朋友等等,此处不一一增补。"泊鸥吟社"在绍兴地区颇有影响,与其社员众多密切相关,可谓极具代表性的绍兴诗社。

二、"泊鸥吟社"的起止时间

"泊鸥吟社"的创立时间有几种说法,下面拟对此进行专门考证。

岑振祖《延绿斋诗存》卷十《"泊鸥吟社"宴集诗并序》记载:

> 身同倦鸟归来,最惜时光;心似闲鸥梦去,不离风月。须寻欢乐,莫过唱酬,爰集同志十二人,结为"泊鸥吟社"。月凡两举,岁可再周。贱齿稍长,于嘉平月三日,值第一会,设几案于栲栳精舍,醵资沽饮,即事赋诗,体格不拘,胸怀咸适,率成四律,用质同人。
>
> 都忘机事订鸥盟,泊处真堪适性情。半世江湖浮浪迹,一庭风月斗吟声。碧山老辈人争慕,前明无锡诸名宿设"碧山吟社"。红树新霜景最清。吾越王季重先生开"枫社"于罗纹坂。仿得前规初结社,合资博饮讵无名。(其一)[④]

此诗序仅记载了第一次集会的日期为"嘉平月三日",却没有说明年份。

而《二十一世会稽镜西公年谱》"嘉庆二十四年己卯,公六十六岁"条也记载了结社之始和这首诗[⑤]。可见,岑象坤所编岑振祖年谱对"泊鸥吟社"创立时间的记载为

---

① 《吟秋楼诗钞》三集卷一,第 8 页 b。

② (清)周师濂:《竹生吟馆诗草》卷八,道光九年己丑(1829)刻本,第 18 页 b。

③ 《妙香诗草》卷七,第 7 页 a。

④ 《延绿斋诗存》卷十,第 386 页。

⑤ 《二十一世会稽镜西公年谱》,第 156—157 页。

嘉庆二十四年己卯十二月三日(1820 年 1 月 18 日)。很显然,年谱大致依据《延绿斋诗存》而编。但是,《延绿斋诗存》内部没有明确的编年,年谱所说“嘉庆二十四年己卯”,仍有待考察。通过其他社员的现存诗歌,可对结社年份加以考证。释汉兆《妙香诗草》卷七《己卯闰四月十有七日,“泊鸥吟社”诗侣雨中宴集妙香丈室,诗以志喜》①,明确记载嘉庆二十四年己卯(1819)闰四月十七日已有诗社活动,因此第一次集会不可能迟至该年十二月。年谱对结社年份的判断有明显错误,应是抄录《延绿斋诗存》而不详加考察所引起的问题。

《两浙辅轩续录》卷二十七收录杨棨诗歌《“泊鸥吟社”为镜西主人赋,主人年登周甲,归自东嘉,慕林泉之高致,敦故旧之宿欢,曾作泊鸥图以寄意,兹复联同志十二人,为吟社第一会于栲栳精舍,即以是命题,亦可见醉翁之意矣,时嘉庆戊寅冬十一月初三日》②,明确说明该诗社的第一次集会发生在嘉庆二十三年戊寅十一月三日(1818 年 11 月 30 日),应当较为准确、可靠。

又,上文社员提到释与宏《懒云楼诗草》卷二《十一月三日,岑镜西招同姚香林、王新圃、王芝亭、杨吉园、周又溪、藕船、小梅、赵省园、邬雪舫、诸丹萝、李青厓及余,集“泊鸥吟社”,即事十四韵》③,这首诗歌的创作时间也为嘉庆二十三年戊寅(1818)十一月三日,即第一次社集所作。因为此诗其后一题为《诗巢怀古》④,再其后十三题为《己卯春,初得焦山巨超长老见寄诗次韵》⑤。诗集虽无目录和明确编年,但基本按照创作时间排次。《懒云楼诗草》与杨棨诗中的记载一致,可互相印证。

又,周师濂《竹生吟馆诗草》卷八《十一月初四日,岑丈于栲栳精舍集同人作“泊鸥吟社”书怀纪事,得三十韵》⑥,次页也有《诗巢怀古》一诗⑦。该诗集的目录明确记载卷八为戊寅至庚辰的作品⑧。因此,“十一月四日”指的也是嘉庆二十三年戊寅(1818)该年。

综上所述,“泊鸥吟社”的创立时间应为嘉庆二十三年戊寅十一月三日(1818 年 11 月 30 日)。《延绿斋诗存》和《二十一世会稽镜西公年谱》中的问题,可能属于记忆和摘录的主观错误。毕竟“泊鸥吟社”社集频繁,在诗社创立之前,岑振祖也题过《泊鸥图》,并曾组织过多次非“鸥社”名义的集会唱和。另,第一次集会地点为栲栳精舍,诗社约定每个月举行两次集会。

关于“泊鸥吟社”的结束时间,年谱记载“泊鸥吟社”在道光七年丁亥(1827)仍有集会活动,详见“道光七年丁亥,公七十四岁”条:

> 是年春,公居家。三月十三日,与雪舫、丹萝诸君并四儿、十侄泛舟赴小云楼。诗句:“上巳展今日,联翩乐我群。舟小容排比,湖宽逐浪纹。”……乃嘱商[嘉言]遴选十之二三授梓,而自题曰《延绿斋诗存》。序后纪为嘉庆二十五年秋七月,而卷之十二已存有道光七年丁亥之诗,是必授梓后所增存者。丁亥以后之

① 《妙香诗草》卷七,第 11 页 b。

② 《两浙辅轩续录》卷二十七,第 41 页。

③④⑤ 《懒云楼诗草》卷二,第 14 页 a—b、第 17 页 b。

⑥⑦ 《竹生吟馆诗草》卷八,第 4 页 b、第 5 页 a。

⑧ 《竹生吟馆诗草》总目,第 1 页 b。

诗，应皆在漫稿全集中，惜今残缺，渺无所见。[①]

年谱依据的是《延绿斋诗存》卷十二《三月十三日，与雪舫、丹萝诸君并四儿、十侄泛舟赴小云楼，祝㒱公七旬寿》一诗[②]。

又，邬鹤徵《吟秋楼诗钞》三集卷一《己丑二月二十九日，省园主人招同镜西、吉园、根翁、又溪、晓云、卍香集秀皋别业》[③]，虽然并无说明是"泊鸥吟社"的集会，但可以推知岑振祖、杨檠、周师濂和释与宏在道光九年己丑（1829）仍应邀参加一些集会唱和。而赵错的省园秀皋别业也经常作为"泊鸥吟社"的聚会地点。但值得注意的是，该年之前，一些社员已经逝世，比如商嘉言、何一坤、姚樟、周"小梅"、姚晋汝（《延绿斋诗存》收录了姚樟、周"小梅"和姚晋汝的挽诗）等，而王衍梅也卒于道光十年庚寅（1830），"泊鸥吟社"日渐衰亡。

"泊鸥吟社"在道光年间仍有社集，具体哪一年停止活动则不得而知。当然，清代大多诗社的最后一次集会都难以考知，因为诗社有一个渐渐没落的过程，原因是多方面的。"泊鸥吟社"的集会活动长达十年左右或更久，是清代长期诗社的代表，想见其影响力也非一般短期诗社所能比肩。而嘉庆、道光之际，显然是该诗社最为活跃的时期，也是结社初期。据推测，道光十年庚寅（1830）左右大概就是该诗社的式微时间。可以肯定的是，该诗社应当在社长岑振祖卒年之前消亡，即道光十九年己亥（1839）。

三、"泊鸥吟社"的集会活动

"泊鸥吟社"第一次集会，即诗社的创立时间嘉庆二十三年戊寅十一月三日（1818年11月30日），在栲栳精舍举行。参与者社长岑振祖，社员姚樟、王"新圃"、王"芝亭"、杨檠、周师濂、周"藕船"、周"小梅"、赵错、邬鹤徵、诸创、李"青厓"和释与宏等十二人。拟列举一些"泊鸥吟社"的重要集会。

一是嘉庆二十四年己卯二月十三日（1819年3月8日），小云楼社集。岑振祖《延绿斋诗存》卷十《花朝后一日，雨中偕诗社诸君泛舟赴小云楼，舟中先得二律（存一）》一诗[④]，便是此次集会的作品。释汉兆《妙香诗草》卷七有《次岑镜西先生花朝后一日，雨中偕"泊鸥吟社"二十五人泛舟赴小云楼探梅，舟中先得二首韵》[⑤]。周师濂《竹生吟馆诗草》卷八也有和作《小云楼探梅，和镜西韵》[⑥]。

二是嘉庆二十五年庚辰（1820），周师濂主持诗会。《竹生吟馆诗草》卷九《木龙歌》[⑦]，创作年份可根据诗集目录的明确编年得知。《延绿斋诗存》卷十《木龙歌》题后

---

① 《二十一世会稽镜西公年谱》，第165—166页。

② 《延绿斋诗存》卷十二，第423页。

③ 《吟秋楼诗钞》三集卷一，第8页b。

④ 《延绿斋诗存》卷十，第387页。

⑤ 《妙香诗草》卷七，第7页a。

⑥ 《竹生吟馆诗草》卷八，第7页b。

⑦ 《竹生吟馆诗草》卷九，第2页b。

有序:"木龙,本号木犹龙。……又溪值诗会,因属诸同人赋之。"①释与宏《懒云楼诗草》卷三也收录了《木龙歌》一诗②。

三是道光六年丙戌六月十九日(1826 年 7 月 23 日),秀皋斋社集。前文已经提到赵镨的省园秀皋斋经常作为结社的场所。《懒云楼诗草》卷四《六月十九日,省园招"鸥社"诸君集秀皋斋,次韵镜西韵》③,其前四题为《丙戌正月十有九日,史渔村先生偕能夫茂才见访》④,可知该诗为道光六年丙戌作品。又,《竹生吟馆诗草》卷十五《六月十九日,赵省园席上,次岑丈镜西韵》⑤,也明确为该年该次社集的诗作。在此之前,赵镨也经常招集诗社诸人宴集,二月十九为其生日,留下了众多招饮、唱和的作品。

此外,《妙香诗草》还收录了几首标注第几次集会的作品,比如《"泊鸥吟社"第八会诗,为茹韵香学博作》⑥、《东华吟馆探春宴,步李青莲〈将进酒〉韵》("鸥社"十四集)⑦、《田园杂兴》("鸥社"十五集)⑧,以及《四月十九浣花日,尺庄先生不到》("鸥社"十七集)⑨。

"泊鸥吟社"最具特色的就是社员集体的诗巢怀古、祭祀行为。《延绿斋诗存》卷十⑩、《吟秋楼诗钞》二集卷二⑪、《竹生吟馆诗草》卷八⑫、《懒云楼诗草》卷二⑬,都收录了《诗巢怀古》这首诗歌。又,《延绿斋诗存》卷十二有《同人新葺诗巢,以放翁生日落成,商大〇葬亭赋二律,即和》⑭,商嘉言《〇葬亭诗草》卷十一也有《"泊鸥吟社"诸君子及李天山先生后人新葺诗巢,以放翁生日落成,诗以志感(壬午十月初六日将之姚)》⑮,《竹生吟馆诗草》卷十二也有相应的《偕同社修葺诗巢,以十月十七放翁生日设祭落成,次商〇葬亭韵纪事》⑯。这组诗歌属于同一次诗社活动,皆为道光二年壬午(1822)作品。此外,王衍梅《绿雪堂遗集》卷九《六贤祠怀古,寄岑丈镜西》⑰,《竹生吟馆诗草》卷十二《三月十九日,同人公祭诗巢六君子及诸先哲,礼成纪事》⑱、卷十三《诗巢准于二月初四日,为天池先生生日,十月十七日为放翁先生生日,率同人公祭》⑲,等等,都是诗社成员举行诗巢祭祀留下的作品。每逢二月初四徐渭诞辰、十月十七陆游诞辰,诗社成员与其他同仁一起祭祀先贤、继承遗烈。怀着缅怀、纪念的共同心情,"泊鸥吟社"形成了固定的社集之日,丰富了诗社的集会活动及创作。《吟秋

① 《延绿斋诗存》卷十,第 392—393 页。
② 《懒云楼诗草》卷三,第 2 页 a—b。
③④ 《懒云楼诗草》卷四,第 12 页 a、第 10 页 b。
⑤ 《竹生吟馆诗草》卷十五,第 18 页 a。
⑥⑦⑧⑨ 《妙香诗草》卷七,第 9 页 a、第 23 页 a、第 23 页 b、第 25 页 a。
⑩ 《延绿斋诗存》卷十,第 386 页。
⑪ 《吟秋楼诗钞》二集卷二,第 16 页 a。
⑫ 《竹生吟馆诗草》卷八,第 5 页 a。
⑬ 《懒云楼诗草》卷二,第 14 页 b。
⑭ 《延绿斋诗存》卷十二,第 414 页。
⑮ 商嘉言:《〇葬亭诗草》卷十一,道光二十一年辛丑(1841)刻本,第 14 页 a。
⑯ 《竹生吟馆诗草》卷十二,第 4 页 b。
⑰ 王衍梅:《绿雪堂遗集》卷九,《清代诗文集汇编》第 517 册,第 430 页。
⑱ 《竹生吟馆诗草》卷十二,第 12 页 a。
⑲ 《竹生吟馆诗草》卷十三,第 14 页 a。

楼诗钞》二集卷二《诗巢怀古》:“卧龙形胜抱长冈,半亩青山一草堂。唐宋元明六君子,日星河岳大文章。相传异代名争附,得拜诸公我亦狂。”[①]这首诗也表达了对历史上贺知章、秦系、方干、陆游、杨维桢、徐渭六位诗人的崇仰之情。

四、“泊鸥吟社”的创作倾向

“泊鸥吟社”与会人数众多,存留诗歌也十分可观。通过社员的创作,可以了解该社共同的审美倾向和结社宗旨。该社成员多以诗名世,非常注重自己的诗歌造诣。他们的唱和作品,也往往具备高超的艺术性。“泊鸥吟社”的诗歌多半作于嘉庆末年和道光初年,包含着浓厚的地域特征,也反映了诗人群体的身份特征和文化底蕴。

首先是地域特征。“泊鸥吟社”的社集发生在绍兴地区,影响也主要在绍兴周围。他们的集会唱和也就离不开当地的湖光山色。如果说清代杭州地区的诗社是围绕西湖而展开的诗歌社团,那么这个绍兴诗社便是以“鉴湖”为中心的文学群体。这一带的诗社都可以称为“环鉴湖诗社”。鉴湖为浙江名湖之一,不仅具有江南水乡的柔美特质,也蕴含了历史名城的文化气息。鉴湖又与会稽山构成绍兴的主要风景,与陆游、徐渭等人的诗名相得益彰。如岑振祖《鉴湖上冢歌与同社诸君赋》[②],全诗如下:

> 春三二月上冢时,白杨萧萧春露滋。庞公故事犹堪溯,羲之凄怆告墓辞。是时天气正和蔼,万山齐现眉黛姿。绿波微动划柔橹,画船出城那肯迟。几声铜鼓花亦笑,香风微微湖面吹。各家认路分近远,到山奠墓谁悲思。当前罗列多子孙,扫松留得多松丝。一天喧闹春雷发,山雀惊飞啼别枝。即浇杯酒化纸钱,毕竟底下知不知。或者幽明同一理,子孙欢乐灵亦喜。生爱斑衣舞彩看,百年寂寞空山里。盼到今朝齐上山,不妨箫管衣罗绮。船船分饮许颜酡,都叨墓荫绵时祀。况有全湖曲折通,禹庙兰亭随处是。即教破例作春游,艳煞桃花红映水。夕阳在山兮鸟乱啼,遥望墓田兮苍烟迷。吹出海东青兮声高低,摇进城兮衔尾各东西。[③]

这首诗描绘了诗人上冢的情景,对天气、风光都作了生动、细致的描写,整首诗歌的基调摆脱了此类诗歌固有的阴阳相隔之悲,取而代之的是乐观、洒脱和生气盎然的氛围。而诗歌的末尾又笼罩着淡淡的忧伤,调和了前段昂扬的情绪,形成了悲喜交织的情感。这是一首叙事完整、情感复杂的诗歌,诗人对景物的刻画、心理的描摹、气氛的渲染都十分到位,具有较高的艺术成就。另外,《鉴湖竞渡歌》[④]、《鉴湖采莲曲》[⑤],也同样反映了鉴湖的热闹程度以及诗人与山水的亲厚关系。

在阐述“泊鸥吟社”主要集会的部分,已经提到诗巢祭祀是该诗社的固定社集形式,也是极具地域特征的一项活动内容。绍兴“龙山诗巢”始建于元代杨维桢,是历代诗人吟咏、结社的集聚地,也是历史文化和文学得以传承的纽带。绍兴地区之所以名

---

① 《吟秋楼诗钞》二集卷二,第16页a—b。

②③ 《延绿斋诗存》卷十,第391页。

④⑤ 《延绿斋诗存》卷十,第393、398页。

家辈出，也有诗巢的功劳。这种对前贤的集体祭祀的行为，无疑增加了诗人的自豪感和使命感，不仅缩小了文化楷模和诗人的距离，也拉近了同时代诗人之间的关系。频繁的集会、唱和使该地的文人具有高度的团结性，而结社的形式更加强了这种意识和凝聚力。“龙山诗巢”的兴盛对于促进绍兴文学的发展也起了重要的作用。前来祭拜的文人络绎不绝，而凭借该诗巢而创立的诗社也不只“泊鸥吟社”。诗巢祭祀的作品，不仅体现了诗社的地域性，也体现了诗社特有的传承性。一般诗社也具有结社的宗旨和目的，也说明结社的渊源和传统，而“泊鸥吟社”对文学的继承和发展尤为重视，诸友结社也体现了继承前代风流、振兴地域文学的责任。

除了鉴湖和诗巢，若耶溪也是“泊鸥吟社”吟咏唱和的地点。诗人们泛舟耶溪，扣舷而歌，风雅至极，也留下了许多唱和作品。诗社的活动一般无外乎游山玩水、饮酒赋诗，这是清代大多数诗社集会的固定活动，也是诗人们共同的娱乐形式。而绍兴地区之所以诗社层出不穷，与其山清水秀、人杰地灵的自然环境有着密不可分的关系。此外，岑振祖的楞梐精舍和赵锴的秀皋别业等都曾经常做为集会的地点，还有一些社员的家宅、书屋也曾偶尔举行集会。值得一提的是赵锴的省园，池亭奇巧，林木秀美，“泊鸥吟社”成员经常殇咏于此，可惜主人逝世后，省园毁于火灾。或成为诗人的吟咏对象，或为作品烙上地理的印记，自然、人文景观总是直接地反映在诗歌的题材上。

其次是文艺修养。“泊鸥吟社”的社集作品也反映了诗人们的文化生活和艺术修养。如周师濂《竹声吟馆诗钞》卷八组诗《“泊鸥吟社”，茹丈命题因赋》，下面有《论文》、《评诗》、《索书》、《读画》、《围棋》、《相剑》、《抚琴》、《品酒》、《斗茗》、《吟花》十个分题①。这十首作品展现了文人雅士的品位和趣味，也正是这些活动得以组织社员进行创作。与游山玩水相对，这些可以说是室内的社集内容。现摘录其中三首：

清者为圣，浊者为贤。饮鲜知味，非酒中仙。从事青州，传方白堕。风味曲生，微醺适可。尽我之量，不过三蕉。百篇诗就，万卷书浇。（《饮酒》）

读桐君录，翻桑苎经。乳花浮碧，云脚垂青。若者寿州，若者顾渚。焙以火前，采以谷雨。纱帽笼头，手自煎吃。谁共飞仙，清风生腋。（《斗茗》）

前度桃花，今朝梅树。定有诗人，巡檐觅句。沈香亭北，乐府清平。妃子顾取，龟年按声。思发花前，花亦解语。水面文章，会心如许。（《吟花》）②

释汉兆《妙香诗草》卷七组诗《“泊鸥吟社”第八会诗，为茹韵香学博作》也是同次社集之作。十首命题诗歌，其中三首如下：

管教一醉解千愁，万卷都从一斗搜。输与仙家能养性，僧家不饮也忘忧。（《饮酒》）

才展旗枪谷雨前，采来嫩绿焙来鲜。茗中中了高魁者，飞上蓬莱作地仙。（《斗茗》）

芍药栏边寻韵事，牡丹亭畔检诗囊。不如咒我多罗钵，一霎芙蕖字字香。

①② 《竹生吟馆诗草》卷八，第7页b—第9页b、第9页a—b。

(《吟花》)[①]

周师濂的四言诗歌和释汉兆的七言诗歌为同次集会的作品,可见此次命题创作的体裁不作限制。茹蕊命题的这次社集,吟咏的主要是诗人的日常生活,对于社员来说是熟悉且擅长的事物。这两位社员的作品风格都清新淡雅、超凡脱俗,体现了传统文人和诗僧的气质。除了这些以文人传统娱乐为题的诗歌,社员的其他作品中也包含较多风花雪月的景象和宴集唱和的场面。"泊鸥吟社"成员年龄跨度从二十多岁到六十多岁,但大部分诗人处于中老年。主要社员都绝意仕途,寄情山水,所以他们的作品中较少关注社会现实和自身前途,也是一个纯文学诗社。他们结社多半为了附庸风雅,享受逸乐。通过上面摘录的诗歌可以看出"泊鸥吟社"成员大都精于琴棋书画,更倾向于对文学价值和艺术成就的追求。他们编纂个人诗集主要也是为了诗名能够广为流传,寻求异代知音,较少涉及仕途举业。所以说,该诗社的文学性强、政治性弱,与其社员的年龄、身份直接相关。而与清代其他诗社比较,该诗社的文学造诣较高,诗风成熟,水平整齐,也是社员将大部分精力投于创作的结果。

此外,诗巢祭祀诗歌也是诗社成员重视传统文化的结果。岑振祖《诗巢怀古》诗:"何年结构仿书巢,采葛声歌未寂寥。六子灵光分画笔,一堂韵事在诗瓢。地迁鉴曲遥临水,松老龙山响作涛。结社后先声气应,一窝尽许竟挥毫。""鹤迹斓斑一径开,同巢竟日几人来。生扶大雅先唐代,没祀名山尽越才。风月啸歌终有伴,篇章零落半增哀。分题怀古情无限,须奠椒浆蒴草莱。"[②]气度恢宏,感情饱满,对古奥风雅的向往之情溢于字里行间。

五、"泊鸥吟社"与其他诗社

在"泊鸥吟社"衰落之后,部分社员又组织了新的诗社。邬鹤徵《吟秋楼诗钞》三集卷二记载了新诗社八次集会的诗题:

《消寒第一集,同纪百谷、杨吉园(桨)、周又溪、胡虚斋(开炘)、陈冀子、晓云,饮莫芝庭(阶)来雨轩,分韵得"寒"字》;

《第二集,陈晓云留耕书屋,寒事八咏》;

《第三集,胡虚斋草堂,分赋腊八粥》;

《第四集,周又溪竹生吟馆雪,用东坡聚星堂韵》;

《第五集,杨吉园一枝轩,鹪鹩巢歌》;

《第六集,吟秋轩,苍松古梅歌》;

《第七集,陈冀子青琅玕馆,分咏试灯词》;

《第八集,微雪同人放舟小云楼访岀公》。[③]

---

① 《妙香诗草》卷七,第 10 页 b—第 11 页 a。

② 《延绿斋诗存》卷十,第 386 页。

③ 《吟秋楼诗钞》三集卷二,第 7 页 a—第 11 页 b。

陈祖望《思退堂诗钞》卷四也有相应的八次集会：

《来雨轩消寒即事，分韵得"即"字》；

《消寒第二集，咏寒事八首》；

《第三集，咏腊八粥，限"腊"、"八"字，各二十韵》；

《第四集，竹生吟馆赋雪，用坡公〈聚星堂雪〉诗韵》；

《鸜鹆巢歌，为杨丈吉园作》；

《雪舫吟秋馆消寒，咏盆中双树》；

《同人集青琅玕馆，作试灯词》；

《正月廿三日微雪，晓云招同人小云楼探梅，与岀长老共作消寒第八集，用东坡〈腊日游孤山访惠勤、惠思二僧〉韵》。①

由此可知，新诗社的成员有邬鹤徵、纪勤丽、杨棨、周师濂、胡开炘、陈祖望、陈晓云、莫阶八人，释与宏也参与了第八次集会。八次集会的地点也分别为莫阶的来雨轩、陈晓云的留耕书屋、胡开炘的草堂、周师濂的竹生吟馆、杨棨的一枝轩、邬鹤徵的吟秋轩、陈祖望的青琅玕馆、释与宏的小云楼八处。而关于这个新诗社的创立时间，也可根据诗集的编年推知。《思退堂诗钞》卷四《鸜鹆巢歌，为杨丈吉园作》，其前一题为《壬辰元旦雪》②，因此这八次集会应当举行于道光十一年辛卯(1831)底到道光十二年壬辰(1832)初之间，即该诗社的存在阶段。而这个新诗社的创立时间，也再次印证了前文论及的"泊鸥吟社"的结束时间，两者是承接关系。因而，两个诗社也有部分相同的社员——邬鹤徵、纪勤丽、杨棨、周师濂、陈祖望、陈晓云、释与宏等。也可以说，在"泊鸥吟社"部分成员逝世之后，剩下的一些成员又起结了这个新的诗社。除了这八次集会的诗作，没有别的记载，甚至由于有限的资料而未知其社名。

在"泊鸥吟社"之后，除了上述这个诗社，绍兴地区还有"言社"、"益社"、"皋社"等接踵继起。拟对这些诗社进行简单的梳理。

一是"言社"。孙垓《退宜堂诗集》卷末，孙德祖所作《退宜先生小传》："道光朝，先生以名诸生，工为诗。并时如李炁伯户部慈铭、周锡侯刑部光祖、陈珊士刑部寿祺、孙莲士副使廷璋、周叔云运使星誉、季贶建宁星诒、王孟调副榜星诚先生，遍交之。月举诗酒之会，迭主齐盟，所谓'言社'者也。"③可知，孙垓、李慈铭、周光祖、陈寿祺、孙廷璋、周星誉、周星诒、王星诚等八人是"言社"的成员。又，《退宜堂诗集》自叙说："又十年，乃与祥符周素人叔子、季贶昆季，暨同郡周君雪瓯、王君孟调、李君炁伯定交。叔子执友为阳湖许太眉徵士，徵士学有宗传，故叔子年最少而得诗法最早。于是结'言社'湖上，朝夕相切劘，始得窥此中门径，而余年已三十七矣。"④可互为证明。

二是"益社"。孙雄辑《道咸同光四朝诗史》乙集卷二周星誉名下诗话说："道咸间，先生家居，举'益社'于浙东，如许梦西、陈珊士、王平子、孙莲士、李莼客、谭仲修，

---

①② (清)陈祖望:《思退堂诗钞》卷四，道光三十年庚戌(1850)刻本，第1页a—第13页b、第9页a。

③ (清)孙垓:《退宜堂诗集》小传，光绪十五年己丑(1889)刻本，第1页a—b。

④ 《退宜堂诗集》自叙，第1页a—b。

暨涑人、季況两先生，均隶社籍。”[①]可知，周星誉、许棫（梦西其字）、陈寿祺（珊士其字）、王星诚（平子其字）、孙廷璋（莲士其字）、李慈铭（莼客其号）、谭献（仲修其字）、周星譼（涑人其字）、周星诒（季況其字）等九人是“益社”的成员。

三是“皋社”。《两浙𬨎轩续录》卷四十九秦树敏名下诗话说：“孙德祖曰：秋伊能诗善画，居小皋部，有园亭之胜，是曰‘娱园’。与山阴王诒寿眉叔、同里马赓良幼眉为总角交。凡郡邑知名士过皋中者，必扫径欢迎，流连觞咏。同治初，余以经燹家毁，就之卜邻于是。吾师文孺曹先生及山阴周光祖锡侯、萧山蔡以瑺季珪、同县陶在铭仲彝、方琦子缜，相与结社赋诗，互为砻错，是曰‘皋社’。而同县孙垓子久为之长，实提唱之。三十年来沦亡殆尽，惟余及仲彝在耳。录诸君遗诗，不任人事沧桑之感也。”[②]可知“皋社”的成员有秦树敏、孙德祖（字彦清）、王诒寿、马庚良、曹寿铭（文孺其字）、周光祖、蔡以瑺、陶在铭、陶方琦、孙垓等十人。孙垓为社长。另外，“皋社”应该还有一些零散的社员，如“言社”前辈等。樊增祥《樊樊山诗集》卷二十六《再讯彦清》：“水晶宫畔露荷新，最忆先生乌角巾。春瓮拨云余酩酊，练裙书字见风神。诗如吴下簪花女，客有湖州卖米人。皋社吟朋散如雨，鉴湖花发为谁春。”[③]可见樊增祥也曾参加该社，而且“皋社”社友众多，在此不作增补。

此外，宗稷辰、杨大章等人曾结“苓社”。综上所述，绍兴地区继“泊鸥吟社”之后涌现出多个诗社，结社十分兴盛。上述诗社大约出现于道光、咸丰年间和同治初年，各诗社创立时间相隔不久，社员也有诸多重合。比如，“言社”和“益社”的共同社员有李慈铭、孙廷璋、周星誉、周星诒、王星诚等，“言社”和“皋社”的共同社员有孙垓、周光祖等。其中，周光祖是“泊鸥吟社”周师濂的孙子。我们可以说，这些后起诗社在一定程度上是受到“鸥社”影响。“鸥社”存留资料较多，其形式和生命力都带动了绍兴地区甚至是其他地区诗社的产生，促进了清代江南诗社的发展。“鸥社”连同“言社”、“益社”、“皋社”等，形成了绍兴诗社群，即“环鉴湖诗社群”，在清代结社史和诗歌史上是浓墨重彩的一笔。

六、结语

“泊鸥吟社”的基本情况和对后世的影响都已经有了清晰的说明。至于“泊鸥吟社”在清代浙江诗社中所处的地位，有待一个恰如其分的评价。

全祖望《句余土音序》一文[④]，对宁波结社的历史状况进行了概括。全祖望本人也结有“真率社”。而清初的“西湖八子社”、“南湖九子社”、“西湖七子社”、“南湖五子社”等，可谓宁波地区的著名诗社。清初的遗民在宁波月湖、日湖一带广结诗社，政治性和斗争性强，宁波结社之风达到高潮。这些诗社形成了“环月湖诗社”。因此说，绍兴鉴湖是清代浙江除了杭州西湖、宁波月湖之外另一个结社中心，“环鉴湖诗社”也是

① （清）孙雄：《道咸同光四朝诗史》乙集卷二，《续修四库全书》第1628册，第575页。

② 《两浙𬨎轩续录》卷四十九，第73页。

③ （清）樊增祥：《樊樊山诗集》卷二十六，上海古籍出版社2004年4月第1版，中册，第571页。

④ 《全祖望集汇校集注》，第2313－2315页。

浙东地区诗社群的代表，而“泊鸥吟社”则是清朝统治后期文学性诗社的典型。

明清之交绍兴地区的“枫社”、“文昌社”、“云门十子社”等多少都具有政治色彩。结社吟咏，对清政权的抵触和对故国不存的哀悼，社员表现出鲜明的政治态度。而“泊鸥吟社”由于所处历史阶段的原因不再具有强烈的政治性，更侧重于发挥诗社基本功能，即加强文人交游、提高创作水平等。在上文论述“泊鸥吟社”诗歌创作的部分就已经谈到其纯文学性，而道光、咸丰年间的“益社”也许会增加一些责任感和社会性，毕竟盛世远去，那种淡泊、沉稳的心态不可能一直延续下去。“泊鸥吟社”对社会现实的关注较少，甚至对科举功名也颇为冷淡。然而，整体社员对历史文化、著名诗人和文学本身都非常重视，是一群具有类似的人生经历和价值观的普通诗人。

关于诗社的命名，也是其宗旨和风格的体现。岑振祖《延绿斋诗存》卷九《题泊鸥图，用王摩诘〈桃源行〉韵并序》序言说：“予笑向胡大虚斋云：杜诗梁燕去来、水鸥亲近，今我辈闲踪，得毋类鸥之相亲相近乎？”[①]诗人将自己与友人比作泊鸥，取自杜甫《江村》诗句“自去自来梁上燕，相亲相近水中鸥”。“泊鸥吟社”的取名也是沿用这个喻意。无论是杜甫的《江村》还是王维的《桃源行》，都描绘了一种超然世外、回归自然、感悟生活的美好境界，表达的是对返璞归真的向往。而“泊鸥吟社”这个社名及其社员的生平、创作都与梁燕、水鸥的主题十分契合，追求的就是自由的生活和亲厚的友情。该诗社从创立到结束一直秉承着这个结社的目的，在他们的诗歌风格中得到了充分的体现。

“泊鸥吟社”无论从地域还是时代来说，它都具有重要的意义。除了承前启后的历史作用，该诗社自身的形式、规模、社龄、社员、诗作等等，都说明了它在清代诗社中的独特性和价值。从各个方面看，该诗社历时长久、形态成熟、发展有序，可谓清代绍兴地区的大社。而关于该诗社内部的发展阶段和社员的更替则有待更细致的考证。

（作者单位：复旦大学中国古代文学研究中心）

① 《延绿斋诗存》卷九，第 369 页。

“繁台”又称“婆台”考

赵祎缺

一、引言

2010年第4期《中国语文》刊登了陈治文先生的《繁台辨》一文，文中他以“婴”与“婆”同音相通并联系“乞活”的含义，讨论了“繁台”命名的理据，否认了“繁台”命名的传统文献记录“繁氏居其侧”，“所谓因台之近旁有繁姓人家居住，故而得名为繁台，这不过是一种虚构，事实就根本没有这么一回事。原为婴台城，舍城变繁台”①。

其实，对这条传统文献怀疑的还不止陈治文先生一人，早在清代就有人写文章怀疑过。清代祥符(今开封)学者常茂徕《繁台考》曾专门讨论了其命名：

> 《元和郡县志》：汴城东繁台，本吹台，仓颉与师子野所造。后有繁姓居其侧，因名繁台。此一说也。《青箱杂记》：在京天清寺，繁台，本梁王鼓吹台，五代梁高祖尝阅武于此，改为讲武台。其后繁氏居其侧，里人乃呼为繁台，繁台之名始于此。此二说也。《分甘余话》：汴中梁王吹台，以繁姓家于台侧，故名。繁，蒲禾切，音婆。汉有繁延寺(当为寿)，魏有繁钦，唐又有繁知一，以繁姓为名，当作蒲禾切，此三说也。予按，三说皆不可为据。夫仓颉、师旷、梁孝王及后梁高祖，皆名震千载者，何独不能以名台而必待区区不著名之繁姓哉！且《分甘余话》所引繁姓，俱非汴人，更强为附会，愈不可信。②

怀疑精神可嘉，但要拿出有力的证据。陈治文先生仅借着“婴”与“婆”之间存在有同音相通，而常茂徕仅以“名震千载”及“俱非汴人”几个字为由，驳斥“繁台”命名的理据“繁氏居其侧”，难以让人信服。

笔者认为在讨论这一问题时，他们都没有抓住这个问题的核心：“繁”与“婆”的关系。只有理清了两者之间隐含的关系，才能解答“繁台”命名的理据，以及文献中为什么会有“繁台”、“婆台”两见？

二、文献典籍对“繁台”、“婆台”的记录情况

在梳理“繁”与“婆”的关系之前，我们有必要先来审视一下古代文献典籍里“繁台”和“婆台”的使用情况。“婆台”首见于北魏郦道元的《水经注》，我们以杨守敬和熊

---

① 陈治文：《繁台辨》，《中国语文》，2010年第4期，第311—313页。

② (清)常茂徕：《繁台考》，光绪二十四年(1898)，《新修祥符县志》，卷二十，丽藻，第9—10页。

会贞的《水经注疏》为例，看郦氏对“婆台”的记录：

> 《陈留风俗传》曰：县有仓颉、师旷城，上有列仙之吹台……梁王增筑以为吹台，城隍夷灭，略存故迹。今层台孤立于牧泽之右矣，其台方一百许步，即阮嗣宗《咏怀诗》所谓驾言发魏都，南向望吹台，箫管有遗音，梁王安在哉？晋世丧乱，乞活凭居，消堕。故基，遂成二层。上基犹方四五十步，高一丈余，世谓之乞活台，又谓之婆台城。[①]

使用“婆台”称谓若以北魏算起，距今有1500年历史。大明一统志所载《水经注》、明嘉靖十三年黄省曾刻本《水经注》以及清代赵一清《水经注释》、全祖望《全祖望水经注稿本合编》、杨守敬和熊会贞《水经注疏》等各种注疏本均沿袭了“婆台”的称谓。清代戴震本、王先谦本则改“婆台”为“繁台”。这处改动还遭到了杨守敬、熊会贞的批驳：

> 戴以婆为讹，改作繁。赵云：按《文昌杂录》，繁台，梁孝王按歌吹之台，后有繁氏居其侧，里人呼为繁台。繁、婆音相近，即婆台也。……会贞按：《通鉴》唐中和四年、后汉天福十二年，并称繁台。《元和志》《寰宇记》及各旧同。此作婆台，盖郦好奇，因繁、婆音同，变文书之，乃戴以婆为讹，未达郦意。[②]

目前见到的最早记录“繁台”的文献则为唐李吉甫的《元和郡县图志》卷第七“河南道三”载：“梁王吹台，在县东南六里，俗号繁台。”[③]之后，宋乐史《太平寰宇记》、吴处厚《青箱杂记》、庞元英《文昌杂录》以及明李濂《汴京遗迹志》等均沿用了这一称谓。

本为“吹台”，可又呼作“繁台”、“婆台”，这原因何在呢？我们仅从文献记录及使用上，看不出两者的区别。因此，解读这一谜团，还要另辟途径。

三、“繁”与“婆”的语音关系

（一）“繁”音“婆”的语音性质

一个地名，“繁台”与“婆台”两种称谓共现，这往往让人产生两个地名的误解。“繁台”与“婆台”是两个称谓，还是一个称谓？这需要理清“繁”与“婆”之间的语音关系。下面我们作一考察。

《广韵》元韵奉母附袁切烦小韵：“繁，概也，多也。”又歌韵並母薄波切婆小韵：“繁，姓也。《左传》‘殷人七族’，有繁氏。汉有御史大夫繁延寿。又音烦。”[④]据《广韵》可知，“繁”有两个读音：音烦，义为“概也”、“多也”；作姓氏时，与婆属同一小韵，与婆同音。

“繁”的两个读音，一个阳声元韵，一个阴声歌韵，韵尾不同。它们之间处于怎样

---

①② （清）杨守敬、熊会贞：《水经注疏》，南京：江苏古籍出版社，1999年，第1895、1895—1896页。

③ （唐）李吉甫：《元和郡县图志》，北京：中华书局，1983年，第176页。

④ 《宋本广韵·永禄本韵镜》，南京：江苏教育出版社，2002年，第32、46页。

的关系呢？清代音韵学家江永在《古韵标准》平声第五部“补考”[七歌]“鼍”字下按语对这个问题有所论述：“此(元)部之字，往往转入第七(歌)部，如难傩音那，鄱番音婆，若干之干通于个，涴音乌卧切。”又“番”字下按语：“申伯番番之番音翻，已入诗韵。《史记》、《汉书》凡地名之番，注家或音潘、或音盘、或音婆，皆方音也。”[①]江永从谐声、通假、注疏等角度说明了元部字读入歌部字现象，并把这种现象处理成了方音。繁，音婆，若是方音，它又属哪里的方音呢？林语堂在《陈宋淮楚歌寒对转考》一文继而又探讨了这个问题。他指出歌寒对转是陈宋淮楚之地的方音：

> 再《左传》定四年。殷民七族有繁氏，注“步何反”，音婆，歌韵，望出颍川，上党。据传文七族“封畛土略，自武父以南及圃田之北境”居于殷墟卫境，即汝颍之北，今陈留荥阳，中牟地(即开封郑州附近)。《九域志》繁台云，“本梁孝王吹台，其后繁姓居其侧，人遂以姓呼之”，是繁姓居此(在开封县东南)。前汉有繁延寿，则系家居杜陵在河东，似较北，而后汉有繁仲皇，襄阳人，繁钦，颍川人，都在陈楚范围内。因此我们可以推定繁读婆，也是此地的方音。[②]

(二)“繁”音“婆”方音的源头

林语堂虽然考证了“繁”音“婆”为陈宋淮楚的方音，但他并没有追溯哪一地是这个方音的早期源头。沿着他提供的《左传》对繁氏记录的线索，我们再进一步去探求。

据《左传·定四年》记载：“分康叔以大路、少帛、绩茷、旃旌、大吕，殷民七族，陶氏、施氏、繁氏、锜氏、樊氏、饥氏、终葵氏，封畛土略，自武父以南，及圃田之北竟。”[③]周武王灭商后，殷民七族就分封给了周王朝的同姓兄弟卫国，其中就有“繁氏”，卫国初都城在朝歌(今河南淇县)。清江永《春秋地理考实》：“姬姓侯爵武王同母少弟康叔之后也。武王封康叔于卫，今卫辉府淇县东北朝歌城是也。”[④]

卫叔康的统辖区为“自武父以南，及圃田之北竟”。“武父”，“春秋郑地，在今山东东明县西南”[⑤]；而“圃田”亦属郑地，位于“圃田泽”一带，“泽在中牟县西”[⑥]，即是今郑州东南部。若将两处连接起来，大致是中牟至开封再至长垣，这一线当为卫地的东南边境，而北则至河北南部，这一广大区域大致为卫国的属地，其中有“繁氏”居于此。林语堂界定的“汝颍之北，今陈留荥阳，中牟地”，位置偏南又偏小。以文献记录而言，卫境才是“繁”姓早期的居住地。

卫境内含有“繁”字地名的称谓也可为证。《左传·襄公二十年》：“公会晋侯、齐

---

① (清)江永：《古韵标准》，北京：中华书局，1982年，第30页。

② 林语堂：《陈宋淮楚歌寒对转考》，载《庆祝蔡元培先生六十五岁论文集》，中央研究院历史语言研究所辑，1933年，第426页。

③ (清)阮元：《十三经注疏》，北京：中华书局，1982年，第432—433页。

④ (清)江永：《春秋地理考实》，《景印文渊阁四库全书》，台北：台湾商务印书馆，第181册，1986年，第323页。

⑤ 复旦大学历史地理研究所中国历史地名辞典编委会：《中国历史地名辞典》，南昌：江西教育出版社，1986年，第466页。

⑥ 《水经注疏》，第1871页。

侯、宋公……小邾子，盟于澶渊。”杜预注：“澶渊，在顿丘县南，今名繁汙。”①郦道元《水经注》卷五“河水”引杜注此文，唯“繁汙”作“繁渊”②。《水经注疏》卷五“河水”记载有：“左会浮水故渎。故渎上承大河于顿邱县而北出，东迳繁阳县故城南。应劭曰：‘县在繁水之阳’。”③繁阳故城，据唐李泰《括地志》载：“在(相)[黎]州内黄县北二十七里。”④上述出现的“繁渊”、“繁阳”、“繁水”诸多称谓，绝非巧合，应与“繁”姓聚集有密切的关系，繁阳城很可能就是繁氏主要的居住地。

“繁”音“婆”的源头当在周初的卫地，殷民七族本属于商王朝，该方音早期主要分布在河南北部的内黄及濮阳一带。

(三)“繁”音“婆”的音与义

“繁”音“婆”，早期为卫国的方音，这个方音的整体面貌是什么呢？也就是说“繁”除了作姓氏之外，它还有没有别的义项呢？下面我们从历史文献和现代方言两个方面继续讨论这个问题。

1.“繁”音“婆”在地名中的表现

繁，作为姓氏，音婆，已无异议。但作为地名是否也读“婆”，还有待于论证。上文引述了“繁渊”、“繁阳”、“繁水”的文献，它们的关系是：繁水，其上游有澶渊，澶渊又名繁渊，其北出又东流，水北岸有繁阳城。应劭记录的“繁水”、杜预记录的“繁汙”到了郦道元的笔下都谓之“浮水”，故有“浮水故渎”之言。清江永《春秋地理考实》中亦说“浮水即澶渊也”⑤。把“繁”记为“浮”，我们深信郦氏当时记录的是北魏或其前的一个实音，这个实音“浮”当为“繁”读“婆”条件下的一个地域变体，该音变至迟在北朝前已发生。这里我们采用郭锡良的拟音以察其音变：“婆”为 ＊bua^{平声}，“浮”为 ＊bĭəu^{平声}⑥。这两个字都是並母平声，若“婆”的主元音 a 发生了高化，就会导致其音色与“浮”相近而变异为“浮”，故郦氏记“繁”之“婆”音为“浮”。可见，“繁水”、“繁渊”中的“繁”读音为“婆”。

卫地的南界——开封，东南三公里处有繁台。五代后周显德元年(954)在繁台上建天清寺一所，包括一塔。北宋王瓘《北道刊误志》：“天清寺在繁台下，周显德二年置在清远坊，六年徙于此，有兴慈塔。”⑦兴慈塔即繁塔，因其塔建于繁台之上，故名之。当时因繁台的台基很高，景色绝妙，所以“繁台春色”被列为汴京八景之一。后来由于明清黄河多次决口，水灌入开封，繁台全部被泥沙淤平，今仅存建在其上的繁塔了。繁塔，今开封当地人读[po^{53}]塔，音同薄。从繁[po^{53}]塔的读音，可以推知繁台当读繁[po^{53}]台。[po^{53}]，当为“婆”浊音清化后的读音。

---

① 《十三经注疏》，第 1969 页。

②③ 《水经注疏》，第 462 页。

④ (唐)李泰：《括地志》，北京：中华书局，1980 年，第 87 页。

⑤ 《春秋地理考实》，第 294 页。

⑥ 郭锡良：《汉语古音手册》，北京：北京大学出版社，1986 年，第 25、108 页。

⑦ (宋)王瓘：《北道刊误志》，北京：中华书局，1991 年，第 9 页。

这个不送气音[po⁵³]①，在明代文献里已有记录。明王士性《豫志》载有：

城外繁台，土人念繁为博，亦未审其义所自始。或云即梁孝王平台，又云师旷吹台。上有大禹庙，貌"河洛思功"字，然庙貌狭，不称所以祠禹者。②

王士性，浙江临海人，明万历五年(1577)进士。生性好游，遍及各地名山古迹，游后记之。上述文字应为他游览繁台时所记，其中"土人念繁为博"，给我们如实地记录了"繁"音"婆"，"婆"在这一称谓中又演变为不送气(音"博")的事实。可见，"繁台"的今音[po⁵³]，与郦道元所记"婆台"是一脉相承的。

与把"繁台"中"繁"读为[po⁵³]相同的一个地名音为河南临颍西北的"繁城"(繁城回族镇)。何光岳《商源流史》第九章第五节"繁人的迁徙"："另一支则南迁于临颍县西北15公里，即汉代繁阳亭，三国置繁昌县，魏文帝筑坛于繁阳亭登帝位。"③这里的"繁阳亭"、"繁昌县"，正是今天的"繁城"。有时仅凭借地名或人名来推测民族迁徙，其结论是危险的。但"繁城"，老派音读[po⁵³]城，以及上面文献中提到的繁钦(颍川人)，"以文才机辩，少得名于汝颍"④就出自今临颍一带，说明这一带曾经有繁姓定居并兴盛过。从今天把"繁城"读为"[po⁵³]城"来看，"繁"读[po⁵³]之前也音"婆"。

可见，河南北部及汝河、颍河一带包含有"繁"字的地名，其读音与姓氏读音相一致。附带补充一句，与临颍接界的许昌，至今仍有"繁"姓，读音为[po⁵³]。

2. "繁"在河南方言中的动词义

"繁"，音"婆"，除了作姓氏和地名之外，它还有没有其他义项也读此音呢？我们将通过现代方言继续考察。河南方言把哺乳动物繁殖称[po阳平]⑤。如：

封丘：(1) 今儿个晌午咱嘞羊该繁[po⁴²]啦。(今天上午我们家的羊该下崽了。)

扶沟：(2) 猫道眼儿嘞繁[po⁵³]一窝老鼠娃。(供猫出入的小洞里生了一窝小老鼠。)

方言中这个称动物繁殖为[po阳平]的动词，其本字正是"繁"。《河南省志》第十一卷《方言志》专门用两个词条记录了这个动词。其一，繁[po⁵³]，亦称浆，指母畜生育。其二，繁娃儿[po⁵³ uar⁵³]，多指小动物生育，骡、马等大动物生育叫"繁驹儿"。⑥ 另河南一些新县志亦多记录有这个词语。如：《郏县县志》写作拨[po⁵³]，《登封县志》写作薄[puo⁴²]，《宝丰县志》写作繁[pr⁴²]，等等。

这个用法在河南分布极其广泛：北起新乡，南到唐河；东达开封、商水，西至汝河、镇平。遍及河南中部的南北狭长地带的十余个地区、30多个县市。列表如下：

---

① 段亚广《"繁台"读音小考》(《汉字文化》2010年第4期，第70页)认为"繁"作为姓氏，宋代以后虽然清化了(很可能是保留了相当长的一段时间浊音才清化)，并没有送气，可以说是对古音成分的继承。因为b、p在音色上要比b、ph更为接近一些。

② (明)王士性：《豫志》，载清曹溶辑，陶樾增订的《学海类编》，扬州：广陵书社，2007年，第5917页。

③ 何光岳：《商源流史》，南昌：江西教育出版社，1994年，第210页。

④ (西晋)陈寿：《三国志·魏志》，卷二十一《王粲传》注，北京：中华书局，1998年，第255页。

⑤ 文中使用的方言语料，为笔者自己的调查。

⑥ 河南省地方史志办公室编纂：《河南省志·方言志》，郑州：河南人民出版社，1995年，第120页。

表格一 “繁”音“婆”动词用法的县市

地区 \ 县	新乡	开封	周口	驻马店	南阳	漯河	平顶山	许昌	郑州
	新乡 封丘	开封 尉氏	商水 扶沟	西平 遂平	镇平 唐河 南召	舞阳 临颍	汝州 叶县 舞钢	许昌 襄城	巩义 登封 新郑

综上述，“繁”作为方音，不止是作为姓氏，它还有作为地名以及“哺乳动物繁殖”义的用法。“繁”音“婆”，作为姓氏被文献记录了下来（当然地名也有个别的记录），而其他用法则存于活方言中。我们把“繁”作为方言的义项和读音归纳起来，图表如下：

表格二 “繁”的方言义项和读音

	义项	读音（浊音清化前）	读音（浊音清化后）
繁	① 姓氏	音同婆，$bua^{平声}$	音同薄，po^{53}
	② 地名		
	③ 哺乳动物繁殖		

（四）“繁”音“婆”并入通语

主要分布在河南地带的阴声韵“繁”音“婆”，后来并入了通语“繁”（元韵）之中。这主要是唐人对其多次注疏起了决定性作用。清顾炎武在其《日知录》中的“汉书注篇”对“繁”音“婆”作过归纳，摘录如下：

> “建昭三年七月戊辰，卫府李延寿为御史大夫，一姓繁。”师古曰：“繁，音蒲元反。”《陈汤传》：“御史大夫繁延寿。”师古曰：“繁，音蒲胡反。”《萧望之传》师古音婆。《谷永传》师古音蒲何反。蒲元则音盘，蒲胡则音蒲，蒲何则音婆，三音互见，并未归一，然繁字似有婆音。《左传·定四年》：“殷民七族繁氏。”“繁”音步何反。《仪礼·乡射礼》注：“今文皮树为繁竖，皮古音婆。”《史记·张丞相世家》：“丞相司直繁君。”索隐曰：“繁音婆”。《文选》：“繁休伯。”吕向音步何反。则繁之音婆，相传久矣。①

“繁”作为姓氏，读音为“婆”②，被反复地使用于注疏中。这必然会引起当时编纂《字书》、《韵书》、《姓氏》等书籍人的注意并将其收录起来。“繁”音“婆”后来被官方韵书《广韵》作为规范语音而收录。当时的收录者也未必明白“繁”音“婆”的语音性质，只作收录而已。这样方音“繁”音“婆”便融人了通语的元韵“繁”之中。而作为地名的“繁”音“婆”，由于记录过少，唯郦道元《水经注》把“繁台”记录为了“婆台”，这并没有

① （清）顾炎武：《日知录》，上海：上海古籍出版社，2011年，第1046页。

② 谢纪锋，在《〈汉书〉音切校议》（《内蒙古民族师院学报》，1992年第2期，第46页）中说：“繁延寿有三个音注，其中繁音蒲元反，元当作何。”

足够地引起重视而把它也收录起来。所以通语“繁”，主要是因吸收河南一带的阴声韵“繁”音“婆”而形成了《广韵》阴阳并存的语音格局。

理清了《广韵》中“繁”音“婆”的语音性质之后，我们就可以清晰地看到“繁台”与“婆台”的区别：“婆”只是记音而已，其本身没有任何意义。因此，在解释“婆台”时，试图通过寻求“婆”自身意义或同音相通字的意义或通过对音去阐释都是徒劳的。

四、“繁台”为何又称“婆台”以及对“繁台”命名的再认识

借助历史文献和现代方言，我们梳理了“繁”音“婆”的来源、分布以及它和通语“繁”（元韵）之间的寄托关系。明确了这些，我们就能很顺利地认识“繁台”为何又称“婆台”以及“繁台”命名的真相。

（一）“繁台”为何又称“婆台”

在历史文献中，共现的“繁台”与“婆台”，没人怀疑“繁台”的记录，而对于“婆台”，总是不断有人质疑其正确性。质疑的症结在于不了解“繁”与“婆”之间的内在关系。明确了它们之间的音义系统之后，我们就知道这两种记录均无误，只是侧重点不同而已：侧重于比较正式的书面语的，使用“繁台”，如李吉甫《元和郡县图志》、李濂《汴京遗迹志》等记录；侧重于实际的活口语语音的则使用“婆台”，如郦道元《水经注》、宋孟元老《东京梦华录》及楼钥《北行日录》等记录（当然要排除像后者周城《宋东京考》、王士祯《分甘余话》这类的沿袭）。

杨守敬、熊会贞批评戴震改“婆”为“繁”：“此作婆台，盖郦好奇，因繁、婆音同，变文书之，乃戴以婆为讹，未达郦意。”但其批评没有抓住问题的要害。因为郦道元记作“婆台”，他没有“好奇”，也没有“变文书之”，只是据实音而记。句中只说“未达郦意”，到底什么“意”？也没有交代。我们想这个“郦意”应该是他所记的为一个实际的活口语，这既避开了书面语“繁台”与实际语音相脱节的弊端，同时又避免了误读。但这种记录也存在一定的缺陷，所记之音与其本字发生脱离。正因为这个矛盾，又兼之人们对“繁”音“婆”语音性质缺乏实质性认识，便导致后人解读“婆台”时，或以为讹、或语焉不详、或做出了种种臆测，而不知道透过记音去寻找其本字“繁”。

（二）对“繁台”命名的再认识

今天我们能够见到对“繁台”命名提供“繁氏居其侧”理据的早期文献当为北宋乐史的《太平寰宇记》，其云“其后有繁氏居其侧，里人乃以姓呼之”①。遗憾的是“其后”指代不明而且记述过于简单，我们无法据此而相信。这之后，又有南宋邓名世的《古今姓氏书辩证》卷十二中也记载有“繁音婆姓”，摘录如下：

> 又汴州人，繁氏世居梁孝王，吹台之侧，其家富盛，人谓吹台为繁台，今东都

---

① （宋）乐史：《太平寰宇记》，北京：中华书局，2007年，第4页。

天清寺，即其地也。[①]

较之乐史的记录，邓名世的"世居"、"其家富盛"略增强了一点说服力，但还是简单的一句。文中并没有提供出何时、何因(有而不充分)"繁氏居其侧"导致"繁台"这个称谓，这也难怪有人怀疑"繁台"命名的真实性。

由于"繁氏居其侧"缺乏更多的文献记录，我们已无从确切地去考证。但历史文献的蛛丝马迹以及现代方言的语言遗留，让我们能够大致勾勒出方言"繁"字的音义系统。如果我们把"繁台"命名的理据置于这个系统中，联系文献中及其现实中的地名、联系其历时的语音，进行全面考察的话，我们就知道"繁台"命名可能的唯一的来源就是"繁"姓。因为"繁"姓不止产生"繁台"这一个称谓，多个地名称谓都指向了"繁"姓；更重要的是"繁台"语音变化的连续体，由"婆台"到"博台"再到今天"繁[po^{53}]台"，如果我们回溯的话，"繁"音"婆"便是历史的源头。这些都让我们深信"繁台"命名的传统文献"繁氏居其侧"并没有错误。

五、结语

民国九年(1920)林传甲总编纂的《大中华河南地理志》第二十八章"言语"中也说到"繁台"与"婆台"：

> 晋时有婆姓，环居其侧，故曰婆台。台废后，周筑塔，汴人以婆字不雅，以繁字代之。今日婆姓久绝。[②]

写这句话的人因不明"繁"与"婆"之间的内在关系，索性改"繁$_{音婆}$"姓为"婆"姓，以致做出错误的论断。但有一点还可取，就是"繁台"称谓起源于姓氏。

(作者单位：复旦大学古籍所)

① (宋)邓名世：《古今姓氏书辩证》，丛书集成初编，北京：中华书局，1985年，第163页。
② 林传甲总编：《大中华河南地理志》，北京：中华书局，1920年，第55页。

《韵语阳秋》版本补考*

何新所　韩雨恬

《韵语阳秋》是南宋时期一部规模较大、内容丰富的诗话著作，文渊阁《四库全书》本书提要称之为“在宋人诗话中，犹为善本也”，《四库全书总目》称之为“然大旨持论严正，其精确之处，亦未可尽没也”①。关于《韵语阳秋》的版本，郭绍虞《宋诗话考》②、上海古籍出版社影印宋刻本《韵语阳秋》的《出版说明》③、日本学者芳村弘道《〈韵语阳秋〉传本考》④、卞孝萱《韵语阳秋新跋》⑤、台湾东吴大学孙秀玲硕士论文《葛立方韵语阳秋诗论研究》(1989 年)第三章《韵语阳秋版本考述》等对于《韵语阳秋》的历代版本流传都作了比较详细的研究，但根据笔者所调查的版本资料，结合相关文献，仍可对该书版本的一些问题作进一步的补充，故草此小文，就教于方家。

《韵语阳秋》完成于隆兴元年(1163)，次年，葛立方去世。该书的第一次刊行，据沈洵的题跋“公既殁，或请其书镂板以传世”，当在乾道二年(1166)，该本即上海古籍出版社影印出版的宋刻本，这一点，学界大都认可。而在乾道刊刻之后，南宋尚有第二个刊本。据傅增湘所藏日本抄本及现藏于日本内阁文库的抄本可知，这个刊本是淳熙六年(1179)由葛立方之侄葛郯刊于临川郡斋。该本有葛郯的题记，现据上述两本抄录如下，以广流传，亦可补《全宋文》之阙：

> 伯父侍郎登绍兴八年进士第，入奉常为博士，召试三馆，掌南宫笺奏及西掖词命累年，忤权贵人，斥不用。权贵人死，复招为郎、为宰、吏部侍郎。晚年退休于宝溪之上，谓古今诗话多矣，要须引据详赡，反覆议论，明示劝戒，而后有益于世。因为《韵语阳秋》二十卷，藏于家。其后欲之者众，闽浙间遂各锓版。郯承乏临川，一日与名士会集，出示此书，咸谓版渐圮，恐不足以传示永久，因请再刊于郡斋。若夫平日以正色立朝，被圣天子眷知之深，文样播传，后学矜式，与夫立身行己之大节，则详见家传等书，兹不复叙，特述所以著书之意云。淳熙六年冬至日，侄朝奉大夫权知抚州军州兼管内劝农营田使葛郯谨题。

从葛郯的题记中我们可以知道，《韵语阳秋》完成之后，曾在福建、浙江两地刊刻印行，

* 本文为全国高等院校古籍整理研究工作委员会科研项目《韵语阳秋校释》阶段成果。

① (清)永瑢等：《四库全书总目》，卷一九五，北京：中华书局，1964 年，第 1785 页。

② 郭绍虞：《宋诗话考》，北京：中华书局，1979 年，第 75 页。

③ (宋)葛立方：《韵语阳秋》，上海：上海古籍出版社，1984 年。

④ 文载《古籍研究》1996 年第 3 期，杨明译，原刊于日本立命馆大学《学林》第 11 号，1988 年 11 月出版。

⑤ 载于《历史文献研究》北京新三辑，北京：北京燕山出版社，1992 年，第 296—303 页。

今天所见的乾道本就是此时刊刻的，明清时期的各种版本，均以此本为底本[①]。而葛郯刻印的淳熙临川郡斋本反倒不见踪影，只以日本影抄本的形式为我们所知。淳熙本比乾道本多出葛郯题记，其他各序跋之顺序也和乾道本不同，文字上和乾道本也有一些差异，缪荃孙曾以日本抄本校明正德本，写有详细的校记[②]。今天如以乾道本、日本影宋抄本来校勘整理《韵语阳秋》，将可能最大限度地恢复《韵语阳秋》的原貌。

在宋刊本《韵语阳秋》和明正德刊本《韵语阳秋》之间，曾有过传抄宋本的艺苑佳话。据钱曾《读书敏求记》卷四记载：

> 《韵语阳秋》二十卷　丹阳葛立方常之撰。朱性甫借得此书宋椠本，邢丽文命工摹写二部，举其一赠性甫。朱守中又从性甫借归。弘治癸亥，金成性录成此本，守中为题其卷尾。三君皆衡山好友，安贫乐志，吴中雅士也。常之《诗话》无足取，存此见前辈嗜好之勤，互以钞书为风流罪过，亦艺林美谈也。[③]

此宋钞本已不可得见，但其为宋刻、明刻之间重要一环，则毋庸置疑。朱性甫，即朱存理(1444—1513)，字性甫，长洲(今江苏苏州)人。有《铁网珊瑚》等著作传世。文征明《甫田集》卷二十三《朱性甫先生墓志铭》云其"惟闻人有奇书，辄从以求，以必得为志。或手自缮录，动盈筐箧。群经诸史，下逮稗官小说，山经地志，无所不有，亦无所不窥"。邢丽文，名参，亦吴中名士。文震孟《姑苏名贤小纪》卷上："邢参，字丽文，或云即用理先生之族孙也。为人沉静有酝藉，固而不陋，嘉遁城市，贫无恒业，唯教授乡里，以著述自娱，无所干请。尝遇大雪，诸君往视之，则屋三角已垫，方携书坐其一角不糁者。相见，但诵所得佳句，绝无惨凛色也。"朱守中，即朱正(1470—1512)，长洲人，生平详祝允明《怀星堂集》卷十八《朱守中家传》。金成性亦为长洲人，祝允明《怀星堂集》卷十六《金孟愚先生家传》，乃其父之传记。此次吴中诸名士传钞宋本《韵语阳秋》的时间为弘治癸亥(1503)，距离正德二年(1507)葛谌刊刻《韵语阳秋》仅四年，可谓鼓桴相应、金玉相辉。

《韵语阳秋》的明代刻本，据各家书目记载，有正德二年葛谌刊本(另有一明刻本，行格和正德本同，版心有"韵语阳秋"四字)，又有万历本。关于万历本的情况，各家言之不详，惟邵懿辰著、邵章续录《增订四库简明目录标注》卷二十云："傅沅叔有明刊十一行本，似万历翻正德本。"而在傅增湘的相关著作中似未见对万历本的记载。但在正德本之后，《韵语阳秋》尚有其他明刻本，或为事实。文津阁四库全书《韵语阳秋》所依据的底本，或许正是这一版本。文津阁本卷首为葛立方序、沈洵序、都穆序、李榕序。卷末有徐林序。卷首之李榕序为正德本所无，现抄录李榕序如下：

---

① 上海图书馆编《上海图书馆藏宋本图录》则将此书列入江西地区的刻本，并云："但谛审字体并不相同，如卷一共七叶，前六叶字体小而精整，欧书典型，第七叶则字型略大而结构松散(各卷类是者尚夥)，版心两鱼尾间又镌字数，应系补版所为。书中有弃、蚕、郉、与、処、无、叒、辛等俗体字，多见于补版之叶，意者书版曾流入坊间，经书坊修补重印。"上海图书馆编：《上海图书馆藏宋本图录》，上海：上海古籍出版社，2010年，第164页。

② (清)缪荃孙：《艺风藏书记·艺风藏书再续记》校本第五，上海：上海古籍出版社，2007年，第525页。

③ (清)钱曾著，管庭芬、章珏校证：《读书敏求记校证》，卷四下，上海：上海古籍出版社，2007年，第465页。

韵语阳秋序

右《韵语阳秋》一书，宋侍郎葛公常之撰。曩忆陆俨翁尊师老先生正德壬申秋奉使淮藩时，榕得侍讲，下聆其绪论，及于诗，辄云："诗徒作无益，要自有意。作诗固难，评诗不易。有宋以来，名儒各有诗话，无虑数十家，悉皆泛及无统，唯宋葛公常之《韵语阳秋》议论正大，考事究旨，必归于当，诗坛之不可少者。"时闻未暇细请，自兹物色于人，仅二十载，竟无应者。嘉靖岁甲午，选贡上京，于礼部前见卖古书者有此书，乃购归。风簷展读，深为有益。及官镇庠，白川张老师先生，道由京口，驿金山，闲话闻此书，亟索之，卒持去不可得。丁酉秋，送诸士俟考义兴，偶于藏书家复得此本，较前为善。岁丁未罢官归，承月翁老仙殿下不鄙不肖，招致吟社。论诗之余，知此集，取观，遂仍原刻入梓以传，诚盛心也。矧殿下雅尚文学，尤精于诗，所作以汉魏晋盛唐为师，下此则志靡及，信为诗家宗工，知此书得之之难，用布与人人，何其至公无我，而乐与人同哉！刊工告成，又承命作引，第本序与近都南濠先正详且备矣，无庸赘论，迺叙得书始末于后简，以谂同志云。嘉靖癸丑年秋七月七日，番阳李榕谨识。

按，李榕"字全年，鄱阳人。好蓄书，罢同安教谕，归构一楼宅后，俯瞰东湖，扁曰'玩鸥'。自题其柱云：'近湖不与鸥争水，到岸方知我有家。'徜徉其间，读书浇花，老而不倦，卒年九十四"[①]。其活动年代当在弘治到万历初期。上引题识中提到的陆俨翁，即陆深(1477—1544)，号俨山，明中期著名文人，有《俨山集》百卷传世。其中包含《俨山诗话》一卷。题识中讲到李榕嘉靖甲午(1534)年于礼部前购得一部《韵语阳秋》，或即是葛谌正德刻本。该本在李榕官镇庠时被人借走[②]。后又得到另外一本。嘉靖丁未(1547)李榕罢官归家，和月翁老仙殿下游从，出示该书，月翁老仙殿下据此本"入梓以传"，时为嘉靖癸丑(1553)。如果李榕所述刊刻之事不虚的话，则《韵语阳秋》当有嘉靖刻本。而文津阁四库全书本的底本当即嘉靖本。此处所云"月翁老仙殿下"，当为明代宁藩后人，惜遍查不获其人，只能暂付阙如。另外文津阁本卷末所附徐林《韵语阳秋后序》其前面大部实为葛谌《新刊韵语阳秋后引》，末尾数行则为徐林序，不知所据底本如此，还是文津阁本抄录时致误。

国家图书馆藏明正德二年葛谌刊本《韵语阳秋》后有明人李长衡跋语："右《韵语阳秋》二十卷，乃有宋葛氏所著，在诗话中不苟同人者。欧阳公谓读书贵持论，即孟子所谓论世之意也。知其意者，可以读是书矣。檀园题于秋夜。(李长衡 阳文)""点阅一过，讹字甚多，安得善本校正，不亦快哉！长衡又记。"按李流芳(1575—1629)，字长衡，号慎娱居士。歙县人，长期寓居嘉定，为嘉定四先生之一。明代著名画家、文学家。有《檀园集》传世。

国家图书馆藏有曹元忠跋明正德本《韵语阳秋》。曹跋如下：

---

① (清)谢旻：《(康熙)江西通志》卷九十。

② (明)陆深《俨山集》卷七十三《承德郎工部主事刘公赠安人赵氏合葬墓志铭》："嘉靖十九年十月廿又一日，亭湖先生刘公卒于番阳之里第，享年六十有五。讣闻京朝，其子洵自太傅南奔，谋以明年十二月九日葬公于余干旗峰之原。将启赵安人之藏合焉。""尤夫人有爱女，安人爱之倍于公，嫁李榕。榕，故家也，今为镇江府学司训云。"据此可知，镇庠即镇江府学。

> 宋魏醇父《诗人玉屑》多引《韵语阳秋》，惟《锻炼篇》引“作诗在于炼字，如老杜‘飞星过水白，落月动沙虚’，是炼中间一字；‘地折江帆隐，天清木叶闻’，是炼末后一字。《酬李都督早春》诗云：‘红入桃花嫩，青归柳叶新。’若非‘入’与‘归’二字，则与儿童之诗何异?”《沿袭篇》引“老杜《雨》诗云：‘紫崖奔处黑，白鸟去边明’，而‘江碧鸟逾白，山青花欲然’之句似之。《赠王侍御》云：‘晓莺工迸泪，秋月解伤神’，而‘感时花溅泪，恨别鸟惊心’之句似之。殆同一机轴也。”皆称葛常之。恐《归愚集》或《西畴笔耕》语，此本无之，非漏脱也。此本椠刻古逸，可断为元明间刊，惜阙前后数卷。鼎丞前辈属某君依李檀园藏正德本钞补，并堪同异，属书数语。余谓朱性甫昔尝借此书宋椠本，邢丽文命工摹写《韵语阳秋》赠性甫，后朱守忠复借性甫本为金成性录之，而题其尾。吾吴故事也。今鼎丞博雅好古，不啻性甫、丽文，余非守忠，亦跋其后，故乡先哲未免笑人。然际此风鹤惊心、沙虫换劫而为此冷淡生活，前贤有知，当亦引为同志已。宣统三年十二月甲午朔，吴曹于东华旅邸。

该跋亦收入曹氏《笺经室遗集》卷十二，题作《旧椠韵语阳秋跋》，微有不同[①]。曹元忠(1865—1923)字夔一，号君直，晚号凌波居士，苏州人。晚清著名学者、版本学家，著有《六艺论疏证》、《司马法古注音义》、《盛宏之荆州记辑本》、《乐府补亡》、《蒙鞑备录校注》、《宋元本古书考证》及《笺经室遗集》等。按曹氏所云《诗人玉屑》所引两条诗话不见于《韵语阳秋》，以为可能是葛立方《归愚集》或《西畴笔耕》中语，此说实误。这两条诗话均见于宋本《韵语阳秋》卷四。第一条“作诗在于炼字”恰好处于传世明清刻本所阙失的四页之中，曹氏以为是出于《韵语阳秋》之外，因其未见宋本，不足为怪。而第二条“老杜《雨》诗”，则明清诸本均不阙，或者曹氏所见之本恰好阙此条，或者乃曹氏失检。另《韵语阳秋》在各书引据时也常常称之为《葛常之诗话》，实为一书异称而已。跋中提到的“鼎丞前辈”，即王定安(1833—1898)，字鼎丞，湖北宜昌府东湖县人。曾长期为曾国藩幕僚，著有《湘军记》、《空舲文钞》、《续古文辞类纂》等传于世。王鼎丞富藏书，有藏书楼曰“宝宋阁”、“宝宋书房”，藏宋元本十多种。

书目记载另有所谓的“艺圃”本、“艺圃搜奇”本，此一记载最早见于邵懿辰《四库简明目录标注》，其所列清代刊本有“学海类编本、历代诗话本、艺圃搜奇本”，莫友芝《郘亭知见传本书目》亦列“艺圃本”，郭绍虞《宋诗话考》亦云《韵语阳秋》有“艺圃搜奇”本。然研究者大都没有见过所谓的“艺圃搜奇”本。按《艺圃搜奇》为元末明初徐一夔所编丛书，《四库全书总目》卷一百三十四《子部杂家类存目》有著录，云：“是书前有至正戊申自序，称钱塘陈子彦高避兵槜李，惠子之五车，茂先之三十乘，携以俱来。适余亦栖止是邦，尝得借观。兹编皆古今名人杂著之小者，从无刊版。彦高检有副本，悉以赠余，装成若干册，名之曰《艺圃搜奇》云云。”又说：“其为近时所赝托，不问可知矣。”《提要》认为该丛书为明人伪托之杂编，实属偏见。关于该丛书的详细情况可

① (清)曹元忠：《笺经室遗集》，卷十二，清代诗文集汇编影印本第790册，上海：上海古籍出版社，2010年，第531页。

参考李祚唐先生《〈艺圃搜奇〉探索》一文①。《艺圃搜奇》全书已不见传本，但杨守敬编、李之鼎增订《增订丛书举要》卷三十七、杨家洛编《丛书大辞典》均载有该丛书细目，可资参研。至于该丛书所收《韵语阳秋》，钱大昕《潜研堂文集》卷三十《跋艺圃搜奇》曾有所记载：

> 右艺圃搜奇二十册。元末钱塘陈世隆彦高、天台徐一夔大章避兵槜李，相善，彦高箧中携秘书数十种，检有副本，悉以赠大章，大章汇而编之。此书世无刊本，黄虞稷志明史艺文亦未著录，故知之者鲜。曹子清巡盐扬州时尝抄以进御，好事者始得购其副录之。岁己丑，予如京师，道出吴门，从朱文游假得，舟中无事，取读之。其中如《文昌杂录》、《韵语阳秋》、《默记》皆非足本。《谈薮》所纪多宋南渡事，而误以为庞元英著；元英撰《文昌杂录》见《宋史志》，而此编转阙其名，皆不免千虑之失。书成于至正末，而所收镏绩《霏雪录》多言洪武间事，盖大章仕明之后别有增入矣。②

据此，可知《艺圃搜奇》所收《韵语阳秋》为节本，性质和《说郛》节录《韵语阳秋》相似。虽不得见"艺圃"本《韵语阳秋》，亦不足为憾。

《韵语阳秋》通行本为何文焕辑《历代诗话》本，其中多有脱误，在宋本《韵语阳秋》影印出版后，《历代诗话》本已不足为据，因此以宋本《韵语阳秋》为底本，参校日本钞宋本、明正德二年本、文津阁四库全书本以及对《韵语阳秋》引用颇多的宋钞本《诗话总龟》等，董理出一个《韵语阳秋》的新定本，实为必要而可行之事。

（作者单位：郑州大学文学院）

① 李祚唐：《〈艺圃搜奇〉探索》，《中华文史论丛》，2013年第3期。

② （清）钱大昕：《潜研堂文集》，卷三十，《钱大昕全集》第九册，南京：江苏古籍出版社，1997年，第512页。

《全明分省分县刻书考》补正二十五则

石　超

《全明分省分县刻书考》(以下简称为《刻书考》)是杜信孚先生继《明代版刻综录》之后,积多年之功的又一部力作,两书都是继《明代版本图录初编》(潘承弼、顾廷龙纂,12卷,4册1函,开明书店1941年出版)之后,明代版刻领域的扛鼎之作,也是研究明代版刻的必备工具书。《全明分省分县刻书考》以线装形式出版,10册1函,共24卷,2001年由线装书局出版。是书共收录明代刻书者4670人,刻书8260种,并附有部分书影,刻书牌记,刊者姓名、室名、小传等,以及四个索引:刻书者拼音索引、刻书者笔画索引、书名拼音索引和书名笔画索引,为研究者提供了极大便利。

线装书局一编室的《出版说明》云:"《刻书考》是作者在研究了中国地方志五千余种及其他相关资料的基础上编著而成的。它是一部从明洪武至崇祯二百七十六年刻书总目,包括官刻、坊刻和家刻,记录了刻者生平、刻书缘起、刻书书名,卷数等,资料丰富,内容翔实。本书是全面了解、研究我国明代出版事业的重要工具书,同时也对现今各地重修地方志的工作大有裨益。"①杜先生广博的学识和严谨的治学态度,笔者仰慕至深,先生之著述更是让笔者受益匪浅,然"智者千虑,必有一失",笔者在得力于《全明分省分县刻书考》提供便利的同时,亦发现书中部分记载有失周全,现就平日查阅所记,再综合相关资料,逐一核对,对书中部分戏曲类条目进行补正,以利读者。

1.《刻书考》第一册北京市卷第7页:文会书肆　奇妙全相注释西厢记不分卷　元王德信撰,元关汉卿续,明弘治十一年北京岳世瞻刊本。上图下文。半页十一行,行十八字,四周双边,黑口。

按:北京大学图书馆藏有此书,《古本戏曲丛刊》初集据此影印。是书正文卷端题"新刊大字魁本全相参增奇妙注释西厢记",卷末题"奇妙全相注释西厢记"。分为五卷,卷一总题曰"焚香拜月",卷二总题曰"冰弦写恨",卷三总题曰"诗句传情",卷四总题曰"雨云幽会",卷五总题曰"天赐团圆",杜氏记载为不分卷,系误。下册末页牌记落款云"弘治戊午季冬金台岳家重刊印行",可知刊刻者为金台岳家,而且学界也一般多将此本记载为北京金台岳家刊本,而非"文会书肆",经查,暂时还未发现"文会书肆"有刻书的记录。

2.《刻书考》第一册山东省卷第8页:李开先　字伯华,号中麓,山东省章丘县人。嘉靖八年进士,太常寺少卿,工词曲,尝作百阕"傍妆台",为康海所赏。新编林冲宝剑记二卷　题明中麓放客(李开先)撰。明万历八年山东省章丘县李开先刊本。

按:国家图书馆藏有此书,《古本戏曲丛刊》初集据此影印,《续修四库全书》集部

---

① 杜信孚、杜同书:《全明分省分县刻书考·出版说明》,北京:线装书局,2001年。

戏剧类收录的印本记载为"据明嘉靖二十六年刻本影印"。关于此本,书中并未明确标识刊刻时间,《北京图书馆古籍善本书目》记载为"明嘉靖二十六年自刻本",而《中国古籍总目》记载为"明嘉靖二十八年自刻本"。李开先《市井艳词又序》(《闲居集》卷六)中云:"《登坛》及《宝剑记》,脱稿于丁未夏,皆俗以渐加,而文随俗远。"今存《宝剑记》序后署"嘉靖丁未岁八月廿五日雪蓑渔者漫题",后序署"嘉靖丁未闰九月,同邑松涧姜大成序"。序中云:"闻其对客挥翰,如不经意,才两月而脱稿矣。"由此可知,此剧写作于嘉靖丁未年六至八月①,即嘉靖二十六年,绝非杜氏所记载的刊刻于嘉靖八年。嘉靖二十八年九月,王九思得到李开先托人送来的《宝剑记》,作《书宝剑记后》,末署"嘉靖己酉九月九日,渼陂八十二山人王九思书",可知是书于此之前已刊刻完成。从嘉靖二十六年六至八月间脱稿,到二十八年九月之前完成,正好符合此书刊刻所花费的时间,若以刊刻完成时计,当以嘉靖二十八年为妥。

3.《刻书考》第二册江苏省书林卷第2页:广庆堂　唐振吾,字国达,江苏省金陵人。新刻出像点板八义双杯记不分卷　明薛旦撰。明万历江苏省金陵三山街唐振吾广庆堂书坊刊本。

按:国家图书馆和上海图书馆藏有此书,《古本戏曲丛刊》二集据上海图书馆藏本影印。正文卷端题"新刻出相点板八义双杯记",次行分署"秦淮墨客/校正;唐氏振吾/刊行",书中有插图,书耳题"双杯记",可知"出像"乃"出相"之误。书中未名作者,学界一般多记载为无名氏或者阙名,不知作者为薛旦之说源于何处。谭正璧在《弹词叙录》中记载薛旦著有《八义双杯记》,又名《喜连登》,也未给出确凿证据②。笔者认为,在没有确凿证据的情况下,还是暂定为无名氏或者阙名较妥。

4.《刻书考》第二册江苏省书林卷第3页:文林阁　重刻全像包龙图公案袁文正还魂记四卷　明万历江苏省金陵三山书林唐氏文林阁刊本。

按:国家图书馆藏有此书,《古本戏曲丛刊》二集据此影印,与《新刻全像观音鱼蓝记》合刊。目录页首行卷端题"新刻全像袁文正还魂记",正文卷端题"新刻全像包龙图公案袁文正还魂卷一",次行署"金陵/唐锦池梓行",卷末题"新刻全像包龙图公案袁文正还魂记",书耳题"袁文正还魂记"。可知书中皆题为"新刻",而非"重刻",当为杜氏记载失误。

5.《刻书考》第二册江苏省书林卷第3页:文林阁　重校点板张子房赤松记二卷　明万历江苏省金陵三山书林唐氏文林阁刊本。

按:国家图书馆藏有此书,《古本戏曲丛刊》二集据此影印。目录页、正文上卷和下卷的首行卷端皆题"新刻全像点板张子房赤松记",书耳题"全像注释赤松记",书中有插图。可知此本全名当为"新刻全像点板张子房赤松记",杜氏将"新刻"误记为"重校",并遗漏了"全像"二字。

6.《刻书考》第二册江苏省书林卷第3页:文林阁　新刻出像观音鱼蓝记二卷　明万历江苏省金陵三山书林唐氏文林阁刊本。

① 王永宽主编:《中国戏曲通鉴》,郑州:中州古籍出版社,2008年,第229页。
② 参见谭正璧、谭寻编著:《弹词叙录》,上海:上海古籍出版社,1981年,第87页。

按:国家图书馆藏有此书,《古本戏曲丛刊》二集据此影印,与《新刻全像包龙图公案袁文正还魂记》合刊。目录页和正文首行卷端题"新刻全像观音鱼蓝记",正文次行署"金陵书铺唐氏梓行",书耳题"全像注释鱼蓝记",可知此本题名当为"全像",而非"出像"。

7.《刻书考》第二册江苏省书林卷第4页:文林阁　新刻出像易鞋记二卷　明沈鲸撰。明万历江苏省金陵三山街书林唐氏文林阁刊本。书内插图,合页连式。

按:国家图书馆藏有此书,《古本戏曲丛刊》初集据此影印,书中配有插图,合页连式。目录页首行卷端题"新刊全像易鞋记目录",正文首行卷端题"新刻全像易鞋记卷上",卷末题"新刻全像易鞋记",书耳题"全像注释易鞋记",可知应是"全像",而非"出像"。

8.《刻书考》第二册江苏省书林卷第6页:少山堂　胡少山　新刻考正古本出相注释北西厢记二卷　元王德信撰,明江右逸乐斋订正。明万历七年江苏省金陵书林胡少山少山堂刊本。余仁刻图。

按:此本现藏日本御茶水图书馆的成篑堂文库,为苏峰旧藏。据《日藏中国戏曲文献综录》记载,此本题名为"新刻考正古本大字出像释义北西厢二卷",正文署"皇明江右逸乐斋订正,书林胡氏少山堂梓行",卷末牌记"万历己卯秋月/金陵胡少山梓",末行作"刻出像大字释义西厢下卷终"①。根据黄著记载,疑"新刻考正古本出相注释北西厢记"题名中缺失"大字"二字,"释义"也有可能误记为"注释"。

9.《刻书考》第二册江苏省书林卷第6页:汇锦堂　三先生合评北西厢记五卷　明徐渭、汤显祖、李贽评。明崇祯江苏省金陵书林汇锦堂刊本。卷首冠图,单面方式。

按:国家图书馆和北京师范大学图书馆藏有此书。封面分为两栏,右栏约占三分之二宽,分两行题"三名家合评/北西厢原本",左栏居中题"汇锦堂藏板"。正文首行卷端题"三先生合评元本北西厢卷一～五",二、三、四行上端,居中镌一"明"字,下方分别于二、三、四行题"汤若士先生"、"李卓吾先生"、"徐文长先生",下方再居中刻"合评"二字,下方又居中镌一"元"字,下方再分两行居中镌"王实甫/编 关汉卿/续",书耳题"北西厢"。可知此本全名为"三先生合评元本北西厢",杜氏记载遗漏了"元本",增出了"记"字。

10.《刻书考》第二册江苏省书林卷第18页:富春堂　唐富春,字子和,江苏省金陵人。富春堂为明代金陵名肆,所刻戏曲小说,极为精审。均为《古典戏曲丛刊》收作底本。新刻出像音注薛仁贵跨海征东传白蛇记二卷四十出　明万历江苏省金陵书林唐氏富春堂刊本。书口下方有"富春堂"三字,书内插图,单面方式。

按:北京大学图书馆藏有此书,《古本戏曲丛刊》初集据此影印。正文首行卷端题"新刻出像音注薛仁贵跨海征东白袍记上卷/下卷",次行署"金陵/书坊/富春堂/梓",卷末题"新刻出像薛仁贵跨海征东白袍记上卷/下卷终",版心下也镌富春堂,可知《刻书考》题名增出了"传"字,并误将"白袍记"记载为"白蛇记"。

11.《刻书考》第二册江苏省书林卷第18页:富春堂　唐富春,字子和,江苏省金

① 黄仕忠:《日藏中国戏曲文献综录》,桂林:广西师范大学出版社,2010年,第1—2页。

陵人。富春堂为明代金陵名肆,所刻戏曲小说,极为精审。均为《古典戏曲丛刊》收作底本。新刻出像音注点板徐孝克祝发记二卷 明张凤翼撰。明万历江苏省金陵书林唐氏富春堂刊本。书口下方有“富春堂”三字,书内插图,单面方式。

按:国家图书馆藏有此书,《古本戏曲丛刊》初集据此影印。正文首行卷端题“新刻出像音注点板徐孝克孝义祝发记上卷/下卷”,卷末题“新刻出像点板音注徐孝克祝发记上卷终/下卷终”,上卷正文次行署“书坊/对溪/富春堂”,下卷正文次行署“书坊/对溪/富春堂/梓”。可知卷首和卷终的题名稍有差异,以正文首行卷端题名为准,则《刻书考》题名缺失了“孝义”二字。

12.《刻书考》第二册江苏省书林卷第 18 页:富春堂 唐富春,字子和,江苏省金陵人。富春堂为明代金陵名肆,所刻戏曲小说,极为精审。均为《古典戏曲丛刊》收作底本。新刻出像音注五代刘智远白兔记二卷 明万历江苏省金陵书林富春堂刊本。前有“皇明万历金陵三山街唐氏富春堂梓行”牌记。书口下方有“富春堂”三字,书内插图,单面方式。

按:国家图书馆藏有此书,《古本戏曲丛刊》初集据此影印。上卷正文首行卷端题“新刻出像音注增补刘智远白兔记上卷”,二、三行分署“豫人/敬所/谢天佑/校”、“金陵/对溪/唐富春/梓”,书耳题“出像白兔记”,下卷正文首行卷端题“新刻出像音注五代刘智远白兔记下卷”,次行署“金陵/书坊/唐对溪梓”,卷末题“音注出像刘智远白兔记下卷终”,还有“金陵三山街唐氏/富春堂梓行”牌记。从上、下卷的题名情况来看,略有差异,上卷为“新刻出像音注增补刘智远白兔记”,下卷为“新刻出像音注五代刘智远白兔记”,杜氏的记载仅与下卷相同,并未作任何备注,笔者认为欠妥。

13.《刻书考》第二册江苏省书林卷第 20 页:世德堂 唐富春 新刻重订出相附释标注拜月亭记二卷 元施惠撰。明万历十七年江苏省金陵三山街书林唐富春世德堂刊本。书口下方有“世德堂”三字。

按:国家图书馆藏有此书,《古本戏曲丛刊》初集据此影印。目录页题“新刊重订出相附释标注月亭记目录”,正文首行卷端题“新刊重订出相附释标注月亭记卷之一”,二、三、四行分别署“星源游氏兴贤堂重订”、“绣谷唐氏世德堂校梓”、“海阳程氏敦伦堂参录”,书耳亦题为“月亭记”,三处题名均无“拜”字,只有第一折末上开场中有“内应云:‘幽闺怨拜月亭’”之说,其余均无“拜”字,可知杜氏的题名记载增出了“拜”字。

14.《刻书考》第二册江苏省书林卷第 20 页:世德堂 唐富春 金新锲重订出像注释节孝记二卷 明高濂撰 明万历江苏省金陵三山街书林唐氏世德堂刊本。

15.《刻书考》第二册江苏省书林卷第 20 页:世德堂 唐富春 新刊重订出像附释标注陈情记一卷 明高濂撰 明万历江苏省金陵三山街书林唐氏世德堂刊本。

按:上述两条记载均言是“唐富春世德堂刊”,但查阅原书发现,并非“唐富春世德堂”,而是“唐氏世德堂”。《中国古籍总目》所载诸本也均为“唐氏世德堂”。根据瞿冕良《中国古籍版刻辞典》记载,世德堂为“明万历金陵人唐晟字伯晟、唐昶字叔永的书坊名”;富春堂是“明嘉靖至万历间金陵一书坊名,在三山街,主人唐对溪字子和”,两个书坊之间虽有莫大的关联,但绝非是唐富春世德堂,而是通常记载为“绣谷唐氏世德堂”，今依原书和《中国古籍总目》，记载为“唐氏世德堂”较妥。“节孝记”封面分三栏，左右两栏题“锲重订出像注/释节孝记题评”，中栏分上下两节，上节分两行题“上卷节部赋归记/下卷孝部陈情记”，下节题“唐氏世德堂梓”。上卷正文首行卷端题“新刊重订出像附释标注赋归记”，二、三行分署“姑孰陈氏尺蠖斋重订”、“绣谷唐氏世德堂校梓”，下卷正文首行卷端题“新刊重订出像附释标注陈情记”，二、三行分署“姑孰陈氏尺蠖斋重订”、“绣谷唐氏世德堂校梓”。可知“节孝记”是节部“赋归记”和孝部“陈情记”的合称，杜氏分别记载为“节孝记”和“陈情记”，系误。

16.《刻书考》第二册江苏省家刻卷第20页：周之标(女)　字君达，江苏省长洲县人。吴歈萃雅四卷　明周之标辑。明天启江苏省长洲县周之标刊本。

按：北京大学图书馆藏有此书，中国人民大学图书馆亦有收藏，《善本戏曲丛刊》第一辑据北京大学图书馆藏本影印。书首有周之标的两篇题辞，但均未署明时间，只落款为“长洲周之标君建甫题”，其后的小引落款为“丙辰腊月望日梯月主人走笔漫题”。正文首行卷端题“吴歈萃雅/元集”，二、三行分署“茂苑/梯月主人选辑”、“古吴/隐之道民校点”。经查，明代丙辰纪年共有五次，分别是洪武丙辰(1376)、正统丙辰(1436)、弘治丙辰(1496)、嘉靖丙辰(1556)和万历丙辰(1616)，此处丙辰当指万历丙辰(1616)，天启年间并无丙辰之年，系杜氏记载失误，今依学界通行记载，此本当刊刻于万历四十四年。

17.《刻书考》第二册江苏省书林卷第22页：德寿堂　镌新编全像三桂联芳记二卷　明纪振伦校正。明万历江苏省金陵书林德寿堂刊本。

按：国家图书馆藏有此书，《古本戏曲丛刊》二集据绥中吴氏和北京杜氏合藏影印。正文首行卷端题“镌新编全像三桂联芳记卷上”，二、三行分署“秦淮墨客/校正”、“唐氏对溪/刊行”，书耳题“三桂记”。可知此本乃唐对溪所刊，书中并未出现任何德寿堂的印记，未知杜氏记载德寿堂刊刻此本源于何处。《中国曲学大辞典》记载为“今存明万历间唐振吾刊本，收入《古本戏曲丛刊》二集”，《古本戏曲剧目提要》记载为“今存有明万历间唐振吾刊本，《古本戏曲丛刊》二集据以影印”，两处记载皆误。《明清传奇鉴赏辞典(下册)》记载为“明德寿堂刻本，中国国家图书馆藏，1955年《古本戏曲丛刊二集》据之影印”，《中国古代戏曲版画集》记载为“明万历年间(公元一五七三—一六一九年)金陵唐对溪富春堂刊本”。根据瞿冕良《中国古籍版刻辞典》记载，德寿堂是明万历间金陵人唐对溪的室名，唐对溪乃明代金陵名肆富春堂的主人。因此，根据“唐氏对溪/刊行”的署名，将此本记载为德寿堂或者富春堂刊行也大抵无错，但为稳妥起见，还是记载为唐对溪刊行较妥。

18.《刻书考》第二册江苏省书林卷第26页：宝珠堂　丹珠记二卷　明徐肃颖删润、明陈继儒批评。明万历江苏省书林宝珠堂刊本。

按：国家图书馆藏有此书，《古本戏曲丛刊》初集据此影印。目录页首行卷端题“陈眉公先生批评丹桂记卷之上目次”，正文首行卷端题“丹桂记卷之上/下”，二、三行上端居中题“云间眉公陈继儒批评”，二、三行下端分别题“柘浦敷庄徐肃颖删润”、“富沙儆韦萧鸣盛校阅”，书耳题“丹桂记”。由此可知，此书当是“丹桂记”，而非“丹珠记”，全名为“陈眉公先生批评丹桂记”。经查，并未发现明代有“丹珠记”一书。

19.《刻书考》第三册浙江省卷第8页：山水邻　王元寿　字伯彭，别署西湖士、西湖主人、湖隐居士，浙江省钱塘县人。山水邻新镌四大痴传奇　明李九标撰。明崇祯浙江省钱塘县王元寿刊本。

按：此书原本藏哈佛大学燕京图书馆，《哈佛大学燕京图书馆藏齐如山小说戏曲文献汇刊》（第31册）据此本影印，卷首附有酒、色、财、气、文饰、鸟羽、花卉、山景八幅图，正文首行卷端题“山水邻新镌出像四大痴传奇”，而非“山水邻新镌四大痴传奇”，可知杜氏记载缺失“出像”二字。此外，此本为杂剧剧本集，收酒、色、财、气四杂剧，酒卷是李逢时所作，色卷作者不详，财卷源自徐复祚《一文钱》杂剧，气卷即孟称舜《英雄成败》杂剧，所以将此书的作者记载为李逢时、徐复祚、孟称舜等撰更加合适，杜氏记载为李逢时一人，欠妥。

20.《刻书考》第三册浙江省卷第28页：陈与郊　字广野，号玉阳仙史，浙江省海宁县人。万历二十年进士，太常寺少卿。有《方言类聚》、《修辞指南》、《杜诗注释》。樱桃梦　题浙汜任诞轩（齐懿）编。明万历四十四年浙江省海昌县陈与郊刊本。插图十二幅，图后有“万历丙辰仲夏之季海昌陈氏镂板”篆文牌记。卷二后有“万历丙辰修玄之年海昌陈氏镂板”二行牌记。

按：浙江图书馆藏有此本，《古本戏曲丛刊》二集据此影印。书前冠图二十幅，单页方式，分别是《适寺》《听讲》《入梦》《谒姑》《结婚》《猎饮》《破嗔》《幽期》《遣试》《觉贪》《游街》《逆旅》《魍魉》《清谈》《幻侠》《悟仙》《渔色》《退思》《出梦》《随师》，图后有“万历丙辰仲夏之季/海昌陈氏绘像镂板”篆文牌记，插图部分书耳题“樱桃像”，正文首行卷端题“樱桃梦卷上”，次行署“浙汜/任诞轩/编”，正文部分书耳题“樱桃梦”。可知此书插图共有二十幅，而非杜氏记载的十二幅。此外，卷二后并未发现有“万历丙辰修玄之年海昌陈氏镂板”二行牌记，未知杜氏记载源于何处，待考。

21.《刻书考》第三册浙江省卷第52页：方诸馆　王骥德，字伯良，自号方诸生，别号秦楼外史，浙江省会稽县人，工词曲。古杂剧二十一种二十一卷　明王骥德编。明万历四十七年浙江省会稽县王骥德顾曲斋刊本。

按：国家图书馆和上海图书馆藏有此书，《古本戏曲丛刊》四集据国家图书馆、上海图书馆和郑振铎藏书汇印。此本共收录杂剧二十种，分别为《望江亭中秋切鲙旦》《温太真玉镜台》《白敏中㑇梅香》《钱大尹智勘绯衣梦》《玉箫女两世姻缘》《江州司马青衫泪》《洞庭湖柳毅传书》《李太白匹配金钱记》《李亚仙花酒曲江池》《萧淑兰情寄菩萨蛮》《迷青锁倩女离魂》《杜蕊娘智赏金线池》《临江驿潇湘夜雨》《荆楚臣重对玉梳》《李云英风送梧桐叶》《汉元帝孤雁汉宫秋》《唐明皇秋夜梧桐雨》《秦修然竹坞听琴》《宋太祖龙虎风云会》《谢金莲诗酒红梨花》。《刻书考》和戴健的《明代后期吴越城市娱乐文化与市民文学》均记载为二十一种二十一卷，系误，当为二十种二十卷。

22.《刻书考》第四册安徽省卷第9页：高石山房　郑之珍，号高石山人，安徽省新安县人。新编目莲救母劝善戏文三卷　明郑之珍撰。明万历十五年安徽省新安县郑之珍高石山房刊本。

按：国家图书馆藏有此书，《古本戏曲丛刊》初集据此影印。关于此本，书中并未明确标识刊刻时间，《南京大学图书馆馆藏善本书目》和《北京图书馆古籍善本书目》

均记载为“明万历十年郑氏高石山房刻本”。此本卷首载万历七年叶宗春叙,万历十年陈昭祥序、郑之珍自序,万历十一年倪道贤《读郑山人目连劝善记》,陈澜《劝善记评》,卷末有万历十年胡元禄跋,据此推测,认为此本刊刻于万历十年较妥,刊刻于万历十五年的记载疑有误。

23.《刻书考》第四册安徽省卷第10页:四知馆　杨金,字丽泉,号君临,又号轸飞,安徽省当涂县人。设书肆歙县。选辑南北乐府时调青昆一卷　明黄儒卿辑。明天启安徽省歙县书林杨金四知馆刊本。

按:北京大学图书馆藏有此本,《善本戏曲丛刊》据此影印。内封面上半部分是插图,下半部分分三行题“新选时尚雅调/共听赏/四知馆梓”,在“新选时尚雅调”和“共听赏”两栏之间重出“新选”二字。正文是三节版,首行卷端题“新选南北乐府时调青昆卷之首”,可知全名为“新选南北乐府时调青昆”,而非杜氏所载“选辑南北乐府时调青昆”。

24.《刻书考》第四册安徽省卷第10页:刘次泉　鼎刻射兴滚调歌令玉谷调簧六卷　明景居士汇选明万历安徽省歙县书林刘次泉刊本。

按:北京大学图书馆藏有此本,《善本戏曲丛刊》据此影印。内封面上半部分是插图,下半部分分三行,左右两边四个大字题“玉谷/调簧”,中间小字题“书林/廷礼梓行”,目录页首行卷端题“鼎镌玉谷调簧目录”,正文首行卷端题“鼎刻时兴滚调歌令玉谷新簧卷首”,卷末牌记分两行署“万历庚戌年/孟秋月刊行”。可知此本有“玉谷调簧”和“玉谷新簧”两个名字,今依全名是“鼎刻时兴滚调歌令玉谷新簧”,杜氏将“时”误记为“射”,“新”记载为“调”。

25.《刻书考》第五册福建省卷第6页:三槐堂　王登伯　新锲梨园摘锦乐府精华十二卷　明刘君赐辑。明万历二十八年福建省建阳书林王会云三槐堂刊本。卷十二后有“万历庚子岁仲秋三槐堂王会云绣梓”牌记。该书分上下栏各六卷。

按:此书原本藏英国牛津 Bodleian Library,《善本戏曲丛刊》第一辑据此影印,目录页题“新刻乐府菁华目录”,正文首行卷端皆题“新锲梨园摘锦乐府菁华”,可知书名全题为“新锲梨园摘锦乐府菁华”,而非“乐府精华”,“精”当为“菁”之误。卷首和卷末分别题“王会云刊行”和“王会云绣梓”,未见王登伯之说,不知杜氏记载所据何本。经查,并未发现相关资料,不知是否为同一人,在没有确切证据之前,当记载为“王会云”较妥。

(作者单位:复旦大学中文系)

今存明僧别集疏考*

李玉栓

僧与诗，结缘于魏晋，繁盛于唐宋。元代以后佛教与诗歌的双重式微，使得人们误以为诗僧数量亦趋寥寥，清末陈田辑《明诗纪事》而未刊僧诗更加剧了人们对这一问题的错误认识。实际情况是，明代从事诗歌创作的僧人远较前代为多，《全唐诗》收唐代诗僧109人，《宋诗纪事》收宋代诗僧240人，而《明诗综》则收明代诗僧310人，由此可见一斑。笔者通过翻检《千顷堂书目》①（下称《千顷堂》）、《明史·艺文志》②（下称《明史》）、《南明史·艺文志》③（下称《南明史》）、《中国古籍善本书目》④（下称《善本书目》）、《钦定四库全书总目》⑤（下称《四库总目》）、《明别集版本志》⑥等书目题识类文献，参以《明诗综》⑦、《列朝诗集》⑧、《明僧弘秀集》⑨等明诗总集，对明代诗僧别集的数量予以搜考，凡得184人、231种⑩，其中现有存本者41人、60种⑪，兹对这些现存别集的记载、版本、藏地等情况略作钩稽，大致按照作者的生活时代为序胪列于下，冀为明代僧诗的研究提供些许便利。

1.《北游集》《凤山集》《西斋集》

释梵琦（字楚石，1296—1371）撰。《千顷堂》："梵琦《北游集》，又《凤山集》，又《西斋集》。"《明诗综》："有《北游》、《凤山》、《西斋》三集。"《列朝诗集》："作《西斋净土诗》数百首。"今存清钱天树味梦轩抄本《北游诗》不分卷，现藏上海图书馆⑫；清抄本《北游诗》不分卷，北京；清眠精舍抄本《楚石大师北游诗》一卷，南京；旧钞本《楚石大师北

---

* 本文系国家社科基金重大项目"明代作家分省人物志"（13&ZD116）阶段性成果之一。

① （清）黄虞稷：《千顷堂书目》三十二卷，瞿起凤、潘景郑整理，上海：上海古籍出版社，2001年。本文所引皆出自该本。

② （清）张廷玉：《明史》三百三十二卷，北京：中华书局，1974年点校本。本文所引皆出自该本。

③ 钱海岳：《南明史》一百二十卷，北京：中华书局，2006年。本文所引皆出自该本。

④ 《中国古籍善本书目》（集部），上海：上海古籍出版社，1998年。本文所引皆出自该本。

⑤ （清）纪昀：《钦定四库全书总目》二百卷，四库全书研究所整理，北京：中华书局，1997年。本文所引皆出自该本。

⑥ 崔建英：《明别集版本志》，北京：中华书局，2006年。本文所引皆出自该本。

⑦ （清）朱彝尊：《明诗综》一百卷，清康熙四十四年（1705）六峰阁藏本。本文所引皆出自该本。

⑧ （清）钱谦益：《列朝诗集》八十一卷，清顺治九年（1652）毛氏汲古阁刻本。本文所引皆出自该本。

⑨ （明）毛晋：《明僧弘秀集》十三卷，明崇祯十六年（1643）毛氏汲古阁刻本。本文所引皆出自该本。

⑩ 其中，《千顷堂》录明僧137人、别集162种，《明史》录40人、45种，《南明史》录40人、47种，《善本书目》录35人、57种，《四库总目》录12人、15种，《明别集版本志》录32人、50种，汰去重复者，共得184人、231种（同一著作版本不同者，按一种统计）。

⑪ 此外，笔者在辑录中发现至少尚有14人、18种明代诗僧别集现有存本而未见诸文献记载，实际情况当远不止此数，或可别撰一文以作专门搜考。

⑫ 以下为省篇幅，"现藏"二字一律略去，藏地后面的"图书馆"三字亦略去。

游诗》一卷，台湾“中央图书馆”（下称台湾）、复旦大学（下称复旦）。余二集未见。今本《丛书集成新编》第25册收有《西斋净土诗》。

2.《全室外集》《西游集》

释宗泐（字季潭，1318—1391）撰。《千顷堂》：“宗泐《全室外集》十卷，又《全室西游集》一卷。”《明史》：“宗泐《全室外集》十卷”，又：“《西游集》一卷，洪武中，宗泐为右善世，奉使西域求遗经，往返道中之作。”《明诗综》：“有《全室集》。”《列朝诗集》：“诗文有《全室外集》十卷，以钦和御制诗为首。”《明僧弘秀集》：“有《全室集》行世，多钦和御制篇。”《四库总目》收有安徽巡抚采进本《全室外集》九卷续集一卷，并云：“首二卷为应制诗及乐府供佛、赞佛诸曲，三卷至八卷为古近体诗。九卷为疏及题跋。续集诗文合编，而诗文之间阙四页，其原数遂不可考。今所存者凡诗三十六首，题跋十五篇。”今存明永乐刻本《全室外集》九卷续集一卷，北京、上海、山东、中山；明永乐刻本《全室外集》九卷续集一卷，有朱右序、徐一夔序及永乐元年（1403）王达序，清丁丙跋，南京；清抄本《补刊全室外集》九卷续一卷，北京；清初抄本《全室外集》六卷，上海；明隆庆间无锡俞宪刻《盛明百家诗》后编本《释全室集》一卷，复旦；赤城遗书汇刊本《全室外集》九卷续集一卷，上海；钞本《全室外集》八卷，台湾“中央研究院”傅斯年图书馆（下称傅图）。《西游集》未见，据《四库总目》：“宗泐尚有《西游集》一卷，盖奉使求经时道路往还所作，见闻既异，其记载必有可观。今未见其本，存佚殆不可知矣。”今本《景印文渊阁四库全书》（下称四库）集部第1234册、《四库全书珍本》集部第265册收有《全室外集》九卷续集一卷，皆以明永乐刻本为底本。

3.《蒲庵集》《澹游集》

释来复（字见心，1319—1391）撰。《千顷堂》：“来复《蒲庵集》十卷，又《澹游集》□卷。”《明史》：“来复《蒲庵集》十卷。”《明诗综》：“有《蒲庵》《澹游》二集。”《列朝诗集》：“诗文有《蒲庵集》，洪武十二年（1379）其徒昙锽厘为十卷，宋学士为之序，元季之作见赏于道园诸老者，此集皆不载，欧阳文公尝序其文。”今存明正统五年（1440）孙以宁刻本《蒲庵集》六卷，有欧阳玄《蒲庵集叙》、洪武十二年（1379）宋濂《蒲庵集叙》、正统五年孙以宁《蒲庵集后序》，清丁丙跋，南京；清抄本《蒲庵集》六卷，中国科学研究院（下称中科院）；清初抄本《蒲庵集》六卷，北京；明抄本《蒲庵集》三卷，清王懿荣校，南开大学；清抄本《蒲庵诗》三卷，北京、浙江、上海（存卷三）；清抄本《澹游集》三卷，有洪武十二年宋濂《蒲庵诗序》、正统辛酉（1441）杨士奇后叙，北京；明洪武间刻本《蒲庵集》□□卷，清藕香簃钞本《蒲庵集》不分卷，台湾；台湾明文书局《禅门逸书》影印清藕香簃钞本《蒲庵集》不分卷，复旦。今本《续修四库全书》集部第1622册收有《澹游集》，系影印清抄本。

4.《幻庵诗》

释法住（号幻庵）撰。《千顷堂》、《明史》：“法住《幻住诗》一卷。”今存明正统五年孙以宁刻本《幻庵诗》一卷，清丁丙跋，南京；清抄本《幻庵诗》一卷，中科院；明洪武间刻本《幻庵诗》一卷，台湾。

5.《梦观集》

释守仁(字一初)撰。《千顷堂》:"守仁《梦觉[①]集》六卷。"《明史》:"守仁《梦观集》六卷。"《明诗综》:"有《梦观集》。"《列朝诗集》:"《梦观集》六卷,即古春所编定也。"今存明隆庆间无锡俞宪刻《盛明百家诗》后编本《释梦观集》一卷,北京、上海;清钞本《梦观集》六卷,北京大学(下称北大)。

6.《雪庐南询稿》(《元释集》)

释克新(字仲铭)撰。《千顷堂》:"克新《雪庐南询稿》一卷。"《明史》:"克新《雪庐稿》一卷。"《明诗综》:"有《雪庐南询稿》。"《列朝诗集》:"为文二十年,所著有《南询稿》,黟南程文、河东张翥所正也,所与游者杨廉夫、顾仲瑛、丁仲容之流,而今所传《雪庐稿》者……大率望庚申之中兴,美张氏之内附,而于圣朝多指斥之词。"《四库总目》收有汪如藻家藏本《元释集》一卷,并云:"所著有《雪庐南询稿》,此本别题《元释集》,仅古今体诗六十余首。考赖良《大雅集》载有克新诗四首,而此本皆无之,盖后人于《雪庐集》中摘录抄存,非其全稿也。"今存清抄本《元释集》一卷,北京。今本《四库全书存目丛书》集部第25册收有《元释集》一卷,系影印清抄本。

7.《东皋录》

释妙声(字九皋)撰。《千顷堂》、《明史》:"妙声《东皋录》七卷。"《明诗综》:"有《东皋录》。"《列朝诗集》:"有《东皋录》七卷,洪武十七年(1384)法孙德瓛所刻。"《明僧弘秀集》:"有诗声,生平著述甚富,名《东皋录》,命弟子膳写藏之山房……至洪武十七年甲子春,法孙德瓛跋而授梓,凡诗三卷,序记赞铭传跋杂文四卷。"《总目提要》收有两淮盐政采进本《东皋录》三卷,并云:"此本有'汲古阁'印,盖毛晋家钞本,前有晋题识,亦称德瓛所刻,凡诗三卷、杂文四卷,而其书杂文及诗仅共为三卷,盖传录时所合并也。"今存明刻本《东皋录》七卷,上海(存卷一至五);清抄本《东皋录》三卷,辽宁、南京;清抄本《东皋录》不分卷,北京。今本《景印文渊阁四库全书》集部第1227册、《四库全书珍本》子部五集第296册亦收有《东皋录》三卷。

8.《澹居稿》

释至仁(字行中)撰。《千顷堂》:"至仁《澹居稿》。"《明诗综》:"有《澹居稿》。"今存清抄本《澹居稿》二卷,有至正二十四年(1364)克新《淡居稿序》,北京。

9.《逃虚子集》《逃虚类稿》《独庵集》

释道衍(俗名姚广孝,字斯道,1335—1418)撰。《千顷堂》:"姚广孝《逃虚子集》十卷,又《外集》一卷。"《世善堂书目》:"《逃虚子集》二卷,明僧姚广孝。"《列朝诗集》:"公诗列诸释氏以从公之志,所以崇公者至矣。公居吴,为高启北郭十友之一,启尝叙其《独庵集》,以为险易并陈浓淡,迭显能兼采众家,不事拘狭化,后吴人总刻其诗文曰《逃虚子集》。"《四库总目》收有浙江范懋柱家天一阁藏本《逃虚子集》十一卷类稿补遗八卷,并云:"广孝为高启'北郭十友'之一,所著初名《独庵集》,殁后吴人合刻其诗文曰《逃虚子集》。后人掇拾放佚,谓之补遗。"今存明范氏卧山房抄本《逃虚子诗集》十卷续集一卷,北京;清金氏文瑞楼抄本《逃虚子诗集》十卷续一卷,上海;清金氏文瑞楼

① 《明史·艺文志》、《明诗综》、《列朝诗集》皆作"梦观",此当误。

抄本《逃虚子诗集》十卷续一卷、《逃虚类稿》五卷，清宋宾王校，北京；清彭氏知圣道斋抄本《逃虚子诗集》十卷续集一卷，上海；清抄本《逃虚子诗集》十卷续集一卷、《逃虚类稿》五卷补遗一卷，清丁丙跋，南京；清抄本《逃虚子诗集》十卷续集一卷，邓邦述跋，上海；清光绪二十二年(1896)叶昌炽抄本《逃虚子诗集》十卷续集一卷，叶昌炽跋，上海；清抄本《逃虚子集》十一卷，佚名录，清黄丕烈跋，湖南(存卷四至十一)；清初抄本《逃虚类稿》五卷，傅增湘跋，北京；清抄本《逃虚类稿》五卷，北京；清抄本《逃虚类稿》四卷，上海；清抄本《逃虚集》四卷，北京；清钞本《逃虚子诗集》十卷续一卷，台湾；清写本《逃虚子诗集》十卷续一卷，日本内阁文库(下称内阁)、傅图(影印)；民国间铅印本《逃虚子集》一卷，南京；明隆庆间无锡俞宪刻《盛明百家诗》后编本《姚少师集》一卷，北京、上海。《独庵集》未见。今本《续修四库全书》集部第1326册收有《逃虚子诗集》十卷续集一卷、《逃虚类稿》五卷、《逃虚子集》补遗一卷、《逃虚子诗集》补遗一卷，系影印清钞本；《四库全书存目丛书》集部第28册收有《逃虚子诗集》十一卷续集一卷《逃虚类稿》五卷《逃虚子集》补遗一卷、《诗集》补遗一卷附录一卷，系影印清钞本。

10.《圆庵集》

释居顶(字符极，一字玄极，？—1404)撰。《千顷堂》、《明史》："元极《圆庵集》十卷。"今存明刻本《圆庵集》十卷附录一卷，天一阁文物保管所(存卷七至十)；明刻本《圆庵集》十卷，殷鲜颢、丁祖荫、归曾祁跋，上海(存卷一至六)。

11.《松月集》

释睿略(字道权，？—1412)撰。《千顷堂》："故山[①]《松月集》。"《四库总目》收有两淮盐政采进本《松月集》一卷，并云："尝以松月扁其轩，人呼为'松月翁'，因以名集。前有洪武癸酉(1393)俞贞序，后载姚广孝塔铭。"今存明永乐刻本《松月集》一卷，有永乐十一年(1413)姚广孝《略禅师塔铭》、洪武癸酉俞贞《松月集序》，北京；清抄本《松月集》一卷，北京、浙江。今本《四库全书存目丛书》集部第27册收有《松月集》一卷，系影印明永乐间刻本。

12.《僦寮集》

释宗贤撰。《四库总目》收有浙江巡抚采进本《僦寮集》一卷，并云："旧本题古杭月堂宗贤撰，不著时代。考之志乘，亦不载其名氏。据其题名，似乎衲子，故所与唱和者亦衲子为多。集中有和沈石田《鹊桥仙》词，知为正、嘉间人也。"今存清抄本《僦寮集》二卷，厦门；清李氏研录山房抄本《僦寮集》二卷，北京。今本《四库全书存目丛书》集部第146册收有《僦寮集》二卷，系影印清李氏研录山房抄本。

13.《竹室集》

释净伦(字大巍，1427—？)撰。《千顷堂》："净伦《竹室集》。"《明诗综》："有《竹室集》。"今存明弘治间刻本《竹室内集》一卷外集一卷，有弘治九年(1496)李绅序，清丁丙跋，南京。

---

① 故山，或为睿略另一字号。《千顷堂》称故山"洪武初，扬州府僧纲司都纲"，《明别集版本志》称睿略"洪武末任扬州府僧纲司都纲"，《明僧弘秀集》亦称睿略为洪武间人，二者当为一人。

14.《雪江集》

释明秀(字雪江,一字子呈,? —1534)撰。《千顷堂》、《明史》:"明秀《雪江集》三卷。"《明诗综》:"有《雪江集》。"《列朝诗集》:"有《雪江集》三卷。"今存清抄本《雪江诗稿》二卷,上海;明隆庆间无锡俞宪刻《盛明百家诗》前编本《释雪江集》一卷,北京、上海。

15.《香山梦寐集》《朽庵集》《说破浮生梦幻集》

释宗林(号朽庵,1471—?)撰。《千顷堂》:"宗林《香山梦寐集》。"《明史》:"宗林《香山梦寐集》一卷。"《列朝诗集》:"临终有《辞三宝》《辞世诗》,题曰《浮生梦幻篇》及《香山梦寐集》传于世。武庙初年,朝士有以郎官致仕者朽庵取渊明《归去来兮辞》为题。"今存明万历四十二年(1614)释智寿刻本《朽庵集》六卷、《说破浮生梦幻集》一卷,有万历甲寅(1614)智寿《朽公诗叙》,《朽庵集》卷末有《自赞》,北京。《香山梦寐集》未见。

16.《玉芝内外集》《龙南漫稿》

释法聚(号玉芝,1492—1563)撰。《千顷堂》:"法聚《玉芝内外集》,又《龙南漫稿》。"《明诗综》:"有《玉芝内外集》。"《列朝诗集》:"有《玉芝内外集》,罗近溪、陆平泉为序,新安王寅选其诗二百首。"今存明嘉靖四十三年(1564)释明源刻本《天池玉芝和尚内集》二卷,有嘉靖甲子(1564)罗汝芳《玉芝禅师内语叙》,上海。《龙南漫稿》未见。

17.《冬溪内外集》

释方泽(字云望)撰。《千顷堂》、《明史》:"方泽《冬溪内外集》八卷。"《明诗综》:"有《冬溪内外集》。"《列朝诗集》:"诗偈文字下笔无碍,一时名士若唐荆川、张王屋、方棠陵、陆五台皆敬礼之,有《华严要略》二卷、《内外集》八卷。"《四库总目》收有浙江巡抚采进本《冬溪集》二卷,并云:"《明诗选》本载方泽诗,俱作《冬溪内外集》,据此本实作《冬溪外内集》,上卷为《外集》,下卷为《内集》。以诗为外,以文为内。盖诗多涉文字,而文皆关禅义。故其下卷之诗,亦不谓之诗而谓之偈。则其外内之义,即程氏之外学、内学,作内外者,误也。"今存明隆庆间无锡俞宪刻《盛明百家诗》后编本《释方泽集》一卷,北京、北大、上海;明隆庆五年(1571)刻本《冬溪外集》二卷续稿一卷,台湾;台湾明文书局《禅门逸书》影印明隆庆五年刻本《冬溪外集》二卷续稿一卷,复旦。

18.《半峰集》

释果斌(号半峰)撰。《千顷堂》:"果斌《半峰集》。"《明诗综》:"有《半峰集》。"今存明隆庆间无锡俞宪刻《盛明百家诗》前编本《释半峰集》一卷,北京、北大、上海。

19.《野庵诗集》《栖闲集》

释普泰(字鲁山)撰。《千顷堂》:"普泰《野庵诗集》三卷,杨循吉为定其集,王鏊为序。"《明史》:"普泰《野庵诗集》三卷。"《明诗综》:"有《栖闲集》。"二集皆未见,今存明隆庆间无锡俞宪刻《盛明百家诗》前编本《释鲁山集》一卷,北京、上海。

20.《秀道人集》(《秀野轩集》)《岩栖集》《同波集》

释慧秀(字孤松)撰。《千顷堂》、《明史》:"慧秀《秀道人集》十三卷。"《列朝诗集》:"有《秀道人集》十二卷。"今存明万历书林庞衢刻本《谭友夏先生评订秀野轩集》十二卷《岩栖集》七卷、《同波集》五卷,有万历壬寅(1602)龙膺《秀道人诗集序》、万历戊申

(1608)张纳陛《禅友秀公岩栖集序》、万历戊申汪道会《刻秀公诗集后跋》、王衡《岩栖集叙》,北京。

21.《华严径遗草》

释广询撰。今存明万历四十二年释真非等刻本《华严径遗草》二卷,有万历甲寅黄汝亨序,南京。

22.《雪山诗集》 《雪山草》

释法杲(字雪山)撰。《千顷堂》:"法杲《雪山诗集》八卷,王穉登极称其诗,集为僧一雨所辑。"《明史》:"法杲《雪山诗集》八卷。"《明诗综》:"有《雪山集》。"《列朝诗集》:"诗集八卷,为润公所辑,王百谷极称之。"今存明万历刻本《雪山草》九卷,有万历庚戌(1610)《雪山草序》,上海;明万历三十八年(1610)昭阳李思睿校刻本《雪山草》九卷,北京、内阁。《雪山诗集》未见。

23.《紫柏老人集》 《茹退集》 《紫柏尊者别集》

释真可(号紫柏,1543—1603)撰。《千顷堂》、《明史》:"真可《紫柏老人集》十五卷。"《明诗综》:"有《茹退集》。"今存明崇祯四年(1631)刻本《紫柏老人集》十五卷首一卷,有天启元年(1621)释德清《紫柏老人集序》、天启丁卯(1627)释三炬识记、李日华《紫柏大师集序》、贺烺《紫柏大师集跋》,北京、首都、中国人民大学(下称人大)、中科院、故宫博物院(下称故宫)、天津、吉林大学、东北师范大学、山东、河南、中山大学(下称中山);明末刻本《紫柏老人集》二十九卷首一卷,山东博物馆;清康熙二十三年(1684)径山寂照庵刻嘉兴续本《紫柏尊者别集》四卷附录一卷,故宫、上海、台湾;明崇祯间刻(径山现藏)本《紫柏老人集》十五卷首一卷,故宫、南京;清末许灵虚等刻本《紫柏老人集》二十九卷、《圜中语录》一卷,南京、复旦。今本《四库全书存目丛书》子部第255册收有《长松茹退》二卷,系影印明万历间秀水沈氏刻宝颜堂秘籍本;《四库全书未收书辑刊》集部第6辑第23册收有《紫柏老人集》十五卷首一卷,系影印明天启七年(1627)释三炬刻本。

24.《雪浪集》

释弘恩(一作洪恩,字三怀,1545—1608)撰。《千顷堂》:"弘恩《雪浪斋诗集》二卷。"《明史》:"弘恩《雪浪斋诗集》二卷。"《明诗综》:"有《雪浪集》。"《四库总目》收有两江总督采进本《雪浪集》二卷,并云:"尝说法雪浪山中,故以名集,上卷为诗,下卷为偈语、杂著。"今存明万历释通泽刻本《雪浪集》二卷,有万历戊戌(1598)刘觐文《雪浪集叙》,中科院、湖南;明万历释通泽刻本《雪浪集》二卷,清宋荦批并跋,北京;明万历四十六年(1618)管觉仙刻本《雪浪续集》二卷,北京。今本《四库全书存目丛书》集部第190册收有《雪浪集》二卷,系影印明万历释通泽刻本。

25.《憨山梦游集》 《东游集》

释德清(字澄印,1546—1623)撰。《千顷堂》、《明史》:"德清《憨山梦游集》四十卷。"《明诗综》:"有《憨山梦游》、《东游》等集。"今存明天启元年释海印刻本《憨山老人梦游集》五卷,有天启元年德清《梦游集自序》,北京(存卷一、二、四、五);清顺治十七年(1660)毛褒等刻(径山)本《憨山老人梦游集》四十卷,有钱谦益序,故宫、南京、无锡、常熟;清抄本《憨山大师梦游集》不分卷,辽宁、中山、人大;清抄本《憨山大师梦游全集》一卷，姚莹俊跋，天津；清扬州刻经处刻本《憨山梦游集》五十卷，南京；清光绪五年(1879)刻本《憨山老人梦游集》五十五卷，台湾大学。《东游集》未见。今本《续修四库全书》集部第1377—1378册收有《憨山老人梦游集》四十卷，系影印清顺治十七年毛褒等刻本；《四库全书未收书辑刊》子部第3辑第25册收有《憨山大师梦游全集》二十卷，系影印清顺治十七年耿继茂刻本。

26.《山居诗》《三峰三十景诗》

释法(一作法藏，字于密)撰。《千顷堂》："法藏《山居集》。"《明诗综》："有《山居集》。"今存明万历刻本《三峰禅师山居诗》一卷、《三峰三十景诗》一卷，《三峰禅师山居诗》有万历丙辰(1616)文震孟《汉月禅师山居诗叙》、钱谦益《山居诗引》，《三峰三十景诗》有万历庚申(1620)六月法藏《乌目山峰三十景有序》，北京、吉林、徐州。

27.《三支集》《一苇集》《霞中吟》

释圆复(字休远)撰。《千顷堂》："圆复《三支集》□卷，又《一苇集》二卷，屠隆叙其诗，比之魏之三支。"《明史》："圆复《三支集》二卷，《一苇集》二卷。"《列朝诗集》："与同寺弘灏、空波、佛引、西来皆诗僧也……屠长卿以为足方魏之三支，叙其诗为《三支集》。"今存明刻本《一苇集》二卷、《霞中吟》一卷，有汪其俊《刻一苇集小引》、徐乾孝《重刻一苇集序》，北京。《三支集》未见。

28.《秋水庵集》《二楞庵诗卷》

释通润(字一雨，1565—1624)撰。《千顷堂》："通润《秋水庵集》。"《南明史》："通润《二楞庵诗卷》。"《明诗综》："有《秋水庵集》。"今存清初刻本《二楞庵诗卷》一卷，有崇祯甲申(1644)除夜释读彻序，北京。《秋水庵集》未见。

29.《空华集》《饮河集》《四悉稿》《石头庵集》《止啼斋集》

释如愚(字蕴璞)撰。《千顷堂》："如愚《空华集》二卷，又《饮河集》二卷，又《四悉稿》四卷，又《石头庵集》。"《明史》："如愚《空华集》二卷，《饮河集》二卷，《四悉稿》四卷。"《明诗综》："有《饮河稿》、《石头庵集》。"《列朝诗集》："吾师傅文恪公学佛作家也，叙《石头庵集》。"《四库总目》收有两江总督采进本《空华集》二卷、《饮河集》二卷、《止啼集》一卷、《石头庵集》五卷，并云："是集凡四种：初曰《空华集》，诗二卷；次曰《饮河集》，诗二卷；次曰《止啼集》，文一卷；次曰《石头庵集》，诗三卷，文二卷。《明诗综》但称有《饮河》、《石头》二集，盖未睹其全也。据自序，最后有《宝善堂集》，今未见。"今存明万历刻本《空华集》二卷、《饮河集》二卷、《止啼斋集》二卷、《石头庵集》五卷，《空华集》有万历壬寅于若瀛《空华集序》、万历丁酉袁宏道《空华集序》、万历癸巳(1593)张民表《空华集序》，《饮河集》有万历辛丑(1601)周应宾《饮河集序》、万历丁酉阮自华《饮河集序》，《石头庵集》有郭正域《石头庵蕴璞上人诗文序》、傅新德《蕴璞上人石头庵集序》、万历辛丑汤宾尹《石头庵诗集叙》、万历己亥(1599)顾素《石头庵集序》、万历辛丑祝世禄《石头庵集题辞》，重庆、台湾；明万历刘戡之刻本《止啼斋集》一卷，中科院；明万历刻本《石头庵集》五卷，台湾；明万历四十三年(1615)刘戡之南京刻本《石头庵宝善堂诗集》五卷，台湾；台湾明文书局《禅门逸书》影印明万历四十三年刘戡之南京刻本《石头庵宝善堂诗集》五卷，复旦。今本《四库全书存目丛书》集部第191册收有《止啼斋集》一卷、《空华集》二卷、《饮河集》二卷、《石头庵集》五卷，系影印明万历间刻本。

30.《植圣草》

释道盛(号觉浪)撰。《南明史》:"道盛《植圣草》。"今存明崇祯刻本《植圣草》不分卷,有崇祯甲戌(1634)张大同序、崇祯甲戌宁伟跋,北大。

31.《载之诗存》

释宗乘(字载之)撰。今存明崇祯毛晋刻本《载之诗存》一卷,有陈宗之序、徐波叙、明河叙、毛晋《纪略》、正上《书载之诗存后》、道微跋,北京。

32.《和西溪百咏》《福胜庵八咏》《曲水庵八咏》《梅花十咏》

释大善撰。《四库总目》收有浙江巡抚采进本《西溪百咏》二卷,并云:"宋人旧有《西溪百咏》,此复追咏古迹,每题七律一首,凡百首,拾遗五首。又附《福胜庵八咏》、《曲水庵八咏》、《梅花十绝》于末。"今存崇祯刻本《和西溪百咏》二卷附《福胜庵八咏》一卷、《曲水庵八咏》一卷、《梅花十咏》一卷,有崇祯庚辰(1640)自序,南京;清光绪间丁氏八千卷楼刻武林掌故丛编本《和西溪百咏》二卷,复旦。今本《四库全书存目丛书》集部第0195册收有《和西溪百咏》二卷,系影印清光绪六年丁氏八千卷楼刻本。

33.《黄叶庵诗集》《黄老人诗》

释智舷(号秋潭老人)撰。《千顷堂》:"智舷《黄叶庵诗集》二卷,又《黄山老人诗》六卷,同郡谭梁生、休宁叶休时辈各梓其集。"《明史》:"智舷《黄山老人诗》六卷。"《明诗综》:"有《黄叶庵诗集》。"《列朝诗集》:"长水李日华叙其诗曰……诗名满东南而无专集,随手散去。"今存明崇祯十年(1637)吴家驹刻本《黄叶庵诗草》二卷,有陈继儒序,南京(存卷上);清初刻《人琴集》本《黄叶庵遗稿》一卷,北京;明末刻本《秋潭老人黄叶庵诗稿》一卷,台湾。今本《四库全书禁毁书丛刊》集部第182册收有《黄叶庵诗草》一卷,系影印明钞本。《黄老人诗》未见。

34.《皋亭山诗》

释崇光撰。今存清抄本《皋亭山诗》一卷,南京。

35.《怀谢轩遗咏》

释弘坚撰。今存清康熙四十六年(1707)沈业刻本《怀谢轩遗咏》不分卷,中科院。

36.《南来堂稿》

释读彻(字苍雪,1588—1656)撰。《千顷堂》:"读彻《南来堂稿》。"《明诗综》:"有《南来堂稿》。"今存清抄本《中峰苍雪大师集》六卷,北京;清抄本《苍雪和尚南来堂诗集》四卷诗集补编四卷遗文一卷附录四卷,附录四卷:一为旧序、凡例;二为南来事迹;三为中峰前后概况;四为诸家酬倡,中国社会科学院文学研究所;清雍正元年(1723)比丘圆鼎抄本《南来堂诗集》四卷,有雍正元年圆鼎识语,南京(存五言律、五言断句二卷);清抄本《南来堂拾稿》一卷,复旦;民国二十九年铅印本《苍雪大师南来堂诗集》四卷补编四卷考略一卷,山西大学、复旦;台湾世界书局1955年铅印本《苍雪大师南来堂诗集》四卷补编四卷考略一卷,复旦。今本《续修四库全书》集部第1393册、《丛书集成续编》第172册收有《苍雪和尚南来堂诗集》四卷附录一卷,皆系影印民国三年刻云南丛书本。

37.《倘园集》《榧庵草》《担当和尚诗集》

释通荷(一作普荷,号担当,1593—1673)撰。今存明末刻本《倘园集》八卷,南京(卷三、八配抄本);清康熙刻本《榧庵草》七卷,南京(卷四配抄本);清抄本《担当和尚诗集》一卷,浙江;清宣统二年(1910)李根源铅印本《担公遗诗》不分卷,复旦;民国三年刻南丛书本《担当遗诗》七卷附录一卷,复旦。

38.《净信堂初集》《绝余编》

释智旭(字藕益,? —1654)撰。《南明史》:"智旭《绝余编》。"今存明崇祯刻本《净信堂初集》八卷,有崇祯壬午(1642)智旭序,天津;明崇祯释普滋等刻本《绝余编》四卷,有崇祯壬午(1642)智旭《绝余编序》,北京;天津图书馆孤本秘籍丛书影印明崇祯刻本《净信堂初集》八卷,复旦。

39.《千山诗集》《剩祖心集》《剩人诗》

释函可(字祖心,1608—1686)撰。《千顷堂》:"函可《剩人诗》"。今存清刻本《千山诗集》二十卷首一卷补遗一卷,复旦、南京;清抄本《剩祖心集》一卷,北京;清康熙间刻本《千山诗集》二十卷首一卷补遗一卷,北京师范大学、山西大学、复旦、广东;清钞本《千山诗集》二十卷首一卷补遗一卷,南京。《剩人诗》未见。今本《续修四库全书》集部第1398册收有《千山诗集》二十卷首一卷补遗一卷,系影印清康熙四十二年(1703)刻本;《四库全书禁毁书丛刊》集部第144册收有《千山诗集》二十卷首一卷补遗一卷,系影印清刻本。

40.《释无瑕诗稿》

释圆珏撰。今存稿本《释无瑕诗稿》(《竹樵诗草》、《鹭门旅》)不分卷,湖南师范大学。

41.《寄巢诗文集》

释道源(字石林)撰。《千顷堂》:"道源《寄巢诗集》。"《南明史》:"道源《寄巢诗集》、《文集》。"《明诗综》:"有《寄巢诗集》。"今存清顺治十八年(1661)毛表陆贻典刻本《寄巢诗》二卷,北京。

(作者单位:安徽师范大学文学院)

《清人别集总目》误收举隅

董运来

《清人别集总目》(以下简称《总目》)是第一部全面反映现存清代诗文别集著述、馆藏及作者传记资料的大型工具书,共著录近两万名作家所撰约四万部诗文集[①]。该书刊布之后受到程千帆、王绍曾、吴小如等著名学者的高度称赞,《总目》嘉惠学林,功莫大焉。但是由于编写《总目》工程浩大,限于各种条件,难免存在误收的条目,虽然编者在出版时已经剔除一些,但《总目》中尚有误收条目,今在诸家订补之外,另举出一些不属于别集以及不属于清人别集的误收条目。

1.《总目》页 183:王嘉桢　在野迩言 8 卷　光绪二十年刻本(南图)

按:王嘉桢(？—1887),字周卿,晚号楳岩山人,浙江吴兴(今湖州吴兴区)人。其生平见光绪十三年(1887)刻本《在野迩言》跋。张振国先生指出:"《在野迩言》共收作品 201 篇,多记怪异故事,如卷一《酆都令》、《夜行遇鬼》、《老友为嗣》、《易名》、《铁牌求雨》等。间有传奇佳作,如卷六首篇《玉儿》记绳妓玉儿不畏强暴不受辱从容赴死事……总之,《在野迩言》是晚清文学价值较高的一部传奇小说集。"[②]可见,该书当属子部小说类,非别集,不当入《总目》。中国国家图书馆另有清光绪十三年本善堂刻本。

2.《总目》页 514:刘子秀　西樵游览记 14 卷　道光十三年南海黄亨补刻本(中科院)

按:刘子秀《西樵游览记》十四卷题名为:《名胜上》、《名胜下》、《峰峦》、《岩洞》、《溪泉》、《台石(附采石)》、《院馆(附亭宇)》、《山村(附坊表、祠墓、关梁、庵寺)》、《古迹(附碑刻)》、《名贤》、《物产》、《艺文上》、《艺文下》、《杂事》,尚有乾隆五十一年南畲草堂刻本(华南师范大学藏),核其内容,宜入史部地理类,不宜入《总目》[③]。

3.《总目》页 551:刘楚桢　清芬集 10 卷　道光十九年刻本(山大)

按:刘宝楠(1791—1885),字楚桢,江苏宝应人。《清史稿》卷 482《儒林三》有传[④]。从道光十九年《清芬集》刻本卷首赞勋《校勘清芬集叙》和刘宝楠《清芬集征文启》以及该书内容看,《清芬集》为刘宝楠所辑宝应刘氏家集[⑤],属于总集,非别集,不当入《总目》。

---

① 李灵年、杨忠:《清人别集总目》,合肥:安徽教育出版社,2000 年,第 4 页。

② 张振国:《光绪间江浙志怪传奇小说集十种叙考》,《浙江工商大学学报》2012 年第 4 期,第 33—40 页。

③ (清)刘子秀:《西樵游览记》,乾隆五十一年南畲草堂刻本(华南师范大学藏)。

④ 赵尔巽等:《清史稿》,北京:中华书局,1977 年,第 13290—13291 页。

⑤ (清)刘宝楠辑:《清芬集》,道光十九年刻本。

4.《总目》页 575:汤震　汤氏危言 4 卷　光绪十六年上海刻本(湘图)重刊汤氏危言 4 卷 光绪二十四年重刻本(赣图)

按:汤寿潜(1856—1917),原名震,字蛰先,一作蛰仙,浙江萧山人。近代立宪派。汤氏生平参见《汤寿潜研究》①、《汤寿潜史料专辑》②。孙祥伟先生指出:"《危言》论及政治体制、财政工商、国防外交、农业水利等方面,全书以迁鼎篇开始,以变法篇结束。"又指出:"《危言》与《理财百策》实为'姊妹篇'。两书有一个共同的特点,就是揭露弊政,针砭时弊,并提出相应的对策,都是向朝廷建言献策的书。这两本书的政见出发点也是相近的,这就是维新变法、改良政治、振兴经济、开源节流,改革科举和教育制度,返朴去奢,肃贪养廉,中体西用、师夷长技,以救亡兴国。"③来新夏、焦静宜二先生称誉《危言》属于"表述维新思想,规划变法措施的专著",是"维新变法的蓝图"④。周育民先生指出《危言》主要阐述如下三个思想:(一) 抵御外侮的爱国思想、(二) 开明专制的政治思想、(三) 发展资本主义的经济思想⑤。从辨章学术角度考虑,《汤氏危言》宜入史部,不当入《总目》。

5.《总目》页 287:龙沐勋　风雨龙吟室丛稿　民国二十年刊本(桂图、桂林、无锡)

按:龙沐勋(1902—1966),字榆生。堂兄弟中排行第七,后自称龙七。1948 年改名元亮。号忍寒词人、怨红词客。曾用杏花春雨楼、风雨龙吟室、忍寒庐、荒鸡警梦室、小五柳堂、葵倾室、怀珠室等为书斋名。龙氏为现代著名词学家,已入新中国,不当入《总目》。⑥

6.《总目》页 385:吕温　吕衡州文集　道光七年石研斋刻本(湘图)

按:吕温(722—811),字和叔。唐贞元末进士。曾任衡州刺史,世称吕衡州。《新唐书》卷一百六十有传⑦。好友刘禹锡整理《吕衡州集》十卷传世。道光七年石研斋刻本《吕衡州文集》当为石研斋所刻《唐人三家集》之一种。《吕衡州文集》非清人别集,不当入《总目》。

7.《总目》页 440:朱荫龙　甘寂寞集外诗　1986 年抄本(桂林)

按:朱荫龙(1912—1960),字琴可,桂林市人,明靖江王后裔。毕业于北平民国大学政治系。解放前曾任广西大学、广西省立艺术专科学校教授。解放后曾任桂林市各界人民代表会议特邀代表,民革中央团结委员会委员,广西大学、山西大学教授。对中国韵文史、古文字学及南明史素有研究,尤长于词。主要著作有《且止吟》、《粤西

---

① 政协萧山市委员会文史工作委员会编:《汤寿潜研究》,北京:团结出版社,1995 年。

② 政协浙江省萧山市委员会文史工作委员会编:《汤寿潜史料专辑》(《萧山文史资料选辑》第四辑),内部资料,1993 年。

③ 孙祥伟:《东南精英群体的代表人物—汤寿潜研究(1890—1917)》,上海大学博士学位论文,2010 年,第 43、44 页。

④ 来新夏、焦静宜:《论汤寿潜的历史功绩》,《天津师大学报》,1995 年第 2 期,第 49—52 页。

⑤ 周育民:《试论汤寿潜的〈危言〉》,《上海师范大学学报》(哲学社会科学版),1984 年第 2 期,第 86—90 页。

⑥ 张晖:《龙榆生先生年谱》,北京:学林出版社,2001 年,第 3、33 页。

⑦ (宋)欧阳修、宋祁撰:《新唐书》,北京:中华书局,1975 年,第 4967 页。

词徵》、《石涛研究》、《甘寂寞室零札》等多种①。朱荫龙已入新中国,其集不当入《总目》。

8.《总目》页444:朱凌溪　凌溪集　清刻本(徐州)

按:朱应登(1477—1526),明直隶宝应人。字升之,号凌溪。弘治十二年进士,历陕西提学副使,迁云南参政②。朱应登未入清,不当入《总目》。

9.《总目》页486:邬鸣雷　浮槎阁集17卷附录2卷　光绪二十年环江书屋木活字排印本(上图)

按:邬鸣雷(1566—1621),字长豫,号齐云,浙江奉化人。明万历三十二年进士。工文能诗,主张"文章贵有实用"。纂《建昌郡志》及《丹霞洞天志》,著《来青楼稿》、《双蓉日抄》等。因建浮槎阁,遂名文集为《浮槎阁集》③。黄虞稷《千顷堂书目》亦载邬氏著作④。邬鸣雷未入清,其集不当入《总目》。

10.《总目》页510:刘士骥　蟋蟀轩草　清刻本(鲁图)

按:刘士骥(1566—1610),字允良,号祝阳,禹城人。万历三十二年进士,官编修⑤。《蟋蟀轩草》今有季羡林主编《四库全书存目丛书》(齐鲁书社,1997年)集部182册影印明刻本。刘士骥未入清,不当入《总目》。

11.《总目》页529:刘如孙　刘坦斋先生文集　道光十年留耕堂刻本(湘图)

按:刘如孙(1313—?),字三吾,号坦斋、坦之翁、坦坦斋、坦坦翁,湖南茶陵人。历元广西儒学副提举、明翰林学士等。《明史》有传⑥。刘如孙未入清,不当入《总目》。

12.《总目》页602:许伯清　伯清诗稿附辑补　民国十一年上海铅印本(南图、武汉师院、南京师大)

按:许学夷(1563—1633),字伯清,明南直隶江阴(今属江苏)人。他一生隐居家乡,未应科举考试。恽应翼《许伯清传》评介许氏:"性疏略,不治边幅,不理生产,杜门决规,惟文史是紬。尝删辑《左传》、《国语》、《国策》、《太史》诸书。手录参订,计数百卷,十年而功始毕……作《诗源辨体》,历四十年,十二易稿。"⑦许学夷未入清,其诗稿不当入《总目》。

13.《总目》页628:孙复　孙明复先生小集1卷　道光十三年斯未信斋刻鲁两先生合集本(丛书综录补编)

按:孙复(992—1057),字明复,晋州平阳(今山西临汾)人。举进士不第,退居泰山,世称泰山先生。深于《春秋》,著《尊王发微》十二篇(存)。官至殿中丞。《宋史》卷

---

① 魏华龄主编:《桂林文史资料·第47辑·抗战时期文化名人在桂林(续集)》(内部资料),桂林:漓江出版社,2004年。

② 台湾"中央"图书馆编:《明人传记资料索引》,中华书局,1987年,第149页。

③ 单锦珩:《浙江古今人物大辞典》,南昌:江西人民出版社,1998年,第99页;沈翼机等编纂:《浙江通志》(影印文渊阁四库全书523册),上海:上海古籍出版社,1987年,卷168,第458页。

④ (清)黄虞稷撰:《千顷堂书目》,上海:上海古籍出版社,1990年,第644页。

⑤⑥ 《明人传记资料索引》,第822、820页。

⑦ (明)许学夷著、杜维沫点校:《诗源辨体》,北京:人民文学出版社,1998年,第445页。

四百三十二有传[①]。四库全书有《孙明复小集》[②]。孙复为宋人，其集不当入《总目》。

14.《总目》页636：孙可之　孙可之文集　宣统二年宁政书局铅印本(人大)

按：孙樵，生卒年不详，字可之，又字隐之。晚唐著名散文家，主要活动在唐文宗、唐武宗、唐宣宗、唐懿宗、唐僖宗时期。自称关东人。宣宗大中九年(855)进士，官中书舍人，僖宗广明元年(880)，诏赴岐陇行在，迁职方郎中、上柱国，赐紫金鱼袋。孙樵生平可参看《孙樵年谱》[③]与《四库全书总目》[④]。中国国家图书馆藏有《孙可之文集》宣统二年守政书局活字本。孙樵为唐代人，其文集不当入《总目》。

15.《总目》页799：李宝森　海天楼吟草诗1卷词1卷　1982年许海秀油印本(南图)

按：张璋主编《中华词综》："李宝森(1910—1982)，江苏镇江人，毕业于东吴大学法学院。曾任东吴、光华等大学教授。新中国成立后，在上海工商联工作。有《海天楼吟草》。"[⑤]华钟彦主编《五四以来诗词选》："李宝森 一九一一年生，江苏镇江人。现任上海市工商联常委。著有《民法概论》。"[⑥]李宝森已入新中国后，其诗词集不当入《总目》。

16.《总目》页802：李春庚　嘤嘤集　版本待考(湘图)

按：霍松林主编《20世纪中华诗人传略》："李春庚，笔名一夫。1924年生。湖南湘乡市人。中共党员。曾在云南省人民政府政策研究室工作，担任过临沧县区镇长等职，已离休。受聘参加撰写《临沧地区工商行政管理志》编辑。现系中华诗词学会、云南诗词学会，海南省诗联、湖南岳麓诗社等组织成员。先后在《中华诗词》、《华夏吟友》、《汉诗大典》、广州《诗词》、《边塞诗词》、《当代词综》、《当代律诗选》、《近五十年寰球汉诗精品选》、《岳麓诗词》、《云南诗词》、《现代老人报》等全国20个省、市自治区的30多种书刊发表诗词300余首。在全国各种大赛中有作品获奖。散文在省地县各级刊物上也常有发表。著有个人专集《沧江集》、《嘤嘤集》(合著)两部。"[⑦]李春庚生于民国，其所著《嘤嘤集》不当入《总目》。

(作者单位：华南师范大学图书馆)

① (元)脱脱等：《宋史》，北京：中华书局，1977年，第12832页。

② (清)永瑢等：《四库全书总目》，北京：中华书局，1965年，第1312页。

③ 丁恩全：《孙樵研究》，华中科技大学博士学位论文，2009年，第43—80页。

④ 《四库全书总目》，第1299页。

⑤ 张璋主编：《中华词综》，北京：中国和平出版社，1994年，第649页。

⑥ 华钟彦主编：《五四以来诗词选》，开封：河南大学出版社，1987年，第122页。

⑦ 霍松林主编：《20世纪中华诗人传略》，北京：国际炎黄文化出版社，2001年，第185页。

■校勘与注释

顾炎武《九经误字》尚书九条疏证

杜泽逊

顾炎武《九经误字》一卷，乃以唐石经本校万历北监本之专著，清儒校群经，此具开山之功，向为学界称道。该书自序云："今天下九经之本以国子监所刻者为据，而其中讹脱寔多。……余至关中，见唐石壁九经，复得旧时摹本读之，虽不无踳驳，而有足以正今监本之误者，列之以告后学。"顾炎武对《九经误字》之宗旨言之甚明。但《九经误字》内《尚书》部分共九条，却无一针对监本，而是针对"今本"。所谓"今本"者何？顾氏言之未明。今为逐条疏证如下：

一、东迤北会于汇。石经及监本注疏皆同。按《史记·夏本纪》亦作"于汇"。今本作"为汇"，非。

泽逊按：此《禹贡》文。日本山井鼎《七经孟子考文》："东迤北会于汇。蔡本'于'作'为'。"卢文弨《群书拾补》："东迤北会于汇。'于'，石经、《史》、《汉》并同。蔡传作'为'。"则顾炎武所谓"今本"指蔡沉《书集传》。浦镗《十三经注疏正字》（下文简称《正字》）云："于，本或作为。"彭元瑞《石经考文提要》云："于汇，坊本作为汇。"所指亦蔡本。

二、视乃厥祖。石经、监本同。今本作烈祖。

泽逊按：此《太甲中》文。日本山井鼎《七经孟子考文》："视乃厥祖。蔡本'厥'作'烈'。"卢文弨《群书拾补》："视乃厥祖。'厥'，蔡传作'烈'。"彭元瑞《石经考文提要》云："厥祖，坊本作烈祖，亦沿蔡沉《集传》。"则顾氏所谓"今本"指蔡沉《书集传》。浦镗《正字》云："厥，今本作'烈'。"亦指蔡本。

三、厥德匪常。石经、监本同。按唐柳泽上书引此作"匪常"。今本作"靡常"，非。

泽逊按：此《咸有一德》文。日本山井鼎《考文》："厥德匪常。蔡本'匪'作'靡'。"卢文弨《拾补》："厥德匪常。'匪'，蔡传作'靡'。'靡'当作'匪'。"则顾氏"今本"指蔡沉《集传》。浦镗《正字》云："'匪'，今本作'靡'。案：石经亦作'匪'。""今本"亦指蔡传。

四、则惟汝众自作弗靖。石经、监本同。今本"汝"作"尔"。

泽逊按：此《盘庚上》文。日本山井鼎《考文》："则惟汝众自作弗靖。蔡沉《集传》'汝'作'尔'。"卢文弨《拾补》："则惟汝众。蔡传'汝'作'尔'。"乾隆武英殿重刊岳本《尚书》附考证云："'汝'，蔡沉集传本作'尔'。"则顾氏所称"今本"指蔡沉《集传》。浦镗《正字》："则惟汝众自作弗靖。'汝'，今本作'尔'。案：石经亦作'汝'。"彭元瑞《石经考文提要》云："'汝众'，坊本作'尔众'。"亦指蔡本。

五、师逾孟津。石经、监本同。《释文》："逾，亦作踰。"今本作"渡"，非。

泽逊按：此《武成》文。山井鼎《考文》："师逾孟津。蔡本'逾'作'渡'。"知顾氏"今本”指蔡沉《集传》。浦镗《正字》:“既戊午,师逾孟津。‘逾’,今本作‘渡’。案:石经亦作‘逾’。”“今本”亦指蔡《传》。

六、明作晢。曰晢时燠若。石经、监本同。《书传会选》:“晢,之列反,字与晰同。下当从日。从口非。”

泽逊按:此二句皆《洪范》文。“晢”字岳本作“哲”。顾氏此条非石经、监本之校勘,盖对俗本而言。

七、无偏无陂。本作“无颇”,唐明皇改“颇”为“陂”。宋宣和六年復为“颇”。今尚仍唐作“陂”。然吕氏春秋引此正作“颇”。而下文有“人用侧颇僻”之语。况以古音求之,作“颇”为协。

泽逊按:此《洪范》语。殿本《考证》、浦镗、卢文弨、岳本《考证》、阮元《校勘记》皆有说。唯宋、元、明各本与监本同。此条非石经、监本之校勘。

八、今尔又曰夏迪简在王庭。石经、监本同。今本作“其曰”。

泽逊按:此《多士》文。日本山井鼎《考文》:“今尔又曰。[古本]作‘尔今又曰’。蔡本‘又’作‘其’。”则顾氏所谓“今本”指蔡沉《集传》。阮元《校勘记》引顾说,亦云“今本作‘其’”,不明“今本”何所指也。

九、度作刑以诘四方。石经、监本同。《释文》:“诘,起一反。”今本作“诰”,误。

泽逊按:此《吕刑》文。“以诘四方”,《四库全书》所收宋黄伦《尚书精义》、宋金履祥《尚书表注》、元王天與《尚书纂传》、明刘三吾《书经会选》皆作“以诰四方”。顾炎武称“今本”,不知所指。彭元瑞《石经考文提要》云:“‘以诘’,坊本讹‘以诰’。”殆当时坊本多如是也。

以上九条为顾炎武《九经误字》内关于《尚书》之全部,均非用唐石经本校明监本误字,因此无一与顾炎武自序相符。九条之中针对蔡沉《书集传》者六条,均只称“今本”,不明指蔡氏。殆以明清科举考试,《书经》用蔡传,乃朝廷明令,顾氏不便明指也。唯卢文弨多明指之,似亦无不可者。原因何在,仍待探究。

(作者单位:山东大学儒学高等研究院)

《鲍参军诗注》补正(一)

朱晓海

鲍照是六朝颇具影响力的诗人。联句不计,其诗“见存两百首。萧统《文选》[①]、徐陵《玉台新咏》[②]、郭茂倩《乐府诗集》[③]、王士祯《古诗选》[④]均收录鲍照诗,以至于李善、五臣、吴兆宜、闻人倓注解上述相关各书时,都曾着墨于那些篇章,唯相较于鲍照见存的诗作数量而言,实止于一脔。暨清代末叶钱振伦先生以前,未曾有人全面注解鲍照诗[⑤]。有清诸名家涉及六朝诗的撰著固然均曾论及鲍诗[⑥],但他们乃以赏析、评论为主旨,虽间有涉及词句的义疏可采,整体而言,与注释判然两途。似陈祚明《采菽堂古诗选》卷十八《宋三》,选录鲍照诗六十七首;卷十九《宋四》选录鲍照诗四十一首;《补遗》卷二选录鲍照诗二十首,但通观此二编,陈氏仅于《拟古》之七“秋蛩扶户吟”之“扶”“曾训释:“扶犹依也”。同治七年(1868),钱氏于鲍集之注解息砚,筚路蓝缕,功在士林。由此稿未刊,或可臆推:尚有笔墨俟后增入,是以黄节先生单取其中之诗,补注焉,于癸亥年(1922)末竣工。黄先生乃广东同乡名宿简朝亮(1851—1933)之弟子,旧学根柢笃实;本身又是诗人,有《蒹葭楼诗》传世,于旧诗之体会颇深,曾遍注魏室三

---

① (唐)李善注:《文选》,台北:艺文印书馆,1998 年。如将无名氏通计为一,有诗人《选》者共六十六人。因颜延之、谢朓以二十一首并列第六,入《选》之作凡十八首的鲍照排名第七。

② (清)吴兆宜:《玉台新咏笺》,台北:台湾中华书局,1969 年;以下简称《玉台》,连同宋刻不收者计入,卷四收录鲍照诗十一首、卷九收录鲍照诗九首,凡二十首。

③ (宋)郭茂倩:《乐府诗集》,台北:里仁书局,1981 年;以下简称《乐府》共收录鲍照乐府诗八十一首,因为郭氏从《玉台》,《代淮南王》以二首计。较之今本鲍集见存的乐府诗,仅《代少年时至衰老行》、《代阳春登山行》、《代贫贱苦愁行》、《代边居行》、《代邽街行》五首未收。至于《代悲哉行》,郭氏将之归在谢惠连名下。朱干:《乐府正义》(京都:株式会社同朋舍,1980 年)虽自郭氏《乐府》增损而来,于鲍诗仅取十八首。或因未详考,其中《煌煌京洛行》之二尚属萧纲之作误羼入。入《选》者与未入《选》者各居半。全书重在政、教阐述,注释则甚简略。

④ (清)王士祯编、(清)闻人倓注:《古诗笺》,上海:上海古籍出版社,2010 年,五言诗部分,卷八收录鲍照三十九首、七言诗歌行部分,卷二收录鲍照十四首,因其从本集,将《代淮南王》以一首计,乃注解鲍照诗作最多的选本,然而这仍仅占见存鲍照诗的十分之三。

⑤ (元)刘履:《风雅翼・选诗补注》,《景印文渊阁四库全书》,台北:台湾商务印书馆,1983 年,第 1370 册,顾名思义,可知对象仅限于入《选》的那十八首鲍诗中,刘氏于卷七《宋诗二》仅补注十一首。清代梁章钜:《文选旁证》,福州:福建人民出版社,2000 年、胡绍煐:《文选笺证》、朱珔:《文选集释》、许巽行:《文选笔记》、张云璈:《选学胶言》、汪师韩:《文选理学权舆》,孙志祖:《文选李注补正》、《文选考异》、《文选理学权舆补》,《选学丛书》(台北:广文书局,1966 年),吴淇:《六朝选诗定论》(扬州:广陵书社,2009 年)卷十三等,既然均以《文选》为研究对象,是以涉及的鲍诗均不出上述入《选》范围。

⑥ 如(清)方东树:《昭昧詹言》(北京:人民文学出版社,1984 年),卷六论及鲍照四十四首诗;张玉穀:《古诗赏析》,《续修四库全书》(上海:上海古籍出版社,1995 年),第 1592 册,卷十六、十七论及鲍照诗二十八首;陈沆:《诗比兴笺》(台北:鼎文书局,1979 年),卷二论及鲍照《行路难》八首。元代方回:《文选颜鲍谢诗评》(上海:上海古籍出版社,1993 年)由于根据《文选》评述,所以仅及入《选》的十八首。

祖、曹植、阮籍、谢灵运诸家诗集[①]，惜世无完美，此编不免瑕瑜相间[②]。钱氏哲胤仲联先生在两位前辈基础上增补。仲联先生书香门第，毕业于享有盛誉之无锡国学专校，然而《鲍参军集注》(上海：上海古籍出版社，1958)诗这部分，除了少处几数，余者了无諟正、发明；繁引宋本，列异同，而鲜辨是非。至于自郐而下，以胥钞掩其蒙昧，徒然祸枣灾梨。是以笔者均舍之，取黄氏之《鲍参军诗注》(台北：艺文印书馆，1971 年)为据，补其阙；正其讹。行文凡例如次：

一、前修以厌饫膏腴者为籀阅对象，故征引书目从简，然世异学迁，故均补足卷数、篇名，外加()，以便读者覆按。

二、凡因已见诸前，而后从略者，讨论方便计，将前注补于从略之处。

三、前修引文或依强记，或径自省略，今以行世本一一核对，或正，或补，或以删节号示之。

四、引文补者加□；正误者加【】；衍者加暗底；乃古今字，非误讹者加()以示之。

五、黄氏书中，手民排印之误，径行改正，不复说明。

六、笔者称引篇籍浩繁，唯于首度称引时，标示该书之出版信息。

七、节省篇幅计，补正正文之引文页码一概从略。

八、引及鲍照之作，率不加作者名及卷数，仅标篇名。

《采桑》

还戏上宫阁

黄氏：《诗》[③](卷三之一)《墉风·桑中》："期我乎桑中，要我乎上宫。"

海按：毛《传》仅云："桑中、上宫，所期之地。"《孟子》[④]卷十四下《尽心下》："孟子之滕，馆于上宫。"赵《注》："上宫，楼也……舍止宾客所馆之楼上也。"鲍诗既言"上宫阁"，当用赵义，犹言"楼阁"。

绵叹喟回涂

钱氏：(绵，)《玉台》(卷四)作"敛"。

海按：《拟行路难》之十四"绵忧摧抑起长叹"、《愁思赋》"托绵思于遥夕"；《艺文类聚》[⑤]卷四三《舞》所录萧纲《舞赋》"既相看而绵视"、卷四八《中书令》所录谢庄《让中书令表》"况兮绵痼"，绵，绵绵不绝之谓。《玉台》所以作"敛"，盖缘对句乃"扬歌弄场藿"，"敛"、"扬"适为反对，然出句下文既言"喟"，则当以"绵"为是。

抽琴试抒思，荐佩果成托

钱氏：《韩诗外传》[⑥](卷一)："孔子南游适楚……有处女佩瑱而浣者，孔子曰：

① 黄氏有关谢朓诗的注解仅着手，凡十六首，见收于郝立权：《谢宣城诗注》(台北：艺文印书馆，1976 年)。

② 如《代升天行》"五钥"一联，全取朱干之说，却疏于标明；又如卷四《梦还乡》"孀妇"之释，钱氏于卷二《拟行路难》之十三释"孀居"时，已引《日知录》卷三二《鳏寡》条说明之，黄氏复沓，实失察焉。

③ (唐)孔颖达：《毛诗注疏》，台北：艺文印书馆，1977 年。

④ (宋)孙奭：《孟子注疏》，台北：逸文印书馆，1977 年。

⑤ (唐)欧阳询：《艺文类聚》，台北：文光出版社，1977 年；以下简称《类聚》。

⑥ 屈守元：《韩诗外传笺疏》，成都：巴蜀书社，1996 年。

'彼妇人其可与言矣乎?'……抽琴,去其轸,以授子贡,曰:'善为之辞。'"(《文选》卷十九《赋癸·情》)曹植《洛神赋》(善)《注》:"《神仙传》曰:'江妃二女[1]游于江滨,逢郑交甫,交甫不知何人也,目而挑之,女遂解佩与之。交甫行数步,空怀无佩,女亦不见'"。

海按:《乐府》卷四三《相和歌辞十八·楚调曲下》陆机《班婕妤》"寄情在玉阶,托意唯团扇"、《乐府》卷四六《清商曲辞三·读曲歌》之三三"春风难期信,托情明月光"。由末联"君其且调弦",可知:"抽琴"、"抒思"者乃男性,荐佩之主词为同一人,鲍氏于此处乃反用典,而荐佩果然可成为寄托自己向对方表示好感之举。故下一联女方回答:不待荐佩,"承君郢中美,服义久心诺"。乐府辞及古诗中,声口转换乃常态。

卫风古愉艳,郑俗旧浮薄

钱氏:(《类聚》卷八一《药香草部上》所引)宋颜延之《蜀葵赞》:"渝艳众葩。"

海按:《文心雕龙》[2]卷七《情采》:"吴锦好渝,舜英徒艳,繁采寡情,味之必厌。"渝当改读为姚、遥,通假例证详参《古字通假会典》[3]《侯部第十·俞字声系》、《幽部第十七(上)·肉字声系》。《荀子》[4]卷十三《礼论》"故其立文饰也,不至于窕冶",杨《注》"窕读为姚,姚冶,妖美也";《中兴歌》之九"遥冶在上京",钱氏即引《荀子》卷三《非相》"美丽姚冶"为注,故"渝(姚)"与"艳"既可妃俪正对,亦可组合成同义复词。渝(姚)艳,妖艳也,《芙蓉赋》"树妖嫱之弱干",亦即遥艳也;《代北风凉》"遥艳帷中自悲伤",则作"遥艳"。"古"既与"旧"对仗,则意谓,自古以降也。此联乃言卫、郑一带风尚素来肤浅轻薄,仅注重外貌。

渊意为谁涸

海按:《毛诗》卷二之一《邶·燕燕》"其心渊塞",毛《传》:"渊,深也。"《左传》[5]卷二十《文公十八年》"齐圣广渊",杜《注》:"渊,深也。"渊意犹言深心、深情。《文选》卷五七《诔下》颜延之《陶征士诔》"深心追往,远情逐化"、《类聚》卷四二《乐部二·乐府》所录宋孝武帝《夜听妓》"深心属悲弦,远情逐流吹",即以"心"、"情"相偶。《类聚》卷三四《人部十八·哀伤》所录宋孝武帝《拟李夫人赋》"流津有终,深心无歇",言其深情无止歇之期。结合上联,"君"目前虽然垂顾,然男性素来仅注重女性外表,以色见爱者,色衰则宠息,偏偏年华"盛明难重来",届时"君"原本待"妾"之深情将由于哪位新人而不复存?《礼记》[6]卷十六《月令·仲秋》"水始涸",郑《注》:"涸,竭也。"《广雅》[7]卷一下《释诂》:"涸,尽也。"

---

① "江妃二女",今本善《注》作"切仙一出",自属非是,然今本(晋)葛洪:《神仙传》(台北:广文书局有限公司,1989年),并未纳入江妃,二者乃《列仙传》中人物。

② 范文澜:《文心雕龙注》,台北:台湾开明书店,1970年。

③ 高亨、董治安:《古字通假会典》,济南:齐鲁书社,1997年;以下简称《会典》。

④ (清)王先谦:《荀子集解》,台北:世界书局,1981年。

⑤ (唐)孔颖达:《左传注疏》,台北:艺文印书馆,1977年。

⑥ (唐)孔颖达:《礼记注疏》,台北:艺文印书馆,1977年。

⑦ (清)王念孙:《广雅疏证》,上海:上海古籍出版社,1989年。

《代蒿里行》

驰波催永夜,零露逼短晨

钱氏:(《史记》[1]卷一一七《司马相如传》)司马相如《子虚【上林】赋》:"驰波跳沫。"

海按:《望孤石》:"驰波往不穷,啸歌清漏毕。"可知:"驰波"之意取自《论语》[2]卷九《子罕》:"子在川上曰:'逝者如斯夫,不舍昼夜。'"即《类聚》卷三十《人部十四·怨》所录吴均《行路难》之三"何言岁月忽若驰"之"驰"。《魏晋南北朝墓志汇编》[3]北魏《魏故侍中使持节骠骑大将军太尉公尚书令冀州刺史广平文懿王元悌墓志铭》"去此短晨,归于永夜"、《魏故使持节都督泾岐秦三州诸军事卫大将军秦州刺史尚书左仆射元爽公墓志铭》"长驱之力未穷,短晨之路奄及"、《君讳雅墓志》"短晨不□,深夜方厚"。夜,幽也;晨,明也。短晨,言人生命短暂如片刻消逝之早晨。

虚容遗剑佩,实貌戢衣巾

海按:《毛诗》卷十四之二《小雅·甫田之什·鸳鸯》:"戢其左翼。"郑《笺》:"戢,敛也。"《左传》卷二三《宣公十二年》:"载戢干戈。"杜《注》:"戢,藏也。"人死后,其尸身敛束于衣衾中;其容貌仅存于生者记忆中,故曰虚容。王安石集[4]卷三五《挽辞·致仕邵少卿挽词》之一"抚几虚容在,瞻图实貌非"、《致仕虞部曲江谭君挽词》"虚容剑几今长夜",盖皆本于此。

年代稍推远,怀抱日幽沦

海按:遍检六朝之作,"怀抱"之主词均为当事人,如何逊[5]《赠族人秣陵兄弟》"顾余晚脱略,怀抱日湮沦"、《临行公交车》"平生多意绪,怀抱皆徂谢"。此处自系以第一人称叙述之死者。对照末联"赍我长恨意,归为狐兔尘"、《松柏篇·序》"恻然酸怀抱",可知:至少有遗憾、辛酸等情绪。死者表示:随着时光"推"移,去刚逝世之时愈来愈"远",原先那些情绪也不再那般强烈,若太阳西沉般,渐趋黯淡。《晋书》卷六九《刘隗传附孙波传·上孝武帝疏》"遂使神器幽沦,三光翳曜"、《文选》卷三八《表下》傅亮《为宋公至洛阳谒五陵表》"坟茔幽沦,百年荒翳"。

人生良自剧,天道与何人

增补:本《老子》[6](第七九章)"天道无亲,常与善人"语而反用之。

海按:《文选》卷二一《诗乙·咏史》王粲《咏史》"同知埋身剧,心亦有所施"、《类聚》卷四一《乐部一·论乐》所录曹植《太山梁甫行》"剧哉边海民,寄身于草墅"、《文选》卷二八《诗戊·乐府下》陆机《苦寒行》"剧哉行役人,慊慊恒苦寒",善《注》于前揭

① [日]泷川龟太郎:《史记会注考证》,台北:艺文印书馆,1977年。
② (宋)邢昺:《论语注疏》,台北:艺文印书馆,1977年。
③ 赵超:《汉魏南北朝墓志汇编》,天津:天津古籍出版社,1992年;以下简称《墓志汇编》。
④ (宋)王安石:《临川先生文集》,北京:中华书局,1964年。
⑤ 刘畅:《何逊集注》,天津:天津古籍出版社,1988年。
⑥ 楼宇烈:《王弼集校注·老子道德经注》,台北:华正书局有限公司,1992年。

王、陆二人诗中之“剧”均引 徐氏《说文》[1]四篇下,训解为“甚也”,非是。剧,痛苦、艰难也。素言天道正义,福善祸淫,今则无论智愚、贤不肖均不免一死,所谓“同尽无贵贱”,是以感喟天道何尝亲与任何人? 故《松柏篇》云:“睿圣不得留,为善何所益。”

《代挽歌》

傲岸平生中,不为物所裁

海按:《楚辞》[2]卷十一《惜誓》“神龙失水而陆居兮,为蝼蚁之所裁”,王《注》:“为蝼蚁、蚍蜉所裁制,而见啄啮也。”《后汉纪》[3]卷二三《灵帝纪·熹平元年》“河南尹李咸执药上书曰:‘……具陈得失,终不为刀锯所裁。’”、《宋书》[4]卷六九《刘湛传》“(江夏王)义恭……渐长,欲专政事,每为湛所裁”。裁,挟制、压抑也。

白蚁相将来

海按:《庄子》卷六下《秋水》“将甲者进”,《释文》:“本亦作‘持甲。’”《太平御览》[5]卷四三七《人事部七六·勇五》所引正作“持”;《韩诗外传》卷一“鲍焦衣弊肤见,挈畚持蔬”,《新序》[6]卷七《节士》作“将”;《史记》卷四九《外戚世家·褚先生曰》“扶持出门”,《汉书》卷九七《外戚列传·孝景王皇后传》作“将”。嵇康集[7]卷一《六言》之九“老莱妻贤明,不愿夫子相荆,相将避禄隐耕”、《三国志》[8]卷十三《华歆传》裴《注》所引《列异传》“相将入,出并行”、陶潜集[9]卷四《拟古》之三“翩翩新来燕……相将还旧居”,“相将”皆可易为“相持”,一起、共同也,且蕴含携手之意。《梦还乡》:“慊款论久别,相将还绮闱。”

《代东门行》

伤禽恶弦惊,倦客恶离声

海按:《秋日示休上人》“疲客心易惊,枯桑叶易零”,疲、倦同义;伤禽闻弓弦虚弹之音而自天坠,如同枯桑萎叶随时因风等外力而零落,喻象之别仅一为动物、一为植物,二联诗意一致。

离声断客情

吴淇:离声者,即亲友时所奏之丝竹;丝竹满座,乃游所所奏者;唯涂中无丝竹,则用“野风吹秋木”五字补之。风吹秋木,本是无心,入离人之耳,则以为离声耳。

---

① (宋)徐铉等:《宋刊本唐写本说文解字》,台北:华世出版社,1982年。
② (宋)洪兴祖:《楚辞补注》,台北:台湾中华书局,1978年。
③ 周天游:《后汉纪校注》,天津:天津古籍出版社,1987年。
④ (南朝梁)沈约:《宋书》,台北:艺文印书馆,1972年。
⑤ (宋)李昉:《太平御览》,台北:台湾商务印书馆,1997年;以下简称《御览》。
⑥ 赵善贻:《新序疏证》,上海:华东师范大学出版社,1985年。
⑦ 戴明扬:《嵇康集校注》,台北:河洛出版社,1978年。
⑧ 卢弼:《三国志集解》,台北:艺文印书馆,1972年。
⑨ (清)陶澍集注:《靖节先生集》,台北:台湾中华书局,1978年。

海按：江淹集[1]《学魏文帝》“少年歌且止，歌声断客子”、《文苑英华》[2]卷一五八《诗八·天部八·秋》袁朗《秋夜独坐》“危弦断客心”，吴说“离声”是。此篇先言“断客情”；情由心发，而断、绝义同，故次改曰“心断绝”；末则省“绝”，而以“肠”与“心”构成一复合词，成“心肠断”[3]，则“客情”即“客心”。断客情，伤客心也。《文选》卷二八《诗戊·乐府下》陆机《悲哉行》“游客芳春林，春芳伤客心”、《乐府》卷四四《清商曲辞·吴声歌曲》《子夜四时歌·秋歌》之九“登高去来雁，惆怅客心伤”。

宾御皆涕零

张铣：宾谓送别之人；御，御车者。

海按：《咏史》“宾御纷飒沓，鞍马光照地”、《拟古》之一“宗党生光辉，宾仆远倾慕”，仆、御义一也，乃以部分代全体，泛指仆役，此处与之并列之“宾”乃依附门下供驱使者。江淹《效阮公诗》之三“鸡鸣夜已晞，总驾命宾仆”、《墓志汇编》东魏《元显墓志》“宾御沾衣，亲知雨面”，所言之“宾”率此类。《堂上歌行》“车马相驰逐，宾朋好容华”、《数名》“九族共瞻迟，宾友仰辉容”，朋、友同义，与彼等并列之“宾”乃身份平等之客人。

一息不相知，何况异乡别

李善：《说文》（第十下）：“息，喘也。”

吕向：一息言少间也。

海按：《伤逝赋》“彼一息之短景，乃累恨之长晖”，《汉书》[4]卷八七下《扬雄传·长杨赋》“尚不敢惕息”，颜《注》：“息，出入气也。”是“一息”极言其短。此乃承前修而来，如《汉书》卷六四下《王褒传·圣主得贤臣颂》“周流八极，万里壹息”、陆云[5]《岁暮赋》“百年迅于分嘘兮，千岁疾于一息”、《宋书》卷六九《范晔传·临终诗》“必至定前期，谁能延一息”。《集注》所引善《注》“一喘息之间，死生尚或不相知者，况异乡别乎”，今之各本均脱去。李善以喘息训“息”，虽未尽是，大致可通，然余者则甚无谓。“一息”就时间论；“异乡”就空间论。此联乃谓片刻不见尚且难忍，是故已道别，复折返，况千里遥隔，别离时间势必更久，则相思之苦如何能耐？

食梅常苦酸，衣葛常苦寒

刘良：梅不可疗饥；葛非寒服，言羁客衣、服不得其所。

刘履：日落昏暮，家人已卧，而行者夜中方饭，所谓不相知者如此，且以食梅、衣葛为喻，则其忧苦自知。

增补：二句乃比意，言作客常苦，如食梅衣葛，酸寒自知[6]。

海按：刘良似以此联为实指；刘履、增补以此联为虚喻，后说是。诗中主人公行有宾御；止则宴有丝竹，断非单家寒士。良家者外出，必备干粮、厚缯，不待采梅、衣葛以

---

① 俞绍初、张亚新：《江淹集校注》，郑州：中州古籍出版社，1994年。
② （宋）李昉：《文苑英华》，台北：新文丰出版股份有限公司，1979年；以下简称《英华》。
③ 《唐钞文选集注汇存》，上海：上海古籍出版社，2000年；以下简称《集注》，“肠”作“伤”。
④ （清）王先谦：《汉书补注》，台北：艺文印书馆，1972年。
⑤ 黄葵点校：《陆云集》，北京：中华书局，1988年。
⑥ 余冠英：《汉魏六朝诗选》（北京：人民文学出版社，1997年）亦同此说。未详孰为袭用者。

充饥忍冻。

《代放歌行》

蓼虫避葵堇，习苦不言非，小人自龌龊，安知旷士怀

李善：《楚辞》(卷十三《七谏·怨世》)“蓼虫不徙乎葵藿【菜】”，王逸曰：“言蓼虫处辛辣，食苦恶，不徙葵藿【菜】，食甘美者也。”

吕延济：小人不知旷士之心，亦犹蓼虫不知葵堇之美。言京都贵人竞相趋逐，以有德者不与己同，阴共排弃耳。蓼，辛菜；葵堇，甘菜也。

刘履：首言蓼虫避葵堇而集于蓼，由其惯于食苦，不言非甘，以喻己之谢禄仕而穷居，安于处困……然众人所见者小，乃为之不堪其忧，安知旷士之怀，随时出处，视穷达为一致者哉？

朱干：(卷八)(《文选》卷六《赋丙·京都下》左思)《魏都赋》：“习蓼虫之忘辛。”

海按：“龌龊”、“小人”乃鲍照自我写照，“旷士”指乘“车骑”，自“四方来”京以求富贵者。鲍照自嘲因无才无德，乃素无大志者，但求糊口，故虽逢“夷世”、“贤君”，亦不知进取富贵，如同食蓼已久之虫，以苦为甘，遇“葵堇”时，反而“避”之，焉能理解云集京邑之诸人其宏伟之志？自贬以贬人乃鲍照惯用手法。

鸡鸣洛城里，禁门平旦开

李善：《史记》(卷二六《历书》)曰：“鸡三号，平明。”

黄氏：《孟子》(卷十一下《告子上》)：“平旦之气。”

海按：《左传》卷四三《昭公五年》杜《注》：“日中……食时……平旦……鸡鸣……夜半……人定……黄昏……日入……晡时……日昳……隅中……日出。”《史记》卷二六《历书》《正义》：“自平明寅至鸡鸣丑，凡十二辰，辰尽丑，又至明朝寅。”是以若按十二地支顺序排列，则为夜半、鸡鸣、平旦、日出、食时、隅中、日中、日昳、晡时、日入、黄昏、人定。此联乃为下一联铺设背景：夜色尚浓时(鸡鸣)，欲逐富贵者已准备妥当，故天方露曙光(平旦)，城门一开，“冠盖”“车骑”蜂拥而驰入。

日中安能止，钟鸣犹未归

李善：崔元始《正论》：“永宁诏曰：钟鸣漏尽。”

海按：对照《集注》本善《注》，知：后脱“洛阳城中不得有行也”。《后汉书·续汉志》[①]卷五《礼仪中·冬至》刘昭《注补》所引蔡邕《独断》：“鼓以动众；钟以止众，故夜漏尽，鼓鸣则起；昼漏尽，钟鸣则息”。

夷世不可逢

李善：郭象《庄子》[②](卷三下《应帝王》)注：“世有夷险。”

吕向：夷，平也。

海按：《类聚》卷四一《乐部一·论乐》所录谢灵运《相逢行》：“夷世信难值。”夷世即公羊家习言之平世，《公羊传》[③]卷一《隐公元年》何氏《解诂》“于所传闻之世，见治

---

① (宋)王先谦：《后汉书集解》，台北：艺文印书馆，1972年。

② (清)郭庆藩：《校正庄子集释》，台北：世界书局，1971年。

③ (唐)徐彦：《公羊传注疏》，台北：艺文印书馆，1977年。

起于衰乱之中……于所闻之世，见治升平……至所见之世，着治大平"、卷九《庄公三二年》何氏《解诂》"于治乱，当赏疑从重；于平世，当罚疑从轻"。《孟子》卷八下《离娄下》"禹、稷当平世，三过其门而不入，孔子贤之；颜子当乱世，居于陋巷，一箪食，一瓢饮，人不堪其忧，颜子不改其乐，孔子贤之"、《文选》卷五一《论一》王褒《四子讲德论》"幸遭圣主平世"、徐陵[①]《为武皇帝作相时与北齐广陵城主书》"昔我平世，天下乂安"。"不可逢"犹言"难再逢"。

《代陈思王京洛行》

罗幌不胜风

闻人氏：(《乐府》卷四四《清商曲辞一·吴声歌曲一》)晋《子夜(四时)歌(·秋歌)之八》："中宵无人语，罗幌有双笑。"

海按：《文选》卷十三《赋庚·物色》谢惠连《雪赋》"月承幌而通晖"，善《注》："《文字集略》曰：'幌，以帛明牕也。'"

宝帐三千所，为尔一朝容

闻人氏：《诗》(卷三之二《卫·伯兮》)："谁适为容。"

海按："一朝"本喻瞬间。《代东武吟》"时事一朝异，孤绩谁复论"、《松柏篇》"一朝放舍去，万恨缠我情"、《拟行路难》之二"如今君心一朝异，对此长叹终百年"、《数诗》"十载学无就，善宦一朝通"，均如是用法，然此处则乃鲍氏仍六朝旧贯，纯图字面之巧对：时("一朝")、空("三千所")妃偭，实际"一朝"非连言者。《荀子》卷一《劝学》"一可以为法则"，杨《注》："一，皆也。"《吕览》[②]卷二三《贵直》"士之遬弊一若此乎"，高《注》："一犹皆也。""朝容"即"朝妆"，《玉台》卷六费昶《咏照镜》"晨晖照杏梁，飞燕起朝妆"、庾信[③]《七夕赋》"嫌朝妆之半故，怜晚饰之全新"。《代陈思王京洛篇》"千里一相从"之"一相从"与"一朝容"乃同一构词法。《毛诗》卷三之二《墉·蝃蝀》"崇朝其雨"，毛《传》"从旦至食时为终朝"，孔《疏》："朝者，早旦之名……今言终朝，故至食时矣。"故卷三之一《墉·柏舟》孔《疏》："朝即昧爽。"《尚书》[④]卷十一《牧誓》伪孔《传》："昧，冥；爽，明。"此联乃言：天方破晓，夜色尚未退去，后宫三千皆已起而严妆，以期博君青睐。

扬芳紫烟上，垂彩绿云中

闻人氏：(《文选》卷二一《诗乙·游仙》)郭璞《游仙诗》(之三)："驾鸿乘紫烟。"(《类聚》卷八一《药香草部上·菊》所录)潘岳【尼】《(秋菊)赋》："垂彩炜于芙蓉。"(《类聚》卷一《天部上·云》所录)陆机《浮云赋》："绿翘明，岩英焕。"

海按：《中兴歌》之二"祥云照玉台，紫烟游风阁"、《代别鹤操》"轻缴凌瑶台，丹罗笼紫烟"。烟、霞义通，紫烟犹言紫霞。《文选》卷二八《诗戊·乐府下》陆机《前缓声歌》"轻举乘紫霞，揔辔扶桑枝"、《类聚》卷四二《乐部二·乐府》所录陆机《棹歌行》"飞

① (清)吴兆宜：《徐孝穆集笺》，台北：世界书局，1984年。

② 陈奇猷：《吕氏春秋校释》，台北：华正书局有限公司，1985年。

③ (清)倪璠：《庾子山集注》，台北：台湾中华书局，1968年。

④ (唐)孔颖达：《尚书注疏》，台北：艺文印书馆，1977年。

缴入紫霞”、《玉台》卷三杨方《合欢诗》之五“因风吐微音,芳气入紫霞”。《文选》卷十一《赋己·宫殿》王延寿《鲁灵光殿赋》“飞陛揭孽,绿云上征”,绿云犹言翠云,《古文苑》[①]卷二《宋玉赋六首·讽赋》“翳承日之华,被翠云之裘”、《类聚》卷四三《乐部三·歌》所录陆机《百年歌》“轩冕纳那翠云中”、江淹《从建平王游纪南城》“再逢绿草合,重见翠云生”,绿云、翠云均系青云之美化词。因“凤楼十二重”,极高,在云霞之上,气上腾,故楼中丽人之芳香得以在紫霞之上;衣饰之彩固定,故楼中丽人之色彩下垂青云之中。

古来共歇薄

海按:《代陆平原君子有所思行》“年貌不可还,身意会盈歇”、《采菱歌》之六“春芳行歇落”、《中兴歌》之五“三五容色满,四五妙华歇”、《行药至城东桥》“容华坐消歇,端为谁苦辛”,《古诗类苑》[②]卷七七《古诗三首》之三“馨香易消歇,繁华会枯槁”、《乐府》卷三七《相和歌辞十二·瑟调曲二》沈约《却东西门行》“乐去哀境满,悲来壮心歇”。“歇”与“盈”、“满”相对,却与“落”、“消”组成一近义复词,复参照《代邽街行》“千虑易盈亏”,“盈亏”即“盈歇”,则歇犹言逐渐衰退、减弱,可知:“歇薄”亦近义复词,言男性对女性的宠爱都会随着时间消退,自古皆然,是以下句质疑“君意岂独浓”。

《代门有车马客行》

凄凄声中情,慊慊增下俚

钱氏:(《文选》卷二八《诗戊·乐府下》)陆机《苦寒行》“慊慊恒苦寒”,(善)《注》:“郑玄《礼记》(卷五一《坊记》)《注》曰:‘恨不满足之貌也。’”“下俚”见《采桑》注[《新序》(卷一《杂事》):“客有歌于郢中者,其始曰《下里》、《巴人》,国中属而和者数千人;其为《阳阿》、《薤露》【《阳陵》、《采薇》】,国中属而和者数百人,其为《阳春》、《白雪》,国中属而和者不过数十人 而已也 ;引商刻羽,杂以流征,国中属而和者不过数人而已。”]

海按:引文实从《文选》卷四五《对问》宋玉名下《对楚王问》,出处却题为《新序》,殊不可解。里、俚相假例证详参《会典》《之部第十一(上)·里字声系》。“下俚”乃藏词格,与“友于”、“愿言”同类,实际指谓乃在下文“和者”。此句乃谓:除了自身为羁旅之人,如今因于客中邂逅亦为异乡客之“旧邻里”,增加一同情共感者。

前悲尚未弭,后感方复起

钱氏:《玉篇》[③](卷十七《弓部》):“弭,忘也。”

海按:《毛诗》卷十一之一《小雅·鸿雁之什·沔水》“心之忧矣,不可弭忘”,毛《传》:“弭,止也。”《左传》卷二八《成公十六年》“忧犹未弭”,杜《注》:“弭,息也。”“弭”与下句之“起”正相对。

嘶声盈我口

钱氏:《玉篇》(卷五《口部》):“嘶,噎也。”

① (宋)章樵注:《古文苑》,台北:鼎文书局,1973年。

② (明)张之象:《古诗类苑》,《四库全书存目丛书》,第321册,台南:庄严文化事业有限公司,1997年。

③ (南朝梁)顾野王:《大广益会玉篇》,北京:中华书局,2004年;以下简称《玉篇》。

海按：《绍古》之四："孤鸿散江屿……嘶声衡、桂浦。"《乐府》卷六一《杂曲歌辞一》阮瑀《驾出北郭门行》："亲母何可见，泪下声正嘶。"

手迹可传心，愿尔笃行李

钱氏：《左传》(卷十七《僖公三十年》)："行李之往来。"

黄氏："李"与"理"音同，"行李"或作"行理"。《左传》(卷四六《昭公十三年》)："子产争承，曰：'……行理之命无月不至。'"《国语》[1](卷二《周语中·单襄公论陈必亡》)："行理以节迎【逆】之。"

海按：杜《注》："行李，使人"，《左传》卷三十《襄公八年》"使一介行李告于寡君"，杜《注》："行李，行人也。"此篇为客中送客，此句乃期望见送之客能善尽信使之责，将其传心之亲笔书信携回故里，交付家人。

《代棹歌行》

往戢于役身，愿言永怀楚

钱氏：《史记》(卷七)《项羽纪·赞【太史公曰】》："羽背关怀楚。"

朱干：(卷八)怀，慰也；楚，辛楚也。

海按：朱氏所据本误作"愿令怀水楚"，故训诂如上。庾信《哀江南赋》："况背关而怀楚，冀端委而开吴。"虽与项羽所怀之楚地理位置不一，然皆属实指。陆云《岁暮赋》："靖深情以遐慕兮，思缠绵而怀楚。"则与此处一致，取其引申义，"怀楚"乃怀乡之意。

《代白头吟》

直如朱丝绳，清如玉壶冰

李善：朱丝，朱弦也。《礼记》(卷三七《乐记》)"清庙之瑟朱弦(弦)而疏越"，桓子《新论》曰："神农始削桐为琴，绳丝为弦。"

海按："朱"，法藏敦煌残卷《文选》[2]作"珠"，盖泥于下句系以"玉"相对，然义不可通。《文选》卷三十《诗己·杂诗下》沈约《应王中丞思远咏月》"网轩映珠缀，应门照绿苔"，善《注》："《楚辞》(卷九《招魂》)曰：'网户朱缀刻方连。'下云绿苔，此当云朱缀。今并为'珠'，疑传写之误。"亦属过泥。

《代东武吟》

李善：左思《齐都赋》注曰："《东武》、《太山》皆齐之土风弦歌讴吟之曲名也。"

张铣：东武，太山下小山名也。

海按：据《汉书》卷二八上《地理志》，于汉代，泰(太)山乃兖州下之一郡，卷六六之郑弘乃此郡人；卷七八萧望之之子萧育尝为此郡太守。又，据同卷《地理志》，东武乃徐州琅邪郡下之一县，卷八八《儒林列传》中传《易》之孙虞、王同及卷八六之师丹均此

---

① (三国吴)韦昭解：《国语》，台北：艺文印书馆，1974年。

② 饶宗颐编：《敦煌吐鲁番本文选》，北京：中华书局，2000年。

县人。善《注》是。《通典》[1]卷八十《州郡十·古青州》高密郡下自注:"汉东武县,乐府有《东武吟》。"

心思历凉温

李善:《尚书》(卷一《尧典》)"以殷仲春",郑玄曰:"春秋言温凉也。"

海按:此乃《文选》卷二八《诗戊·乐府下》陆机《门有车马客行》善《注》,钱氏移置于此,李善于此处仅云"《孟子》(卷七上《离娄上》)曰:'既竭心思焉',凉温已见上文"。《秋夜》之一"生虑备温凉",不过将同一词汇前后倒置。凉温、温凉即后世习言之炎凉,《宋书》卷二十《乐志二》谢庄《明堂歌·黄帝》"裁化偏寒燠,布政周炎凉"、《魏书》[2]卷前所载魏收《前上十志启》"晚始撰录,弥历炎凉"。温凉、炎凉均为年岁之代词。出句之"肌力"论生理;此处之"心思"论心理。或攻或守,采取某战术、何时机等费尽心思,如此状况多历年所。

倚杖收鸡豘

胡绍煐:(卷二三)朱子(《语类》[3]卷一四十《论文下》)云:"'腰镰刈葵藿,倚杖牧鸡豘',分明[说出个]倔强不肯甘心之意。"王安石(卷九)《(古诗·)伤[四明]杜醇诗》"藜杖牧鸡豚"句本此,作"收",但传写误。

黄氏:五臣本作"牧"。

增补:宋本及《乐府诗集》"收"作"牧"。

海按:法藏敦煌残本《文选》正作"牧"。《侍郎报满辞合合疏》:"牧鸡圈豕以给征赋。"可为左证。至于《集注》此篇适缺此字。

徒结千载恨,空负百年怨

《音决》:怨,于元反,或为"冤",非。

海按:或本易为"冤",盖缘此篇乃平声韵,然"怨"本有平、去二读。

愿垂晋主惠,不愧田子魂

李善:无愧于田子也。晋主言"惠";田子言"愧",互文也。然田子久谢,故谓之魂……《韩诗》曰:"缟衣綦巾,聊乐我魂。"薛君曰:"魂,神也。"

吕延济:言愿得同晋主不弃席蓐;如田子方更收老马,虽死没,不愧于魂也。

方回:(卷三)能垂晋主之惠,则能不愧于田子之神矣!

胡绍煐:(卷二三)魂,云也,谓不媿田子所云也。古云、魂通。(《山海经》[4]卷二)《中【西】山经》"其气魂魂",魂魂犹云云也;《春秋》(卷四四《昭公七年》)《正义》引《孝经说》"魂,云【芸】也",皆可证。

海按:《三国志》卷二八《毌丘俭传》裴《注》所引毌丘俭等《罪状司马师表》:"使忠臣义士不愧于三王五帝耳"、《文选》卷五七《诔下》潘岳《哀永逝文》"此盖新哀之情然耳……庶无愧兮庄子"、《英华》卷七五四《论十六·史论一》何元之《〈梁典〉高祖事论》

---

① (唐)杜佑:《通典》,北京:中华书局,2007年。

② (北魏)魏收:《魏书》,台北:艺文印书馆,1972年。

③ (宋)黎德靖:《朱子语类》,台北:正中书局,1973年。

④ (清)郝懿行:《山海经笺疏》,台北:艺文印书馆,1974年。

"明笔法于马室，不愧郑玄"，不愧之对象皆为已殁者，不必泥于彼等所言，亦包括其作为，善《注》、方回说是。无愧于田子方那种厚道念旧之精神，即无愧于前贤矣。

《代别鹤操》

长弄似天汉

钱氏：《广韵》[①]（卷四《去声·送第一》）："咔，鸟吟。"

海按：江淹《效阮公诗》之四："愿从丹丘驾，长弄华池滋。"《左传》卷十三《僖公九年》"夷吾弱不好弄"，杜《注》："弄，戏也。"自地观之，银汉及众星旋转，故《文选》卷二九《诗己·杂诗上》曹丕《杂诗》之一"天汉回西流"、卷三十《诗庚·杂拟上》陆机《拟明月皎夜光》"天汉东南倾"。此言双鹤相嬉戏之姿，若天汉之回旋。

鹿鸣在深草，蝉鸣隐高枝

钱氏：（《文选》卷二九《诗己·杂诗上》）苏武《古诗》（之一）："鹿鸣思野草。"

海按：《六韬》[②]卷三《龙韬·奇兵》："深草蓊蘙者，所以逃遁也……泑泽窈冥者，所以匿其形也。"处于"深草"，"隐"于高枝之间，乃惧"青缴"、"丹罗"之捕猎者，虽惧，却依然似"鹿鸣"呼朋、"蝉鸣"求偶，乃因"心自有所存"。存，在也；在，顾在也，《国语》卷十九《吴语·吴欲与晋战得为盟主》"吴伯父……必率诸侯以顾在余一人"、《广弘明集》卷四《归正篇》释彦琮《通极论》"岂学子拘之于小节，顾在肤发之间哉"，在意之谓。于此处，指仍顾念昔时伴侣"音仪"。

《代出自蓟北门行》

烽火入咸阳

吕延济：至咸阳谓及京都。

海按：《宋书》卷二一《乐志三·相和曲》曹操《蒿里行》"初期会孟津，乃心在咸阳"、阮籍《咏怀》[③]之五"平生少年时，轻薄好弦歌，西游咸阳中，赵、李相经过"，"咸阳"均指洛阳。《南齐书》[④]卷五十《文二王列传·巴陵王昭秀传》"汉都咸阳，三辅为社稷之卫"、《文选》卷四三《书下》刘峻《重答刘秣陵沼书》"冀东平之树，望咸阳而西靡"，"咸阳"均指长安。此处之咸阳乃京师之代称，指外族入侵之告急讯息由边境传递至中央。

雁行缘石径，鱼贯度飞梁

李善：《周易》（卷三《剥·六五》）："贯鱼以宫人宠，无不利。"王弼（《注》）曰："骈头相次，似贯鱼也。"

吕向：雁行、贯鱼皆阵势也。石径，山石险峻处；飞梁，绝水为浮桥以度。

海按：《礼记》卷十三《王制》："父之齿，随行；兄之齿，雁行；朋友，不相踰。""雁行"即卷一《曲礼上》所谓之"肩随"，郑《注》："与之并行，差退。"吕向以此联乃水、

---

① （宋）陈彭年等：《校正宋本广韵》，台北：艺文印书馆，1970年。
② 《百部丛书集成·武经七书》，台北：艺文印书馆，1966年。
③ 黄节：《阮步兵咏怀诗注》，台北：艺文印书馆，1975年。
④ （南朝梁）萧子显：《南齐书》，台北：艺文印书馆，1972年。

陆对,是;以雁行、贯鱼为阵势,非,此乃指行军时之队形:或成三角形(雁行);或成方形(鱼贯)。

箫鼓流汉思,旌甲被胡霜

陆善经:汉思,乡思也。

黄氏:陈胤倩谓"思"当作"飔",非。

钱仲联:下云"疾风",不应语复。集中《送别王宣城》亦有"发郢流楚思"之句,可以相证。

海按:陈氏乃从冯惟讷《古诗纪》[1]卷六十《宋第六》自注之说。与"涉渭兴卫情"相对之"楚思","思"自当如字读,训为思念、不舍之情。然与"霜"对仗者,如《英华》一九九《诗四九・乐府八》王褒《从军行》之二"代风愁枥马,胡霜宜角筋"、卷一九七《诗四七・乐府六》杨素《出塞》之一"北风嘶朔马,胡霜切塞鸿"、卷二四九《诗九九・寄赠三》骆宾王《在军中赠先还知己》"胡霜如剑锷,汉月似刀镮",无非风与月等同属自然物者。《文选》卷五《赋丙・京都下》左思《吴都赋》"翼飔风之飂飂",刘《注》:"飔,疾风也……《离骚》曰:'溘飔风兮上征。'班固曰:'飔,疾也。'"然"飔"不必遒疾,谢朓[2]《在郡卧病呈沈尚书》"轻扇动凉飔"、《墓志汇编》北齐《齐故乐陵王墓志铭》"烟愁野月,鸟思松飔",可为明证。下联"疾风"、"沙砾"乃就外在环境论;此联"箫鼓"、"旌甲"乃就士卒论。汉飔即汉风,唯此风非彼风。江淹《杂体诗・序》:"楚谣、汉风既非一骨。"汉风,汉人歌谣也。

角弓不可张

李善:韦曜《集》曰:"秋风扬沙尘,寒露沾衣裳,角弓持急弦,鸠鸟化为鹰。"

海按:《周礼》[3]卷四二《考工记・弓人》:"弓人为弓,取六材必以时。"干、角、筋、胶、丝、漆,六材之谓也。角附于干内者;筋附于干内者,均可以部分带全体,故上文"严秋筋竿劲",张玉穀于卷十七云"筋谓弓",是也。然本诗此句之角弓取自《毛诗》卷十五之一《小雅・鱼藻之什・角弓》,乃饰弓两端之角。因气温严寒,弓各部件随之冷缩僵硬,故拉不开弓。

《代陆平原君子有所思行》

西上登雀台

李善:《邺中记》:"邺城西北立台,名铜雀台。"

海按:《乐府》卷三一《相和歌辞六・平调曲二・铜雀台・题解》:"铸大铜雀,置于楼颠,舒翼奋尾,势若飞动,因名曰铜雀台。"《文选》卷二《赋甲・京都上》张衡《西京赋》"凤骞翥于甍标,咸遡风而欲翔",薛《注》:"作铁凤凰,令张两翼,举头敷尾,以函屋上,当栋中央,下有转枢,常向风,如将飞者焉。"《代陈思王京洛篇》"凤楼十二重"、《中兴歌》之二"紫烟游凤阁"、《拟青青陵上柏》"孚愉鸾阁上",则该等楼阁屋甍上亦当置有铸造之凤、鸾。

① (明)冯惟讷:《古诗纪》,《景印文渊阁四库全书》,第1379册。
② 曹融南:《谢宣城集校注》,上海:上海古籍出版社,2007年。
③ (唐)贾公彦:《周礼注疏》,台北:艺文印书馆,1977年。

层阁肃天居

李善:蔡邕《述征赋》曰:"皇家赫而天居。"

刘良:言高阁肃然,天帝之居。

海按:《集注》本所引刘氏注文,"天"作"如"。《代白纻舞》之二"桂宫柏寝拟天居"、《舞鹤赋》"仰天居之崇绝",《宋书》卷六七《谢灵运传·山居赋·自注》:"缙云、放勋不以天居为所乐,古【故】合宫、衢室皆非淹留。"又可作"神居",《侍宴覆舟山》之二"神居既崇盛"、《凌烟楼铭》"藻思神居"。此句乃言一层层极高之楼阁如神明所居之所,令人有肃穆威严之感。

绣甍结飞霞,璇题纳行月

吕向:甍,栋也,以玉彩饰之,似绣连结于飞霞也;璇,玉也,题,椽头也,言月过檐头,璇题纳引其光也。

海按:《集注》本五臣《注》无"以玉彩……椽头也",乃《钞》文,《钞》文亦欠精当。《说文》十二篇下"甍,屋栋也",段《注》:"栋,自屋中言之,故从木;甍,自屋表言之,故从瓦。"《释名》卷五《释宫室》:"屋脊曰甍,甍,蒙也,在上覆蒙屋也。"栋在屋内,纵有五彩之画饰,如何与天空飞霞相混难分?唯各色琉璃或釉瓦铺成之屋脊方可能形成此错觉。《汉书》卷八七上《扬雄传·甘泉赋》《集解》引应劭曰:"榱椽之头皆以玉饰之。"楼再高,此等玉饰均被屋檐所蔽。卷五七上《司马相如传·上林赋》"华榱璧珰",颜《注》引一曰:"以玉饰瓦之当也。"此说方是。"檐头"玉瓦当一一相续,故月运行时,每过一玉瓦当,一玉瓦当即反光璀璨,是以曰"纳"。此没彼亮,犹同今日以电线串成之小灯泡。

蚁壤漏山阿

李善:傅玄《口铭》曰:"勿谓不然,变出无门,蚁孔溃河,漏穴倾山。"

吕延济:壤,蚁穴土也……山阿犹大堤也,言大堤之败在蚁穴之漏。

陆善经:《淮南子》①(卷十八《齐俗》)云:"千里之堤以蝼蚁(蚁)之穴漏。"

海按:《谷梁传》②卷一《隐公三年》杨《疏》:"麋信云:齐、鲁之间谓凿地出土、鼠作穴出土曰壤。"蚁壤,蚁凿穴出土,成蚁孔也,《古文苑》卷八《诗》孔融《临终》:"器漏苦不密,河溃蚁孔端。"亦即蚁穴,如《类聚》卷六《州部》所录扬雄《幽州箴》:"堤溃蚁穴,器漏藏亡。"或称蚁隙,《类聚》卷二三《人部七·鉴诫》所录应璩《杂诗》:"细微可不慎,堤溃自蚁隟。"蚁极状其小,蚁壤,小孔之谓,故与"丝泪"对仗。"阿",善《注》本作"河",是也;山阿断无训为堤防之理。《左传》卷二六《成公五年》:"山有朽壤而崩。"虫蚁于山凿穴而居,土质流失,积累渐久,必导致坍方。

器恶含满攲,物忌厚生没

李善:《家语》③(卷二《三恕》)曰:"孔子观于鲁桓公之庙,有攲器焉。孔子曰:'吾闻【夫子问于守庙者曰:"此谓何器?"对曰:"此盖为】宥坐之器。虚则攲;中则正;满则覆,明君以为至诫,故常置之于坐侧。'顾谓弟子曰:'试注水实之。'【焉。乃注之水】。

① 刘文典:《淮南鸿烈集解》,台北:台湾商务印书馆,1969年。
② (唐)杨士勋:《穀梁传注疏》,台北:艺文印书馆,1977年。
③ (三国魏)王肃注:《孔子家语》,《景印文渊阁四库全书》,第695册。

中而【则】正;满则覆。夫子喟然叹曰:‘呜呼!夫物恶有满而不覆者哉?’”《老子》(第五十章)曰:“人之生生之厚,动皆之死地,亦十有三。夫何故?以其生生之厚也。”

刘良:满则覆,是以恶满也。忌,恐也……言人养生,恐其不厚,既厚矣,生理灭焉。

李治:(卷四)当云“含满覆”,而谓“满攲”者,又明远之误也①。

海按:满则覆,水尽失,器既中虚,乃攲,犹人厚生,以五声五味等厚养之,反致耳聋口爽,因而丧命。《文选》卷二一《诗乙·游仙》郭璞《游仙》之七“王孙列八珍,安期炼五石”,善《注》:“王孙列八珍以伤生;安期炼五石以延寿,言优劣殊也。”《说文》②十篇下“忌,憎恶也”、《礼记》卷五二《中庸》“无忌惮”,《释文》:“忌,畏也。”刘氏训“恐也”,可通,但串讲则谬,非“恐其不厚”,乃“唯恐其厚”。

《代悲哉行》

翩翩翔禽罗

海按:《楚辞》卷九《招魂》“步骑罗些”,王《注》:“罗,列也。”《文选》卷十一《赋己·宫殿》何晏《景福殿赋》“罗疏柱之汩越”,善《注》:“罗,列也。”鲍照为免重出,对句用“列”以谐韵,故此处用“罗”。《代结客少年场行》“扶宫罗将相,夹道列侯王”,亦以“罗”对“列”。

《代陈思王白马篇》

沈命对胡封

钱氏:《汉书》(卷六)《武帝纪》:“武帝末,盗贼滋起……于是做沈命法。”

海按:此乃卷七十《酷吏列传·咸宣传》文。《集解》引应劭曰:“沈,没也。”沈命犹没命。《三国志》卷三《明帝纪·青龙三年》“常恐至死无以报国,是以投躯没命”、《晋书》③卷一百一《刘元海载记》“孰不思为殿下没命投躯者哉”。没命实即埋骨,因避出句“埋身守汉境”之“埋”,故易为“沈”;再则,《仪礼》④卷二七《觐礼》“祭天,燔柴……祭川,沈;祭地,瘗”,《尔雅》⑤卷六《释天》作“祭地曰瘗薶”;“祭川曰浮沈”,郭《注》:“既祭,埋藏之。”“投祭水中,或浮或沈”,用“沈”字,方可与“埋”形成水、陆对。《周礼》卷十四《地官·封人》“为畿封而树之”,郑《注》:“畿上有封,若今时界矣。”贾《疏》:“畿上皆为沟壑,其土在外而为封。”故《左传》卷二《隐公元年》孔《疏》:“封人职典封疆,居在边邑。”

去来今何道

海按:《乐府》卷三七《相和歌辞十二·瑟调曲二》谢灵运《折杨柳行》“谁令尔贫

---

① (元)李治:《敬斋古今黈拾遗》,台北:世界书局,1963年。
② (清)段玉裁:《说文解字注》,台北:黎明文化事业股份有限公司,1991年。
③ 吴士鉴、刘承干:《晋书斠注》,台北:艺文印书馆,1972年。
④ (唐)贾公彦:《仪礼注疏》,台北:艺文印书馆,1977年。
⑤ (宋)邢昺:《尔雅注疏》,台北:艺文印书馆,1977年。

贱，咨嗟何所道”、陶潜集卷四《挽歌》之三“死去何所道，托体同山阿”、《幽兰》之一“揽带昔何道，坐令芳节终”、《行路难》之十四：“男儿生死辘轲欲何道”，逯译为今语，即：还能说什么。“去”指上文“弃别中国去”；“来”指上文来至边疆，“邀冀胡马功”，是以“去来”犹言此番取舍，终无所得，是以云“设计误”。既然取舍乃自己的选择，故云至今日还说什么。

《代升天行》

备闻十帝事，委曲两都情

李善：十帝、两都俱谓汉也。《论衡》[①]（卷十九《宣汉》）：“汉家三百年【岁】，十帝耀德。”

李周翰：两汉都两京，各十余帝。

海按：《后汉书》卷三五《曹褒传》“《河图》称：赤九会昌，十世以光，十一以兴”，章怀《注》：“九谓光武，十谓明帝，十一谓章帝也。”因光武继体元帝，故帝系位序为九。十帝跨越西、东汉，乃得与西京长安、东京洛阳“两都”相妃。五臣增字（“各”、“余”）解经，不当。

九钥隐丹经

李善：《抱朴子》……（内篇[②]卷十八《地真》）又曰：“仙经[曰]：九转丹、金液经、[守一诀]皆在昆仑五城之内，藏以玉函。”《尚书》（卷十三《金縢》）曰“启钥见书”，郑玄《易纬》注曰：“齐、鲁之间名门户及藏器之管曰钥。[然钥]以藏经，而丹有九转，故曰九钥也。”

刘良：仙经有九转金液丹法，钥可以盛书，故云隐丹经。

朱干：（卷十二）《黄庭（内景玉经注）》[③]（《中池章第五》：“内【隐】芝郁【翳】郁自相扶”，[《注》：“……]五脏之液为[芝，即隐芝也，又名]内芝。”《黄庭（外景玉经注）》[④]“玉匙【迅牝】金钥【钥】常完坚”，（《礼记》卷十七）《月令[·孟冬]》“汉【慎】管钥”，钥与钥同。五脏，五芝也；九钥，九窍也。

胡绍煐：（卷二三）钥为书篇，九钥犹云九篇耳。《说文》（五篇上）“籥，书僮竹笘也”，《众经音义》[⑤]（卷）二（《大般涅盘经》第四十卷·户鬮）引《纂文》云“关西以书篇为书钥”，亦谓之叶，《说文》（五篇上）：“篥，籥也。”

海按：朱氏所据本“图”误作“芝”，缘此，又以房中术隐语释之，甚谬。孔《疏》引郑玄云：“钥，闭藏之管也。”《史记》卷八三《鲁仲连传》《正义》：“钥即钥匙也。”李氏前引说是，后串讲则荒唐莫名。此乃言丹经内容珍贵，不容轻易示人，故以九层之函密封，

---

① 黄晖：《论衡校释》，台北：台湾商务印书馆，1983年。

② 王明：《抱朴子内篇校释》，北京：中华书局，1996年。

③ （唐）梁丘子：《黄庭内景玉经注》，《正统道藏》，第七册《方法类·菜字号·修真十书》，卷五五，台北：新文丰出版股份有限公司，1977年。

④ 《黄庭外景玉经注》，《正统道藏》，第七册《方法类·重字号·修真十书》，卷六十。

⑤ （唐）玄应：《一切经音义》，徐时仪校注：《一切经音义三种校本合刊》，上海：上海古籍出版社，2008年。

每一层石函或玉函皆须某一副特定钥匙,乃得开启。与出句"五图发金记"相同:非透过五种指示之秘图,方能逐步发得金记。与九转丹毫无关。此联即《遇铜山掘黄精》"土肪闷中经,水芝韬内策"之意。"中"、"内"皆状此乃《汉书》卷三六《楚元王传附玄孙向传》所言之"枕中""秘书"、《史记》卷一百五《扁鹊仓公列传》所言"不敢妄传人"之"禁方"。

冠霞登彩阁

李善:郭璞《游仙诗》曰:"振发戴翠霞。"

吕向:冠霞冠谓从仙也。

海按:"冠霞"即"以云霞为冠。"《登庐山望石门》:"明发振云冠"、《类聚》卷三一《人部十五·赠答》所录陆机《赠潘尼》"舍彼玄冕,袭此云冠,遗情市朝,永志丘园"、卷四一《乐部一·论乐》所录陆机《东武吟行》"濯发冒云冠,洗身被羽衣"。鲍氏为了与下句"解玉"对仗,故易以动词+受词之构词法。

解玉饮椒庭

吕向:解玉佩谓去仕也。

何焯:解玉为谓服玉屑[①]。

张云璈(卷十二)《周礼》(卷六《天官·玉府》):"王斋(齐),则共玉食【食玉】",(郑)《注》:"玉是阳精之纯者,食之以御水气。"服玉屑,古本有之,其后遂为长生服食之法。

朱珔:(卷二七)"解玉"与上"冠霞"为对,义当相类。(善)《注》……未释"玉"字,殆谓解玉即解褐之意,"玉"或指"带"言与?若作"飧玉",则"解"字不合。

海按:解玉犹解佩。《诗品》[②]上《序》"士有解佩出朝,一去忘返"、《玉台》卷九沈约《八咏》之七即《解佩去朝市》。《类聚》卷三一《人部十五·赠答》所录徐孝嗣《答王俭》"结芳幽谷,解佩明椒"、《北齐书》[③]卷四五《文苑列传·祖鸿勋传》"若能幡然清尚,解佩捐簪,则吾于兹山庄可办一得"。至于《拟古》之二"解佩袭犀渠,卷袠奉卢弓",则属狭义用法,如黄氏所云,乃"投笔从戎之意",非谓脱离宦海、超拔红尘,《文选》卷三一《诗庚·杂拟下》袁淑《效白马篇》"影节去函谷,投佩出甘泉",亦然。

《松柏篇》

舍此赤县居,就彼黄垆宅

钱氏:《淮南子》(卷六《览冥》)"上际九天,下契黄垆",(高)《注》:"泉下有垆山。"

海按:钱氏所据之《注》乃《文选》卷二十《诗甲·献诗》曹植《责躬》善《注》所引高《注》,今本高《注》乃"黄泉下垆土"。蔡邕[④]《议郎胡公夫人哀赞》"黄垆密而无间兮"、《三国志》卷二一《王粲传》裴《注》所引《(吴)质别传·思慕诗》"何意中见弃,弃我就黄垆",黄垆乃指死后所在,世所习知,然何以曰"垆",则未闻其说。《说文》十三篇下

① (清)何焯:《义门读书记》,北京:学苑出版社,2005年,《文选》,第三卷。
② 曹旭:《诗品集注(增补本)》,上海:上海古籍出版社,2011年。
③ (唐)李百药:《北齐书》,台北:艺文印书馆,1972年。
④ 邓安生:《蔡邕集编年校注》,石家庄:河北教育出版社,2002年。

“垆，黑刚土也”，可见：“黄垆”之“垆”非因土之性质、颜色名之。“垆”当改读为“庐”。陆云《晋故散骑常侍顾府君诔》“永弃高厦，黄庐是馆”、《墓志汇编》北魏《魏故博陵太守邢府君墓志》“乃勒铭黄庐，贻诸泉壤”、北齐《公讳子绘墓志》“黄庐一闭，玄夜无期”。可“馆”，可“闭”扉，复得镌刻墓志“贻”于其中，则其为死者所居之屋庐无疑；于皇家，殆同地宫，《三国志》卷五《后妃列传·文德郭皇后传》裴《注》所引《魏书·甄皇后哀策文》：“就黄垆而安厝。”黄仅着其色耳，犹言坟茔曰一抔黄土、其下棺之深处，如《左传》卷二《隐公元年》杜《注》所言，业及“地中之泉，故曰黄泉”。“垆宅”乃同义复词。

名列通夜台

钱氏：(《类聚》卷三四《人部十八·哀伤》所录)阮瑀《七哀诗》：“漫漫长夜台。”

海按：《文选》卷二八《诗戊·挽歌》陆机《挽歌》之一“按辔遵长薄，送子长夜台”、《类聚》卷三四《人部十八·怀旧》所录沈约《怀旧·虞炎》“事随短秀落，言归长夜台”、《英华》卷三百六《诗一五六·悲悼六·坟墓》陈昭《聘齐经孟尝君墓》“盛德今何在，唯余长夜台”。通夜台乃仿《史记》卷二八《封禅书》汉武帝所造通天台之名而改易。后者目的在成仙升天，则通夜意谓坠入地府。名列通夜台犹言名列阴曹鬼簿。

扶舆出殡宫，低回恋庭室

钱氏：(《文选》卷二八《挽歌》)陆机《挽歌》(之一)：“殡宫何嘈嘈。”

海按：《礼记》卷七《檀弓上》：“饭于牖下，小敛于户内，大敛于阼，殡于客位，祖于庭，葬于墓，所以即远也。”《仪礼》卷三七《士丧礼》：先须“掘肂”，郑《注》：“肂，埋棺之坎也，掘之于西阶上”，然后“主人奉尸敛于棺……乃盖”，郑《注》：“棺在肂中敛尸焉，所谓殡也。”此所以此诗上文云“阖棺世业埋”，但此时坎之深度仅及棺身，棺盖则露在地面上。所以曰“殡”，因为按照周人礼俗，此时死者已被视为宾客，故从东阶(“阼”阶)主位移至西阶(宾阶)“客位”上。详见《礼记》卷七《檀弓上》。《尔雅》卷五《释宫》：“宫谓之室，室谓之宫”，故《左传》卷三《隐公三年》孔《疏》：“正寝即殡宫也。”殡宫所以又称为庙，因“凡宫有鬼神曰庙”，详见《仪礼》卷四二《士虞礼》孔《疏》。

明发靡怡愈，夕归多忧虞

黄氏：“愈”读为“愉”，《荀子》(卷十七《君子》)：“心至愈，而志无所诎。”

海按：此改读本诸杨《注》。愈从俞得声，俞、愉相假例证详参《会典》(侯部第十·俞字声系)。“怡愉”乃同义复词，如同《拟行路难》之十“君当纵意自熙怡”之“熙怡”，是以方得与亦为同义复词之“忧虞”相对仗。《毛诗》卷二之三《邶·泉水》“靡日不思”，郑《笺》：“靡，无也。”生前所以如此，乃因“束教已自拘”所致，故下文云：“恨失尔时娱。”

生存处交广

钱氏：(《玉台》卷一)《古诗为焦仲卿妻作》：“交、广市鲑珍。”

黄氏：处交犹处友也。

海按：处，居也；交，游也，《周礼》卷三七《秋官·大行人》“归脤以交诸侯之福”，郑《注》：“交，或往或来者也。”“处”静“交”动，二者相反。处交犹游居，《御览》卷四百六《人事部四七·叙交友》所录《谯子》：“游居交友，亦人之所染也”，亦犹游处，《文选》卷四二《书中》曹丕《与吴质书》：“昔日游处，行则连舆，止则接席。”此处指生前居所与活动空间何其开阔,故下文云:"已没一何苦,栝哉不容身。"

礼席有降杀,三龄速过隙……行女游归途,仕子复王役

钱氏:《诗》(卷二之三《邶·泉水》):"女子有行。"

黄氏:《礼记》(卷五八《三年问》):"若由夫修饰之君子与,则三年之丧、二十五月而毕,若驷之过隙。"

海按:《穀梁传》卷十三《成公五年》"妇人之义,嫁曰归"、卷一《隐公二年》"伯姬归于纪",范《注》"嫁而曰归,明外属也",《礼记》卷四五《丧大记》"妇人……丧父母,既练而归",郑《注》:"归谓夫家也。"上文既云"儿女皆孩婴",则此处步上"归途"之"行女"盖指已适人、"远近至"吊唁之姑姊妹。《毛诗》中论及女子"有行"、"同行"之"行",字面本身虽仅为外出、同路,但确实含有适人之义[1]。男性壮而出"仕";女性长而有"行",二者正相对应。《类聚》三四《人部十八·哀伤》所录曹植《行女哀辞》"行女生于季秋,而终于首夏,三年之中,二子频丧"、《御览》卷五九六《文部十二·哀辞》所录《文章流别论》"建安哀辞唯伟长差善,《行女篇》时有恻怛",非此之比,此乃"施于童殇夭折不以寿终者"。《小尔雅》[2]卷五《广名》"讳死谓之大行",行犹大行。按《仪礼》卷三十至卷三三《丧服》的规定,男子为"世父"、"叔父"、"昆弟"、"昆弟之子"、"女子子适人者为其……昆弟之为父后者"不过服期(一年),不杖[3];男子为"从父昆弟、为人后者为其昆弟"、"女子子适人者为众昆弟、侄"则仅服大功(九个月)。是以"礼席"那一联乃倒装句:连三年斩衰重丧尚且如白驹过隙,何况依亲属关系较疏远而"降杀"的其他服丧期,更是转眼即至,所以那些男女亲戚纷纷返吉归家。

《代苦热行》

汤泉发云潭,焦烟起石圻

李善:王歆之《始兴记》曰:"云水源泉涌溜如沸汤……"焦烟盖热气也。《楚辞》(卷十九《九叹·离世》)曰:"触石碕而衡游。"《埤苍》曰:"碕,曲岸。"碕与圻同。

李周翰曰:云潭,山泉也。

海按:《说文》十一篇上二:"汤,热水也。"《楚辞》卷四《九章·抽思》王《注》:"楚人名渊曰潭。""云潭"之"云"犹对句之"焦烟",是以出句指热气蒸腾之深渊涌流出高温之泉水。《说文》十三篇下:"垠……从土艮声,一曰岸也。圻,垠或从斤",段《注》固曰:圻"斤声也",属文部,然亦指出由于阴、阳对转之关系,经常与微部字"畿"通假。事实上,从几、从斤之字通假例证颇多,详参《会典》《齐部第十三(上)·几字声系》。至晋、宋时,圻终于改隶脂部;碕于上古乃歌部,于晋、宋时,为支部,脂、支确有通韵现象。晚至《广韵》,碕、圻已成卷一上平微部同音字,无怪乎李善曰:"碕与圻同"。

---

① 详参闻一多:《诗经通义·邶风》,《闻一多全集(二)·古典新义》,台北:里仁书局,1996年。

② (清)胡承珙:《小尔雅义证》,台北:艺文印书馆,1988年。

③ 若是为人妻,据《仪礼》,卷三一《丧服》,为"夫之昆弟之子"服期,不杖;据卷三二《丧服》,为"夫之昆弟""无服",即大伯与弟媳或叔、嫂不相服。

含沙射流影，吹蛊病行晖

李善：行晖，行者之光晖也。

刘良：此言病行客，使无光晖。

陆善经：行晖，谓行者之容晖也。

海按：流、行一意；晖，光也，与出句之"影"相对。指因人之移动，对于水中之蜮而言，有时光线被水涯之人遮挡，警觉有物，因而射影。《毛诗》卷十二之三《小雅·节南山之什·何人斯》孔《疏》引陆玑云："人在岸上，影见水中，投人影，则杀之。"当原先遮挡的人影消逝，蜮凭由暗转明之光感，知岸上正有物往来，乃吹蛊，令中蛊者罹病。

渡泸宁具腓

李善：况今毒疠乎诸葛渡泸，宁有俱病也？

吕延济：宁止于病，其皆至于死。言此毒中人，甚于(泾、泸)彼二处也。

海按：《集注》所引善《注》尚有下文："言今俱病也。""具"改读为"俱"，是也，二字相假例证详参《会典》《侯部第十·具字声系》。释意则非，当从吕氏之说。

生躯蹈死地，昌志登祸机

海按：善《注》、陆善经本皆作"蹈"；五臣、《集注》本则作"陷"，盖因对句动词乃"登"，然登与地形意义的升降无关，《礼记》卷四《曲礼下》"年谷不登"，郑《注》："登，成也。"《礼记》卷六十《大学》"其机如此"，郑《注》："发动所由也。"登祸机，成为今日祸患之肇端。《侍宴覆舟山》"昌会溢民讴"，盛会也；《还都口号》"结棹俟昌风"，大风也。昌志犹言壮志、大志。

《代朗月篇》

酒至颜自解，声和心亦宣

钱氏：(《文选》卷二九《诗己·杂诗上》)王赞《杂诗》："谁能宣我心。"

海按："颜"之主词乃就"君"而言，则"心"亦然。《国语》卷十八《楚语下·观射父论绝地天通》"其圣能光远宣朗"、《三国志》卷四《高贵乡公纪》裴《注》引《魏氏春秋》"公神明爽儁，德音宣朗"、《类聚》卷五十《令长》所录孙楚《梁令孙侯颂》"英才宣朗"。心宣，心开朗，沈郁尽散。

千金何足贵，所存意气间

钱氏：(《乐府》卷四一《相和歌辞十六·楚调曲上》)古乐府(《白头吟》)："男儿重意气(，何用钱刀为)"。

海按：所存，所在意，已详上文，与"何足重"适相反。"意气"词义多样。一般虽指表现于外的态度神情而言，如《史记》卷六二《管晏列传》"其夫为相御，拥大盖，策驷马，意气扬扬甚自得也"、卷一百九《李将军列传》"吏士接无人色，而广意气自如"。亦谓志气及因此流露出不附流俗之神态，如《晋书》卷四九《嵇康传·与山巨源绝交书》"意气所托，亦不可夺也"，《文选》卷四三《书下》所收，"意"作"志"，《文选》卷三一《诗庚·杂拟下》袁淑《效白马篇》"意气深自负，肯事郡邑权"，《集注》所引《钞》，"意"为

"志"。甚至以"馈献为意气"[1],如同近人送礼时,谦称"一点心意"。此处则当训为情义。《乐府》卷四五《清商曲辞二·吴声歌曲二》《碧玉歌》之三"感郎意气重,遂得结金兰"、《类聚》卷三二《人部十六·闺情》所录萧妃【纪】《夜梦》"昨夜梦君归,贱妾下鸣机,极知意气薄,不着去时衣"。

《代堂上歌行》

阳春孟春月

海按:春季凡三月,故需标明乃孟春正月。《拟行路难》之八"阳春妖冶二三月"、《乐府》卷四九《清商曲辞六·西曲歌下·江陵乐》"阳春二三月,相将蹋百草"、《孟珠》"阳春二三月,草与水同色"。至于《从拜陵登京岘》"孟冬十月交",则属赘语矣。

纷纷织女梭

钱氏:《正韵》[2](卷七《上声·四语》):"梭【杼】,机杼之属,所以行持纬者。"

海按:《晋书》卷四九《谢鲲传》:"邻家高氏女有美色,鲲尝挑之,女投梭,折其两齿"。此句乃言男子轻佻,众美女纷纷以物投之,状后者欲迎还拒之状。

《代结客少年场行》

升高临四关

海按:阮籍《咏怀》之十三:"登高临四野。"登、升相假例证详参《会典》《蒸部第三·登字声系》。

表里望皇州

海按:《御览》卷二五二《郡部·河南尹》所录扬雄【崔骃】《河南尹箴》"爰作卿士,以尹王州",鲍氏乃变易为皇州。《侍宴覆舟山》"繁霜飞玉闼,爱景丽皇州"、《蒜山被始兴王命作》"形胜信天府,珍宝丽皇州"、谢朓《和徐都曹出新亭渚》"宛、洛佳遨游,春色满皇州"、《和萧中庶直石头》"皇州总地德,回江款岩徼"。据《从临海王上荆初发新渚》"收缆辞帝郊,扬棹发皇京"、《日落望江赠荀丞》"君居帝京内",可知:皇、帝一义,是皇州亦可做帝州。《代阳春登荆山行》:"极眺入云表,穷目尽帝州。"皇州、帝州,均系帝王州之简省,指京师所在之州。谢朓《隋王鼓吹曲·入朝曲》:"江南佳丽地,金陵帝王州。"《类聚》卷九七《虫豸部·蝉》所录卢思道《听鸣蝉》:"长安城里帝王州,鸣锺列鼎自相求。"

九衢平若水

李善:《周礼》(卷四一《考工记·匠人》)曰:"匠人营国,(方九里),傍三门,国中九经九纬。"郑玄曰:"经、纬,涂也。"

张铣:大逵可并九轨,故云涂。涂,道也。

海按:贾《疏》:"旁谓四方,方三门,则王城十二门。门有三道,三三而九,则九道。南、北之道谓之经、纬,经、纬之道皆九轨。"

---

[1] 详参汪继培:《潜夫论笺》,卷四《爱日》,台北:世界书局,1967年。

[2] (明)乐韶凤、(明)宋濂等:《洪武正韵》,《景印文渊阁四库全书》,第239册。

扶宫罗将相，夹道列王侯

吕向：扶亦夹也。

许巽行：（卷四）《说文》（十二篇上）："扶，左也。"此言九涂、双阙皆有至将相王侯之居扶左夹辅也。

海按：《拟古》之七"秋蛩扶户吟"，扶，《玉台》"一作'挟'"；闻人《笺》："扶犹依也。"《汉书》卷二六《天文志》"短为旱；奢为扶"，《集解》引晋灼曰："扶，附也。"《淮南子》卷十八《人闲》"去高木而巢扶枝"，高《注》："扶，旁也。"陶潜集卷五《桃花源记》"便扶向路"。"扶宫"与"夹道"中之受词"宫"、"道"乃互文足义，意谓沿着皇宫前之大道两侧。

日中市朝满，车马若川流

李善：《周易》[①]（卷八《系辞下》）曰："日中为市，致天下之人，聚天下之货。"

海按：《战国策》[②]卷三《秦策一·司马错与张仪争论》："臣闻：争名者于朝；争利者于市，今三川周室，天下之市朝也"。此联谓至京师争名逐利的人数至日中达到巅峰，以致这群汲汲营营者所乘、骑之车、马来回奔走，川流不息。

击钟陈鼎食，方驾自相求

李善：郑玄《仪礼》注："方，并也。"（《文选》卷二九《诗己·杂诗上》）《古诗（十九首之三）》曰："冠带自相索。"

海按：《周易》卷一《乾·文言》："同声相应，同气相求。"相求、相索犹言自成一小圈子。《类聚》卷五六《杂文部二·诗》所录范云《建除》："定交无恒所，同志互相求。"

埳壈怀百忧

李善：《楚辞》（卷九《九辩》）"坎廪兮贫士失职而志不平"，（卷十六《九叹·怨思》）又曰"惟郁郁之忧独兮，志埳壈而不违"，王逸曰："埳壈，不遇貌也。"

海按：《集注》本善《注》未脱，但正如《九辩》《补注》所云："廪，一作壈。"字体与或本同。《诗品》中《晋弘农太首郭璞》："辞多慷慨……乃是埳壈咏怀，非列仙之趣也。"《谢解禁止表》"才愧冯衍，有轗轲之因"；《观漏赋》"心轗轲而鲜欢"；《乐府》卷四二《相和歌辞十七·楚调中》沈约《怨歌行》"坎壈元淑赋，顿挫敬通文"；《玉篇》卷十八《车部》作"轞轗"，自注："车行不平。"此乃侵部叠韵词，故不重形体变异，以声传义。

（作者单位：台湾"清华大学"中国文学系）

① （唐）孔颖达：《周易注疏》，台北：艺文印书馆，1977年。

② 范祥雍：《战国策笺证》，上海：上海古籍出版社，2006年。

倪瓒《清閟阁集》标点本疑议

魏耕原

西泠印社出版社拟出《中国古代书画家诗文集丛书》，于2010年底先行出版了赵孟頫、王冕、倪瓒文集凡三册。这必然对古代书画家的研究，将会发生极大的推动作用。倪瓒《清閟阁集》由江兴祐先生标点，以清人曹培廉在康熙五十二年(1713)刊行的城书室刻本为底本。城书室本，是在明人蹇曦《倪云林诗》六卷与倪瓒八世孙倪珵《清閟阁遗稿》十五卷的基础上编定的，世称善本，后收入《四库全书》，题为《清閟阁全集》。江先生的新标点本做了大量工作，成绩是主要的。但古籍标点至为繁难，往往涉及许多专业问题，稍不留意便会出错。所以江先生标点本还存在一些问题，今提出疑议，以求与同好者相与探讨。

一、断句有误者

倪云林诗有不少属于题画诗，故诗题往往有交代缘由的长题，或者诗后还有跋文，此与非画家别集不同。为了行文与读者两厢方便，随文直注出卷数与页码，一目了然，不作繁琐注释。

1. 卷三页75，《题画赠张玄度》诗，前之小引，标点者断句为：

> 玄度好文学，工词翰，蔼然如虹之气，真江南泽中千里驹也。十二月十四日，侍乃翁访仆江渚，相与话旧，踟蹰深动故园之感。

“踟蹰”有犹豫与相连貌义，此当用后义，故应连上文。“相与话旧踟蹰”，谓相互叙旧不已。若属下文，作“深动”的状语，似不妥。

2. 卷八页275，《追和苏文忠公墨迹卷中诗韵八首》，诗后有跋文，断句如下：

> 右苏文忠公真迹一卷，公之书纵横邪直，虽率意而成，无不如意。深赏识其妙者，惟涪翁一人。圜活遒媚，或似颜鲁公，或似徐季海，盖其才德文章溢而为此，故絪缊郁勃之气，映日奕奕耳。若陆东之孙虔礼周越王，著非不善书，置之颜鲁公、杨少师、苏文忠公之列，则如神巫之见壶丘子矣。

陆柬之为初唐书法名家，为大书家虞世南外甥，少学舅氏，晚习二王。张怀瓘《书断》说他：“中年之迹，犹有怯懦，总章之后，乃备筋骨。殊矜质朴，耻夫纤靡。”周越字子发，为北宋初仁宗时书家。工真书，草书尤精。《山谷题跋》说：“子发下笔沉着，是古人法。若使笔意恣媚似苏子瞻，便觉行间茂密，去古人不远矣，何止独行于今代耶！”[①]米

---

① 屠友祥：《山谷题跋校注》，卷九“跋周越书后”条，上海：上海远东出版社，2011年，第256页。

芾谓其草书："如轻薄少年舞剑，气势雄健而锋刃交加。"[①]《宋史》卷二百八十八有传。王著属于五代宋初之际人。善真楷书，大书号"散笔"。《山谷题跋》言其"极善用笔。若使胸中有书数千卷，不随世碌碌，则书不病韵，自胜李西台、林和靖矣。盖美而病韵者王著，劲而病韵者周越，皆渠侬胸次之罪，非学者不尽功也"[②]。著名的《淳化阁帖》整编即出王著之手，为丛贴之祖。《宋史》卷二百九十六有传。

标点者不明以上诸人，故把"陆柬之"误为"陆东之"，或把"陆东"视作孙虔礼之故里地名。又不明周越、王著其人，而以"王"字属上读，又以"著"字属下，把同一人的姓与名拦腰劈断分开，使两句均为破句，而费解不通。应在三人名字中加上两顿号，"著"前逗号应置其后。另外，首句"一卷"后应改"，"为句号。

3. 卷九页293，《立庵像赞》则标点为：

貌寝而骨立，色敷而内腴，斯遁世之士，列仙之臞。随时以守其分，纵独以乐其迂。寓乎外，或颓然净名方丈之室，或悠然庄周冥漠之区。及其探于中，则身处仁行蹈义师，慕乎圣哲而弗殊。玄冠野服，萧散迂徐。是殆所谓逃于禅，游于老，而据于儒者乎？

"及其探于中"的后一句，"身处仁"与"行蹈义"为句内对偶词组，"师"字不应属上读，而应连下句，"师慕"为同义并列词组。标点者不明前句词语的结构方式，又不明"师"与"慕"为并列结构词，导致点破两句。另外，首句"貌寝"原作"貌侵"，"侵"通假"寝"，谓容貌丑陋。《史记·魏其武安侯列传》："武安者貌侵。"裴骃《集解》："侵，短小也；又云：丑恶也。"倒数第四句"萧散迂徐"原作"萧散纡徐"。

4. 卷六页187，为首一诗有一长题，标点者断句如下：

卢公武甫当世衰道卷之际，独能学行伟然，不但贤于流俗，而遂已不愠人之不知。……

"遂己"犹言成己，谓使自己学养有所成就。"而遂己"应属上读，与"贤于流俗"意义接近，且"不但"与"而"句内形成呼应，故下句有"不愠人之不知"，构成前因后果之复句；若把"而遂己"划分下句，则与"不愠人之不知"句意不类，缺乏衔接，前后生硬，不相连属。其原因，恐是不明"遂己"之涵义。

5. 卷六页206，《次韵叔胜先生七言一首，录呈伏冀赐教》诗后有跋文，标点为：

瓒此三两月，方为义士之贤子与二三名胜作为文辞，以颂述其德美，且预为挽诗吊文之类，家传而户习。或有每夜醉咏一过，大笑而登床者。

"作为文辞"不仅有倪瓒自己，还有"二三名胜"。"名胜"有两义，一谓有名望的才俊之士，如《世说新语·文学》："宣武集诸名胜讲《易》，日说一卦。"一指有古迹或风景优美之地。此用前义。再观倪诗仅为人言，非为地言。次句于"贤子"后可用逗号点断；"文辞"后的逗号应删掉，应与"以颂其德美"连读，似更句意明朗而顺畅。另外，首句

① 马宗霍：《书林藻鉴》，卷九，北京：文物出版社，1984年，第198页。

② 同上，卷五"跋周子发帖"条，第141页。

的“此”，原作“比”。可能是不明“比”之“近来”义，而臆改为“此”。

6. 卷四页 102，《江南春》

此本为词作，凡八韵十六句，除过片为两个三字句外，其余均为七言。标点者不明此词调句法，亦不明词法抄写，须上下片之间空一字或两字的款式，所以把过片点成“□春风颠春雨急”，以为是七言句，故臆增一缺漏字号“□”，构成七言。原本在“春风”前空一字格，标示上下两片的分界，而标点者误为缺字，故增一“□”。实则此句应标点为“春风颠，春雨急”，是两个三字句。以下倪词后所附周履清的两首酬和词的过片，亦均作此处理，皆为显误。此为不明词的分片空字格式，又误增缺字符号，且不复空出两字格，以示分片。

二、夺文、衍文、讹文与异体字

新标点倪集，有不少脱漏的夺文，误增的多馀的衍文；另外全书通用简体字，而没有把繁体字中的异体字转换为通行的简体正字。同时还滋生了因形因音而讹的别字，亟待纠正。先看夺文：

1. 卷五页 138，七律《怀归》的颔联与颈联，标点为：

> 三杯桃李春风酒，一榻菰蒲夜雨船。鸿迹偶曾留渚，鹤情原只在芝田。

倪集曹本收入《四库全书》中，卷五均为七言律诗，新标点本即以《四库全书》所收的曹本为底本。诗既为七律，然颈联出句却为六字，两句末尾的“渚”与“芝田”失偶。此诗颈联化用黄庭坚《寄黄几复》名句：“桃李春风一杯酒，江湖夜雨十年灯”；颈联出句即化用苏轼《和子由渑池怀归》名句：“人生到处知何似？应似飞鸿踏雪泥。泥上偶然留雪爪，鸿飞那复计东西”。核对《四库全书》本，颔联出句夺一“雪”字，此句应为“鸿迹偶曾留〔雪〕渚”。硬括号内“雪”即为夺文。

次看衍文。新标点本因种种失误，出现了几处原本没有的新滋生的文字：

2. 卷四页 102，《江南春》词后，附有周履靖《江南春词二阕和倪云林韵》，第二首首句新标点本为“村前万树桃花成盛”。

此词凡八韵十六句，上片八句，每句均为七言。周履靖词第一首首句即为七言句“春林夜雨朝迸笋”，倪词首句为“汀州夜雨生芦笋”，亦为七言。核《四库全书》本，周词第二首首句多出一“成”字，此是因下文“盛”与“成”形音俱近而增。此句当为“村前万树桃花(成)盛”，圆括号内“成”为衍文。

3. 附录二，页 429，为诸家题倪云林画之诗，有胡宁《次云林韵题画》诗，为七言绝句，然首句为八字句：

> 千年石上苔痕苔裂，落日溪回树影深。我亦江南樵隐者，人间何处有云林。

此明显是首七绝，首句应为“千年石上苔痕(苔)裂”，括号内为衍文，此因前面“苔”字而增字。

再讨论讹文。讹文犹今日之别字，出错的原因与衍文有些类似，不是因形而讹，就是因音而讹，或者与二者均有关系。

4. 卷四页 117，七古《赋清隐阁》诗云：

尔营草阁名清隐，著在轻鸥远水边。春池觅句正思尔，拄杖敲门忽系船。共赏奇文哦庚信，更夸草圣法张颠。到此自忘归兴逸，研云归写古苔篇。

第五、六句为对偶句，对句的张颠即草圣张旭，出句末尾的“庚信”则史无其人，应当作“庾信”。杜甫《戏为六绝句》其一：“庾信文章老更成，凌云健笔意纵横。”又《咏怀古迹五首》其一：“庾信平生最萧瑟，暮年诗赋动江关。”故倪诗称庾信诗赋为“奇文”。卷五页 156 的七律《春日送别余一秀才》颈联即言：“文采由来庾信少，草圣近夸张旭颠。”即以庾信对偶张颠。倪氏诗书画兼长，故往往以书家对偶诗人。同类的讹文还见于卷十页 331 的《与彝斋学士先生》的第十二通书信：“闻执事新收得《庚子山诗集》。在州郭时，欲借以示，仆不敢也。兹专一力致左右，千万暂借一观。执事近与仆情同骨肉，亮不托故而靳惜也。”庾信，字子山，故《庚子山诗集》应为《庾子山诗集》。“庾”与“庚”形近而讹。此信中“在州郭时，欲借以示，仆不敢也”，“不敢也”，原本作“不时也”，“敢”应为讹文。另外“欲借以示”，句意不明，关键在于“示”，让人费解。“仆”似应属上句，“欲借以示仆”，意谓想借来看看。“不时也”，意谓没有来得及。

5. 卷四页 120，《次逊学广文舟出金焦山韵》：

江水潺湲横泪流，古人去我今几秋。有子仲谋才不世，多情庚亮晚登楼。

仲谋为孙权之字，偶对的“庚亮”应为“庾亮”，东晋人。庾亮守武昌，佐史乘秋夜登南楼，不久亮至，诸人将回避，亮徐曰：“诸君少住，老子于此处兴复不浅。”便与之叹咏。此即“庾亮登楼”典。事见《世说新语·容止》与《晋书》本传。

6. 卷七页 226，七绝《赠张德常二首》其一：

老疾吟哦张叛官，傲居江海觉心宽。好乘黄鹄风埃表，万里云霄一羽翰。

张德常是倪瓒友人张天民之子。首句“叛宫”，应为判官，属于官名。此为不明职官因形近致讹。

7. 卷十页 321，《与介石》第三封信：

公正着白云灭没处，杜门著书，降屈其心志，不能以道表见于当世，真为之泣下沾襟也。

“公正着”，原本作“公正著”，此句言公正住在山中白云灭没处。由于不明“著”之有在、居住之义，故径改为“着”。“着”为后起字，其本字即为“著”。今简化字两字并存，故应用“著”，而不能改作“着”。

8. 卷五页 162，《送柳道傅东归》

诗题原作“柳道传”，此因形近而讹。

9. 卷八页 254，七绝《己酉元日题徐氏南园壁》后两句云：

卑卑燕雀难喻大，自以搏（一作展培）风九万程。

次句“搏风”，原作“抟风”。此用《庄子·逍遥游》：“鹏之徙于南冥者，水击三千里，搏扶摇而上者九万里,去以六月息者也。”因《四库全书》本,“摶”作减笔省写,而被标点者误为“搏”。

至于异体字,在整理古代文献时,若全部采用简化字,则应当把异体字转换为简体字,繁体字中的异体字不能在简体字中出现,这是标点的一般通识。另外,有个别繁体字在简化时,互有纠葛,应作具体分析而特别处理。新标点本此类问题较多。

10. 卷五页135,七律《在同里怀元用》诗云:

密竹窗虚秋半雨,丛(一作枫)林寺远日沈钟。

“沈”在繁体字中,有作今简化字的“沉”字的用法。“沈”亦作地名、水名、姓氏、国名用,还有作“汁”义用。而在简化字里,“沈”“沉”并见,“沈”只作专有名词。至于它的陷入、沉没义则归入后起的“沉”字。“沈”,就成为后起的“沉”的异体了。所以“日沈钟”应改为“日沉钟”。若作前者,就讲不通了。还有卷四页102《江南春》“沈香火微萦纷尘”,“沉香”为一种香名,故“沈香”应改为“沉香”。卷六页173《和王子明韵》的“从俗浮沈多厚颜”,“浮沈”应改为“浮沉”。同卷页189《野舟西堂……》的“能禅岂复沈空寂,善牧宁当犯稼苗”,“沈空寂”应改为“沉空寂”。

11. 卷四页120,《次逊学广文舟出金焦山韵》诗:

遡流转柁鸣津鼓,历乱沙鸥起樯橹。

“遡”是“溯”的异体字,简化字应为“溯”,故“遡流”应改为“溯流”。另外,“柁”是“舵”的异体字,故“转柁”应作“转舵”。还有卷五页162《送柳道傅(应作传,已见前文)东归》的“溪船斫鲙云生柁”,以及卷六页195《送朱善长》的“明年好鼓澄江柁”,两“柁”字均应改为“舵”。

12. 卷六页171,《二月晦日听刘伯荣弹琴》

飞絮游丝飏风日

“飏”,原本作“颺”。“颺”,是“扬”的异体,故“飏风日”应作“扬风日”。

13. 卷六页183,《呈良常》

世波汩溺毋溷我

“溷”为“混”的异体字。只有在表示猪圈、厕所义时,才可用“溷”。故“毋溷我”应改为“毋混我”。

14. 卷八页253,《题画竹二首》为两首七律,第二首后两句云:

为君写出团栾影,便觉清风爽□神(一作喜比他乡见故人)。

原本末句没有漶漫字,本作“便觉清风爽逼人”,“神”是“人”的讹文,原本注谓此句一作“喜比他乡见似人”,标点本“故”应为“似”的讹文。

三、关于重见诗、删节诗文的问题

曹本在收集佚诗、佚文时，有与本集相重者，未经仔细核对，而误收入“外纪”中。今标点新本仍有沿误，而未加删除。标点本把曹本的卷十一、十二的“外纪”之上下，改为“附录”之一与之二，已见于该书《前言》的说明中。另外，又有《补遗》辑录了原本未有的佚文，也存在同样的问题。

1.《补遗》页347,《绝句》

“燕子低飞不动尘，黄莺娇小未胜春。东风绿尽门前草，细雨寒烟愁杀人。”(《珊瑚网》卷十一)

此诗在本集卷七页211，题作《偶成》：“紫燕低飞不动尘，黄鹂娇小未胜春。东风绿遍门前草，暮雨寒烟愁杀人。”《珊瑚网》的作者汪砢玉把“紫燕”误作“燕子”，“黄鹂”误作“黄莺”，“绿遍”误作“绿尽”，“暮雨”误作“细雨”，只是个别文字不同，故此诗应从《补遗》中删除。

2.《补遗》页353,《题小景》

“萧萧白发沈休文，问舍求田江水汶。此日一杯成邂逅，淋漓醉墨气如云”(《六研斋笔记二笔》卷一)。

此诗又见于本集卷八页256，诗题作《赠沈掾》，文字亦有小异。次句“江汉汶”原作“江水渍”，第三句原作“此夕一杯成酩酊”。倪云林酬赠诗往往对酬赠者的姓氏，借古人同姓名人以作比喻。如卷八页256《题王叔明岩居高士图》：“临池学书王右军，澄怀观道宗少文。王侯笔力能扛鼎，五百年来无此君。”即以王羲之比喻他的朋友王蒙。此诗则以沈约比喻作掾吏的沈氏，故《题小景》之题与诗意不符，应是《六研斋笔记》的作者误记。第三句的“邂逅”，倪氏他诗则作“解后”。如卷六页205《题枯木竹石》小序言：“数日矣，以道因过慧日忏堂，解后一见，因写竹树小山，并赋诗寄意云。”同时把“酩酊”误为“邂逅”。

3. 卷八页251,《赠别姚子章都事》

“不见高人十五年，相看两鬓各皤然。舞袖醉傲明月下，归心飞度白鸥前。”

此诗实节取倪之一首七律，见卷五页127《别姚子章都事》：“不见高人十五年，相爱两鬓各皤然。酒温莺语烦三请，椹熟蚕匡已四眠。舞袖醉傲明月下，归心飞度白鸥前。练溪倘见韩征士，好示新图竹色娟。”二者一经比较，即可发现卷八的绝句是从卷五的七律中节取出来，抽取首联与颈联合拼而成。当初曹培廉未曾发现，新标点本亦沿其误。

4. 卷十页314,《荆溪图序》(载《宜兴县志》)

东坡先生尝曰：“一入荆溪，便觉意思豁然。欲买田其间，种橘作小亭，名以楚颂。”卒不遂其志。杜樊川作水榭，正当荆溪之上。其遗址，僧结庵以居。至今历历可考见。盖荆溪山水之胜，善权、离墨、铜官诸山，冈峦之起伏，云霞之吞吐，具区汇于其左，苕霅引于其前。凡仙佛之所宫，高人逸流之所宅，殆不可以数计也。

此段文字，实来自于另篇更长的题跋文，见卷九页299《题陈惟允画荆溪图》开头部分，均与此同。其后尚有一段比此更长的文字，叙述其姻亲陈允同之祖父觉轩曾住于此，允同“命予友陈君惟允绘为《荆溪图》，以示不忘乡都之意。他日，指图而叹曰：某树也，吾祖之所封植也；某丘也，吾父之所游登也”，故因此有此长跋，并记有岁月与题名。因而卷十的《荆溪图序》，实节取卷九《题陈惟允画荆溪图》的开头一段。曹氏未曾发现，新标点本亦沿袭其误。

以上疑议，仅是我们在读《清闷阁集》时的初步发现，其中问题并不一定发现殆尽。而所提出问题的解决，也不一定全为定谳，只是提出发现可疑的地方，仅起抛砖引玉的作用。此并非一句套话，因为文献整理工作，是极复杂又极细致的苦差事。江兴祐先生是从倪集爬梳过来的，拿出新标点本，有功于后人。筚路蓝缕，难免有失误之处。何况倪集诗文为数一千四百多，部头大，能整理诚属不易。平心而言，时今要拣这活儿干，去吃这苦差事，恐怕勇者无多。更何况，标点书不像写论文，可以避短藏丑。如果让我们下水，或许比此失误还多。总之，我们只希望文献整理尽量少出现些错误，逐步以臻完美而已，给学人提供可靠的善本。比如卷四页118《古剑行》是首七言古诗，末三句为“一代惟数虞翁生，余也学书学剑，既老何由而成名”，全诗凡十一句，除倒数第二句为六言，其余均为七言句。然此六言句，生硬不畅，恐怕夺去一字，如果揣测，似为“余也学书[亦]学剑”。然《四库全书》本亦作六言句，手头苦于无他本可校，甚为怏怏然。若藏书家有好事者，能为之一校，岂不是一快事哉！

（作者单位：西安文理学院文学院，陕西师范大学文学院）

《中华道藏》录校指瑕

——以敦煌本《太上洞渊神咒经》为例*

牛尚鹏

道教是中国的传统宗教，道教的典籍谓之道经，道经的总集是为道藏。目前大陆最通行的道藏是1988年文物出版社、上海书店、天津古籍出版社联合影印出版的《道藏》，俗称三家本《道藏》①。2003年出版的《中华道藏》是中国道教协会发起并组织编纂整理的一部道藏②，它以《正统道藏》、《万历续道藏》为底本，对原《道藏》(三家本)所收各种道书作校补、标点、重新分类，并从近代发现的古道经中选取了50种增补其中，如黄老简帛书、敦煌道经写本、金元藏经刻本孑遗等，总计收录道籍1526种，5500多卷，约6000余万字。与此前出版的各种影印本道藏不同的是，《中华道藏》是重新排版印制的，繁体字，竖排版，加了新式标点，并进行了必要的文字校勘。这是继明代《正统道藏》之后，对道教经书首次进行的系统规范的整理重修，为道藏使用者提供了一个内容丰富、阅读方便的权威版本。但是，"由于参加整理点校者的程度素质参差不齐，急于成事，时间仓促，结果导致点校质量良莠不一"③。

我们在阅读使用《中华道藏》的过程中，发现确实存在一些问题。以其收录的《太上洞渊神咒经》(敦煌本)为例，该道经文本中俗字众多，整理者由于未能准确识别俗字，结果导致很多俗字被误录、未录作通行字体甚至被脱漏，严重影响了其整理水平及准确使用。今通过《太上洞渊神咒经》之《道藏》本和敦煌本异文的比照，逐一指出《中华道藏》录校不当处(错误雷同或相关者则置一处集中指出)，以期有利于道经文献的研读及《中华道藏》的进一步完善。

正文展开之前，我们先对《太上洞渊神咒经》作一简单介绍。《太上洞渊神咒经》，一名《洞渊神咒经》，简称《洞渊经》、《神咒经》，为图谶式之道教经典，洞渊派之首经，在南北朝隋唐时期流传极为广泛，是研究早期天师道教义及唐代洞渊派思想的重要经典。该书约成书于东晋末刘宋初，晋末道士王纂假托太上道君降授。今存两个版本，一是《道藏》本，共二十卷，收入洞玄部本文类。前十卷约成书于东晋末刘宋初，为六朝古本。后十卷完成于中唐以后至唐末，为中晚唐道士增补。

二是敦煌写本，写于唐高宗麟德元年，主要为前十卷内容，另有第二十卷的部分残片。敦煌写本中共有该经37件(包括吐鲁番文书一件)，多为残卷，部分为整卷，个

---

* 基金项目：国家哲学社会科学基金艺术项目"杨柳青木板年画的戏曲文物价值与传播价值研究"(14CH139)；天津市社科规划项目"天津道教文献文本校理与词汇研究"(TJZW13－005)。

① 《道藏》，北京、上海、天津：文物出版社、上海书店、天津古籍出版社，1988年。

② 张继禹主编：《中华道藏》，北京：华夏出版社，2004年。

③ 张继禹：《〈中华道藏〉出版后记》，《中国道教》，2005年第5期，第30页。

别件仅仅是碎片，保存经文从几百行到几行不等。兹一并罗列如下①：

卷一《誓魔品》存 4 件：P.3233、S.3786、P.2576v 前、DX10306

第二《遣鬼品》存 2 件：P.2959、敦研 376

卷三《缚鬼品》存 1 件：P.4676

卷四《杀鬼品》存 6 件：S.3389、BD1157（宿 57/北 8457）、S.1061、S.3412、DX10872、秘目 638

卷五《禁鬼品》存 5 件：BD15500（能 100）、P.2752、DX10305、北大 D174、P.2894

卷六《誓　品》存 4 件：S.930、S.1376、浙博 114（浙敦 139）、大谷文书 8104（此件为吐鲁番出土文书）

卷七《斩鬼品》存 3 件：P.2444、S.318、Ch.86.iv(IOL.C.101v)

卷八《召鬼品》存 3 件：P.2365、P.2424、DX05500

卷九《杀鬼品》存 5 件：P.2793、P.2749、P.3309、P.2473、S.3705

卷十《杀鬼品》存 2 件：P.2366 前、S.5884

卷二十《长夜遣鬼品》存 2 件：S.8076、S.9047v

《中华道藏》收录了《太上洞渊神咒经》二十卷的《道藏》本和十卷的敦煌本两个版本，收录的敦煌本卷号分别是：卷一（P.3223）、卷二（P.2959）、卷三（P.4676）、卷四（S.3389）、卷五（P.2752、P.2894）、卷六（S.930）、卷七（P.2444）、卷八（P.2365）、卷九（P.2793、P.2749、P.3309）、卷十（P.2366 前）。

卷　一

(1) 中国人恶，不信道法，今但闻尖尸之音，不闻有仙歌之响。（敦煌 P.3223）

按：尖，《中华道藏》录作“爽”，误。《道藏》本作“哭”，此字乃“哭”之俗体。敦煌 P.3223《太上洞渊神咒经》卷一：“狂走妄语，歌唤尖泣。”《道藏》本作“哭”。“哭”敦煌写本有作[illegible]、[illegible]等形体②，可资比证。

(2) 魔王悉伏，各各同遣魔王力士巡行国界，维护中国。（敦煌 P.3223）

① 见[日]大渊忍尔：《敦煌道经·目录编》，东京：日本福武书店，1978 年，第 132 页。王卡：《敦煌道教文献研究——综述·目录·索引》，北京：中国社会科学出版社，2004 年，第 141－145 页；叶贵良：《敦煌道经写本与词汇研究》，成都：巴蜀书社，2007 年，第 105－112 页。

“P”为法国国家图书馆藏伯希和编号；

“S”为英国国家图书馆藏斯坦因编号；

“DX”为俄罗斯科学院东方研究所圣彼得堡分所藏；

“BD”为中国国家图书馆藏；

“Ch”为英印度事务部图书馆藏的斯坦因所获；

“v”表示背面。

② 黄征：《敦煌俗字典》，上海：上海教育出版社，2005 年，第 224 页。

按：雍，《中华道藏》录作"维"，误。此字乃"雍"之俗体，《道藏》本作"擁"，乃"雍"之假借。"雍"敦煌写本有作雝者[①]；从"雍"之字，"臃"或作䐈，"擁"或作攡，或作攡[②]，此皆可证雍乃"雍"因偏旁移位而形成之俗体。

(3) 气来创心，心下坚实，不用饮食，食便转少妨逹，食无气味。（敦煌 P.3223）

按：逹，《中华道藏》录作"迟"，误。《道藏》本作"逆"，此字形乃"逆"之俗体，详见《敦煌俗字典》。

(4) 若复故来纵暴、专行苦毒者，鬼兵等斩之斩之，魔王等身作万分，不得恕之。（敦煌 P.3223）

按：苦，《中华道藏》录作"若"，误。"若毒"义不可解，《道藏》本作"苦"，此字乃"苦"之俗字，敦煌文献常见，详见《敦煌俗字典》。

(5) 圣王治化，人民豊乐，不贪财钱，无有鸡肫犬鼠牛马六畜。（敦煌 P.3223）

按：豊，《中华道藏》录作"豊"，误。《道藏》本作"豐"，此即"豐"之俗体，敦煌写本中常见，有作豊、豊、豊等形体[③]，敦煌 S.318《太上洞渊神咒经》卷七："五谷豊熟，君民欣悦。"豊，《英藏敦煌社会历史文献释录》录作"豐"，《道藏》本亦作"豐"，可证。

卷　二

(6) 气热惊走，悲思惚惚，云中白眼，四支反覆，口语无端，妄见神鬼，□肿下□，手足不全，卆死失姓，如此之徒，悉恕皆疫鬼来煞之恶人耳。（敦煌 P.2959）

按：反，《中华道藏》录作"及"，误。"及覆"义不可解，《道藏》本作"反"，此即"反"，敦煌写本常见。敦煌 P.2576V 前《太上洞渊神咒经》卷一："或有身体寒热，反目白黑，狂走妄语，歌嗥哭泣。"又卷一："我等自昔以来，专行恶事，与道有反。"，可证。

敦煌 P.3223《太上洞渊神咒经》卷一："民生恶心，反乱叛逆，父子兄弟，更相图谋。"反，《中华道藏》亦录为"及"，亦误，《道藏》本作"叛"，乃"反"之假借。敦煌 P.2752《太上洞渊神咒经》卷五："不用真言，不尊有德，见人作善，反更嗟之。"反，《中华道藏》录为"及"，亦误，《道藏》本作"反"。

卆，《中华道藏》录作"身"，误。《道藏》本作"卒"，此字乃"卒"之俗字，张涌泉《敦煌俗字汇考》论之甚详[④]，《敦煌俗字典》中已收。此字《中华道藏》有不录为通行字体者，敦煌 P.3223《太上洞渊神咒经》卷一："青气者卆死，赤气者肿病，黄气者下利。"卆，《中华道藏》录作"卆"，《道藏》本作"卒"，"卆"乃"卒"之俗字，录作通行字体"卒"

---

①②③　《敦煌俗字典》，第 507、508、112 页。

④　张涌泉：《敦煌俗字研究·下编》，上海：上海教育出版社，1996 年，第 17 页。

更允。又有误录作“杂”者，敦煌 P.2959《太上洞渊神咒经》卷二：“有卅六种卆死病，此等病悉是罪人。”敦煌 P.2365《太上洞渊神咒经》卷八：“山林之鬼，鬼名江子都，领二千九十万鬼，常行卆死，煞人小口、老人。”卆、卆，《中华道藏》皆录作“杂”，误，《道藏》本皆作“卒”。

(7) 自非家祀之鬼，一切擭之，使永绝他方。若有不从吾令，鬼兵故不为去，和魔王等，各各当受斩，斩之不恕也。(敦煌 P.2959)

按：擭，《中华道藏》录作“擭”，误。“擭”有两义，一为装有机关捕捉野兽的木笼；一为捕捉，皆不合文义。此字乃“攘”之俗字，《道藏》本作“禳”，“攘”、“禳”俗字无别，义为驱除，正合上下文义。

敦煌 P.2959《太上洞渊神咒经》卷二：“子等助国，擭却驱逐之焉，未令断其功德也。”擭，《中华道藏》亦录为“擭”，亦误，此字亦为“攘”之俗字。“攘却”义为驱除，文献常见，不赘。

(8) 此一切大魔王遣力士来守此经，天人玉女仙人百亿万人亦来守护之，不令鬼兵敢妄前者也。(敦煌 P.2959)

按：“人亦来”，《中华道藏》录作“人来”，夺亦字。此字形乃“亦”之俗字，《道藏》本正作“亦”。敦煌文献中有作亦者[①]，适足参证。

《中华道藏》误录“亦”之俗字者甚众。

敦煌 P.2959《太上洞渊神咒经》卷二：“汝亦与我，无为气同矣。”亦，《中华道藏》录为“人”，误，此字当为“亦”之俗体，《道藏》本正作“亦”。

敦煌 P.2959《太上洞渊神咒经》卷二：“若汝等护之者，天人亦来佐子耳。”亦，《中华道藏》录为“必”，误，此字当录为“亦”字。

敦煌 P.2959《太上洞渊神咒经》卷二：“魔王八亿万王，王有小王，亦八亿万王。”亦，《中华道藏》录为“又”，误。此字当为“亦”之俗体，《道藏》本作“亦”。“亦”敦煌文献中有作亦、亦等形体[②]，适足比证。

(9) 魔王曰：自今以去，若有道士治病转经、经行作者，当令所为如意，万愿从心，无图不果。一旦逺誓，弟子烏民等受罪，乃斩矣。(敦煌 P.2959)

按：逺，《中华道藏》录作“從”，误。“從誓”不合文义。此字乃“违”之俗字，《道藏》本正作“违”。“违”敦煌文献中有作逺者[③]，可资比证。

敦煌 P.2959《太上洞渊神咒经》卷二：“若一旦逺誓，斩之不恕也。”逺，《中华道藏》录为“远”，亦误，当录作“违”，《道藏》本作“违”。

烏，《中华道藏》录作“信”，误。“信”字在敦煌写本中字形众多，未见有如此写法[④]。今谓“烏”乃“鸟”之俗字，以内证求之，敦煌本《太上洞渊神咒经》中多次出现

①②③ 《敦煌俗字典》，第 495、495－496、422 页。

④⑤ 《敦煌俗字典》，第 458、429 页。

“鸟”字，如敦煌P.2959卷二：“魔王烏留子等三十六王。”《道藏》本作“鸟”；敦煌P.2366卷十：“鬼名烏涂伦那，伦那长七十丈，千万为群。复有赤烏，如车轮，飞来食人。人有奉三洞之经、经行人问者，此疫烏涂悉死矣。”句中的三个字，《道藏》本皆作“鸟”。通过字形的对照，显然，烏当是“鸟”字的一个俗体，“烏民”即“鸟民”，但“鸟民”义仍难索解，今谓“鸟”当为“句”之形误。“鸟”在敦煌写本中可写作烏⑤，而草书作写、鸟等形体①，与“句”之形体十分接近。

“烏民”《道藏》本异文作“句民”，《太上洞渊神咒经》卷二作“一旦违誓，弟子句民等，身受罪万斩矣。”“句民”是神王的名称，也作“句民子”，《太上洞渊神咒经》一书经见，如卷十一：“神王句民子奏歌曰：至真无体号，强名为法王。”卷十二：“尔时，众中有天丁、力士、句民子等，同起作礼，再拜长跪。”卷十二：“句民子曰：今蒙天尊，重示我等，不生之命，不起心法。”卷十一：“又有大神通智识句民子，神王天丁力士八亿万人。”如卷二：“时有下方世界大神、通知识句民子、八万真人，俱来稽首。”卷十六：“是时，真人蔚明罗，通智识章句民子等真人，及诸天大众闻天尊所说妙偈，心大欢喜。”

(10) 道士受此神咒经，不与余经同受也，别自单受之也。书写之别盛一物，行来佩之，万鬼不近人也。作斋者，亦用无量科令矣。（敦煌P.2959）

按：万，《中华道藏》录为“刀”，误。“刀鬼”道经未见，“万”当为“万”之俗字，《道藏》本正作“万”。“万”在敦煌文献中有作万、万、万等字形者②，可资比证。

科，《中华道藏》录为“神”，误。该字当是“科”之俗字，《道藏》本作“科”。“科令”谓法令、律条。俗书“禾”部与“示”部常相通，敦煌文献中“科”有作科者③，即从“示”。敦煌文献中，“斗”有作斗者，敦煌S.930《太上洞渊神咒经》卷六：“悉是邓侯之鬼刘斗乌，亦来煞万人。”从“斗”构件的字如“料”、“斜”，敦煌文献中有作料、斜者④，此皆可证科的右部构件是“斗”而非“申”。

敦煌P.2959《太上洞渊神咒经》卷二：“一旦违科，不敬圣言，纵其鬼兵，不令有妄煞害。”科，《中华道藏》亦录为“神”，亦误，当录为“科”，《道藏》本作“科”，“违科”即违背法令、律令。

(11) 中外大神、一切魍魉、生死之神、男女之殡、冢墓之鬼，自今以去，斥走万里。（敦煌P.2959）

按：斥，《中华道藏》录为“并”，误。《道藏》本作“斥”，此字乃“斥”之俗字，参《敦煌俗字典》。

(12) 道言：甲子之旬年中，有七十二种病，长安索虏暴煞人民，南走桒失，流分他国。（敦煌P.2959）

按：桒，《中华道藏》录为“弃”，误。《道藏》本作“丧”，此字当录为“桑”字，假借为

---

① 《行草大字典》，北京：中国书店。1989年，第377页。

②③④ 《敦煌俗字典》，第417、221、245、455页。

"丧"。敦煌写本中"桑"有作桒、𣑥、桒等形体者①,可资比证。

(13) 若有一法师来入宅,转此神咒经者,生也。𢀖天力士八十万亿人来助之耳。(敦煌 P.2959)

按:𢀖,《中华道藏》录为"臣",误。当录作"巨",《道藏》本作"巨",此字乃"巨"之俗体。敦煌文献中,"巨"有作𢀖、𢀖等形体②,适足比证。道经中"巨天力士"经见,《元始天尊说北帝伏魔神咒妙经》卷六:"执罚神兵,巨天力士,天驺甲卒,牛头狱卒。"《清微斋法》卷下:"九幽地狱,巨天力士,执罚神兵。"道经无"臣天力士"之说。

(14) 自今以去,若有病人危厄、困笃之人不差者,大魔王断其家𢱢小鬼,令病人自差者,大魔王等上迁。(敦煌 P.2959)

按:𢱢,《中华道藏》录为"挨",误。"家挨"义不可解。此字当为"族"之俗字。"族",S.388《正名要录》收有族𢱢二字形,《英藏敦煌社会历史文献释录》即录作"族";敦煌文献中"方"、"扌"常混用,"族"有作"𢱢"等形体者③,适足比证。

卷 三

(15) 有急厄、宅中不利、口舌官事、刑徒在狱者,为其转经作斋,斋用菜食耳,不宍也,无酒矣。(敦煌 P.4676)

按:宍,《中华道藏》录为"害",误。此字当为"肉"之俗体,"不肉"与"菜食"、"无酒"共现,正合语境。"肉"字敦煌写本有作宍、宍等形体④,可资比证。"害"字在敦煌写本中有害、害、害等字形⑤,与宍字形虽相似但差别明显。

《中华道藏》误录"肉"为"害"者尚有两例。

敦煌 S.3389《太上洞渊神咒经》卷四:"汝等小鬼,闻之因便。依峻放石,无有不下。以凶重加,无注不衰。宍人元元,自谓汝神。""宍",《中华道藏》录为"害,"误,"肉人"指凡俗之人,晋葛洪《神仙传·壶公》:"肉人无知,积罪却厚,幸谬见哀悯。""元元"指百姓,《后汉书·光武帝纪上》:"上当天地之心,下为元元所归。"李贤注:"元元,谓黎庶也。""肉人"与"元元"连文,义正相同。《道藏》本亦作"害人",亦误。

敦煌 P.2444《太上洞渊神咒经》卷七:"饮食欲吐,梦悟不静,但与死人相逐,宍人大小无无恐不全生。死亡之期,奄至不久。"宍,《中华道藏》录为"害","宍人大小无无恐不全生"断句为"害人大小,无无恐不全生。"因识字有误,断句亦不妥,"无无恐不全生"亦颇费解。《道藏》本该句作"内外大小元元,恐不全生。"今谓"无无"乃"元元"之讹,"宍人大小无无恐不全生"当为"肉人大小元元,恐不全生。"则怡然理顺。

(16) 若恶人骂辱道士,为作口舌欺图者,即为収其人魂魄,打煞之,以明大道有神之验矣。(敦煌 P.4676)

按:収,《中华道藏》录为"权",误。"权其人魂魄"义不可解,《道藏》本作"收",此

---

①②③④⑤ 《敦煌俗字典》,第 348、211、575、340、146 页。

字乃“收”之俗体，敦煌写本经见，参《敦煌俗字典》。

卷 四

(17) □□不利，恐人家亲。强生异□，六畜暴死。口舌官事，水火□□不吉。(敦煌 S.3389)

按：恐，《中华道藏》录为“恕”，误。“恕人家亲”义不可解，此字当为“恐”之俗字，敦煌写本经见，参《敦煌俗字典》。

(18) 汝等小鬼，闻之因便，依峻放石，无有不下。以凶重加，无注不衰，肉人元元，自谓汝神。(敦煌 S.3389)

按：注，《中华道藏》录为“注”，误。《道藏》本作“往”，此字为“往”之俗体。敦煌写本有作注、往、注等形体[①]，可资比证。

(19) 悉令解丁令鬼、山国木子鬼、犬狄走死鬼、六畜人形鬼、五木百魅鬼、蛮夷氐蠍鬼、北狄羌虏鬼、山上鬼、山下鬼。(敦煌 S.3389)

按：夷，《中华道藏》录为“幾”，误，“蛮幾”义不可解。《道藏》本作“夷”，此字乃“夷”之俗体，《敦煌俗字典》已收，可参。

(20) 三鳞之代，庚子之年。吾之大道，合于竺乾。五龙飞泉，止戈为先。(敦煌 S.3389)

按：竺，《中华道藏》录为“空”，误。“空乾”义不可解，此字当录作“笁”，乃“竺”之俗体。“竺”敦煌写本有作竺者[②]，《龙龛手鉴·竹部》(高丽本)：“笁，今竹、笃二音，天笁，国名。”“笁乾”又作“竺乾”，即天竺，古印度的别称。《弘明集·正诬论》：“老子即佛弟子也，故其经云：‘闻道竺乾，有古先生，善入泥洹，不始不终，永存绵绵。’竺乾者，天竺也。”“竺乾”又指佛、佛法，唐黄滔《泉州开元寺佛殿碑记》：“初仆射太原公，以子房之帷幄布泉城，以叔度之袴襦纩泉民，而谓笁乾之道与尼聃鼎。”“合于竺乾”即指合于佛法义。

(21) 道言：三洞之法，神明为要，何以故？此经伏一切魔，魔王不得遶之也。(敦煌 S.3389)

按：遶，《中华道藏》录为“远”，误。此字乃“遶”之俗字，《道藏》本作“挠”，概为同音假借。“遶”即“绕”字，《干禄字书》：“遶绕，上通下正。”该字敦煌写本经见，有作遶、遶者[③]，可资比证。

卷 五

(22) 壬□□年，天下纷纷，鬼兵来诛煞恶人，道士所救之者，天人自护之，护

①② 《敦煌俗字典》，第 419、563 页。

③ 《敦煌俗字典》，第 337 页。

之为禁百鬼也。(敦煌 P.2752)

按:"终终",《中华道藏》录为"终终",义不可解,《道藏》本作"洪波"。今谓此字乃"修"之俗体,"修修"通"悠悠",为动荡不安义,《道藏》本《太上洞渊神咒经》卷一:"天下悠悠,日月失度,五谷不成。""悠悠",敦煌 P.3223 异文作修修,修即"修"字(见《敦煌俗字典》),"修修"亦通"悠悠"。终终与修修形体极似,只是终字之左部、中部构件靠拢太紧,不易分辨而已。

"天下悠悠"道经常见,《太上洞渊神咒经》卷八:"至壬午年,天下悠悠,百姓苦恼,六夷交侵。"卷九:"天下悠悠,不知死日,此是行尸耳。""修"、"悠"相通,文献常见,《楚辞·远游》:"路曼曼其修远兮,吾将上下而求索。"宋洪兴祖补注:"修,一作悠。"《楚辞·大招》:"螭龙并流,上下悠悠只。"宋洪兴祖补注:"悠,一作攸,古作修修。"

误录"修"为"终"者,《中华道藏》还有一例,敦煌阳 83《太上洞渊神咒斋仪》:"逍遥入紫室,徘徊归太无;下方无际运,冥冥劫终长。""终",《中华道藏》亦录为"终","终长"义不可解,此字形亦当为"修"字,《太上洞渊三昧神咒斋忏谢仪》异文正作"修","修长"词义豁然,兹不赘述。

(23) 若有能受此经,……时仙人来迎,不愁死也。子等信吾言,吾复何忧之也。(敦煌 P.2752)

按:死,《中华道藏》录为"无",误。此字乃"死"之俗字,敦煌 P.2894《太上洞渊神咒经》卷五:"若有劝受此经者,天人福汝也,终不横死矣。"《道藏》本作"死"。又:"但受此经,家中供养,一切皆伏,生死蒙恩。"《道藏》本作"死",可资比证。

卷 六

(24) 自今以始,若有赤丁火鬼,各领七十八万人,作其疾病、病一切善人者,建和鬼兵三万六千人执缚之,令付九天之狱。(敦煌 S.930)

按:建,《中华道藏》录作"違",误。此字乃"建"之俗字,《道藏》本作"建"。建,《英藏敦煌社会历史文献释录》即录作"建"。S.189《老子道德经》:"善建不拔,善抱不脱。"建,《英藏敦煌社会历史文献释录》录作"建",可资比证。

(25) 令天下兵起,死入刑狱,口舌妄来,门门病痛,此鬼等也,鬼王怨朱,急摄汝下兵。(敦煌 S.930)

按:怨,《中华道藏》录为"怨",非通行字体,此字乃"怨"之俗字,《英藏敦煌社会历史文献释录》即录作"怨",《道藏》本作"怨"。"怨"敦煌文献有作怨、怨、怨等形体者[①],可资比证。

(26) 道言:自今以去,有暴下病人、官事口舌,悉是邓侯之鬼与刘外乌,亦来煞万人。(敦煌 S.930)

---

① 《敦煌俗字典》,第 523 页。

按：升，《中华道藏》录为“升”，《英藏敦煌社会历史文献释录》亦录作“升”，均不妥[①]。《道藏》本作“斗”，今谓当录作“斗”。敦煌文献中升、斗形近，字形常相混[②]，“刘升乌”道经未见，“刘斗乌”则经见，《道藏》本《太上洞渊神咒经》卷七：“国土有大鬼主邓艾、钟士季、赵山、王莽、李放、杜周、刘斗乌、王离、夏侯婴、蒋公竣。”又：“邓艾鬼王与刘斗乌亦来，行十二种下病。”又卷十一：“又有邓侯之鬼，与刘斗乌亦来行病，伤害万民。”故录为“斗”为佳。

卷　七

（27）天下乱流，水旱不调，虐鬼旦来捕人，国主自病，坐有枉滥，万民嚁天，天怒遣三万黑面小鬼煞人。（敦煌 P.2444）

按：嚁，《中华道藏》录作“嚁”，非通行字体。此字乃“嗥”之俗体，敦煌 S.318 作嚁，《英藏敦煌社会历史文献释录》即录作“嗥”，《道藏》本正作“嗥”。

（28）道言：有病人之家，若犯事刑狱，元元恐死者，当先立此斋。（敦煌 P.2444）

按：元元，《中华道藏》录为“无无”，误。敦煌 S.318 作元元，《英藏敦煌社会历史文献释录》录作“無元”，亦误[③]。“无无恐死者”、“无元恐死者”义均不可通，今谓当录作“元元”，“元元”谓百姓、庶民。《后汉书·光武帝纪上》：“上当天地之心，下为元元所归。”李贤注：“元元，谓黎庶也。”唐陈子昂《感遇》：“圣人不利己，忧济在元元。”元、无字形相似，敦煌文献常相混，《道藏》本正作“元元”。

（29）病人甚危，兼有口舌、官事、刑徒、囚狱，汝等令差，名唤万鬼，对之何鬼为也。（敦煌 P.2444）

按：名，《中华道藏》录为“名”，误。“名唤”义不可解，此字为“召”之俗体，敦煌 S.318 作㕣，《英藏敦煌社会历史文献释录》即录作“召”，《道藏》本正作“召”。

（30）生人今合门疾病，士宦不迁，宅中虚耗，口舌妄起，触物不吉。（敦煌 P.2444）

按：宦，《中华道藏》录为“官”，误。此字乃“宦”之俗体，《道藏》本作“宦”，敦煌 S.318 作宦，《英藏敦煌社会历史文献释录》即录作“宦”，《敦煌俗字典》录宦为“宦”字，举例正为此句。

误录“宦”为“官”者，《中华道藏》尚有一例，敦煌 P.2366 前《太上洞渊神咒经》卷十：“仕宦不迁，其不如意者，吏兵先坐。”此亦“宦”之俗字，《道藏》正本作“宦”。

---

① 郝春文：《英藏敦煌社会历史文献释录》（卷四），北京：社会科学文献出版社，2006 年，第 399 页。

② 参黄征《敦煌俗字典》“升”字条按语，第 361 页。

③ 《英藏敦煌社会历史文献释录》（卷一），第 470 页。

卷　八

(31) 复有赤情小鬼三万九千人，仍入人宅中，取人六畜。(敦煌 P.2365)

按：情，《中华道藏》录为“情”，误，“赤情”义不可解。敦煌 P.2424 作情，《道藏》本作“帻”，此二字形皆“帻”之俗字，俗书“忄”、“巾”不别，敦煌 S.930《太上洞渊神咒经》卷六：“甲戌、壬午之年，多有赤情鬼，而在九州岛。”《英藏敦煌社会历史文献释录》即录作“帻”，可资比证。“赤帻小鬼”谓戴着赤色头巾的小鬼。

(32) 至癸巳之年、壬辰之岁，世人多不信道法、不受经誡者，入十八驱除之中，狂死者月有三万九千人。(敦煌 P.2365)

按：誡，《中华道藏》录作“誡”，误。“经诫”义不可解，敦煌 P.2424 作誡，此二字皆“诫”之俗字，《敦煌俗字典》已收，S.388《正名要录》另有誡、誡二字，可资比证。

(33) 啄头魔王、乌延大王、小眼大王、白面大王、赤面大王等卅九万人。(敦煌 P.2365)

按：啄，《中华道藏》录作“喙”，误。敦煌 P.2424 作啄，《道藏》本作“啄”。此二字形皆“啄”之俗字，“啄”敦煌文献中另有作啄、啄、啄等字形[①]，可资比证。

卷　九

(34) 有急厄之人，悉令解了，若不如法，魔王威䔲等，悉斩之不恕矣。(敦煌 P.3309)

按：䔲，《中华道藏》录为“莛”，非通行字体。《道藏》本作“蕤”，今谓䔲当是“蕤”之俗字，敦煌文献中，“蕤”有作䔲者[②]，左下构件正作“麦”。《中华字海·艹部》收有莛字，乃“蕤”之异体，东方朔《七谏·初放》：“上葳莛而防露兮。”可资比证。

卷　十

(35) 事转经一宿，官者解，疾病亦差，若疫鬼槃桓须臾不去者，一一斩煞之，万不有恕也。(敦煌 P.2366 前)

按：槃，《中华道藏》录为“懸”，误。《道藏》本作“盤”，今谓槃乃“槃”之俗字，“盤”“槃”通假。“槃”敦煌文献有作槃者[③]，可证。“盤桓”谓徘徊、逗留，正合文义。

(作者单位：天津外国语大学国际传媒学院)

---

① 《敦煌俗字典》，第 570 页。

②③ 《敦煌俗字典》，第 342、299 页。

从“校勘四法”角度看《五灯会元》的校对疑误*

邱震强

《五灯会元》是我国一部著名的佛教著作，记录了两千多位来自国内各地的禅师的言语(口语)，较全面地反映了唐宋白话的面貌，既是唐宋白话的重要语料，也是最能体现中华文化特征的重要典籍。《五灯会元》的版本有宋宝祐本、宋椠本、贞治戊申和刊本、元至正刻本、明嘉靖辛酉刻本、明万历嘉兴藏本、明崇祯曹学佺刻本、日本续藏经本①、清龙藏本、长沙刻经处刻本等版本。其中宋宝祐本最为珍贵。目前关于《五灯会元》版本学之研究，最主要的焦点是在宋宝祐本上。宝祐本的价值在于它是目前为止所知《五灯会元》最早的一个版本，为文本的校订提供了早期的文字依据。中华书局1982年出版苏渊雷点校本，此本是学术界最常利用之版本，所依据之底本为宋宝祐本。1992年中华书局重印。项楚、刘凯鸣等先生对中华书局版《五灯会元》的校勘做了大量研究，取得了丰硕成果。陈垣先生《元典章校补释例》曾指出:“综举校勘之法有四:曰对校，以祖本相对校也;曰本校，以本书前后互校也;曰他校，以他书校本书也;曰理校，不凭本而凭理也”②。陈垣先生总结的“校勘四法”环环相扣，理论体系比较科学，在学界影响甚大，得到学界普遍认同，作为校订书籍的基本方法沿用至今。然操作起来颇具难度。本文是在前辈时贤研究成果③的基础上，以校勘四法为线索对1992年中华书局重印版《五灯会元》所作的进一步研究。本文目的不在于列举中华书局版《五灯会元》的校勘问题，而在于通过这些问题检测“校勘四法”的有效性，从中发现问题，进而试图对“校勘四法”作出改进。不当之处，敬祈方家教正。

1. 钩客

卷十二《西余净端禅师》——开堂日，僧官宣疏，至“推倒回头，缈翻不托。七轴之莲经未诵，一声之渔父先闻”，师止之。遂登座拈香，祝圣罢，引声吟曰:“本是潇湘一钩客，自西自东自南北。”大众杂然称善。(756页④)

---

* 基金项目:本文为湖南省社科基金课题“《五灯会元》训诂研究”(项目号:13YBA014)的阶段性成果。

① 《续藏经》，又称《卍续藏经》、《卍续藏》、《大日本续藏经》。日本明治三十八年至大正元年(1905—1912)间，前田慧云、中野达慧等编集收录《大日本校订藏经》(卍大藏经)所未收者，而成此续藏。京都藏经书院刊行。以下引用《卍续藏》文献，如无特别说明，均为东京株式会社国书刊行会1989年出版，台北白马精舍印经会影印。本版系由《大日本续藏经》、《日本校订大藏经》中国撰述部及若干新增补的典籍所成。经文有88册，加上总目录、索引、解题，计共90册。版面一页三栏。

② 陈垣:《元典章校补释例》，见中央研究院历史语言研究所编《庆祝蔡元培先生六十五岁论文集(中央研究院历史语言研究所集刊外编第一种)》，北平:中央研究院历史语言研究所，1933—1935年，第144—149页。

③ 项楚《〈五灯会元〉点校献疑续补一百例》、刘凯鸣《〈五灯会元〉补校》、任连明《中华本〈五灯会元〉校读札记》等。

④ 本文凡只标卷次或页码者，均为1992年中华书局重印版《五灯会元》(苏渊雷点校本)。

对校："钩客"，宋宝祐本（284 页）、《卍续藏》第 80 册《五灯会元》（255 页）均作"钓客"。

本校：未见"钩客"或"钓客"，但有相关组合。卷十七 1159 页《清凉慧洪禅师》："叵耐钓鱼船上客，却来平地遭鱼虾。"卷十九 1242 页《五祖法演禅师》：师曰："钓鱼船上谢三郎。"卷二十 1395 页《华藏有权禅师》：邻僧以手触之，师感悟，为偈曰："黑漆昆仑把钓竿，古帆高挂下惊湍。芦花影里弄明月，引得盲龟上钓船。"

他校：宋代文献《卍续藏》第 78 册宗晓编《法华经显应录》（48 页）、《卍续藏》第 79 册正受编《嘉泰普灯录》（305 页）、《卍续藏》第 79 册惠洪撰《禅林僧宝传》（530 页）、《卍续藏》第 83 册晓莹集《罗湖野录》（385 页）、《卍续藏》第 87 册惠洪集《林间录》（257 页）等，均作"钓客"。宋以后的文献，如元代的《历朝释氏资鉴》（《卍续藏》第 76 册（237 页），明代的《五灯严统》（《卍续藏》第 81 册（59 页）、《指月录》（《卍续藏》第 83 册（682 页）、《教外别传》（《卍续藏》第 84 册（265 页）、《三宜盂禅师语录》（《嘉兴藏》第 27 册（16 页），清代的《列祖提纲录》（卍续藏第 64 册（200 页）、《御选语录》（《卍续藏》第 68 册（707 页）、《五灯全书》（《卍续藏》第 81 册（635 页）、《雨山和尚语录》（《嘉兴藏》第 40 册（588 页）等，均作"钓客"。

理校：各词典及国家语委语料库、北大语料库均不见"钩客"，且"潇湘"是水名，水边的理应是"钓客"。

很明显，中华书局 1984 年、1992 年修订版是校对失误。

《汉语大词典》卷十一 1207 页："【钓客】垂钓的人。"①

2. 炙脂帽子

> 卷十五《襄州洞山守初宗慧禅师》——师于言下大悟。遂曰："他后向无人烟处，不蓄一粒米，不种一茎菜，接待十方往来，尽与伊抽钉拔楔，拈却炙脂帽子，脱却鹘臭布衫，教伊挤挤地，作个无事衲僧，岂不快哉！"（940 页）

对校：宋宝祐本（355 页）、《卍续藏》第 80 册《五灯会元》（309 页），"灸脂帽子"均作"炙脂帽子"。

本校：卷二十 1356 页《天童昙华禅师》：上堂："……直饶拈却膱脂帽子，脱却鹘臭布衫，向报恩门下，正好吃棒。……"

他校：宋代文献《大正藏》第 47 册《大慧普觉禅师语录》（882 页），《卍续藏》第 68 册《古尊宿语录》（251 页、293 页），《卍续藏》第 68 册《续古尊宿语要》（514 页），《卍续藏》第 79 册《联灯会要》（248 页），《卍续藏》第 87 册《林间录》（251 页），《卍正藏》第 59 册《大慧普觉禅师普说》（841 页、924 页、1008 页），"灸脂帽子"均作"炙脂帽子"。

宋代文献《大正藏》第 47 册《云门匡真禅师广录》（572 页），《大正藏》第 48 册《佛果圜悟禅师碧岩录》（153 页），《大正藏》第 51 册《景德传灯录》（389 页），《卍续藏》第 67 册《正法眼藏》（610 页），《卍续藏》第 68 册《古尊宿语录》（118 页），《卍续藏》第 79 册《嘉泰普灯录》（408 页），《卍续藏》第 80 册《五灯会元》（430 页），《中华藏》第 77 册

---

① 罗竹风：《汉语大词典》卷十一，上海：汉语大词典出版社，1990 年，第 1207 页。

《古尊宿语录》(749页),“炙脂帽子”均作“膱脂帽子”。

理校:《说文》:“炙,炮肉也。”[①]中古音属昔韵、章纽、入声。通“膱”,“膱”中古音属膱韵、章纽、入声。《汉语大词典》第六卷:膱 ①干肉条。《仪礼·乡射礼》:“薦脯用籩五胑,祭半膱横于上。醢以豆,出自东房。膱長尺二寸。”郑玄注:“膱,犹脡也。”②见“膱脂”[②]。【膱脂】油肉腐败。引申为黏糊糊的[③]。《古尊宿语录·勘辨·云门匡真禅师》:“接待十方往来知識,与他出却钉,去却楔,除却膱脂帽子,脱却䑛臭布衫。”(1380页)

3. 火筋

卷十五《云盖继鹏禅师》——师拟举,泉拈火筋便摵,师豁然大悟。(997页)

对校:宋宝祐本370页、《卍续藏》第80册《五灯会元》第323页均作“火箸”。

本校:卷七400页《玄沙师备禅师》:师以铁火箸敲铜炉,问:“是甚么声?”卷七417页《镜清道怤禅师》:师将火箸插向炉中。

他校:《中华藏》第78册《禅宗颂古联珠通集》835页,明代文献《卍续藏》第81册《五灯严统》128页、《卍续藏》第85册如卺集《禅宗正脉》505页,均记载该段语录,均作“火筯”。宋代文献《卍续藏》第65册法应集《禅宗颂古联珠通集》711页、清代文献《卍续藏》第66册集云堂编《宗鉴法林》591页,均记载该段语录,均作“火箸”。

理校:《汉语大字典》第二版:“筯,《广韵》迟倨切,去御澄。① 同“箸”,筷子。《玉篇·竹部》:“筯,匙箸。与箸同。”……② 火筴。唐陆羽《茶经·四之器》:“火筴,一名筯。若常用者,圆直一尺三寸,顶平截,无葱台勾锁之属,以铁或熟铜制之。”[④]

可见,“筋”、“筯”是一笔之误。

4. 水消瓦解

卷八《云龙院归禅师》——曰:“还有升进处也无?”师曰:“水消瓦解。”(482页)

《五灯会元白话全译》释为——禅师说:“还有升进的地方吗?”禅师说:“水消瓦解。”[⑤]

对校:“水消瓦解”宋宝祐本(185页)、卍续藏第80册《五灯会元》317页均作“冰消瓦解”。

本校:卷六360页《天竺证悟法师》:儿孙不是无料理,要见冰消瓦解时。卷十一683-684页《天竺证悟法师》:曰:“踏著后如何?”师曰:“冰消瓦解。”

他校:宋代文献《大正藏》第47册守坚集《云门匡真禅师广录》(550页、576页),《大正藏》第47册惟盖竺编《明觉禅师语录》(686页),《大正藏》第47册绍隆等编《圆悟佛果禅师语录》(716页、776页),《大正藏》第47册蕴闻等编《大慧普觉禅师语录》(919页),《大正藏》第48册智昭集《人天眼目》(312页),《大正藏》第51册道原纂

---

① 丁福保编:《说文解字诂林》,北京:中华书局,1988年,第10068页。

②③ 《汉语大词典》第六卷,1380页。

④ 汉语大字典编辑委员会编:《汉语大字典》,(武汉)崇文书局、(成都)四川辞书出版社,2010年,第3171页。

⑤ 蒋宗福、李海霞主译:《五灯会元白话全译》,重庆:西南师范大学出版社,1997年,第462页。

《景德传灯录》(380 页),《卍续藏》第 66 册子升录《禅门诸祖师偈颂》(721 页),《卍续藏》第 67 册宗杲集并着语《正法眼藏》(585 页),《卍续藏》第 68 册赜藏主集《古尊宿语录》(96 页、119 页、256),《卍续藏》第 68 册师明集《续古尊宿语要》(407 页、460 页、499 页),《卍续藏》第 78 册李道勖撰《天圣广灯录》(495 页),《卍续藏》第 78 册惟白集《建中靖国续灯录》(659 页),《卍续藏》第 79 册悟明集《联灯会要》(156 页、226 页、268 页)等,均记载该段语录,且均作“氷消瓦解”。

“氷”同“冰”。明梅膺祚著《字汇十三卷·第七卷·巳集》:“氷,俗冰字。”[①]

理校:“冰消瓦解”是成语,词典未见“水消瓦解”。

可见,“氷”“水”是一笔之差导致的校对失误。

5. 榆

卷十一《谷隐蕴聪禅师》——侍者请师吃茶,问:“适来只对和尚,道住持不易,意旨如何?”师曰:“真榆不博金。”(692 页)

《五灯会元白话全译》释为:侍者请禅师喝茶,问:“刚才回答和尚说住持不易,是什么意思?”禅师说:“真喻不换金。”(657 页)

对校:“榆”,宋宝祐本(260 页)、《卍续藏》第 80 册普济撰《五灯会元》236 页、274 页,均作“鍮”。

本校:818 页《金峰从志禅师》:曰:“不可须要人点检。”师曰:“真鍮不博金。”

他校:宋代文献《大正藏》第 47 册崇岳、了悟等编《密庵和尚语录》(978 页),《卍续藏》第 65 册法应集《禅宗颂古联珠通集》(519 页、618 页、658 页、700 页、722 页),《卍续藏》第 67 册宗杲集并着语《正法眼藏》(565 页),《卍续藏》第 67 册祖庆重编《拈八方珠玉集》(671 页、685 页),《卍续藏》第 68 册赜藏主集《古尊宿语录》(326 页),《卍续藏》第 68 册师明集《续古尊宿语要》(425 页、506 页),《卍续藏》第 78 册李道勖撰《天圣广灯录》(499 页),《卍续藏》第 79 册悟明集《联灯会要》(218 页、243 页),《卍续藏》第 79 册正受编《嘉泰普灯录》(332 页),《卍续藏》第 79 册祖琇撰《僧宝正续传》(577 页),《中华藏》第 78 册法应集《禅宗颂古联珠通集》(651 页、657 页、750 页、786 页、825 页、846 页)等,均作“鍮”。

理校:《汉语大词典》第十一卷:鍮,[鍮 tōu《广韵》讬侯切,平侯,透。]黄铜矿或自然铜。《新唐书·西域传下·康》:“绵地四千里,山周其外,土沃,产鍮、水精。《敦煌变文集·维摩诘经菩萨品变文甲》:“以小计大,将鍮喻金。”明贾仲名《对玉梳》第一折:“生铁钩搭脊觔,鍮镔杓剜眼轮。”亦指铜与炉甘石共炼而成的黄铜[②]。

“博”有“获取、得到”义。《汉语大词典》第一卷——《后汉书·皇后纪·和熹邓皇后》:“〔后〕数选进才人,以博帝意。”宋苏辙《文氏外孙入村收麦》诗:“急炊大饼偿饥乏,多博村酤劳苦辛。”……亦特指以贸易方式换取。唐卢仝《若雪寄退之》诗:“市头博米不用物,酒店买肉不肯赊。”宋赵汝适《诸蕃志·真腊国》:“米谷廉平,每两乌铅可

① (明)梅膺祚:《字汇十三卷》,第七卷巳集水部,清刻本,一函十三册。
② 《汉语大词典》第十一卷,第 1357 页。

博米二斗。”明李贽《和韵》之十：“腰间果有雌雄剑，且博千金买笑歌。”[①]

“不博金”，犹言“金不换”。禅家常用“真鍮”喻自家宝藏，“真鍮不博金”譬喻自家宝藏不可与人交换。

可见中华书局1984年版、1992年修订版明显是校对失误。

6. 持义张弓

卷十六《签判刘经臣居士》：“故或瞬目扬眉，擎拳举指。或行棒行喝，竖拂拈槌。或持义张弓，辊球舞笏。或拽石般土，打鼓吹毛。或一默一言，一吁一笑。乃至种种方便，皆是亲切为人。”(1058页)

《白话全译》亦作“持义张弓”[②]。

对校：“持义张弓”，宋宝祐本(394页)同。《卍续藏》第80册《五灯会元》(340页)作“持叉张弓”。

本校：《五灯会元》仅见一例，无法进行本校。

他校：从文献来源看，“五灯”之中，唯有《嘉泰普灯录》(《卍续藏》第79册正受编，425页)记载这段文献，可见《五灯会元》的文献来源于《嘉泰普灯录》，而后者作“持叉张弓”。宋代文献中，尚有《卍续藏》第24册宗镜禅师述《销释金刚经科仪会要批注》(747页)作“持叉张弓”。宋以后的文献中，《卍续藏》第81册通容集《五灯严统》(145页)、《卍续藏》第83册瞿汝稷集《指月录》(686页)、《卍续藏》第82册超永编辑《五灯全书》(15页)、《卍续藏》第88册彭际清述《居士传》(228页)均作“持叉张弓”。

理校：“持叉张弓”是禅宗祖师接引学人的手段之一。“持叉”与“张弓”对举，动词“持”与动词“张”相对，具体名词“叉”与具体名词“弓”相对，如为“义”，则不与“弓”相对。

这里遇到了一个问题：“校勘四法”的结果不一致(具体地说，就是对校结论与他校、理校结论冲突)时该当如何处理？我们认为，应该看哪边的材料更丰富、理由更充分。上面的分析表明，我们应该采用他校、理校结论。

7. 当衙

卷八《普照院瑜禅师》——时有僧问：“师子未出窟时如何?”师曰：“众兽徒然。”曰：“出窟后如何?”师曰：“狐绝万里。”曰：“欲出不出时如何?”师曰：“当衙者丧。”(499页)

《五灯会元白话全译》释为：当时有僧人问：“狮子没有出洞窟时怎样?”禅师说：“徒然有其余的野兽。”问：“出洞窟后怎样?”禅师说：“万里无狐狸。”问：“将出来未出来时怎样?”禅师说：“当差的人丧命。”[③]《白话全译》把“当衙者”释为“当差的人”，与上下文衔接不上。

---

① 《汉语大词典》第一卷，第907页。

② 《五灯会元白话全译》，第984页。

③ 《五灯会元白话全译》，第475页。

对校：“当衙者”，宋宝祐本(190页)同。《卍续藏》第80册《五灯会元》(180页)作“当冲者”。

本校：《五灯会元》仅见一例，无法进行本校。

他校：这段语录出自《景德传灯录》，原文如下：“僧问。师子未出窟时如何。师曰。众兽徒然。曰出窟后如何。师曰。狐绝万里。曰欲出不出时如何。曰当冲者丧。问向去事如何。师曰。决在临锋。”(《大正藏》第51册《景德传灯录》，第405页)又，明代通容集的《五灯严统》(《卍续藏》第80册《五灯严统》第729页)、清代超永编辑的《五灯全书》(《卍续藏》第81册《五灯全书》第556页)均作“当冲者”。

理校：“当衙”非义，“当冲”可解。《汉语大词典》第七卷：【当冲】在道路的冲要处。宋王说《唐语林·补遗四》：“明皇朝，海内殷赡，送葬者或当冲设祭。”①

本例对校结论与他校、理校结论冲突，我们应该采用他校、理校结论。

8. 横桃

> 卷十九《灵隐慧远禅师》——问：“庵内人为甚么不知庵外事?”师曰：“拄杖横桃铁蒺藜。”(1288页)

对校：“桃”，宋宝祐本(479页)，《卍续藏》第80册《五灯会元》(408页)均作“挑”。

本校：916页《石门法真禅师》：宾中有主，拄杖横挑日月轮。1011页《令滔首座》：有人问我西来意，拄杖横挑啰哩啰。

他校：《卍续藏》第79册自融撰《南宋元明禅林僧宝传》(603页)、《卍续藏》第84册性统编集《续灯正统》(418页)均作“挑”。

理校：“拄杖横桃铁蒺藜”全句无谓语中心，全是名词，语法上不通，“桃”应为“挑”之误，“挑”是动词，可作谓语中心。

9. 拿云韈浪

> 卷八《明招德谦禅师》——问：“学人拿云韈浪，上来请师展钵。”(中华书局1992年出版，441页)

卷八《大傅王延彬居士》——公曰：“忽遇拿云韈浪来时作么生?”(中华书局1992年出版，468页)

《五灯会元白话全译》分别释为：僧人说：“学禅的人纷纷攘攘，上来请老师展钵。”(426页)居士说：“忽然遇到腾云驾雾来时怎么办?”(451页)

同是“拿云韈浪”，前面译作“纷纷攘攘”，值得商榷。后面译作“腾云驾雾”，但施事不明。

对校：宋宝祐本(172页)、《卍续藏》第80册《五灯会元》(408页)均作“拿云韈浪”。

本校：1024页《法昌倚遇禅师》：拿云攫浪数如麻，点着铜睛眼便花。

他校：在宋代及更早的不少文献里，“拿云韈浪”作“拏云攫浪”或“攫浪拏云”。

(1)举王太尉入佛殿指钵盂问僧。这个是什么钵。僧云。药师钵。尉云。只闻

---

① 《汉语大词典》第七卷，第1400页。

有降龙钵。僧云。待有龙即降。尉云。忽遇拏云攫浪来。又作么生。僧云。他亦不顾。(《大正藏》第47册[宋]守坚集《云门匡真禅师广录》,第561页;又见《嘉兴藏》第24册[南汉]文偃说,守坚编《云门匡真禅师语录》,第388页)

(2)海会演师。昔行脚至白云峰顶。逢一善知识。据师子座。现比丘身。为无所为。说无所说。有时拏云攫浪游戏自如。有时截铁斩钉纪千不可。诸方辐辏。四众景从。罔测其由。举皆自失。师独熟视而笑。莫逆于心。(《大正藏》第47册[宋]才良等编《法演禅师语录》,第669页)

(3)攫浪拏云势莫猜。渔翁倚棹傍岩隈。江边依旧空归去。帝里同风不到来。(海印信)。(《卍续藏》第65册[宋]法应集[元]普会续集《禅宗颂古联珠通集》,第636页)

(4)攫浪拏云势可平。惊空骤雨似盆倾。不因放却淮河闸。九曲潮头卒未平。(上方益)。(《卍续藏》第65册[宋]法应集[元]普会续集《禅宗颂古联珠通集》,第654页)

(5)金鳞欲化。遭它点额。举头看涌波澜。攫浪拏云处。风高天地寒。(佛慧泉)。(《卍续藏》第65册[宋]法应集[元]普会续集《禅宗颂古联珠通集》,第705页)

(6)云拏云攫浪数如麻。点著铜睛眼便花。(《卍续藏》第79册[宋]正受编《嘉泰普灯录》,第299页)

"攫"亦可和"雾"组合。

(7)急水滩头下钓时。锦鳞红尾尚迟疑。蓦然跳出洪波里。攫雾拏云宇宙低。(应庵华)。(《卍续藏》第65册[宋]法应集[元]普会续集《禅宗颂古联珠通集》,第625页)

(8)一则和光惹事。一则刮笃成家。一则有意气时添意气。一则不风流处转风流。于此四句语中若不沾牙著齿。便能见性识心。不消攫雾拏云。何必追风捕影。汝若不信。请问丹霞。(《卍续藏》第67册[宋]子淳颂古[元]从伦评唱《林泉老人评唱丹霞淳禅师颂古虚堂集》,第365页)

理校:"㩄"未见字典收录,不知何意。《汉语大词典》第六卷:攫[wò《广韵》一虢切,入陌,影。]捕取。《文选·张衡〈西京赋〉》:"木少木末,攫狝猢。"薛综注:"攫,谓握取之也。"①

从上面的例子可以看出,"拏云攫浪"从语法上看是两个动宾结构的联合,本义是"拿住云、握住浪(展示令人惊骇的神通)",引申为"修行时不得要领"(犹言"捕风捉影")等意思。

因此,在"学人拿云攫浪,上来请师展钵"一句中,"拿云㩄浪"用的是引申义,全句当译为"学禅人不得要领,请老师指示佛法大意"。在"忽遇拿云攫浪来时作么生"一句中,"拿云㩄浪"用的是本义,全句当译为"忽然遇到龙腾云驾雾来时怎么办?"

可见,中华书局版与祖本均误,前者之误应是后者之误导致的。

① 《汉语大词典》第六卷,第907页。

10. 贫篓

《五灯会元·六祖慧能大鉴禅师》:“六祖慧能大师者……三岁丧父,其母守志。鞠养及长,家尤贫篓,师樵采以给。”(中华书局 1992 年版,第 53 页)

对校:“家尤贫篓”,宋宝祐版(第 24 页)、《卍续藏》第 80 册《五灯会元》(46 页)均作“家尤贫窭”。

本校:《五灯会元》仅见一例,无法进行本校。

他校:《大正藏》第 51 册《景德传灯录》亦作“家尤贫窭”(第 235 页)。《中华藏》第 56 册[唐]玄应撰《一切经音义》第十二卷:“贫窭瞿庾反苍颉篇无财曰贫无财备礼曰窭诗云终窭且贫传曰窭无礼是也字书窭空也贫陋也。”(第 816 页)《高丽藏》第 34 册[后晋]可洪撰《新集藏经音义随函录》:“贫窭其禹反贫无财备礼曰窭窭亦空也”(第 735 页)

理校:佛典中,“贫篓”未见 1 例,“贫窭”见 109 例。篓:《广韵》落侯切。《集韵》郎侯切,音楼,竹笼也。《急就篇》卷三:“箍箪箕帚筐箧篓。”颜师古注:“篓者疏目之笼,言其孔楼楼然也。”①可见,“贫篓”不可解,理当是“贫窭”之误。

从对以上 10 例的校勘情况看,“校勘四法”是颇为有效的方法。只要坚持用这种方法去校勘,排版古籍的可靠性将会大大增加。中华书局 1982 年出版《五灯会元》后,即被项楚、刘凯鸣等先生指出 300 例校勘问题,疑是未贯彻“校勘四法”所致。诚然,此四法操作起来颇费时费力,需要查找大量的资料,但为了中华文化的正确传承,这种付出应该是值得的。另外,“校勘四法”之“理校”可操作性不强,仍有待完善。我们认为,如果用笔者提出的“广义语义场”②校法取代理校,即可弥补此不足。该理论认为:语言中有很多力在起作用,这种力是复合的,我们借鉴自然科学的概念,把这种复合的力叫“场”。制约语义的,就是“语义场”。这个“语义场”和一般语义学论著所说的语义场有很大区别,后者指的是由语义表达中的一组有关联的义位组成的、具有一定共同语义特征的聚合体,其实应该叫做义位场,不能叫语义场,研究范围非常狭窄。为了区分这两个概念,我们把前者叫做“广义语义场”,后者叫“狭义语义场”。前者才是真正意义上的、名副其实的语义场,它应该包含六个因素:语音规律、语法规则、思维因素、语言能力、语境、背景知识。这六个要素可以分为三组:第一组是语言本身的要素,包括语音规律、语法规则;第二组是与交际双方有关的因素,包括思维逻辑因素、语言能力;第三组是和交际环境有关的因素,包括语境、背景知识。“广义语义场”校法就是从这六个因素的角度进行理校。这样的“理校”操作性强,得出的校勘结论也更为可靠。

(作者单位:长沙理工大学文法学院)

① 《汉语大词典》第八卷,第 1237 页。

② 广义语义场理论是笔者在专著《汉语语义研究》(中南大学出版社,2006 年)中提出的。

今本《经典释文》音注校勘一则*

刘华江

《经典释文》是汉典音义的代表，在中国古代音义类辞书乃至整个中国古代语文辞书中都占有极为重要的地位，其价值自不必说。但毋庸置疑的是，今本《经典释文》已非《经典释文》的原貌。这种改变不管是《经典释文》一书在历史流传过程中的自然成之，还是后人有意为之，都已是不争的事实。若我们对此没有正确认识，并加以高度重视，我们就难以认识《经典释文》的原貌，我们对《经典释文》的研究及所取得的成果也终究难以达成共识。然而当前学术界对此仍缺乏足够的认识。今举今本《经典释文》音注一例，分析其中存在的问题，以期引起学术界的重视。

宋元递修本《经典释文》第八、《周礼音义》上、《地官司徒》第二有一条音注："遗人，唯季反，刘音遂。"①中华书局影印通志堂本《经典释文》、抱经堂丛书本《经典释文》并同上。仅从今本《经典释文》本身看不出有什么问题。卢文弨《经典释文考证》、黄焯《经典释文汇校》对此亦无异议。如果我们将今本《经典释文》纳入到整个中国古代语文辞书这一更为广阔的研究视野之中，将之校之相关的其他古代语文辞书，我们就不难发现，中国古代不同的语文辞书对于《周礼音义》"遗人"之"遗"的注音有如下的不同：中华书局影印北京图书馆藏宋刻谭州本《集韵》去声至韵豢小韵徐醉切下收有"遗"字，注音释义为："馈也，《周礼》遗人，徐邈读。"②线装书局2001年影印日本宫内厅书陵部藏宋淳熙十四年金州军刻本《集韵》、上海古籍出版社1985年影印上海图书馆藏述古堂影宋钞本《集韵》、文物出版社1996年据南宋初年明州刊本原大影印本《集韵》并同上。考之《集韵》之姊妹篇《类篇》，上海古籍出版社1988年影印上海图书馆藏汲古阁影宋钞本《类篇》卷二收有"遗"字，注音释义为："夷佳切，《说文》：亡也。古作遗、遗。遗，又盈之切，与也。又旬为切，又愈水切，馈也。又徐醉切，《周礼》：遗人，徐邈读。又以醉切，赠也，郑康成读。文三。重音五。"③文渊阁四库全书本《类篇》同。通过比较，我们不难看出，《集韵》、《类篇》的"徐醉切"即为今本《经典释文》中的"遂"音。然《集韵》、《类篇》共同冠以的是"徐邈读"，而今本《经典释文》冠以的却是"刘音遂"。徐邈和刘昌宗同为魏晋著名经师，《经典释文》和《集韵》、《类篇》中对两家的注音皆多有采摭。同一则语料，在中古具有重要地位的字书《类篇》和韵书《集韵》

---

* 国家社科基金重大招标项目"中国古代语文辞书注音释义综合研究"(12&ZD184)、国家社科基金重大招标项目"《经典释文》文献与语言研究"(14&ZD097)、教育部人文社会科学研究青年基金项目"《集韵》音切来源及其语音层次研究(11YJC740064)"。

① (唐)陆德明：《经典释文》，上海：上海古籍出版社，1985年，第453页。

② (宋)丁度等：《宋刻集韵》，北京：中华书局，1989年，第135页。

③ (宋)司马光：《类篇》，上海：上海古籍出版社，1988年，第57页。

所引相同，却并与今本《经典释文》不同。是《类篇》和《集韵》在引用时同时出错，还是今本《经典释文》存有问题，这不得不让人生疑。

今检宋元递修本《经典释文》，我们发现，该书中并举两家或多家经师相同的读音极为普遍，今略举几例。并举两家经师相同的读音者如："晢"字音注："徐、李之世反，又作哲字。"[①]"辨"字音注："徐邈、刘昌宗皆方免反。"[②]并举三家经师相同的读音者如："否"字音注："马、郑、王肃方有反。"[③]"从娵"条音注："徐、刘、沈并子须反"。[④]并举五家经师相同的读音者如："睽"字音注："苦圭反。马、郑、王肃、徐、吕忱并音圭。"[⑤]"辩吉凶"条音注："如字，京云明也，虞、董、姚、顾、蜀才並云别也，音彼列反。"[⑥]由此可见，并举两家或多家经师相同的读音实为《经典释文》注音体例之一。通过进一步地考察我们还发现，今本《经典释文》在并举两家或多家经师相同的读音当中，有为数不少的并引徐邈音和刘昌宗音作"徐刘"的情形。尤为重要的是，注音时徐、刘并举作"徐刘"的情形共出现19例，全部出现于《周礼音义》。直观起见，一一罗列如下：

1.《经典释文》卷第八《周礼音义》上・天官冢宰第一：胥，郑、徐、刘思叙反，戚思余反，下皆同。(p421.11)[⑦]

2.《经典释文》卷第八《周礼音义》上・天官冢宰第一：以弊，必世反，断也，郑蒲计反，徐、刘府世反。(p423.7)

3.《经典释文》卷第八《周礼音义》上・天官冢宰第一：口率，徐、刘音类，戚音律，一音所律反，下同。(p424.2)

4.《经典释文》卷第八《周礼音义》上・天官冢宰第一：二十罋，徐、刘音瓮，屋贡反。(p428.9—10)

5.《经典释文》卷第八《周礼音义》上・天官冢宰第一：鷩，必列反，徐、刘方利反。(p435.1—2)

6.《经典释文》卷第八《周礼音义》上・天官冢宰第一：五齐，徐、刘于西反，下同，沈才细反。(p437.1—2)

7.《经典释文》卷第八《周礼音义》上・天官冢宰第一：水涑，徐、刘色遘反，戚色胄反。(p437.11)

8.《经典释文》卷第九《周礼音义》下・夏官司马第四：六扰，而少反，徐、刘音饶。(p511.2—3)

9.《经典释文》卷第九《周礼音义》下・秋官司寇第五：从娵，徐、刘、沈并子须反。(p526.1)

10.《经典释文》卷第九《周礼音义》下・秋官司寇第五：纩，音旷，徐、刘古旷反。(p528.11)

11.《经典释文》卷第九《周礼音义》下・秋官司寇第五：属象，徐、刘皆章束反，下及注同。(p529.1)

---

①②③④⑤⑥ 《经典释文》，第84、421、80、526、101、122页。

⑦ 括号里的数字表示该条记录在上海古籍出版社1985年出版的宋元递修本《经典释文》中的页码和所处行数。下同。

12.《经典释文》卷第九《周礼音义》下·秋官司寇第五：夫人，徐、刘方无反，沈音扶。(p533.5)

13.《经典释文》卷第九《周礼音义》下·秋官司寇第五：烁金，徐、刘余灼反，义当作铄，始灼反。(p533.7—8)

14.《经典释文》卷第九《周礼音义》下·秋官司寇第五：鹳，徐、刘音权，《公羊传》同，本又作鹳，《左传》同，其俱反。(p533.8—9)

15.《经典释文》卷第九《周礼音义》下·秋官司寇第五：皆捷，徐、刘初辄反，戚初洽反。(p534.10)

16.《经典释文》卷第九《周礼音义》下·秋官司寇第五：戚速，徐、刘将六反，李音促，注同。(p535.1—2)

17.《经典释文》卷第九《周礼音义》下·秋官司寇第五：轮敝，婢世反，徐、刘伏灭反。(p535.8)

18.《经典释文》卷第九《周礼音义》下·秋官司寇第五：镡，戚音淫，徐、刘音寻，一音徒南反。(p541.3)

19.《经典释文》卷第九《周礼音义》下·秋官司寇第五：其臀，徒门反，徐、刘徒恩反。(p542.1)

由上可以看出，"徐刘"并举实为《经典释文》注音体例之一。同时，这一注音体例集中出现于《周易音义》之中，他处未见一例。而文章开头分析和探讨的"遗人"条音注"刘音遂"的位置恰好出现在今本《经典释文》卷第八、《周礼音义》上、《地官司徒》第二，即位于上面列举的"徐刘"并举19例当中的第7例和第8例之间。针对上述考察，我们认为，这些现象的产生绝非偶然。我们由《集韵》和《类篇》注《周礼》"遗人"之"遗"的音注为"徐醉切"并冠以"徐邈读"、而今本《经典释文》在与之相应之处却标以"刘音遂"，"徐刘"这一注音体例的数量及出现的位置，以及该条音注在今本《经典释文》中出现的位置，至少可以得出如下的认识：《经典释文》此处注音原当作"徐刘音遂"，但在后来的流传过程中，误脱了"徐"字，或是经历了后人的改动。这也从另一个角度，即从《经典释文》的外部，证明了今本《经典释文》已非《经典释文》的原貌，这是研究今本《经典释文》时首先必须要注意的一个重大理论和原则问题。同时，论文的研究也为专书的研究提供了一个很好的借鉴，即在研究《集韵》、《经典释文》等专书乃至整个中国古代语文辞书的过程中，我们除了要一一开展充分的本体研究外，还要能跳出单一专书的限制，展开必要的外围研究和进行关联研究。只有做到这样，我们的研究才会更全面、深入和科学。

(作者单位：皖西学院文化与传媒学院)

《吴音奇字》勘补拾零

张　凯

《吴音奇字》乃明朝海虞（今江苏常熟）人孙楼（1515—1583）所作，后经延陵（今江苏常州）人陆镒于崇祯甲申年（1644）铨次补遗，且内容标注“补遗”字样列于孙氏所撰之后。全书一卷，分天文、地理、时令、人物、身体、人事、饮食、衣服、宫室、器用、珍宝、鸟兽、花木、通用十四门类，每门下先列单字，依次是二字，三字，至多四字。据余晓晴统计，书中有单字词 1143 个、二字词 568 个、三字词 15 个、四字词 5 个①。在注音上主要使用直音法，间或使用纽四声法、反切法。就目前所知，该书有两个版本。一个是江苏省苏州市图书馆藏民国（1939）“吴中文献小丛书之八”本，另一个乃上海书店《丛书集成续编》据《吴中文献小丛书》影印版（经部小学类字书之属，册十九）。余晓晴认为二者实为同一版本，其底本为铁琴铜剑楼藏抄本②。本文依据的是前一版本。

《吴音奇字》书前附有陆镒于崇祯癸未年（1643）所作的《叙》和崇祯甲申年（1644）作的《小引》。据此我们得知，该书是孙楼所作，陆氏为之“正其音韵，校其亥豕”，“铨次补遗”。因为孙楼乃常熟人，陆镒是常州人，二人里籍不同，故书中反映的吴音或许不会是单一的常熟音或者常州音。但无论是常熟吴音，还是常州吴音，皆属于太湖片吴语，故书中描写的方音、词汇可视为反映 400 年前北部吴语的地道的方言文献资料。

顾书名可知，该书首先当是一部用吴音注释吴语的字书；若从所收的条目和释义方面来看，该书其实则是一本词典；假若透过词义管窥其承载的文化内容，该书则更是一本记录明末吴地的风俗画卷。因此，无论是对吴方言语音、词汇的研究，还是对吴地民俗史、文化史的探索等，该书皆具有巨大的文献价值。

遗憾的是，目前该书尚未受到学界的重视。这或许是“书中怪字极多”③使然，但更多的原因恐怕与书中存在较多的讹误有关。据不完全统计，书中的讹误有近百处，此成为研究者的巨大障碍。幸有余晓晴为全书 70 余处讹误做了详细的校正工作（下文简称为“余校”）④。余氏引经据典，立论可靠，绝大多数观点值得信赖。美中不足的是书中仍有些许误处尚未被校正出来。本文在余校的基础上继续校正，勘补 9 例，权以续貂，旨在为研究者提供信实的文献资料。所列校例以出处先后为序。

1. 禩音杞，年也。[三、时令门]

【校】 杞当作祀。

---

① 余晓晴：《〈吴音奇字〉初探》，浙江大学硕士学位论文，2010 年，第 5 页。

② 《〈吴音奇字〉初探》，第 5 页。

③ 石汝杰、[日]宫田一郎：《明清吴语词典》，上海：上海辞书出版社，2005 年，第 842 页。

④ 《〈吴音奇字〉初探》，第 12—36 页。

【按】 据音观之，依《广韵·止韵》，禩、祀皆为详里切，邪母止韵，二者音同；杞，墟里切，溪母止韵，与禩音异。据形观之，禩乃祀的异体字。《说文解字·示部》："禩，祀或从异。"《周礼·春官·大宗伯》："以血祭祭社稷五祀五岳。"郑玄注："故书祀作禩。"

据义观之，祀除作祭祀义外，《玉篇》、《广韵》、《龙龛手鉴》、《四声篇海》、《正字通》、《字汇补》等字书又皆作"年也"。据《尔雅·释天》"夏曰岁，商曰祀"可知商代时便称年为祀。之后如《尚书·洪范》"惟有十三祀"、《逸周书·柔武解》"维王元祀"、梁萧统《文选序》"数逾千祀"等均是祀有年义的证明。

另据《异体字字典》，在历代文献中，未见祀有以杞作异体字的情况，但却有祀的写法，如《经典文字辨证书·示部》作"祀"，其形亦讹为杞。故杞、祀二字相混，当是字形相近讹误使然。

综上可知，此处杞当作祀。

2. 骸髁俱音业，方言心浮骸髁。［五、身体门］

【校】骸当作骰。

【按】骰，《集韵·合韵》"骰骸，首动貌"，悉合切，心母入声合韵，此又见《类篇》、《改并四声篇海》等。骸，《改并四声篇海·骨部》音"饭"，语义未详。骸、骰的声符反、及字形相近，此为讹误提供了可能。

从语音角度讲，骸乃阳声韵字，与入声字业音差较远。骰是合韵字，业乃业韵字，皆属于咸摄入声，具有音近的特点。在《吴音奇字》中，中古入声韵因塞音韵尾的大量脱落，表现出了合流与重组，摄、等、呼的界限被打破，如职麦、职昔、昔锡、质锡、缉合、黠洽、质屑、质黠、叶业、叶屑、叶职、屑帖等入声韵之间混注的情况比比皆是。况且被注下字髁乃与合韵无别的盍韵字，例中音业，故可证合盍业三韵均音同。即使就今北部吴语来看，二韵多数字在无锡、苏州等地皆读为[əʔ]、[iəʔ]，在常州是[əʔ]、[iəʔ]，在常熟是[ɛʔ]、[iʔ]，也同样是音同或者音近的情况。

再论声母，骰是心母字，业乃疑母字，一个齿音、一个牙音，相差甚远。若就《吴音奇字》中的声母特点而论，其中的确有5例心母与牙喉音字混注的情况，如下表：

序号	被注字	中古声韵	注音字	中古声韵	出处
1	昕	晓，欣	息	心，职	时令门
2	觳	匣，屋	速	心，屋	衣服门
3	韱	心，盐	千	溪，先	人事门
4	卙	心，合	急	见，缉	人事门
5	趃	心，末	豁	晓，末	人事门

但是表中的5例较为特殊，我们对此倾向于认为是因这些心母字与牙喉音字皆已颚化为舌面前音而导致的同音（另有专文详论），此与骰、业音同并不是一回事。而业乃疑母细音字，其在北部绝大多数吴语区均读成了[ȵ]母，即使在《吴音奇字》中也是读[ȵ]母与泥母相混的，如下表：

序号	被注字	中古声韵	注音字	中古声韵	出处
1	艜	泥，耕	宜	疑，支	人事门
2	粢	泥，霁	艺	疑，祭	饮食门
3	湽	泥，霁	艺	疑，祭	饮食门

[ȵ]母与心母的颚化音[ɕ]母或者本音[s]母均音差太远，故此处应另当别论。我们怀疑骰、业音同很有可能是因语流音变所致。骰是心母，髁乃疑母，进入语流中骰髁一词因吴地人们表达时的轻重缓急等原因致使骰的声母受到髁的声母的逆同化作用而发生了音变，结果便是骰髁音同，俱音业。此说并非臆测，因为在《吴音奇字》中类似同化、轻声、脱落等语流现象是极为突出的。仅就同化来说，还有3例，如：

A. 菅(见，删)履(来，旨)音奸(见，寒)举(见，语)[衣服门]

B. 顑(溪，感)顲(来，感)音倾(溪，清)堪(溪，覃)[身体门]

C. 尖(精，盐)忝(以，琰)音尖(精，盐)年(泥，先)[通用门]

上述的3个例子均是顺同化，即后字受前字声母或韵母的影响而发生了与前字相同或相似的音变现象。尤其是C例，其前提是“尖”已经完成了m尾向n尾的转变[①]，之后又影响了“忝”，使之声母产生了鼻音效果。

因此在语流中，骰髁音业业是没有问题的。若从语义角度来论，骰髁一词均见于《集韵》《类篇》《改并四声篇海》等书，“首动貌”则表现出坐立不安、气躁难定的样子，与心浮意义亦是吻合的。综合字形、字音和字义诸方面，骸当作骰。

3. 颵音优，见人之事保颵之也。[六、人事门]

【校】优当作扰。

【按】优、扰二字形似，有讹误的可能。从语音角度来讲，颵，《广韵》小韵市沼切，禅母小韵，另据《字汇补》有见母萧韵(坚尧切)的读音。优，《广韵》尤韵于求切，影母尤韵，另据《集韵》还有影母侯韵(乌侯切)的记录。无论依据何音，颵优皆音差较大。

然而扰字，据《广韵》小韵而沼切，日母小韵。从韵母上看，颵、扰韵同。其实在声母方面，禅、日同音也是讲得通的。禅、日同音乃吴语声母的区别性特点，这在近现代吴语史上已被学者所证明了的，故不赘述。此处单就《吴音奇字》一书而论，其中也是不乏二者音同的例子。兹列举4例，见下表：

序号	被注字	中古声韵	注音字	中古声韵	出处
1	澶	禅，仙	然	日，仙	地理门
2	神	禅，仙	然	日，仙	饮食门
3	蜃	禅，震	人	日，真	鸟兽门

据此观之，《吴音奇字》中禅、日二母是常混之事，故颵音扰成立，优当作扰。

① 这在《吴音奇字》的时代是已经完成的，书中的例子很多，如燐(真韵)音林(侵韵)[天文门]、淦(勘韵)音干(翰韵)[地理门]等，兹不赘述。关于吴语阳声韵尾合流的论述也可参见游汝杰：《游汝杰自选集》，合肥：安徽教育出版社，2003年，第80页。

4. 丢捋，下音沰。［六、人事门］

【校】沰当作沰。

【按】捋，《玉篇》手部他德切，透母德韵，又见《广韵》德韵。沰，《玉篇》冫部彼孕切，帮母证韵，与捋音殊。与之形似的沰字，《玉篇》水部他各切，透母铎韵，又见《广韵》铎韵。从字形角度沰沰形近，易讹。从字音的角度，捋沰二字读音声母相同，虽韵母稍异，但影响不大。在入声韵合流重组的大势之下，就德、铎二韵来讲，与之混注的就有德盍、德没、薛铎、铎末、屋铎、觉铎等情况。因此此时捋沰音同应是没问题的。即使在今天的吴语中，这些字仍表现出音近的特点，如在常熟吴音中是［əʔ］、［oʔ］之类的韵母，音值近似。

此外，人事门中还有1例捋为沰注音的情况：滴沰，音的捋。上文我们已经论述，从语音的角度来论，沰捋音同，沰当作沰。沰，《说文解字注》水部："涿，流下滴也。……今俗谓一滴曰一涿。……又作沰，音当洛反。《广雅》：'沰，磓也。'崔寔书：'上火不落，下火滴沰。'"《玉篇》水部"落也、磓也"，《集韵》铎韵"滴也"，《古歙乡音集证》"沰，滴也"。滴沰一词又见于反映吴语的文献资料中。《吴下方言考》卷十"滴沰"："沰音督。农家谚：'上火不落，下火滴沰。'案：滴沰，雨滴声也。吴中谓雨零滴声曰'滴沰'。"《何典》回4："自己穿了包拍大红衫。打扮得一沰胭脂一沰粉的。"《说文通训定声》需部"涿"云："流下滴也。……俗字作沰。……今苏俗语如笃，谓雨声滴沰也。"由此看来，滴沰当作滴沰。

沰沰因形近而讹在本书中乃常见之事，再如下面2例：

［1］沰，当入声，水滴石声。［地理门］当的入声就是沰，而非阳声韵字沰①。

［2］补裰，下音沰。［八、衣服门］裰，《广韵》末韵丁括切，端母末韵，与沰字音殊。沰乃透母铎韵，与裰在今常熟吴语中韵母皆是［oʔ］。声母上一个是全清，一个是次清，这种送气、不送气的混音情况在明末的吴语中是很常见的现象。据丁锋研究，这种现象在反映400年前昆山吴语的《同文备考》中多达87例②。本书中也多见这样的情况，如鬃（清母）音支（章母）［五、身体门］、怦（滂母）音崩（帮母）［六、人事门］、欠（溪母）音绀（见母）［六、人事门］、馢（初母）音暂（精母）［六、人事门］、剟（端母）音塔（透母）［六、人事门］、褚（彻）音章（章母）［八、衣服门］、困（溪母）音君（见母）［九、宫室门］、锌（精母）音猝（清母）［十、器用门］、笪（端母）音踏（透母）［十、器用门］、绠（见母）音欠（溪母）［十四、通用门］、扁（帮母）音偏（滂母）［十四、通用门］等十余处，因此，端透相混乃自然之理，沰当作沰应是可信的。

5. 穸窀，音屯夕，坟圹也。［九、宫室门］

【校】穸窀当作窀穸。

【按】穸，《广韵》昔韵祥易切，邪母昔韵，音夕，"窀穸，窀，厚也；穸，夜也"。窀，《广韵》谆韵陟纶切，知母谆韵，"窀穸，下棺"；又《魂韵》徒浑切，定母魂韵。屯在《广韵》中亦有此二音，故窀屯音同。从注音字屯夕的顺序上来看应是窀穸。《说文解字》（含段

---

① 本校例可详见《〈吴音奇字〉初探》，第14页。

② 详见丁锋：《〈同文备考〉音系，［日］福冈：中国书店，2001年，第148—151页。

注、朱骏声《说文通训定声》等)、《广韵》、《集韵》、《类篇》、《四声篇海》、《字汇》、《正字通》、《重订直音篇》等历代字书均作窀穸。

据《汉语大字典》,窀穸连用借指墓穴,亦即坟圹。《玉篇》穴部:"窀,猪轮切,《左氏传》曰:'唯是春秋窀穸之事。'"又"穸,辞赤切,窀穸。"《后汉书·赵咨传》:"玩好穷于粪土,伎巧费于窀穸。"《后汉书·刘陶传》:"死者悲于窀穸,生者戚于朝野。"北齐朱玚《与徐陵请王琳首书》:"愿归元彼境,还修窀穸。"清黄宗羲《兵部左侍郎苍水张公墓志铭》:"北有岳坟,南有于墓,公亦有言,窀穸是附。"清和邦额《夜谭随录·棘闱志异八则》:"魂冉冉其欲离乎窀穸兮,犹逡巡以鼠思。"《儒林外史》回43:"将军已去,怅大树之飘零;名士高谈,谋先人之窀穸。"据段注,窀穸亦作窀夕,如《隶释·汉泰山都尉孔宙碑》:"窀夕不华,明器不设。"由此可见,窀穸是自古至今的常用词语。

而穸窀一词则少见于古籍,除《正字通》提及过外,清赵翼《灵谷寺》诗也有"贪念图穸窀,雄心侈土木"句。但是相比起窀穸,穸窀则应是非常用词。

鉴于注音字屯夕的顺序和该词使用的频率,此处特将穸窀正为窀穸。

6. 㑥音戏,合版㑥缝。[十、器用门]

【校】㑥当作㑥。

【按】㑥,《方言》卷十三"刻也",戴震疏证"提行分写是也",戴震又云:"'㑥',诸刻本讹作'㑥',今从《永乐大典》本。"可见戴氏认为㑥乃正字。除《方言》外,㑥字不见其他诸字书。而㑥,《广韵》祭韵丑例切,"㑥侅",《集韵》薛韵之列切,"《方言》'刻也',谓相难折"。根据《方言》《集韵》《广韵》"㑥侅"疑为"㑥刻"。然而㑥在《广韵》中乃彻母祭韵,《集韵》章母薛韵。此处㑥字音与戏不合,义与合版㑥缝不符。

但是,㑥另有他解。《玉篇》人部:"夷世切,亦作笹,所以合版际也。"又《广韵》祭韵:"合板㑥缝。"从意义上来讲,此㑥应是没问题的。在字音上,㑥乃喻母祭韵,而戏在《广韵》和《集韵》中共有6个读音,分别是香义切(晓,寘)、荒乌切(晓,模)、许羁切(晓,支)、吁为切(晓,支)、桑何切(心,歌)、于宜切(影,支)。从韵的角度来看,只有香义切(晓母寘韵)是合适的。然而,此二字的声母喻晓仍不相同。这仍不是个问题,因为在《吴音奇字》里面,喻晓混注,此非孤例,再如霞(喻母)音歇(晓母)[六、人事门]等。因此从字音角度来论也是站得住脚的。故㑥当作㑥(夷世切)。

7. 磊𥪰,音雷堆,丛聚也。[十四、通用门]

【校】𥪰当作𥪰,丛当作重。

【按】𥪰字不见诸字书。𥪰,《说文解字》立部:"𥪰,磊𥪰,重聚也。"又见《玉篇》立部:"𥪰,丁罪切,磊𥪰,重聚也。"可见其乃端母贿韵字。堆,《广韵》灰韵都回切,端母灰韵。

语音方面,𥪰堆二字在声母韵母上皆同,唯独声调略有差异。这种情况在《吴音奇字》中也是很常见的现象,尤其是在双音节或者多音节的词语中更多,有许多是语流音变的结果。据石汝杰研究,冯梦龙辑的《笑府》中存在连读后后一音节轻读,以致不同声调混同的现象,如"耳光"音"乳广"[①]。此处略举《吴音奇字》中的例子以资证

---

① 石汝杰:《明清吴语和现代方言研究》,上海:上海辞书出版社,2006年,第187页。

明：① 陣(来，脂)䭔(端，贿)音雷(来，灰)堆(端，灰)[花木]；② 睚(疑，佳)眦(从，寘)音厓(疑，佳)慈(从，之)[鸟兽]；③ 衹襶(心，旱)音意衫(山，衔)[衣服]；④ 跎磴(端，嶝)音蛤顿(端，慁)[人事]；⑤ 顣顲(来，感)音倾堪(溪，覃)[身体]等。因此，竴堆音同也是成立的。

从意义上来说，磊竴一词见于《说文》、《玉篇》等字书，“重聚也”意思是重叠地堆聚在一起，对应校例中的“丛聚也”。重是澄母钟韵字，丛乃从母东韵字，重丛音同在《吴音奇字》中是一语音事实。因为该书中存在部分知三组字与精组字混注的情况，如貼(彻母艳韵)音暂(从母阚韵)[人事门]、黐(彻母支韵)音栖(清母齐韵)[器用门]等等。即使在今常州吴语中二字也同音，皆音[$dzo\eta^{213}$]。鉴于音义两个角度，“丛聚也”亦即《说文》、《玉篇》中的“重聚也”应是站得住脚的。

据明苏州太仓人赵宧光《说文长笺》，竴，“今吴中方言有之，凡事物烦积而无条理曰磊竴。”该词在清代的吴语中仍然还在使用，如段玉裁《说文解字注・立部》：“磊竴，叠韵字，今俗语犹有之。重聚也。”朱骏声《说文通训定声・屯部》：“磊竴，重聚也。”“今苏俗尚有此语，其音如磊堆。”据《汉语大字典》，该词后来意义上又引申为用以形容事物繁杂且无条理的样子，如清胡文英《吴下方言考》卷六：“事烦无条理曰磊竴。”清《吴县志・风俗二》：“事烦无条理曰磊竴。”章太炎《新方言・释言》：“今谓物之重、事之艰皆曰磊竴，或为累坠，皆一语也。”故竴当作竴。

8. 䟤攱，音勒磕，不滑利也。[十四、通用门]

【校】䟤当作敹。

【按】䟤，《集韵》麦韵又作敀，乙革切，影母麦韵。勒，《广韵》德韵卢则切，来母德韵。䟤勒音殊，当误。

敹，《广韵》没韵勒没切，来母没韵。从读音上来讲，敹勒声母相同，韵方面，前文已经提及，没德混注也是讲得通的，因此敹勒应该满足音同(似)的条件。就意义方面来论，《玉篇》支部作“敹敀，不滑利”，此亦见于《类篇》支部“敹敀，不滑利，一曰不安貌”，而《广韵》没韵则作“敹敀，不稳，又不利也”等，此皆含有“不滑利也”之义。因此在意义方面也是一致的。故䟤当作敹。

此外，尚有一例我们不能明确，兹列如下，俟解：

9. 譹音棍，方言油嘴光譹。[四、人物门]

【校】譹疑作謴。

【按】余校：“□处之字原文中漫漶不清，但依据注音和短语，推测其本字即‘棍’。”余校并认为光棍一词即今所谓地痞流氓之类。我们认为此说欠妥。本文所依据的本子此处并未漫漶不清，原文作譹。譹字不见于诸字书，与之形似的有一个謴字。謴，《集韵》混韵作古本切，“语不明”；《集韵》慁韵作古困切，同譀，“飘人”。依注音字棍，此处当取去声古困切。依《集韵》同譀。譀，《广韵》慁韵“谑弄儿”，即戏弄人。谑，《说文》言部从言，戏也，即以言语戏弄、嘲笑别人。也就是说爱戏弄人者应是一位“言语大师”，巧舌如簧，这与“油嘴”本领齐一。据《明清吴语词典》[①]，明清时期“油嘴”有名

① 《明清吴语词典》，第723页。

词和动词两种用法：[1]〈名〉能说会道的贫嘴，也指这样的人。常用于骂人。如《山歌》卷八："后生家啰里学搭来油嘴？满口尽是荒唐。"《二十年目睹之怪现状》回 39："了不得，你走了一次苏州，就把苏州人的油嘴学来了。"[2]〈动〉耍贫嘴。如《铁花仙史》回 5："你松江或者由你油嘴，我杭庠的士风极整，那容你放刁？"《禅真逸史》回 19："这顽皮，却会油嘴，一发溜撒。"无论是名词还是动词的用法，均义近"谑弄"。故我们揣测此处作諔或许更为合适。

（作者单位：复旦大学古籍所，枣庄学院文学院）

焦竑佚文五篇

徐到稳

焦竑(1540—1619),字弱侯,又字从吾、叔度,号漪园、澹园,山东日照人。明万历进士第一,官翰林院修撰,后曾任南京司业。他是明代杰出的学者、文学家、藏书家。著作甚丰,有《国朝献征录》、《国史经籍志》、《老子翼》、《庄子翼》、《澹园集》、《焦氏笔乘》等。

1999年,中华书局出版了李剑雄先生点校的《澹园集》。该书在正、续集之外辑录近四十篇佚文,为学术界提供了一个比较完备的版本,推动了焦竑及明代思想学术史研究。载籍浩繁,遗珠难免。李金松有《焦竑佚文一则》,刊于《书品》2012年第6期。笔者曾撰有《焦竑佚文二篇》,刊于《北方文学》(下旬刊)2013年第12期;《焦竑佚文三篇》,刊于《北方文学》(下旬刊)2014年第1期;《焦竑集外诗文钩沉》,刊于《文教资料》2014年第7期。笔者近日又发现焦竑的文章五篇。它们不见于中华书局版《澹园集》,也不为今日学者道及,故全录并略考如下:

(一)《古佛记》

金陵僧蓝碁置其最初而独胜者,无如瓦官。晋兴宁中,诏移陶官淮水北,以南岸地予僧慧力造寺居之,寺因名。在城西南隅凤凰台畔,李白诗"门余阊阖字,楼识凤凰名"是也。自林公讲小品,天台论止观,咸在兹所。寺像设备极精美,《南史》称玉像为义熙初师子国所献,经十载,乃至高四尺二寸,玉色洁润,形制殊特,与戴安道手制佛像、顾长康维摩图为寺三绝。自东昏毁玉像为钗钏,戴、顾手迹亦不复存,而寺至胜国时易名崇胜,戒坛犹不废也。国初寺圮,地为徐魏公园。嘉靖间,释觉恒见地上光怪,心知其异。发之,得片石佛菩萨天王相好刻画精巧,细若丝发,一时宣传,瓦官旧物复出人间。时魏公笃轩以宫保绾留钥,闻而异之,命即其地造屋种树,为往来瞻仰之所。六朝名迹几还旧观,诚禅诵之名区、素缁之幸事矣!役既竣,公喜其得之奇也,属恒请余文为记。余诘曰:"若谓此非佛事耶?则墙壁瓦砾悉谈妙义。若谓此即佛事耶?则色见声求是行邪道若得之,又请之而余又记之,皆妄也。虽然,有相之身,即寔相身而离文字见是名断见,则若请之而余记之,亦无不可。"佛以嘉靖庚子二月八日现,恒以甲寅九月七日请,余以丁卯正月十日记。

按:该文见于明葛寅亮《金陵梵刹志》(明万历刻天启印本)卷二十一。葛寅亮,字冰鉴,号屺瞻,钱塘(今浙江杭州)人。万历二十九年(1601)进士。万历三十五年(1607),葛寅亮主持南京祠部,编著了《金陵梵刹志》。该书叙述金陵(南京)诸寺的沿革、制度、诗颂等，其中焦竑诗文多篇。据该文，嘉靖十九年庚子(1540)，古佛再现；嘉靖三十三年甲寅(1554)，释觉恒请焦竑作记；隆庆元年丁卯(1567)，焦竑记成。

(二)《三塔寺新修记》

留都城之北，钟山玄武湖之侧，有寺曰三塔，其先本以屠稣受名，僧智源禅诵其中。永乐十四年，文皇帝北伐，时昭皇帝监国智源者启奉令旨，得改建为寺。至正统三年，始赐今额。迨今几二百祀矣。世代既远，风雨蠹蚀，于是殿堂门庑窜拘架于倾圮，丹青黝垩剥崇饰为无色，而使日城慈室之区不具庄严，摄心问道之辈失所瞻向。盖弘六度之施、修二梵之福者，不见其人亦久矣。至是而住山济安者乃发大愿，谓当吾之世而任其损败，如释种何？惆然以修复为己任。而三利无所出，则以惠淳等力能劝导，以募化属之。于时闻声喜舍、依法愿助者莫不负财麇至，以乐厥成。盖经始于万历乙丑六月，以壬辰十月而工讫焉，而宝殿成于流银列楹，昭乎焕景，仍鹤林之旧趾，改龙刹之新观矣。住持慧亿以工役岁月不可无纪，遂砻贞石以载之。余惟佛之成道，成在伽耶耳。乃其国中精舍列凡惟五，而阿育王所起至千有八百，其为沉沉甚夥矣。然而佛身无为不堕诸数。假令有所住曾不三宿去之如是种种，招提意以无著之心，必不栖栖于是，而在震旦之中，即多置之，不增于阿育；少置之，不减于伽耶也？若三塔者，始焉创其无，兹焉葺其有，宜无轻重于佛土，而顾若是不可已，何与吾想？东土之为寺始也。盖以处摩腾也。今都城内外精蓝星错，岂直变置祇陀移之神地，崇以严祀，如㦡龙华，而颛颛为佞佛地哉？莲宇花宫盖以为胜流法侣栖托之所也，故四辈既緐，则五重为隘，将来未益，则已故宜新。兹寺之修葺，所以不容已者，而因是余有说。夫凡栖托于是何为者？背亲违家，依林藉树，固以勤行苦行，祈证成佛云尔。而性体本圆，金刚不坏，非若倾颓摧剥之待于增修，即法即心，心无非法，非若梓材埏埴之资于外，假顾以愿力为役徒，以毗尼为绳墨，以精进不二为执作，以解脱离灭为落成，是入道之工程而证果之匠石也。所谓览劫虽辽修焉，如向命之，曰真修不惭愧释种其人矣。如或不然，而徒以层拘孔硕为皈依，以金碧焜燿为色相，是亦归木巧于流遁，以鸿教为逋薮云尔，何贵于修葺之为？吾故终言之，以为来者告庶愓于斯言，不虚为三塔也者，而与罽宾之两塔并著为净域也。永永其无极哉！万历癸巳仲春。

按：该文见于葛寅亮《金陵梵刹志》(明万历刻天启印本)卷二十七。据篇末所署时间，该文作于万历二十一年癸巳(1593)。该文略记三塔寺的历史与修缮经过，重点在于阐发佛教精义，与《答耿师》、《答友人问》、《刻大方广佛华严经序》、《赠吴礼部序》、《赠愚庵上人说戒慈慧寺序》等同为研究焦竑佛学思想的重要文献[①]。

(三)《〈七经图〉序》

古之学者左图右书，索理于书，索象于图，如辅车相依，不可偏废也。盖理或

① 分别见《澹园集》(李剑雄点校)，北京：中华书局，1999年，第82—83页、第85—92页、第182—183页、第195—196页、第196—197页。

千言而未了，象则一见而可知。虽秦人蔑古，敢于弃书，而不敢弃图，亦以兴事成务必有籍焉，非空言比耳。萧何入秦，先取图籍。我高皇帝于大将军定燕，首命收秘监图书及太常法服、祭器、仪象、版籍。盖英雄之见其所重类如此。成祖以经术造士，修《五经大全》，每帙率冠以图象，良得此意。而学者不能因类以求之，甚者束而不观，游谈无根，宜其异日莅官临事怅怅然，其靡从也。新安吴君继仕少即志于用世，慱闻好古，学无不通，而经术尤邃。见宋刻《六经图》而奇之，手自摹画考校，授之梓人，与好学者共焉。又念《仪礼》为朱子所定，其徒杨复篇为之图，并加编纂，合为《七经图》，以传学者。得而读之，可谓粲然明备，无复遗憾矣。古有图谱一家，后世罕传。然任宏《兵书图》四十卷；王俭《七志》，图居其一；阮孝绪《七录》总内外篇，犹存八百余卷。其多如此。今不惟不见其书，亦不知其名者有矣。夫词章之学靡，义理之学微，图谱之学实。图谱之学不传，则学问化为虚文，心力尽归乌有，欲其成天下之务，定天下之亹亹，岂不难哉？余以为学者不思以经世，则图或可缓；藉令其有志于用也，图谱之学决不可不讲，而以此编为嚆矢可也。

万历乙卯夏日，石渠旧史琅琊焦竑撰。

按：该文见于吴继仕《七经图》（明万历刻本）卷首。"吴继仕，字公信，休宁县人，以贡生升授耀州判官。著有《音声纪元》6卷，《四书引经节解图考》又名《四书图考》17卷，《仪礼会通图》1卷，《六经始末原流》、《易占》1卷，《易辞述旨》2卷，《易数》3卷，《周易象变述旨》2卷等以及编辑加工《七经图》7卷等。《四库全书总目·经部》存目就载其《音声纪元》、《七经图》2种。是万历朝著名的经学家。其刻书堂号为熙春楼，为万历后期著名家刻。"①吴继仕将毛邦翰增补的《六经图》与杨复的《仪礼图》重加编辑，成《七经图》七卷，有五百四十八幅图②。焦竑该文作于万历四十三年乙卯(1615)，主要强调了图谱对于学问的重要性，希望当时学人重视此书。

(四)《题耿克明诗稿》

克明，余师耿恭简公之家子也。垂髫与余同笔研黄，郡虽有名，而荒远阻绝，不知字学与韵语。克明乃克意于是，今所著《韵会类编》与《江社稿》是已③。克明与余所倡和甚多，而皆不载，则其所遗落可胜言哉？克明英敏好奇，避人之所趋，攻人之所不为，往往如此。万历壬午，江陵势倾一时。楚闱中因得各树其所私，监临为恭简公所取，士欲得克明甚亟。克明知其意，因避不入。后其弟志举于乡，人颇以高克明，克明不以屑意也。克明年甚少即贡于南宫，一试不复出。嗟乎！克明之才，藉令典册而施朝廷，弦歌而荐宗庙，孰不曰宜？而自放于山硎水涯，至追田野沦落之士，而与之为偶，亦足以悲已！虽然，克明即不得大展于时，而园庐多暇，樽俎在前，琴奕迭进，欣然自得，悠然遐想，从容燕乐，以敦故旧

① 徐学林：《徽州刻书》，合肥：安徽人民出版社，2005年，第73页。

② 参见（清）丁丙《善本书室藏书志》卷四，清光绪刻本。

③ 该文为焦竑手书。"江"后似少一"汝"字。

夙昔之好，讲解颂说，以垂后进无穷之闻，固未为不遇也。克明兄弟多逸才，科第方日盛而未艾。编中所言“兄弟五六人，高度跨一世”，业自道之也矣。汝忞孝廉闵克明之殁，梓是编以永之，属余引其端。

万历戊午秋暮，澹园老人焦竑书。

按：该文见于耿汝愚《江汝社稿》（明万历四十六年耿汝忞刻本）卷首。耿汝愚，字克明，号古愚，黄安（今湖北红安）人，耿定向之子。“屡踬场屋，遂断意仕进，闭门著书。……恭简殁，家益困。……乃废著述，修计然之策。不二十年，竟至十万。年七十卒”[①]。著有《江汝社稿》、《韵会类编》、《四六草》、《尺牍草》等，其中《江汝社稿》是诗集。耿汝愚的父亲耿定向是焦竑的恩师。《江汝社稿》卷七有《寄焦弱侯》一首，焦竑集中也有《宝光寺访耿克明》、《与邦师克明汝教鸡鸣寺看后湖作》、《黄安访克明一首》、《别克明》等诗[②]，可见两人多有来往。据该文，万历四十六年戊午（1618），耿汝愚已卒，其兄弟汝忞整理出《江汝社稿》，请焦竑作序。通篇追忆往事，赞美了耿汝愚的德行。

（五）《〈古学斋文集〉序》

先是壬辰之役，予分校礼闱，彭泽王孟箕则本房所取士也。惟时古文字未露一班，就括帖中已卓然为一家言。素性醇谨，退然若不胜衣。其言呐呐，如不出诸其口。度谒选为令，就予问当官之政。予曰：祖宗功令、本朝故实，盖究心焉。请问其目。予曰：皇明制度，及近刻条例备考是也。遂刻意钻研。每晤对，能悉其概。知为笃道好修之士。三仕为令尹，官南曹与诸郎署，就予为将易会。嘐嘐慕古，谈士习吏治世风，辄毅然向往。自公多暇持一编，向予请正，则其所为诗为古文字也。予受而卒业。至籍彭泽，则刻小孤山、陶渊明帖，有述。其官潮阳，则刻韩文公、陈白沙帖，有述。其初官台宁，则查复方正学后裔，有纪事。他如建书院、建社仓、建文昌阁及义田、义渡、广券、济院、乡厉、坛募。夫记皆实心实政而效之。当官业已，地方咸赖，因据事直书，欲图善后，垂永久焉。文章固可饬吏治，然必见之行事而深切著名，庶不贻空言之诮耳。其初固无意为言，其后自不能已于言，则孔门先行后从之旨也。夫身有之，言亲切，不藻缋而工，不钩深而奇，不刻画而古。炫烂之极，溢为平淡。所称有用文章非耶？则信乎其必传矣。今致政归里，则著《家训类编》、建大宗祠堂，令宗人讲宗约，捐基屋，建三贤祠，兴靖忠书院。群乡之父老子弟讲学谈义，以端士习，维世风焉。则其所投牍与院司郡邑长因所持为续编是也。夫君子居官美政，居乡美俗。读续编，合之旧作，乃能睹其全。即有应酬之作，不废文章。总之质有其文，不独以文字相夸诩已也。予据事直书，亦如孟箕之文。付之剞劂，弁之简端。

万历己未冬孟，石渠旧史琅琊焦竑撰。

① 光绪八年重修同治《黄安县志》卷八《儒林》，转自张建业主编《李贽全集注》第1册《焚书注（上）》，北京：社会科学文献出版社，2010年，第158页。

② 分别见（明）焦竑《澹园集》，第641页、第641页、第655页、第691页。

按：该文见于王演畴《古学斋文集》（明万历四十七年刻本）。王演畴（生卒年不详），字孟箕，号震泽，彭泽（今属江西）人，明代文学家、书法家。万历十九年（1591）举于乡，次年进士及第，授海宁令。历任南京工部营缮司、广西桂林知府、山西副使。为官廉洁，不苟一钱。著有《古学斋文集》、《醉陶和陶集》、《家训类编》等[①]。《古学斋文集》是王演畴的文集，初刻于万历四十七年己未（1619），焦竑之序即作于此时。据该文，可知万历二十年壬辰（1592），王演畴参加会试，为时任房考官焦竑录取，故为其本房弟子。焦竑历叙了王演畴的为人为官事迹，赞美了他的文章，可见该文主题不脱“质有其文”这个宗旨。

综上可知，这五篇焦竑的佚文，对于我们认识焦竑的散文创作、文学思想、佛教思想、生平交游乃至明后期文化诸方面均有一定的价值，值得研究者重视。

（作者单位：同济大学哲学系）

① 王演畴生平介绍据陆林主编《中华家训大观》，合肥：安徽人民出版社，1994年，第59页。

张鸣珂稿本《秋风红豆楼诗钞》整理

张霞云

安徽师范大学图书馆藏有晚清诗词名家张鸣珂《秋风红豆楼诗钞》一册，稿本，毛装，存卷一，九行二十一字，白口，四周双边，书口题“秋风红豆楼诗钞”。是书卷首有“玉珊诗画”白文篆印、“秋风红豆楼”朱文篆印。开卷有众人评语题词，皆同时诸贤手迹，如褚二梅、陈鸿诰、赵铭、周朗亭、孙仁渊、雷葆廉、石中玉等人。该集是张氏早年诗作稿本，具有重要的文献价值。

张鸣珂及其《秋风红豆楼诗钞》概述

张鸣珂(1829—1908)，原名国检，字公束，号玉珊，又号窳翁，晚年自号寒松阁老人，嘉兴人。张氏早孤，青年时期尝营铜铺，二十四岁始习举子业，咸丰十一年(1861)拔贡，官至江西德兴知县、义宁知州。辞官后，晚年侨居石佛寺镇，以卖文鬻书为生，晚景清贫[①]。张氏工诗词，善书画，早年师事全椒薛时雨、海盐黄燮清，学问博洽的文史学家李慈铭称其“为文树骨庾、徐，取材杨、骆；诗溯王、韦，沿波钱、李，与秋锦[②]相伯仲；词则圭臬姜、张，于樊榭为近”，其推重如此，张氏之才华概可想见。张氏著作很多，生前自辑其撰著为《寒松阁集》十四卷，包括诗八卷、骈文一卷、骈文续一卷、词四卷，有李慈铭序，所录皆为咸丰二年(1852)以后作品，光绪二十年刻行。张氏生前著述虽已结集行世，然亦有遗漏。据笔者所知，其存世稿本有《秋风红豆楼词》不分卷，复旦大学图书馆藏[③]；《秋风红豆楼诗》七卷，南京图书馆藏；《秋风红豆楼诗钞》一卷，安徽师范大学图书馆藏。其中《秋风红豆楼词》已有姚大勇先生为其整理研究，现将南京图书馆藏《秋风红豆楼诗》七卷本和安徽师范大学图书馆藏《秋风红豆楼诗钞》一卷本做简要介绍。

七卷本《秋风红豆楼诗》现藏南京图书馆，初稿本，有作者修改删润字样，抄录诗作约200多首，半页十行，依次有周栻、胡远、车瑞父、徐锦、周德廉、石中玉、沈桐、曹大经、管庭芬等人的12篇题跋。正文按诗歌写作的时间先后编排，分为壬子年(1852)、癸丑年(1853)、甲寅年(1854)、乙卯年(1855)、丙辰年(1856)、丁巳年(1857)、戊午年(1858)七卷。钤有“鸣珂之印”、“海粟”、“鸿轩”等印章。

本馆藏《秋风红豆楼诗钞》为残本，仅存卷一，为张鸣珂早年诗作，写于1848年到

---

① 张鸣珂，《清史稿》无传，其生平事迹散见于其著述及序跋。

② 李良年(1635—1694)，号秋锦，嘉兴人。工诗词，为“浙西六家”之一。曾自言其诗：“盖矜慎有余，而排宕不足。”有《秋锦山房集》。

③ 姚大勇先生已做了整理研究，见《〈秋风红豆楼词〉简述》，载《词学》第十七辑。

1851年间，并有作者亲笔修改删润之处。作者按写作时间分为四个部分，冠有"戊申"、"己酉"、"庚戌"、"辛亥"字样。据此，从时间上可以推断，七卷本《秋风红豆楼诗》紧紧承接一卷本《秋风红豆楼诗钞》而来，是1848年到1858年这十年间的诗作，两个稿本合在一起，才是完整的《秋风红豆楼诗钞》。

而刻本《寒松阁诗》八卷所收诗歌，写作年代为咸丰壬子至光绪辛卯年间，即1852—1891年，可见，七卷稿本所收诗作有被刻本择录刻行者，而本馆一卷稿本则刻本无收，属遗漏之作。因此，对此一卷本进行整理考述，于张鸣珂诗籍文献之整理不无裨益。

《秋风红豆楼诗钞》整理

张鸣珂为诗宗法王维、韦应物，有淡远之致；词以缠绵著称，工于刻画江南春色，颇富画意，然大抵词名高于诗名，谭献《复堂诗话》："阅嘉兴张玉珊《寒松阁诗词》稿，诗篇秀绝，未深思耳。词尤婉丽。"此稿本《秋风红豆楼诗钞》，诗歌主题多为题画、题图、怀人、写景、抒情之类，一定程度上反映了当时的社会现实，有幽淡的身世之感。卷首有诸时贤评题，择录如下：

> 清高深稳，扫尽芜词，君家承吉所谓口吻生花者也。青年媚学，乌能测其所至？（黄金台）
>
> 咸丰壬子三月初四读于灵竺山房，时白云飞来，遮却楼台一角，系画家绝妙境界，君之诗情似之。（管庭芬）
>
> 灵境独辟，仙心自超……清空微妙，别擅胜场，充以学力，白石白云，不难兼到。（沈爱莲《青珊庵诗话》）
>
> 辛亥孟冬二十八日，偕朗亭周兄及筠石弟，奉访玉珊仁兄同调，出示大集《秋风红豆楼诗钞》，携归细读，其苍老似诚斋，其峭蒨似放翁，侪辈中当独树一帜，若仅以灵芬目之，则浅矣。（陈鸿诰）

笔者对此稿本诗钞试做整理，录之如下，希望对于研究张鸣珂其人其诗及其诗风前后期的发展变化有所裨益。

秋风红豆楼诗钞 89首

戊申(1848年)

春夜喜雨

轩窗雨过嫩寒生，别馆萧条对短檠。书为借来宜细读，酒因赊得禁狂倾。每逢落月怀良友，闲看浮云悟世情。独倚阑干清不寐，梅花弄影上帘旌。

病中感怀

恹恹小病负芳时，贫剧愁深恼可知。乞食拟随陶令去，寻春翻较牧之迟。酒污襟上还搀泪，金尽囊中只剩诗。十二栏杆频倚遍，落红满地更相思。

寄恨

抛残红豆已盈箱，别恨长于长夜长。毕竟相逢终有别，此生悔不做鸳鸯。

秋夜不寐

冷月当檐堕，西风逼枕寒。夜凉灯影瘦，病退带围宽。怪鸟叫高树，幽蛩吟井栏。支颐愁不寐，坐到五更残。

秋日偶成

秋窗无一事，白昼掩柴扉。睡醒诗魂爽，愁深酒力微。霜凋林叶落，雨过药苗肥。镇日垂帘坐，炉香裊葛衣。

何处秋光好，窗明几净时。抛书寻旧梦，倚枕改新诗。求字僧留扇，慵谈客赌棋。闲来携竹帚，屋角扫蛛丝。

寄竹生上人（拟题）[①]

冬日偕岳范水廷模、文田廷标及从叔莘农保衡至楞严寺，访竹生上人宝藏不值，鲍荷担居士邀至雨华堂午饭，留诗一首呈竹生。

一路踏黄叶，来参文字禅。倚床堆画稿，破壁补诗笺。茗苦留清话，蔬香入小筵。如何悭识面，笑我却无缘。

寒夜怀岳择斋树音

一丸冷月浸窗纱，索句灯前手自叉。料得宝真斋里坐，忍寒磨墨写梅花。

夜起

夜半披衣起，摊书坐薜帷。灯残延月补，裘敝受风欺。索笑梅千树，消寒酒一卮。荒鸡声喔喔，帘外下朝曦。

己酉（1849 年）

赠褚二梅荣槐，即题其《拜月盟花阁诗钞》

唾壶击缺气豪雄，羡尔煞才华海样同。礼法不容拘阮籍，聪明未必误王戎。交当真处情偏淡，人到穷时句始工。我亦年来滋味熟，男儿原是可怜虫。

题画

云影岚光接绮寮，水窗兀坐绝尘嚣。可怜闲煞游山屐，红叶乱堆白板桥。

---

① 此诗本无题，只有小序，笔者依据小序及诗意，代为拟题。下标“拟题”者同此。

积雨

庭院愔愔昼亦昏，兼旬苦雨小溪浑。拍天新涨如云绿，无数蓼花开到门。

题画

披蓑侵晓放渔船，来往疏林瘦石边。山色苍茫天欲曙，钓竿划破一溪烟。

怀人诗

岳蓉村昭垲

绕屋梅花八百株，新居合绘辋川图。移家却称村夫子，书负一囊酒一壶。时移居梅泾双贤桥，有《负书图》。

家雨杉光裕

那堪影事记从前，东望望春春可怜。自拍红牙绿窗下，新词谱出鹊桥仙。君有《望春图》。

马穲陵兰芬

瓣香爱把大苏师，抹月批风笔一枝。最忆去年死水上，墨香同和女郎诗。

马秋醲郁芬

恨我偏悭识面缘，只凭鱼雁递蛮笺。池塘春草吟怀健，不愧人呼谢惠连。

周朗亭官勋

风流年少数周郎，绿意红情总断肠。爱读玉溪诗一卷，自编小集号分香。君有《分香集》。

严尹香洛

沧浪年少才偏大，舐笔俄成绝妙词。羡煞眉痕初画罢，一枝斑管替钞诗。夫人胜无女史，极工楷法。

沈远香爱莲

襟前潇洒绝芳尘，卖药韩康不碍贫。家住金风亭子畔，小长芦叟是乡亲。

徐辛白庚

徐熙风雅世无双，可惜琴书寄客舣。替我匆匆镂小印，又随鸥梦到申江。

秋日泛舟杨树湾

荻花枫叶浩无边，杨树湾头泛钓船。野渡小桥低贴水，荒村密树远疑烟。乱蝉声里秋心碎，云水光中夕照圆。四望原田耕尽罢，哀鸿声急倍凄然。

秋夜怀蓉村

一夜西风紧，萧条感岁华。峭寒欺布被，幽露泫秋光。绕砌蛩声切，遥空雁影斜。相思渺何处，归梦落天涯。

秋夜梦游(拟题)

秋夜梦至一处，山水秀媚，宵非人境，因赋一诗。觉来仅记两句，遂足成之。

策杖寻秋去，飘然画里行。入山双履健，掬水一瓢清。红叶烂于锦，白云流有声。此间远尘俗，小住契幽情。

题蓉村负书图

双贤桥畔卜新居，万树梅花一草庐。我欲从君来小住，一灯相对读奇书。双贤桥在梅花泾上，为明宋景濂、杨廉夫读书处。

寒夜写怀寄稈陵

空庭落叶号西风，夜窗兀对寒灯红。床头金尽黑貂敝，男儿到处悲途穷。灵椿痛折泪盈掬，搥心泣血感风木。门户支持八口艰，冷抱青毡放声哭。家贫曲突时断烟，断虀画粥殊可怜。典衣供母且欢笑，明朝粮尽心凄然。当时枉守范乔砚，谁知名士同奴贱。不如去作田间农，残年饱啖团栾饭。肝肠蟠郁无人知，挑灯泼墨书新诗。诗成寄兴少游去，高歌击碎珊瑚枝。

十二月二十三日立春

虚堂寐寂净无尘，又见韶华一番新。竹叶暖斟开瓮酒，梅花香送来年春。琴书消遣襟怀健，骨肉团栾笑语真。遥忆短衣茸帽客，天涯何处驻征轮？谓蓉村，时偕陆眉生入都。

庚戌（1850年）

元日

声声爆竹送残年，催醒梅花小梦圆。元日题诗新试笔，一家团坐又开筵。自怜豪兴樽前减，却悔狂名众口传。歌咏太平聊觅句，满城箫鼓正喧阗。

人日

疏棂朝旭媚，人日喜逢晴。余雪淡无影，唐花红有情。举杯怜寂寞，闭户懒逢迎。自笑才逾退，新诗隔夜成。

夜坐约鸥水榭

偶来水阁又斜曛，剪烛垂帘坐夜分。池水绿深三日雨，茶烟浓聚一窗云。看花眼倦寻春懒，即景诗多录稿勤。几度养闲偏未得，到门宾刺太纷纷。

元夕

转眼忽元夕，开筵快举杯。酒怀犹磊落，诗句且敲推。灯放千家市，花垂一树梅。最怜明月好，圆入小窗来。

守晋斋题壁

挑尽残釭人未眠，萧斋寂寂拟枯禅。月光堕地淡于水，花气入帘凉似烟。对酒有怀皆万里，著书遑敢计千年？闭门且学安心法，朗诵南华第二篇。

闲居

一夜雨声碎，梅花香更疏。到门无俗客，堆案有奇书。笔秃犹挥洒，庭空且扫除。四邻风月好，准拟赋闲居。

溪南闲步（拟题）

二月十五日偕杏江燕祥紫峰燕贻两从兄、龚曼卿丽芬表弟溪南闲步，晚集酒楼小饮。

东风吹不暖，小雨散微尘。正值花生日，《提要》录唐以二月十五为花朝。同寻柳外春。壶觞添逸兴，裙屐聚诗人。好句忽飞到，抽毫莫厌频。

重逢

重逢人面易销魂，红杀桃花又满村。记得年时寒食节，替携麦饭扣柴门。

无题

东风吹冷月如烟，遥隔蓬山路万千。最忆珍珠呼小字，无端锦瑟感华年。镜边眉妩依稀记，别后心情只自怜。私爇水沉香一瓣，忏伊成佛我成仙。

上巳日水滨小饮（拟题）

上巳后一日，周朗亭招同于辛伯源、孙次公灿、李壬叔善兰、严起云承健，集杨小铁均之南湖水榭，适汪少伦元愿自柿林来，遂同入席，因作，补修禊图。

番风吹过握兰辰，相约看花鸳水滨。沽酒且邀文字饮，流觞好续永和春。翩翩裙屐成佳会，落落乾坤此数人。可惜未逢何水部，先从画里识丰神。是日，余先归，何鸿舫昌治后至。

江种蓝佑画石见赠诗以谢之即题卷尾

露骨突兀云根瘦，隙罅生寒秋雨逗。四面乱点太古苔，青紫斑剥天然绣。江郎妙技神乎神，泼墨特为石写真。画成脱手感相赠，襄阳袖中无此珍。我欲再乞生花笔，石边补写一枝铁。野梅倔强石老苍，同处空山炼冰雪。

题蓉村行记后

听风兼听水，一路记行程。草草平安字，依依聚散情。人才离浙水，诗已带燕声。何日重相见，茅堂酒共倾。

秋舫图

潇潇蓬背雨初歇，烟水苍茫暝色催。两岸芦花一声雁，载诗艇子载秋来。

夏晚即事

碧云含暝色，庭角淡斜晖。宿雨润苔径，嫩凉生葛衣。寻香双蝶舞，触暑一萤飞。诗境真清绝，倏然掩竹扉。

命酒候新月，移樽就豆棚。帘疏通爽气，竹密撼风声。幽梦随花醒，闲愁倚笛生。茶烟明缕缕，夜色十分清。

秋夜感怀

菊秀荷枯渐变秋，一帘疏雨湿新愁。虫声入夜寒偎砌，兰草随风香上楼。欲语性情凭尺素，未忘恩怨看吴钩。男儿意气消磨尽，冷醉闲吟事事幽。

八月十三日作

药炉茗碗送生涯，镇日关门僻俗哗。凉雨一帘人小病，寒香三径菊初花。萧疏画意倪元镇，磊落诗怀蔡少霞。但得闲居心地静，何须服食种胡麻。

九日偕种蓝游东塔寺

西风催我登高去，为约诗人到上方。一杵钟声醒旧梦，满林枫叶醉秋光。残碑剔藓犹堪读，破帽簪花未忍狂。安得年年来此地，青菱紫蟹作去声重阳。

秋日泛舟北溪

秋风动游兴，湖光荡晴绿。于焉驾扁舟，篷窗寄遥瞩。野蓼媚荒滩，中有鹭鹚浴。微闻午炊香，不见渔人屋。破网晒危桥，紫门隐深竹。何日着烟蓑，来此卜新筑？我本钓鱼师，鸥鸟定相熟。日斜归去来，沧浪歌一曲。

寄稡陵

盼断青溪尺鲤鱼，烟波渺渺最愁余。故人病骨今苏未？秋雨秋风好著书。
帘栊尽日雨丝丝，笑我疏狂似旧时。冷抱秋心无别事，菊花香里赋新诗。

十月十五日作

十月十五日朱介夫甥素坚过访，下榻草堂，喜而赋此。

绝少闲沤过，柴扉扃不开。夜寒疏雨歇，客为早梅来。论古多新意，留君只旧醅。宵深浑忘倦，戍鼓莫相催。

冬夜舟中作

野梅消息动南枝，落日荒村鼓棹迟。一夜橹声摇梦去，十年心事被鸥知。雪花未试寒犹浅，霜蟹初肥酒不辞。输与农家生计好，残冬饱饭卧茆茨。

辛亥(1851年)

春夜杂感

堂花和月媚帘栊，打叠愁怀酒易中。未必圣朝无弃物，可怜末路有英雄。凄凉忍弄梅边笛，辛苦愁闻雪里鸿。回首十年以前事，光阴逝水太匆匆。

愁绝双眉锁不开，年华滚滚逐人来。陶潜乞食终嫌辱，阮籍穷途信可哀。缸面酒难浇块垒，床头剑自吼风雷。闻鸡中夜披衣起，搔首青天问几回。

东风寂寂掩衡茅，生计由来类寄匏。十载冻蝇钻故纸，几番语燕卜新巢。有情浊酒花同醉，无用新诗手自钞。只剩墙阴老梅树，年年还结岁寒交。

晓发杨花泖

雨细风斜不可听，榜人向晓便扬舲。不知正觅还家梦，柔橹一声催我醒。

戏题(拟题)

朗亭与二梅神交数载矣，辛亥四月朗亭应试来禾，介予同访二梅，至期不往，二梅乃授双文事，作诗调之，朗亭亦引小乔故实相戏二君，既共得美名，予实生受艳福，诚恐姊妹花前相见恨晚，不免有梅子含酸之意，因亦和成一律以示宠，无专属云尔。

画就蛾眉一样妍，尹邢相遇蠡湖边。卿如怜我休相妒，人尽多才自有缘。金屋双栖同命鸟，玉台争赋定情篇。二君先后以诗见赠。可中亭畔留佳话，家船山太史有《可中亭纪事诗》。韵事重逢岂偶然[①]。

题小长芦钓鱼师图

长塘一水接沦漪，渔父头衔署亦宜。笠屐风流苏玉局，江湖伴侣陆天随。桂花秋雨研经席，芳草空亭斗鸭池。来作钓徒吾亦愿，烟波胜处理竿丝。

读朗亭《深柳读书堂诗稿》题赠

开编珠玉粲纷纷，拟把君苗笔砚焚。专写性灵论风调，瓣香低首郭灵芬。君私淑频伽。

年来我亦耽诗癖，且喜盟鸥带水通。好约寓村小词，客谓二梅。藕花风里递吟筒。

题黄鹤楼丈(金台)扁舟访友图

耳熟公名已十年，三生文字旧因缘。如何才识荆州面，先枉溪前访戴船。珂识丈于朗亭寓斋，翌日丈即过访并惠大集。

新诗已把碧纱笼，青眼论交到阿蒙。怪底洛阳增纸价，瓣香未许祝南丰。丈著有《木鸡书屋文集》，昔年曾于友人处借观，未及读竟，即被索去，兹既复作发棠之请。

薢茩方歌赠草诗，匆匆花又放将离，何时已一棹芦川上，来共先生唱竹枝。丈《居芦川集》中有芦川竹枝词。

黄昏

鸭炉香暖酒杯温，旧梦如烟尚有痕。无恙帘栊无恙月，伴来瘦影又黄昏。

消夏

画图终日展鸦义，清簟疏帘静不哗。一枕清香诗梦稳，隔窗初放白荷花。

---

① 锦批：一序一诗虽涉游戏笔墨，然名大家诗中终无此种，不如删去。——此处“锦批”，应为徐锦批语。徐锦(1834—1862)，字兰史，是嘉兴当时著名的才子，咸丰八年中了举人第一，人称“徐解元”。徐锦诗文绵丽温厚，有《灵素堂集》。与张鸣珂感情甚笃，张氏寓居石佛寺时，经常去拜访他。

晚凉

盆菊苗初长，池荷香未阑。晚来疏雨过，花梦草堂寒。

诗约(拟题)

六月十五夜，二梅踏月过访，订饮马河观莲之约，诗以坚之。

追凉扶柳立中庭，竹里紫扉夜卜扃。失喜故人随月到，好来小阁背诗听。屏灯坐久荧光闪，踞石谈深鹤梦醒。莫负荷花生日约，闹红一舸泊杉青。

题顾榕屏丈邦杰《双峰旧隐图》

双峰瘦耸树参天，筑室欣依兰若边。四面山光开画障，可惜草堂秋水隔，相思拟放钓鱼船。

即事

洗炎微雨晓潸潸，一枕清凉梦未还。约略读书时候准，邻童就塾欸柴关。

秋宵有忆

传来芳讯太无聊，瘦损轻盈碧玉腰。小病急须调药裹，多情容易种愁苗。梧桐庭院秋风早，杨柳楼台别梦遥。欲觅青鸾寄相忆，银河耿耿夜迢迢。

意园杂咏

小人有老母，奉母居堂中。称觥介眉寿，满室生春风。寿萱堂

凌波步珊珊，缟素天然质。明月入帘来，凉痕倚秋瑟。湘草馆

客从南国来，赠我相思树。日日坐秋风，怀人琢新句。秋风红豆楼

筑榭俯湖滨，轩窗谢尘涴。为有旧诗盟，闲鸥日相过。约鸥水榭

菜根滋味长，肉食人不解。买得半亩园，西风种黄矮。种菜畦

吟苦瘦于梅，植梅绕吟屋。不辨花与人，同就一龛宿。梅龛

晚抵茶院

四拓船窗荐酒卮，菰蒲深处逗凉飔。村荒比户关门早，水浅今番得雨迟。篷底有灯频射覆，秋边无梦且敲诗。卧听一杵钟声动，金粟山前夜半时。

通圆舟夜偕江梦华丈槭纳凉作

扁舟又向柳边停，说鬼谈禅梦易醒。一抹远山描浅黛，半湾流水抱孤汀。争潮吠蛤喧秋雨，点水飞萤乱夜星。天助江郎一支笔，归来写出好丹青。丈许作《海上纪行图》。

游张氏涉园，次壁间渔洋老人韵

乘兴寻秋至，名园傍海疆。断崖分鹤径，浅水界鱼梁。台榭谋新拓，时方修葺朴巢诸胜，琳琅富旧藏。园中联额俱前贤名迹。流泉清可掬，倚石听浪浪。

夹道松杉古，浓阴覆碧疏。孤花余妩媚，细竹极扶疏。石瘦惊飞鸟，潭深伏

锦鱼。一弓如可买，商略卜新居。

赠种蓝

万人如海太纷纷，屈指心交仅得君。放胆出门仍遇雨，纵情下笔自凌云。茶香麈影欣常接，米券煤逋苦未闻。商略秋深黄叶底，一樽相约对论文。

枕上口占

夕阳又见上帘钩，镇日恹恹住小楼。病久不知时序改，卧听蟋蟀代吟秋。

书二梅《西泠感旧》诗后

重过枇杷白板门，不堪往事说温存。哪知破帽残衫客，也有当年旧酒痕。

午梦初醒率笔成趣失口吟末借樊榭老人句

一缕炉烟散碧空，秋阴漠漠雨蒙蒙。胆瓶花落琴弦觉，人在重帘浅梦中。

十月十八日作

白日光阴草草过，小楼端坐病维摩。腰围不让梅花瘦，诗句争于落叶多。药鼎茶铛分位置，短笺圆砚耐消磨。头衔自署悲秋客，忍把青铜照泪波。

赠曼寿、筠石

十月二十八日，周朗亭陈曼寿鸿诰、筠石鸾封昆季同过小楼，即赠曼寿、筠石。

朔风猎猎鸣窗纸，独坐楼头病初起。俄闻有客打门来，拍肩一笑双眉开。旧雨今雨翩然至，难得因缘结文字。就中作合数周郎，谢家昆季皆诗狂。新诗示我从头读，剑气珠光纷夺目。阿连下笔尤精妙，与花写照花能笑。阿兄三绝画书诗，一门风雅真堪师。我也落落少所喜，三人从此称知己。明日周郎便欲归，离心已逐溪云飞。南湖烟柳无边绿，好趁斜阳访于鹄。诸君将访辛伯。

题曼寿《味梅花馆初集诗刻》

十载新诗手自编，陈琳才调最翩翩。蜜梅窗下供诗佛，低首南湖花隐前。君诗嗣响樊榭。

采芝小影

芒鞋布袜绝尘氛，镇日山腰劚白云。百本紫芝休采尽，个中猿鹤要平分。

梅窗觅句图为曼寿题

玉梅裹住小窗西，胜有闲情倚醉题。好在闭门无客到，枝头翠羽尽情啼。

推敲时复立回廊，香雪丛中选韵忙。背手不知明月上，满身花影十分凉。

东风消息动南枝，我亦年来绕梦思。凉月入帘香扑袂，商量花底坐填词。余有《花月填词图》。

腊月十五夜望月

冷月挂檐端，晶莹小玉盘。最怜春浩荡，是夕立春。难得影团栾。风峭梅魂冻，宵深鹤梦寒。一杯斟鲁酒，情话佐清欢。

岁暮怀人

生怜多病故人疏，转瞬流光逼岁除。手折梅花频望远，天涯迢递渺愁余。

白发谈诗兴更狂，岿然古殿鲁灵光。木鸡文集应刊竟，纸价今番贵洛阳。平湖黄金台鹤楼，时刊《木鸡书屋骈体文四集》。

未经谋面早心倾，老去诗人心态平。小隐双峰兰若畔，仅将五字号长城。平湖顾邦杰榕屏。

记得书来八月时，开笺谀我画书诗。狂名何幸传都下，赖汝逢人说项斯。同邑岳昭垲蓉村，时客燕台。

不为良相便良医，红鲤书来慰我思。卖药读书两无遇，归来依旧卧茆茨。桐乡家光裕雨杉，忆之武林秋试时，寓书于予，有此云云。

心香一瓣祝东坡，手写苏诗日揣摩。傲我生平有奇福，双亲未老弟兄和。桐乡马兰芬稗陵。

围炉雪夜斗尖义，咏絮才工向我夸。谓夫人韵芬女史。灯火三更寒不寐，累君辛苦为披纱。桐乡周官勋朗亭，时为余删定诗稿。

散尽千金别故乡，此行不为荔枝香。莲花幕底挥银管，可有诗怀到酒狂。秀水叶思澄宾秋，时客闽中。

到处常逢白眼看，尽将诗卷诉悲欢。萍飘梗泛浑无定，贫贱依人亦大难。平湖杨保棠二酉。

十二月二十一日雪后用樊榭《晚至溪上》巢韵

快雪喜时晴，虚堂成薄暝。檐溜响淙淙，洒然满清听。抱琴时一弹，松风递相应。缺月吐林梢，搴幄步萝径。

与岳蓉村书

鸣珂顿首，蓉村足下：凉秋八月，奉到手笺。时方卧屙，倚枕盥读。知鲰生狂名，竟传都下，文字姻缘，结之千里，良足感也。弟自七月下瀚，作澉上之行，孤篷六尺，偕游三人。冒暑拿舟，冲烟理榜。海日上树，披衣而观。江豚拜风，推篷而视。无边沧海，把酒纵观。意谓此时颇足增长气识，浚凿心智。无如怒涛到枕，惊此酒魂。炎风裂衣，凉砭诗骨。三日往还，二竖坌至。驱装入门，头昏目眩，胸臆填塞。水浆屏除，药饵乱投，垂死再四，巫医束手，阖门惶惧。幸讬光庇，不成永诀。然而偃蹇床褥，百卅余日。烛光沉沉，不辨昏晓。帐影漠漠，时闻呻吟。东阳带围，日减一握。潘岳鬓发，时无数茎。肝膈稍舒，疽发于颊，脓血淋漓，至今未敛。良朋问疾，竟登小楼。债主索逋，狂拍吟案。元成奇穷，长卿多病，莫是过矣。犹喜芳邻已结，移居有期。鸭滩之西，一椽是赁。春水生时，负书而徙。门临溪水，可涤尘氛。窗皆南开，便迎风月。林花悦魄，水鸟呼名。桂阴一亩，承以丰苔。鱼田半顷，围之蟹簖。饱眼之方，藉彼图史。赡身之具，取给园蔬。更当养鸭一栏，酿酒千瓮。奉亲之余，聊以醉客。借日养扃，藉以藏拙。若得一旦，展其生平，则寿母称觥，葬父卜陇，为弟授室，课侄作文。然后芒鞋五岳，西笑长安。嗟乎，此愿何日得偿！附呈近作《行药集》一卷，纰缪之处，敢希斧正，幸甚幸甚！题词一纸，乞赐光题，奉怀小诗，聊寄相思耳。东风解冻，南雪方消。驿使敲门，待传梅信。扶病拂笺，语无伦次。谨慎起居，幸蓄光彩。愿言之私，良不可任。鸣珂顿首。时咸丰纪元小除夕前一日。

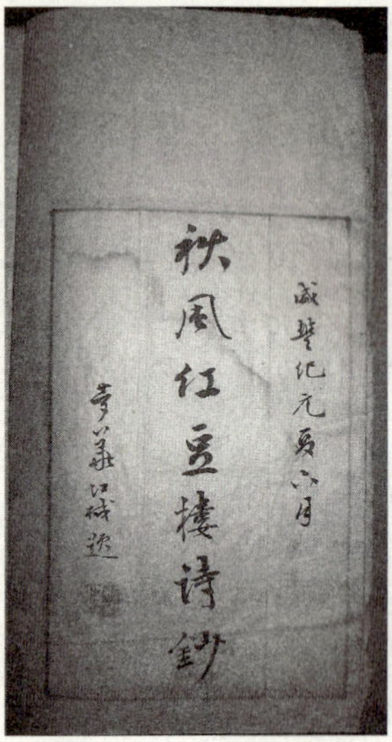

《秋风红豆楼诗钞》书影一

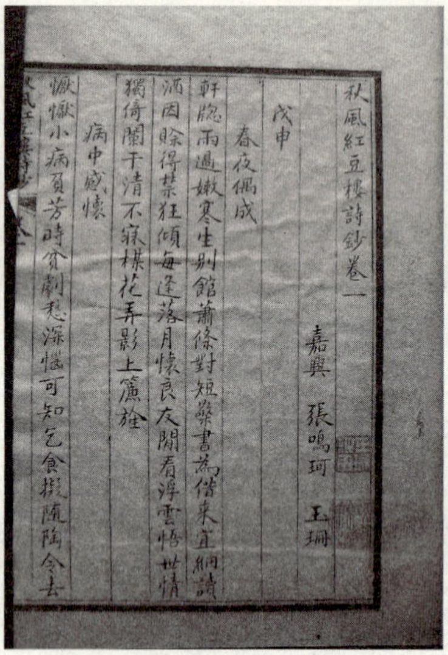

《秋风红豆楼诗钞》书影二

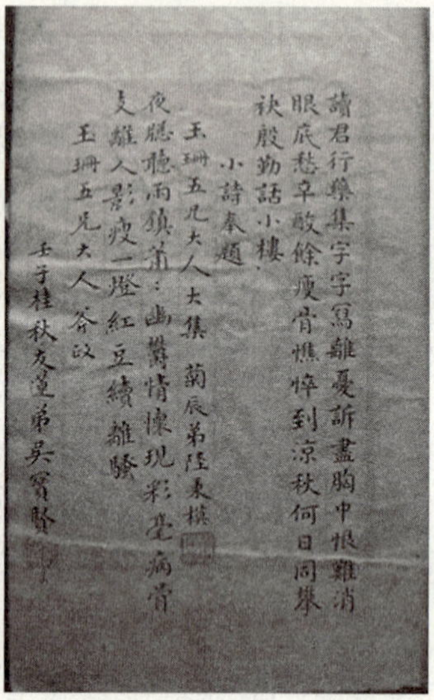

《秋风红豆楼诗钞》书影三

（作者单位：安徽师范大学图书馆古籍部）

《唐五代佛寺辑考》再辑补
——以石刻文献为中心

吴建伟

李芳民先生撰写的《唐五代佛寺辑考》一书（商务印书馆，2006年）是一部高质量的历史佛教地理学著作，对于唐五代文学、历史、佛教史研究有学术参考价值。李氏一书主要依据相关史书、方志、诗文、佛教典籍、唐人小说等文献。但因唐五代时期文献繁多，难免有所遗漏。对此，已有几位学者予以补充①。事实上，还有一类文献为前面几位学者所少利用，那就是石刻文献。今仅就笔者所管见的石刻文献，按《唐五代佛寺辑考》凡例，搜检补充若干所可基本确定时代和地点之佛寺，以为续貂，或能对唐五代佛寺研究略尽绵力。因石刻文献众多，且不断有出土，有待继续添砖加瓦。

一、关内道

（一）京兆府

安国寺

《敕内庄宅使牒》："万年县浐川乡陈村安国寺金经□□一所……"②时间是大中五年（851）。

宝觉寺

《兴圣寺尼内道场临坛李大德墓志铭并序》："旋出家于京兆渭南宝觉寺永住饰尼文溱之院……"③

澄心寺

《大唐澄心寺尼故优昙禅师之塔铭并序》："其塔……寔关内之膏腴，信秦中之爽塏。"④塔建于唐仪凤年间。

道德尼寺

《大唐京师道德寺故大禅师大法师之碑》："大业元年……乃下敕于京邑弘德里，

---

① 马新广：《唐五代佛寺考补》，《西北大学学报》2008年第1期；陈双印：《〈唐五代佛寺辑考〉再辑考——兼评〈唐五代佛寺辑考〉》，《世界宗教研究》2010年第3期；李军、赵青山：《〈唐五代佛寺辑考〉续补——以敦煌吐鲁番文献为中心》，《西北大学学报》2010年第4期；李谟润《〈全唐诗〉佛寺小考》，《河南师范大学学报》2010年第4期；李谟润《〈全唐诗补编〉佛寺小考》，《河南师范大学学报》2011年第6期。

② 吴钢：《全唐文补遗》第七辑，西安：三秦出版社，2000年，第2页。

③ 程义（等）：《新出土的唐尼姑李胜才墓志考证及相关问题探讨》，《西北大学学报》2007年第3期，第86页。

④ 周绍良、赵超：《唐代墓志汇编续集》，上海：上海古籍出版社，2000年，第235页。

为立道德道场。……大唐显庆三年道德寺主十善律师即前法师之外甥也……初以太宗升遐，天经京立。乃于弘德坊寺置崇圣宫。尼众北移在休祥里，即今之道德寺是也。”①

海法寺

《僧惠简洛阳龙门造像记》：“大唐咸亨四年十一月七日，西京海法寺僧惠简……”②西京系指长安，可见唐前期有海法寺。

化城寺

《大唐荷恩寺故大德法律禅师塔铭并序》：“上元年中，奉敕于三原县化城寺修功德……”③三原县隶属京兆府。

灵岩寺

《大唐故韦府君（庆复）墓志铭》：“其年（案：指元和四年），江夏公（案：指李鄘）罢镇归，公（案：指韦庆复）亦归。道得疾，至渭南灵岩寺而病。”④

庆山寺

《大唐开元庆山之寺上方舍利塔记》：“此寺伽蓝，因神山踊建，铲鸿门之左阜，南揭骊岭；划象河之大川，北横丰树。”⑤塔建于唐开元二十九年。庆山，“则天时，新丰县东南露台乡，因大风雨雹震，有山踊出，高二百尺，有池周三顷，池中有龙凤之形、禾麦之异。则天以为休征，名为庆山”⑥。《空寂寺大福和上碑》说大福和尚“又授荐福、庆山、龙兴三寺上座”⑦。可见庆山上有寺，且因山而名，寺在新丰（今西安市临潼区）。

涂山寺

在长安县。《法琬法师碑》：“以景龙三年岁次己酉正月己未朔十五日癸酉，敕起塔于雍州长安县之神禾原，礼也。”⑧《思恒律师墓志》：“其年十二月十五日葬神禾原涂山寺东。”⑨可见，涂山寺就处于长安县神禾原一带。

云居寺

《尚真砖坟铭》之《大周故居士庐州巢县令息尚君之铭》：“惟君讳真……去调露元年八月十九日逝于鄠县修德之里，即以其月廿五日迁柩于终南山云居寺尸陀林，舍身血肉。”⑩据此可知，长安有云居寺。

---

①② 《全唐文补遗》第七辑，第227—230、476页。

③ 吴钢：《全唐文补遗》第四辑，西安：三秦出版社版，1997年，第7页。

④ 马骥：《新发现的唐韦应物夫妇及子韦庆复夫妇墓志考》，《纪念西安碑林九百二是周年华诞国际学术研讨会论文集》，北京：文物出版社，2008年，第309、313页。

⑤ 吴钢：《全唐文补遗》第一辑，西安：三秦出版社，1994年，第5页。

⑥ （后晋）刘昫：《旧唐书》卷三七《五行志》，北京：中华书局，1975年，第1350页。

⑦ （清）陆增祥：《八琼室金石补正》卷六八，《历代石刻史料汇编》第二编第一册，北京：北京图书馆出版社，2000年，第461页。

⑧ 《八琼室金石补正》卷六八，第337页。

⑨ （清）王昶：《金石萃编》卷七七，北京：文物出版社，1986年，第325页。

⑩ 《八琼室金石补正》卷四九，第334页。

（二）坊州

开元寺

在中部县（今黄陵县）。《唐故郑瀚亡女十三女墓志铭》说贞元七年（791）五月十二日“故寿州别驾瀚第十三女终于坊州中部县官舍，年二十三，以六月七日景申权殡于中部县永安□□里开元寺东原。”①

（三）泾州

大云寺

泾州有《泾州大云寺舍利石函铭并序》②，据此碑题名可知该州有大云寺。

二、河南道

（一）河南府

超化寺

《超化寺石香炉赞》：“洛京河南府密县众僧等，共造石香炉于超化寺舍利塔前供养……大晋天福六年岁次辛丑四月庚寅朔八日丁酉建造。”③

护法寺、元宪寺

《唐故亳州真源县令李君夫人（云氏）墓志铭并序》：“乃建塔于龙门之原，东北去广化寺五十步；西北去护法寺二百步；南去元宪寺二百步；西去宝应寺百步。”④云氏葬于大历十二年（777）。

宁刹寺

《唐宁刹寺故大德惠空和尚墓志铭并序》：“今王城宁刹寺律有比丘尼惠空……大历二年五月十六日委化，十月廿日葬龙门。”⑤据此可知王城（洛阳）有宁刹寺。

修行寺

《修行寺尼真空造浮图铭》，碑题“修行寺尼真空敬为亡考妣造石浮图铭并序”。碑铭在洛阳龙门。碑文云：“今修行寺尼真空……龙门南指，鹤林之状不遥；龟浦北流，猴池之际何远……大唐神龙元年岁次乙巳三月庚辰朔三曰壬午建。”⑥据此似可推知修行寺在洛阳地区。《唐五代佛寺辑考》据《唐文续拾》卷十三所收此《浮图铭》，认为与开封修行寺“或为同一寺”⑦。恐有可商之处。

---

① 《唐代墓志汇编续集》，第 748 页。
② 《全唐文补遗》第一辑，第 6 页。
③ 《八琼室金石补正》卷八十，第 557 页。
④ 吴钢：《全唐文补遗：千唐志斋新藏专辑》，西安：三秦出版社，2006 年，第 260 页。
⑤ 《唐代墓志汇编续集》，第 693 页。
⑥ 《八琼室金石补正》卷四九，第 336 页。
⑦ 《唐五代佛寺辑考》，第 75 页。

希玄寺

在巩县。《后魏孝文帝故希玄寺碑》:“昔魏孝文帝发迹金山……电转伊源,云飞巩洛,爰止斯地,创建伽蓝。年代已深,骤秒星钥。属随季板荡,法侣流离,廊宇荒庑,栋梁斯坏,禅庭阒寂,无闻梵响之声;簨□推残,岂睹和庸之奏。俄而紫微统历,渌瑞□图,杖钺参墟,龙飞晋水,于是三川五岳澄氛九功之咏,盈朝六府之歌满路,加以重兴神教,方验于美邦;广树法门,义贞于汉祀。时近寺耆德总一六人等……饰构灵刹……故陀像一□,粤以大唐龙朔□年□月八日镌毕金泥……”[①]据此可知,希玄寺初创于北魏孝文帝时,地处巩洛。隋季由于战乱,寺院荒芜,至唐龙朔年间,重加修建。

伊阙寺

《龙门山造像三十九段》之《韩文雅题记》:“大唐贞观廿年岁次□午五月壬辰朔四日佛弟子韩文雅……夫妻二人抽舍净财,于伊阙寺敬造石一龛并二菩萨……”[②]伊阙,即洛阳龙门,此伊阙寺当在洛阳龙门一带。

众香寺

《唐故任处士墓志铭》:“……河南人也……州辟从事不就……乃于众香寺大佛殿敬造释迦像……以贞观廿二年十二月十日卒于洛阳之第……”[③]从籍贯、卒地来看,志主作为不仕的处士应该一直生活在洛阳地区。据此推知众香寺应在洛阳地区。

(二)汝州

法行寺

《法行寺僧昙遇造像记》:“汝州法行寺僧遇……大唐乾封元年岁在摄提月建沽洗。”[④]

(三)陕州

报国寺

安邑县有《泛舟禅师塔铭》,碑题为“安邑县报国寺故开法大德泛舟禅师塔铭并序”[⑤],塔建于唐长庆二年(822)。安邑县属陕州。

法昌寺

芮城县有《圆济和尚塔铭》,碑题为“故和上法昌寺寺主身塔铭并序”,其中云和尚“以天宝二载癸未岁冬十二月遘疾……至廿八日泊如长逝”[⑥]。贞观元年,“以芮城、河北属陕州”[⑦]。

---

① 刘莲青(等):《民国巩县志》卷一九,《历代石刻史料汇编》第二编第四册,第964页。

② 《八琼室金石补正》卷三十,第199页。

③ 周绍良:《唐代墓志汇编》,上海:上海古籍出版社,1992年,第109页。

④ 《八琼室金石补正》卷三七,第251页。

⑤ (清)胡聘之:《山右石刻丛编》卷八,《历代石刻史料汇编》第二编第一册,第715页。

⑥ 《山右石刻丛编》卷七,第696页。

⑦ 《旧唐书》卷三八《地理志一》,第1428页。

广仁寺

芮城县有《龙泉记》，碑题为“广仁寺龙泉记”①，碑建于唐元和三年(808)。

(四) 许州

龙兴寺

《李公绰墓志》:“广明中……避地于许州龙兴寺西禅院之别宇。”②可见晚唐时许州有龙兴寺。

仪凤寺

《龙门山造像一百十一段》之《仪凤寺尼真智题字》:“许州仪凤寺比丘尼真智敬造观世音菩萨一区。永隆二年五月八日成。”③可见唐初许州有仪凤尼寺。

(五) 汴州

封禅寺

在陈留。《唐圣善寺故证禅师玄堂铭并序》:“和上……乃诣陈留封禅寺……”④

龙兴寺

《唐故朱府君墓志铭》:“以开元十三年八月三日薨于汴州龙兴寺之净宇……”⑤

(六) 滑州

开元寺

在滑县。《贞观二年开元寺白石佛造像》:“滑州清平乡安阳里漕河开元寺住持昌宁建造白石佛像一尊。大唐贞观二年正月二十吉日。”⑥

云峰寺

在白马县。《贞观十二年白马县云峰寺刻石》:“卫辉府滑州白马县梁村都寺台里云峰寺，唐贞观八年三月十五日建立佛图宝塔一座。”⑦

(七) 颍州

开元寺

《大唐颍州开元寺新钟铭》:“汝阴郡开元寺昔以兵革肆凌。本朝中否，梵宇器具恒有阙焉。”此钟铸于后唐长兴三年(931)。可见汝阴开元寺至迟在唐代已有。此后历经战乱，衰而不败。在五代后唐时重兴⑧。

---

① 《山右石刻丛编》卷八，第 711 页。

② 张乃翥:《读洛阳新出土的几方唐代宗教石刻》，《敦煌研究》2008 年 5 期，第 79 页。

③ 《八琼室金石补正》卷三十一，第 208 页。

④ 《唐代墓志汇编续集》，第 762 页。

⑤ 《唐代墓志汇编》，第 1308 页。

⑥ 马子宽等:《民国滑县金石录》卷二，《历代石刻史料汇编》第二编第四册，第 903 页。

⑦ 《民国滑县金石录》卷二，第 903 页。

⑧ (清)葛荫南等:《光绪寿州志》卷三一，《石刻史料新编》第三辑第十二册，台北:新文丰出版公司，1977 年，第 142 页。

（八）兖州

栖霞寺

在方与县(今鱼台)。《八琼室金石补正》卷三十八《大唐方与县故栖霞寺讲堂佛钟经碑》①,碑建于唐仪凤四年。

（九）徐州

成果寺

在今宿州。《成果寺常住田碑记》:“大唐成果寺埇口东北常住(下缺)……”②碑建于唐天宝十一年,在安徽宿县(今宿州)。宿县在天宝时并不存在,而是“徐州之符离县也”。到“元和四年正月敕,以徐州之符离置宿州。仍割徐州之蕲、泗州之虹”③。因此,天宝时期的成果寺属于徐州。

芝山寺

《芝山寺舍利塔记》:“大周长安三年……芝山寺者,盖置芝山之下,因以为名。”据解题知此塔记出于山东滕州④。可见芝山寺亦在此地。《唐五代佛寺辑考》收入滕州灵芝寺⑤。未知二寺有何关联。

（十）沂州

其山寺

沂州有《其山寺惠公塔记石》,碑题为“沂州其山寺故寺主惠公塔记之”,云:“大唐同光二年六月十三日卜居其山寺……”⑥塔建于后晋天福三年(939)。可见,其山寺在后唐时已存。其寺初创当在唐代。

（十一）齐州

神宝寺

在山东长清。有《齐州神宝寺碣》,碑题为“大唐齐州神宝寺之碣”。碣文作于开元二十四年。其中有云:“粤有沙门讳明,不知何许人也……以正光元年……遂表请国主,驱宋人神,立此伽蓝,以静□为号。自梁齐已来,不易题榜。属隋季经纶,生人版荡,革鼎推变,真俗盈虚,今之所存,殆将半矣。至我大唐御宇……于时有乡人王□应,答州县申间,以此寺北有宝山,东有神谷,因改为神宝寺尔。”⑦据此可知,此寺初名“静□”,创立于北魏正光元年。其后寺名不变。至隋唐之际,由于战乱,破坏殆半。

---

① 《八琼室金石补正》卷三八,第258页。

② 徐乃昌:《安徽通志稿·金石古物考二》,《历代石刻史料汇编》第二编第二册,第188页。

③ 《旧唐书》卷三八《地理志一》,第1448—1449页。

④ 北京图书馆金石组:《北京图书馆藏中国历代拓本汇编》第十九册,郑州:中州古籍出版社,1986年,第53页。

⑤ 《唐五代佛寺辑考》,第82页。

⑥ (清)李敬等:《光绪费县志》卷十四上,《石刻史料新编》第三辑第二十六册,第182页。

⑦ 《八琼室金石补正》卷五五,第382页。

唐朝建立后，因北有宝山，东有神谷，故改名为神宝寺。

（十二）青州

东明寺、北高漯村寺、西明寺

均在北海县(今属潍坊市)。《高阳乡麻浩等造像碑》："维大唐天福二年岁次□酉七月辛亥朔二日壬子，青州北海县高阳乡明村人都维那麻浩纠化施主等，再建东明寺，兼立碑铭一座……北高漯村寺都维那赵师珣……应顺元年□□安村西明寺令□东明题□于后。"[①]据此可知，五代后晋天福年间青州北海县高阳乡明村再建了东明寺。北海县有北高漯村寺。五代后唐应顺元年(934)北海县□□安村有西明寺。

开元寺

《唐故中大夫守尚书吏部侍郎充弘文馆学士判馆事柱国赐紫金鱼袋张公(文宝)权厝记并序》："长兴四年九月十四日启手足于青州开元佛舍……"[②]

弥陀寺、圆□寺、福庆寺、普照寺

均在青州益都。光绪《益都县图志》卷二十七《重修石塔寺》，在此塔右第一面列有人名，其中在青州府下，列有弥陀寺住持里和、圆□寺住持理净、福庆寺住持理□、龙兴寺□僧善理、普照寺住持善玘等人。年代为唐开元六年(718)[③]。

宁义寺

在青州益县。《唐比丘尼经藏碑》："青州寿光县宁义寺经藏者，有唐至孝此寺比丘奉孝所立也。"[④]碑文中云"岁在泉献"，为唐垂拱三年(687)。

驼山寺

在青州益县(今寿光)。《驼山造像一百五段》之《尹思真题记》云："长安二年，岁□七月庚辰朔五日甲子，青州益县佛弟子尹思真为亡过妻张氏及女侍□，见施净财于驼山寺，敬造石□像铺……"[⑤]

（十三）淄州

龙兴寺

淄州有《龙兴寺经幢》，碑题为"龙兴寺百法院礼佛会石幢记"，文云："爰有百法大德者始从无棣携杖锡以南来，既至盘阳□龙兴寺驻足。"[⑥]盘阳，即今山东临淄市南。

---

① 《八琼室金石补正》卷八十，第553—554页。

② 赵君平、赵文成：《邙洛墓志三百种》，北京：中华书局，2003年，第337页；赵君平：《新出唐墓志百种》，杭州：西泠印社出版社，2010年，第296页；张乃翥：《读洛阳新出土的几方唐代宗教石刻》，第79页。

③ (清)法伟堂等：《光绪益都县图志》卷二七，《历代石刻史料汇编》第二编第四册，第787页。

④ 郑允中等：《民国寿光县志》卷十三，《历代石刻史料汇编》第二编第四册，第916页。

⑤ 《八琼室金石补正》卷二十九，第190页。

⑥ (清)毕沅、阮元：《山左金石志》卷十四，《历代石刻史料汇编》第二编第一册，第816—817页。

（十四）棣州

开元寺

棣州有《颜上人经幢》，碑题为“大周棣州开元寺故宗主临坛律大德琅琊颜上人幢子记”，其中云：“上人讳弘德，棣州厌次县人也……为乃出家投开元寺故律宗知仁大德而请益焉。”①幢建于五代后周显德五年（958）二月。

三、河东道

（一）晋州

惠本寺

《惠本寺僧义恭等题名》：“晋州惠本寺僧法师义恭……”等数十人题名②。

（二）汾州

报腹寺

汾州有《抱腹寺碑》，碑题为“有唐汾州抱腹寺碑”，碑建于开元二十年。碑文有云：“川奠彼汾，地雄全晋，轼十大□□里，焚介推之林麓……其惟我抱腹□□。是寺者，后魏太和中高僧迪□之经始也。迪公昔因乞食，尝至介山，喟然□叹曰：‘□地贤□□居宜修塔庙。’遂杖锡而往咨冥搜……所部寻□实状闻，魏明览而休□，特诏置寺，则抱腹之号，由兹而作。运更□隋，额有兴替……皇初……改抱腹寺为大□□□□也。”最迟至开元二十年（732）又改为抱腹寺旧名③。据此可知，汾州报腹寺初建于北魏孝文帝太和年间，隋朝时寺名有所兴替，唐初改名为大□□。

大云寺

《大唐相州安阳县大云寺故大德灵慧法师影塔之铭》：“以开元四年六月廿六日于汾州平遥县福聚寺……”④

（三）潞州

梵境寺

在长治县。《梵境寺舍利铭》：“通议大夫、使持节、潞州诸军事守潞州刺史上骑都尉贺拔正，面承恩授顶戴而还，凡四十九粒……曰以大唐仪凤三年岁在戊寅四月丁亥朔八日甲午安厝于梵境寺旧塔之下……”碑在长治县⑤。《山西通志》卷一百六十九

---

① 毛承霖：《民国续修历城县志》卷三二，《历代石刻史料汇编》第二编第四册，第983页。
② 《八琼室金石补正》卷四二，第285页。
③ 《山右石刻丛编》卷六，第688—689页。
④ （清）武亿：《安阳县金石录》卷三，《历代石刻史料汇编》第二编第二册，第181页。
⑤ 《山右石刻丛编》卷四，第669页。

《寺观二》在潞安府长治县下云:“梵境寺在城东北。隋时建。”①

胜缘寺

《申屠晖光墓志》作于唐元和十一年(816),记载墓主次子法宣“学古讷言,范师成行,潞城县胜缘寺僧”②。

萧寺

《孙思畅墓志》:“厥有青州乐安郡孙府君者……时以天福五年岁当庚子十一月十一日合祔于本庄西北七里屯留县□泉村左侧平原也。斯地东邻萧寺,著光远之佳名;西厕顶山,有马神之庙。”③

(四)泽州

宝林寺

在山西凤台县(今晋城市)。《广福寺经幢》:“弟子李宗大为累遭离乱,骨肉团圆,发愿造宝林寺一所。”幢建于唐天复三年(903)。《山右石刻丛编》作者对此说:“此李宗大造金刚经幢,天复三年建,在凤台广福寺。据此幢,则寺旧名宝林,广福乃金所敕赐也。”④

龙兴寺

《唐故左随身军兵马使兼节度押衙权充行营步军都兵马使朝请大夫检校秘书监殿中侍御史河东卫府君(国华)墓志铭并序》:“大和四年奄茂岁林锺月十六日于泽州龙兴寺之精舍……”⑤

(五)太原府

大云寺

《唐太原王君故夫人荥阳郑氏墓志铭并序》:“(郑氏)以开元廿八年十一月二十六日终于太原府太原县廨,权殡于太原县东北二里大云寺……”⑥

开化寺

《蒙山开化寺碑》:“太原故郡,大夏名封……据传记,开化寺北齐文宣帝天保末年凿石通蹊,依山刻像……仁寿元年,隋朝造大阁而庇尊像焉,仍改为净明寺。洎唐高祖……登极之后,复改为开化寺。”⑦其后唐朝皇帝及后晋高祖、出帝不断重修增造。据此可知,开化寺初建于北齐天保末年,隋仁寿元年(601)改名为净明寺,唐高祖复改回开化寺。

---

① (清)石麟等:《山西通志》卷一百六十九,台北:台湾商务印书馆影印《文渊阁四库全书》本,1986年。

② 《山右石刻丛编》卷八,第712页。

③ 罗振玉:《山右冢墓遗文》卷下,《历代石刻史料汇编》第二编第二册,第789—790页。

④ 《山右石刻丛编》卷九,第731页。

⑤ 赵力光:《西安碑林博物馆新藏墓志汇编》,北京:线装书局,2007年,图版第684页,录文第685页。

⑥ 赵君平、赵文成:《河洛墓刻拾零》,北京:北京图书馆出版社,2007年,第320页。

⑦ 《山右石刻丛编》卷十,第746页。

神福山寺

寿阳县有《神福山寺灵迹记》，碑题为“神福山寺灵迹记并序”，建于后唐天祐四年(907)[①]。

天龙寺

《□部将军功德记》：“咨故天龙寺者，兆基有齐，替虏隋季……”碑石建于唐景龙元年(707)，在太原县天龙寺后[②]。可知天龙寺初创于北齐，在隋末有所衰败，至唐又兴。寺名一直沿而未革。

四、河北道

（一）怀州

龙兴寺

《窄涧谷石刻三段》之《僧肃然造像记》：“庚申之岁唐建中元年二月十日河内龙兴寺僧肃然……”[③]

（二）卫州

灵山寺

《中州冢墓遗文》收有《大德禅师塔铭》，额题“大唐灵山寺故大德禅师塔铭并序”，建于唐贞元七年(791)，出淇县[④]。据此可推知灵山寺亦在淇县。唐代无淇县，而置卫县，属卫州。

（三）相州

大慈寺

《唐故方律师像塔之铭》：“后代因官邺京，遂宅于斯，又为邺下人焉……年十三，就当县大慈寺投大德度律师□和上……”[⑤]塔铭建于开元十五年(727)。

大云寺

《安阳县金石录》卷三收有碑题为《大唐相州安阳县大云寺故大德灵慧法师影塔之铭》[⑥]，可见安阳县有大云寺。

清净寺

《唐故僧元藏灰身塔铭》：“魏郡临河县清净寺僧元藏……天宝六载三月十五日入塔。”[⑦]魏郡在唐代为相州。

① 《山右石刻丛编》卷十，第731页。
② 《金石萃编》卷六八，第180页。
③ 《八琼室金石补正》卷六三，第435页。
④ 罗振玉：《中州冢墓遗文》，《历代石刻史料汇编》第二编第二册，第17页。
⑤⑥ 《安阳县金石录》卷三，第182、181页。
⑦ 《唐代墓志汇编》，第1606页。

（四）赵州

光业寺

《唐五代佛寺辑考》云："在赵州境，唐时具体属县待考，开元中建。有象城尉杨晋碑记。见《乾隆一统志》卷三十二、《嘉庆一统志》卷五十一。"[①]今据《大唐帝陵光业寺大佛堂之碑》，碑题"大唐开元十三年岁次乙丑六月癸丑朔二日甲寅赵州象城县光业寺碑并颂"。碑颂云："光业寺者，盖开元八代祖宣皇帝、七代祖光皇帝陵园之福田也。总章之年，奉敕置是额曰光业焉。"[②]由此可知，光业寺在赵州象城县。始建年代似可推至唐高宗总章年间，开元年间加以重修。

净福寺

《殷审续造石浮图记》："浮图主比丘尼贞固、净福寺尼正观……天十一载三月廿八日建。"[③]可知唐天宝时常山（今元氏县）有净福尼寺。

开业寺

赵州有《开业寺石佛堂》，碑题为"大唐开业寺石佛堂"。碑文云："至后魏延昌，武侯□族僧□辨与□□□□□□□育王之圣□□空帝之英声，抚事兴言，起葺寺观，初名偃角，后易名隐角。及至隋末唐初，育王遗迹姚帝涉□之所。□□□□□□□□□□□物土恒华，□其□□，可以永建。"[④]文撰于开元十二年。碑在元氏县。据此似可知，寺亦在此地，初创于北魏延昌年间，初名偃角，后改为隐角，可能在隋末唐初时又易为开业寺，因此寺名与唐初开基立业之功相适应。至开元十二年（724）尚存。

（五）镇州

大云寺

河北获鹿（今鹿泉）有经幢八种，其中一幢有"恒州大云寺行道僧慧镜为师僧父母供养"[⑤]字样。恒州在元和十五年（820）改为镇州。此大云寺在武后时。

令德寺

《赵仁珪造释迦象记》提到令德寺尼凡六人。《常山贞石志》作者说："念德寺正定府志、晋州志皆不载。记云：'敬造释迦象一铺在本村东一里（缺四字）壁之区宇也。而前□念德。'据此知象不在念德寺，而寺亦与所居相近。案州志赵庄村有石佛寺，赵庄疑即仁珪所居之村，寺即因其所造之象而得名。"并考证像建造于咸亨以后[⑥]。今暂系于镇州之下。

---

① 《唐五代佛寺辑考》，第 115 页。

② 《全唐文补遗》第一辑，第 14 页。

③ （清）沈涛：《常山贞石志》卷九，《历代石刻史料汇编》第二编第四册，第 850 页。

④⑤ 《八琼室金石补正》卷五二，第 358、312 页。

⑥ 《常山贞石志》卷四，第 840 页。

（六）定州

慧炬寺

《唐北岳慧炬寺建寺故禅师神道影堂纪德碑并序》："州伯张南容待以安仲之礼……永泰初，卜选荒闲，有终焉之计。遂次者翁山之朝阳，实恒岫之南趾……创五间佛殿，列三世尊容……大历初，为申寺额，敕曰慧炬。"[①]恒岫即恒山，属定州。据此可知，慧炬寺在定州，初创于永泰初年，得寺名于大历初。

（七）幽州

圣果寺、感圣寺

《高阳乡麻浩等造像碑》："维大唐天福二年岁次□酉七月辛亥朔二日壬子……幽州圣果寺尼□□、感圣寺尼□□……"[②]此碑所刻年月日有误。然为后晋天福年间则无误。

五、山南西道

（一）利州

柏堂寺

《大唐利州刺史毕公柏堂寺菩提瑞象颂并序》："利州柏堂寺，往居列城，州牧攸宅，天后圣帝（中缺）□兹宇，晋寿遗黎，葭萌古壤，锦嶂缘其后，凌江达其冲，轩槛丰丽，场域闲敞，危途缅衍，驰骛（中缺）□，因寺以兴号，假树以立名。"[③]碑文作于敬宗宝历年间。由此可知，利州柏堂寺原为利州州牧长官之宅院，大约在武则天称帝后，改建为佛寺，以柏命寺。

（二）集州

开元寺

《唐集州开元寺塔记》："咸通四年五月十五日……集州开元寺出家僧道……"[④]

六、山南东道

（一）唐州

觉意寺

《觉意寺尼好因题字》："唐州觉意寺尼好因发心造。永淳二年九月八日。"[⑤]

---

① 《全唐文补遗》第六辑，第14—15页。

②③ 《八琼室金石补正》卷八十，第553、492页。

④ （清）刘喜海：《金石苑》，《历代石刻史料汇编》第二编第二册，第528页。

⑤ 《八琼室金石补正》卷三一，第208页。

（二）万州

报善寺

南浦郡有《南浦郡报善寺主德曜公道行碑》，碑建于元和十一年[①]。又有《万州报善寺主觉公纪德碑并序》[②]。

七、淮南道

扬州

大明寺

《唐故朝散大夫守郑州长史范阳卢府君（士巩）夫人荥阳郑氏合祔墓志铭并叙》："郑夫人先公卅一终于扬州旅舍，权厝于州城西大明寺南。"[③]卢士巩卒于长庆元年（821），则其夫人郑氏卒于贞明六年（790）。

长生禅寺

《大唐长生禅寺僧本智塔铭》："以乾元二年乙亥四月十六日，归寂于扬州江阴县道化坊之长生禅寺。"[④]

山光寺

《淮南节度讨击副使田侁墓志》："贞元三季七月七日告终于江都县赞贤坊之私弟……即以其年八月四日归葬于江都县山光寺南原之茔，礼也。"[⑤]《唐故杭州余杭县范阳卢府君（厚）墓志文并序》：大和九年十一月五日"权殡于扬州江阳（都？）县山光寺之南原"[⑥]。

八、江南道

（一）润州

高陵寺

《僧法深檀越殷掌能造陀罗尼经幢》："曲阿县高陵寺僧法深、檀越殷掌能、周□造。唐开元二十四年三月三日。"[⑦]曲阿县即今丹阳县。

---

① 吴钢：《全唐文补遗》第六辑，西安：三秦出版社版，1999 年，第 16－17 页。

② 《全唐文补遗》第六辑，第 17－18 页。

③ 乔栋、李献奇、史家珍：《洛阳新获墓志续编》，北京：科学出版社，2008 年，图版第 218 页，录文第468 页。

④ 《唐代墓志汇编》，第 1741 页。

⑤ 《八琼室金石补正》卷六六，第 455 页。

⑥ 《全唐文补遗：千唐志斋新藏专辑》，第 381 页。

⑦ 缪荃孙（等）：《民国江苏省通志稿・艺文志三・金石四》，《历代石刻史料汇编》第一编第二册，第 148 页。

□泽寺、弥勒寺、众造寺、新兴寺、普曜寺、普光寺、□胜寺、长□寺、通安寺、□明寺、化城寺、思远寺、□香寺、精舍寺、修□寺、般若寺、南大□寺、延兴寺、解脱寺、胜因寺

《润州上元县福兴寺碑并序》制于大历五年(770)。碑阴列有润州参与修建福兴寺的僧俗人名单。其中有:□泽寺僧昇思等,栖□寺僧照空,弥勒寺僧法华等,众造寺僧□□等,爱敬寺僧法珎等,建初寺僧惠贞、僧谅进,瓦官寺僧了达,新兴寺僧法光,普曜寺僧法□等,普光寺法琳等,□胜寺法岩等,长□寺僧元通等,通安寺僧惠等,□明寺僧行俨等,化城寺僧昙寂等,思远寺尼□□,□香寺尼真谛等,精舍寺尼净□等,修□寺尼□□等,般若寺尼胜玉等,南大□寺尼净□等、延兴寺尼定惠,解脱寺尼妙藏等,胜因寺尼妙界等[①]。其中,爱敬寺,已为李谟润《〈全唐诗〉佛寺小考》考得[②];建初寺、栖□(疑为"霞")寺、瓦棺(官)寺,《唐五代佛寺辑考》已考得[③],此书还辑录了因胜寺[④],不知是否即是此碑中的□胜寺抑或胜因寺。

(二)常州

零陵寺

《沙门澄观造井题字》:"维唐元和六年岁次辛卯五月甲午朔十五日戊申,沙门澄观为零陵寺造常位石井栏并石盆,永充供养。"此题字现在溧阳报恩寺,报恩寺即古零陵寺[⑤]。

南闲寺

《南闲寺记》:"盛唐中兴元祀,佛法是盛。初名郡乐,邑有象园者,古称胜地,额曰南闲,四列僧房,周严像貌……"其后历经会昌灭佛、五代杨行密陷常州等事件,佛寺几经兴衰[⑥]。

(三)苏州

福田寺

《吴越故东海徐太夫人墓志》:"于显德三年岁在丙辰九月庚寅朔五日甲□寝疾殒于吴县令德乡之私第也……有女三人……次廿娘,舍弃俗华,以投金地于福田寺。"[⑦]夫人住于吴县(今苏州吴中区)令德乡,其小女落发出家当亦在此地不远。似可据此推断,后周显德年间福田寺当在吴县。

仁王寺

《安君嫔吴氏墓铭并序》:"以大和九年□月五日终于乌程县临苕乡之私第……即

① 《八琼室金石补正》卷六二,第430页。
② 李谟润:《〈全唐诗〉佛寺小考》,《河南师范大学学报》2010年4期,第177页。
③④ 《唐五代佛寺辑考》,第159、160、161—162、162页。
⑤ 《民国江苏省通志稿·艺文志三·金石五》,《历代石刻史料汇编》第一编第二册,第151页。
⑥ (清)李兆洛等:《武进阳湖县合志》卷三四,《石刻史料新编》第三辑,第89—90页。
⑦ (清)黄本骥:《古志石华》卷二六,收《历代石刻史料汇编》第二编第二册,第73页。

以其年五月廿八日葬于肤水乡仁王寺之西。"①乌程县今为苏州吴兴。

（四）越州

大云寺

《五大夫新桥记》："于是会稽东不远七十里有大泽曰虞江。江之东南廿里有草市，粤五大夫，在凤山南面……市之南岗则德兴村，大云寺置于庄兹。"②

上福寺、宝泉寺

浙江上虞有《叶再荣尊胜幢题名》，载有"上福寺主僧元素"及"宝泉寺主僧清印"③。年代在开成五年(840)三月。

（五）台州

灵穆寺

《台州金石录》卷五《灵穆寺塔砖记》记载塔砖上有"上元丁卯季灵穆寺塔记"和"上元丁卯季灵穆寺"字样④。《赤城志》卷二十九《寺观门一》："大中祥符寺在县东南一百一十九里，旧名灵穆。晋永康中土人陈垣舍基建。"注云："又有一浮图，内多古砖，题曰上元丁卯灵穆寺塔记。"⑤可见灵穆寺初建于东晋永康年间。至唐五代仍存。唐代有两个上元年号，但均无丁卯，待考。

龙兴寺

《台州金石录》卷五《龙兴寺塔砖识》记载塔砖左侧有"龙兴寺"，上端有"唐天宝三载龙兴寺塔砖"十字⑥。

清泉寺

《台州金石录》卷五《清泉寺造塔砖识》记载塔砖左侧有"清泉寺塔砖己巳记"八字。《台州金石录》作者云："出宁海崇教寺。今藏宋氏。按右砖宋氏定为五代时物。予细审笔法，酷似唐人手笔，与褚河南《圣教序》、《王居士砖塔铭》极相类。《赤城志》：崇教寺在宁海县西二里。旧在县北三十里，多清泉。梁天监元年建，隋大业元年废，唐乾元元年徙今地，会昌中废，大中元年复建……证以《通鉴目录》大中元年岁在丁卯。此云己巳，盖三年也。殆元年复寺，三年建塔欤？"⑦今暂从，定为唐大中年间。

（六）衢州

六度寺

在龙丘县(今龙游)。《唐故朝议郎泉州诸军事守泉州刺史韦执中故第三女(三娘)灵志文》："昨元和七年七月九日，因随从叔父赴任泉州，行至衢州龙丘县，疾候

---

① 《古志石华》卷十八，第53页。

②③ 《八琼室金石补正》卷七三，第509、323页。

④ 《台州金石录》卷五，第85页。

⑤ (宋)陈耆卿：《嘉定赤城志》卷二九，台北：台湾商务印书馆影印《文渊阁四库全书》，1986年。

⑥⑦ 《台州金石录》卷五，第83、84页。

转加。良药名医，卒无征效，岂不命耶！至其年十月廿九日，终于龙丘县六度寺……”①

（七）福州

都尉寺

《支提山记》：“时有保福寺僧惠平因游兹窟而得之，迎出山下都尉寺安著。”②“山下”即支提山下，由此可见都尉寺在宁德支提山下。

（八）泉州

净善寺

《莆山灵岩寺碑铭》：“邑之东有敬善寺，民井而居之干。”③碑铭撰于唐昭宗天祐二年(905)，可见晚唐时莆田有敬善寺。

九、江南西道

洪州

妙脱尼寺

《唐故崔氏墓志铭》：“以宝应二年四月三日终于洪州妙脱寺之尼舍。”④

十、剑南道

（一）成都府

法成寺

《古雒县塔记》：“塔自隋，唐贞观年初……曩时益州郭下法成寺沙门道卓，有名僧也。”⑤唐初成都府曾称益州。

（二）汉州

延祚寺

《古雒县塔记》：“贞观十三年……（雒县）西曰延祚寺。”⑥可见唐初雒县（今德阳县）有延祚寺。

---

① 《洛阳新获墓志续编》，录文 455 页，图版 203 页；《全唐文补遗：千唐志斋新藏专辑》，第 323 页。

② 沈瑜庆等：《民国福建金石志》卷三，《历代石刻史料汇编》第二编第四册，第 891 页。

③ 《民国福建金石志》卷四，第 896 页。

④ 《唐代墓志汇编》，第 1769 页。

⑤ 龙显昭：《巴蜀佛教碑文集成》，成都：巴蜀书社，2004 年，第 10 页。

⑥ 《巴蜀佛教碑文集成》，第 10 页。

（三）彭州

光化寺

《道因法师碑文并序》载道因“以显庆三年三月十一日终于长安慧日之寺……即以四年正月，旋乎益部。二月八日，窆于彭门光化寺石经之侧”[①]。可见彭门（彭州）有光化寺。此寺“往经废毁，院宇凋敝。法师慨然构怀，专事营辑”[②]，旧貌换新颜。

龙兴寺

《陈会彭州再建龙兴寺碑》：“厥初寺号大空，天授二年为大云，我唐开元中诏号龙兴，会昌五年废为闲地……”唐宣宗即位，诏天下重建佛寺。彭州龙兴寺也在此时重建[③]。可见此寺原名大空寺，武则天时改名大云寺，玄宗时又改称龙兴寺。

（四）绵州

二真寺

《绵阳县志》卷九《千佛崖石刻》记载崖有两处，其中一处上刻：“大唐绵州昌明县游龙乡长平里二真寺。大中九年十月八日造。”[④]可见唐代昌明县（今江油）有二真寺。

（五）梓州

龙兴寺

《大堂故同州司士参军先府君（崔混之）墓志铭并序》：先夫人“弃背于梓州龙兴寺”[⑤]。时间是大历七年（772）。

（六）资州

等慈寺

《等慈寺题字》云：“重修等慈寺中佛。”[⑥]此题字刻在北岩造像，像在四川资州，据此可知唐代资州有等慈寺。

（七）邛州

龙兴寺

《全唐文补遗》收有《邛州唐龙兴寺灯台赞并序》，灯台建于贞元十一年（795）[⑦]。据此碑题可知邛州有龙兴寺。

---

① （清）董诰：《全唐文》卷二〇一，北京：中华书局，1983年，第2036页；《金石萃编》卷五四，第814页。

② 《全唐文》卷二〇一，第2035页；《金石萃编》卷五四，第813－814页。

③ （清）龚世莹等：《光绪彭县志》卷九，《石刻史料新编》第三辑第十五册，第134－135页。

④ 蒲殿钦等：《民国绵阳县志》卷九，《石刻史料新编》第三辑第十五册，第168页。

⑤ 《全唐文补遗：千唐志斋新藏专辑》，第257页。

⑥ 《八琼室金石补正》卷七三，第506页。

⑦ 《全唐文补遗》第六辑，第4页。

十一、岭南道

（一）广州

法性寺

《宝历石幢》："宝历二年岁次景午十二月一日法性寺住持大德兼蒲涧寺大德……"[①]石幢在广州光孝寺。据此可知宝历二年(826)前后广州有法性寺。

（二）容州

灵景寺

《庆赞斋记碑》："……于容州都嶠山灵景寺塑造释迦牟尼佛、弥勒下生佛……共壹拾三躯。"[②]碑建于五代十国南汉大宝七年(964)。

(作者单位：上海图书馆历史文献中心)

① (清)陈昌齐等:《道光广东通志》卷二百三,《历代石刻史料汇编》第二编第四册,第927页。

② (清)封祝唐等:《光绪容县志》卷二四,《历代石刻史料汇编》第二编第四册,第789页。

■古文字考释

说燕系文字的“爪形合并”*

张振谦

燕国偏安北隅，地广人稀，交通闭塞，是战国七雄中国力较为弱小的国家。从目前的出土资料来看，其古文字字形也是相对比较匮乏的。正是由于这些原因，燕系文字有许多独特的构形特点且难以被释读。“爪形合并”就是其中一个具有很浓地域性色彩的构形特征，下面就相关的学习心得及文字考释汇报如下，敬请方家指正。

一、爪形合并

所谓“爪形合并”，就是指一些燕系文字上部所从“爪”旁，与字形下部的偏旁结合省并的现象，下面举例说明。

燕国文字的“受”字，是最具燕国地域特点的文字形体之一。“受”及从“受”之字作：

受集成 09607 永用析涅壶　集成 09617 重金扁壶

考古 1984.8.761 阳鼎　玺汇 1231

玺汇 2799　玺汇 3274

逻玺汇 2833　玺汇 4094

对于燕系文字“受”字的形体构造，曾有多位学者讨论过。重金罍(集成 09617，又称重金扁壶)有一字写作：，朱德熙先生认为此字是“受”字，他不但正确地指出了其字形的构形特点是“把爪和舟连在一起写”，而且还在文章中释出几个玺印文字的“受”字[1]。后来李家浩先生补充说：“这种写法的‘受’盖是把‘爪’与‘舟’并列在一起，并把‘又’写作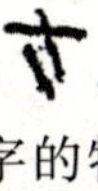，与常见的古文字‘受’写法不同，故不易辨认。”[2]李先生进一步指出这是燕国文字的特点。

吴振武先生认为“受”字“从‘舟’从‘又’，可隶定为‘叟’，即‘受’字简体”[3]。吴先

* 基金项目：国家社科基金一般项目“燕系文字材料的整理与研究”(项目批准号 13BYY105)、河北省社科基金项目（项目批准号 HB13YY024)。

① 朱德熙：《古文字考释四篇》，《古文字研究》(第八辑)，北京：中华书局，1983 年，第 18—19 页。

② 李家浩：《盱眙铜壶刍议》，《古文字研究》(第十二辑)，北京：中华书局，1985 年，第 355—361 页。

③ 吴振武：《释“受”并论盱眙南窑铜壶和重金方壶的国别》，《古文字研究》(第十四辑)，北京：中华书局，1986 年，第 51—59 页。

生在其文章中还考释了燕玺文字中的“受”、“愉”、“舟”等字，并全面梳理了当时所见到的七件燕国记容铜器。

这些文章可以称得上是燕国文字研究的开创之作，其重要性在于：文章不仅正确地分析考释了“受”字的构形特点，而且为燕国器物的国别判定奠定了理论基础。

后来，又有学者考释出了体现燕系文字“爪形合并”这一重要构形特点的典型字例“为”字[1]。“为”是“爪”与象头的合体，其字形作：

集成 10583 匽侯载器　集成 10583 匽侯载器

集成 11525A 郾王职矛　集成 11525B 郾王职矛

集成 11093 雍王戈　集成 11339A 十三年戈

集成 11339B 十三年戈　玺汇 3176

玺汇 3893　陶录 4・31・1

陶录 4・31・2

吴振武先生指出：“燕、齐接壤，两地文字在写法上互有影响，自属情理中事。”[2]齐系文字中也有具有燕系文字特点的“为”字，其辞例为：“子裒子西里人～”，其字形作：

陶录 2・544・3　陶录 2・544・4

陶录 2・700・4

“爪形合并”的本质是有关“爪”形字体的借笔简化合并。其前提条件一是“爪”与其下部偏旁要连接得非常紧密；二是“爪”形与其下部的偏旁要有重叠的笔画，否则就不能形成“爪形合并”。如“恩”字及其讹变字形“悉”写作：

恩集成 11194 郾王詈戈　集成 11240 郾王詈戈

集成 11613 郾王喜剑　集成 11529 郾王喜矛

悉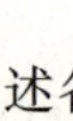集成 11634 郾王职剑　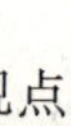集成 11350.1 郾王詈戈

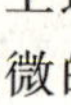玺汇 2216

在这些字形中，其所从的“爪”旁并没有与下面的部首“爪形合并”。

二、释“受”有相关文字

上述各家对“受”字的构形考释，其观点并没有本质的区别，只是在形体分析上有着细微的差异。如果要将“受”及其相关文字严格隶定，就应该体现出这种细微的差别。

---

① 董珊、陈剑：《郾王职壶铭文研究》，《北京大学中国古文献研究中心集刊》（第 3 辑），北京：北京大学出版社，2002 年，第 43 页。

② 吴振武：《陈曼瑚“逐”字新证》，《吉林大学古籍整理研究所建所十五周年纪年文集》，长春：吉林大学出版社，1998 年，第 46－47 页。

按照李家浩先生的观点，燕系文字"舟"、"受"的字形应该有严格的区别。在燕玺文字中，"椈"字两见，一作：玺汇2410～青，另一形体作：玺汇2407～綖。前一字形从"舟"声，后一字形从"受"省声，当然也可以认为后一字形是"椈"字加注"爪"的繁化。如此，这两个形体可以隶定为"椈"、"槅"，这也充分说明了燕文字"舟"、"爯"的形体区别。为了统一表述，我们把"爯"看作是"受"的省简字，而不是"舟"的繁化字。

同理，燕玺文字玺汇5500～，应该隶定为"爯"，可视为"受"字省减；燕玺文字玺汇3403～，应该隶定为"懋"，视为"愉"字异体。此外，燕玺文字玺汇2516 猲～，应该隶定为"顮"，可视为《说文》古文"履"(省"足")字异体。

燕系石刻"夹逾刻石"有两个字形，分别写作：、，王爱民先生将其隶定作"逾"[1]，是正确的。按照上面的分析，此字可进一步严格隶定。其声符为"爯"，形符为"辵"、"土"，应隶定作"逕"。

三、释"弨"、"弢"

与"受"、"为"两个字的形体变化情况类似，燕系文字"弨"字也有"爪"与下部偏旁的结合体。

燕距末文字：集成11916C 二十年距末堂张莸丌伐，～攻书，摹本作：集成11916B，其右上角所从的，原隶定为从"齿"从"马"，也是不可从的。此字应从"弓"，"舀"声，即"弨"字。

此字形也是"爪形合并"的典型字例。古文字从"舀"的字作：

稻曾伯漆匿

睸包山8　　包山189　　包山165

可知为"爪"与的结合，即"舀"字。如此，此字可以隶定为"弨"。

"弨"为"韬"字异体，指剑套或弓袋。《说文》："韬，剑衣也。"《广雅·释器》："韬，弓藏也。"燕陶文中习见的"缶工"、"缶攻(工)"，是指制陶的工匠，那么"韬攻(工)"应该就是制造"剑衣"的工匠。古代的弓矢可纳于韬中，《诗·周颂·时迈》："载戢干戈，载櫜弓矢。"孔疏："櫜者，弓衣，一名韬。故内弓于衣谓之韬弓。"所以"韬"字可从"弓"写作"弨"。"距末"是弓弩两端承弦构件，其铭文中出现"韬攻(工)"是合理的。

另外，燕玺中有一字，字形作：玺汇3349～倚，左从"弓"，可隶定为"弢"。还有一字，字形作：玺汇3530，吴振武先生认为是"叏"字，他指出："古文字从口不从口往往无别。"[2]其说极确，可证上字为"弢"字，详见另文。《说文》："弢，弓衣也。从弓叏，叏垂饰。与鼓同意。"《说文》："鼓，滑也。《诗》云'鼓兮达兮。'从又中。一曰取也。"

---

① 王爱民：《燕文字编》，吉林大学硕士学位论文，2010年，第34页。

② 吴振武：《〈古玺文编〉校订》，北京：人民美术出版社，2011年，第240—241页。

“韬”、“弢”二字音义皆近，可通。《诗·小雅·彤弓》：“彤弓弨兮，受言櫜之。”毛传：“櫜，韬也。”陆德明释文：“韬，本又作弢，弓衣也。”《汉书·艺文志》：“周史《六弢》六篇。”颜注：“即今之《六韬》也，弢字与韬同也。”《庄子·徐无鬼》：“从说之则以金版六弢。”陆德明释文：“六弢本又作六韬。”成玄英疏：“弢亦有作韬字者。”

“书”、“倚”为人名用字，前面加职业“弢攻（工）”、“弢”，是古人的称谓习惯。《庄子·徐无鬼》篇有“匠石”，《孟子·告子上》有“奕秋”，此有“韬攻书”、“弢倚”，命名方式近同，这些职业名称“匠”、“奕”、“韬”、“弢”也是后来氏的来源之一。

（作者单位：河北大学文学院）

释《包山楚简》中的卢面、皓面、钖面

王恩田

《包山楚简》遣策有：

　　四马之凵面　　271号简①

该书《释文与考释》曰："凵，借作鍱。朱骏声云：'金银铜铁之锥薄成叶者。'面，指马头。墓中有以皮革做的马头护甲，当为鍱面。"

"面"，固然属于头部，但确切地说仅指头前的面部。《说文》："面，颜前也。"面指颜面，通俗地说"面"就是脸面。

271号简"面"字前的凵，应是"卢"字。《说文·凵部》："凵，卢，饭器，以柳为之。象形。"卢也指黑色。《书·文侯之命》："卢弓一。"传："卢，黑也。""凵面"即黑色的"面"。该书《释文与考释》认为"面"就是墓中发现的"皮革做的马头护甲"，是很正确的。更确切地说"面"应是皮革做的马面护甲，"凵面"即黑色的皮制马面护甲，主要功能是用以防御来自正面兵器箭簇之类的攻击。故"护甲"只需保护马面，无需把整个马头包装在甲内。

《包山楚简》竹牍中又有：

　　四马晧面　　一号牍

《说文》："晧，日出貌。""晧"通"皓"。《诗·扬之水》："白石皓皓。"传："皓皓，洁白也。""四马晧面"，即四匹马头上用白色皮革做的马面护甲。

《包山楚简》遣策中又有：

　　白锡(金锡)₌面　　272号简

按《释文与考释》所隶定的"锡"字，从简文照片上看，右旁比较模糊，疑应是从"昜"。根据"钖"字后边的重文符号，简文应该读作"白钖钖面"。

前面的"钖"字通"鋈"。《说文·玉部》："鋈，金之美者，与玉同色。""白钖"意为白色的美丽金属。

后面的"钖"字，从"金"从"昜"。《说文·勿部》："昜，开也，从日一勿。一曰飞扬。一曰长也。一曰强者众貌。"由于《说文》对"昜"字的形义的分析都是错误的，因此，古往今来治《说文》的学者关于"昜"字的形义，众说纷纭而未得其正解。

拙稿《释昜》曾指出，"昜"字的原始字形，甲骨文作(《前》4.3.4)。金文作(不昜戈)。上部所从应是圆形铜泡。圆圈内的短横像铜泡背面的横梁。圆圈下的一横

① 湖北省荆沙铁路考古队：《包山楚简》，北京：文物出版社，1991年，图版117。

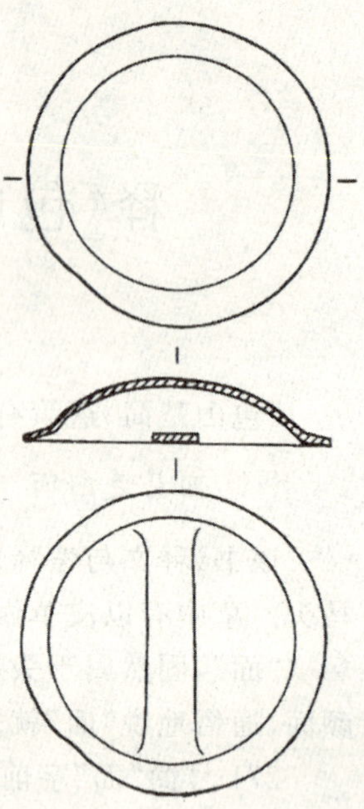
图一

是马头的简化，弯笔是马背和马尾的简化。//像马足。孙诒让《名原》(上卷)把这种简化省略的象形字称之为"省变象形字"。由于马字的象形省变太甚，以至于其字形不易辨识。"昜"字的正确说解应是："昜，像马首上饰圆形铜泡，会意。"由于铜泡是金属制作的，故加金旁而成钖。《周礼·金车》："钖，樊缨。"郑玄注："钖，马面当卢。"《左传·桓公二年》："钖銮合鸣。"杜预注："钖在马额。"昜字的正确说解保存在《说文·金部》"錫"字条内："錫，马头饰也。从金陽声……《诗》曰：'钩膺镂钖。'"《急就篇》颜注："錫，马面上饰也。以金铜为之。俗谓之当卢。字或作钖。"应该指出《说文》"从金陽声"的说法是错误的。不是錫"或作钖"，确切地说应是"钖"误作"錫"[①]。

钖是流行于殷周时代的器物。由于时代悬隔久远，汉代经学家们已经只知其意而不知其形了。考古发现证实，年代最早的钖是圆形的铜泡。在安阳殷墟大司空村[②]孝民屯南地[③]和郭家庄[④]等地的商代车马坑以及陕西长安张家坡[⑤]，北京琉璃河[⑥]等地的西周车马坑驾辕的两服马的额头上所发现的"特大铜泡"就是经籍中所说的"钖"。其共同特点是正面鼓起，背面有横梁(图一)。

除了圆形的钖之外，西周时期还兴起了兽面的钖。上世纪 50 年代陕西长安张家坡二号车马坑的一号车所驾四马的额头上都发现一个兽面钖(图二)。

兽面钖的形制镂孔透雕，显然是《诗·韩奕》中所说的"镂钖"。郑玄笺："眉头曰钖，刻金饰之，今当卢也。"兽面钖的上下两边各有三对穿孔[⑦]。根据以上的讨论，简文中"面"即皮革做的马面护甲。兽面钖的穿孔证明原来应是缝缀在皮制马面护甲上的。"白钖钖面"意即马头护甲上缝缀有白色金属做的钖。

"钖面"也见于《周礼·春官·巾车》："重翟，钖面。"郑玄注引郑司农曰："钖，马面钖。"《说文·革部》："鞴，勒靼也。"又说"勒，马头络衔也"，"靼，柔革"也。许慎把"鞴"解为"勒靼"，把靼解为"柔革"都是对的。但根据考古发现，把勒解为"络衔"则不确切。《释名·释车》："勒，络也，络其头而引之也。"《释名》释"勒"为"络"并不包括马

① 王恩田：《释昜》，中国古文字研究会第六次年会论文（1986 年，长岛），《黄盛璋先生八秩华诞纪念文集》，北京：中国教育文化出版社，2005 年，第 91—98 页。

② 马得志、周永珍、张云鹏：《1953 年安阳大司空村发掘报告》，《考古学报》1955 年第 9 期，第 65 页。

③ 中国科学院考古研究所安阳工作队：《安阳新发现殷代车马坑》，《考古》1972 年第 4 期，第 28 页。

④ 安阳市文物考古研究所：《安阳殷墟郭家庄商代墓葬》科学出版社，2011 年，第 142 页图 108。

⑤ 中国科学院考古研究所沣西发掘队：《1976 年长安张家坡西周墓葬的发掘》，《考古学报》1980 年第 4 期。第 481 页。

⑥ 中国科学院考古研究所琉璃河考古队：《北京附近发现的西周奴隶殉葬墓》，《考古》1974 年第 5 期，第 320 页。

⑦ 中国科学院考古研究所沣西发掘队：《1955—1957 年陕西长安沣西发掘简报》，《考古》1959 年第 10 期，第 516 页。

衔。在长安张家坡第二号车马坑一号车马头上有兽面钖的4匹马的笼头上也没有看到马衔(图二),二号车两匹马头上的笼头是由双行海贝串成的(图三)。《仪礼·既夕礼》"缨辔贝勒"郑玄注:"贝勒,贝饰勒。"二号车两匹马头上的贝勒也没有马衔。而且在殷商车马坑中的马具中,也只有镳,而没有衔。证明《急就篇》颜注"羁,络头也,勒之无衔者也"的说法是正确的。御者凭借牵引马衔引导马的进退和行进方向。没有马衔,御者如何指挥马的行动呢?原来在张家坡车马坑的"马额头上还有一条皮条直系到马脖子上面,皮条上串着长方形的铜泡"①。这条皮条就是《释名·释车》所说的用来"络其头而引之"的缰绳。因此《说文》把勒解为"络衔"应是指马衔出现并普遍应用以后的情况。不能用来解释殷商与西周时代的勒。

《包山楚简》中"白钖钖面"的记载,证明车马器中的钖,在楚国一直沿用到战国时期。

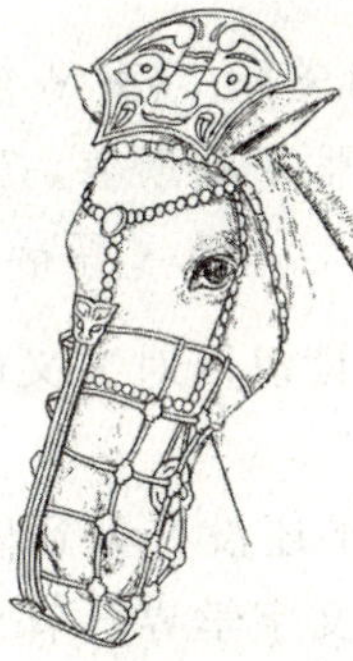

图一

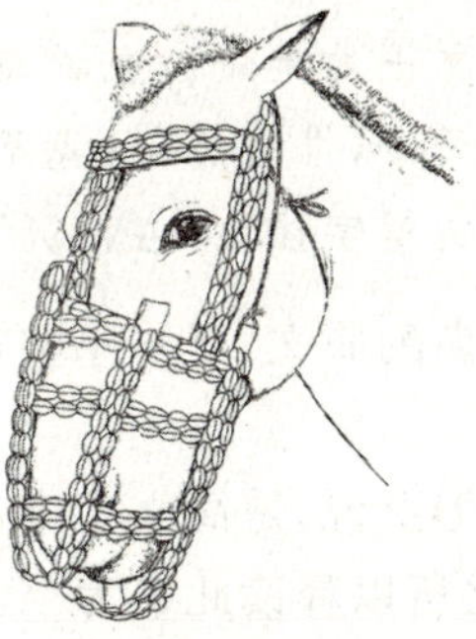

图二

(作者单位:山东省博物馆)

① 中国科学院考古研究所沣西发掘队:《1955—1957年陕西长安沣西发掘简报》,《考古》1959年第10期,第516页。

清华简《保训》篇“命未有所次”解义*

侯乃峰

清华大学藏战国竹简(壹)《保训》篇第10、11简简文云：

> 朕闻兹不旧(久)，命未有所。今汝祗備(服)毋懈，其有所逌(迪)矣，不(丕)【10】及尔身受大命。敬哉，毋淫！日不足，惟宿不祥。【11】

其中的“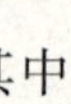”字，原整理者隶定为“㳄”，读为“延”，注释云：

> 命，指文王之生命。或说命为天命，指商朝的天命。《书·召诰》：“我不敢知曰：有殷受天命，惟有历年；我不敢知曰：不其延，惟不敬厥德，乃早坠厥命。”次，段玉裁《说文解字注》：“俗作涎”，简文中读为“延”，《尔雅·释诂》：“长也。”①

其实，仔细斟酌简文，可知原整理者对“”字的释读以及对文义的理解都是有问题的。

首先，从字形上说，楚简文字中本有“延”字②，似乎还没有见到假借“次”为“延”者。原整理者之所以释读此字为“延”，大概是受到古文字学界已有说法的影响。上海博物馆藏战国楚竹书(三)《周易》第53简对应今本《旅》卦六二爻辞“旅即次，怀其资”的“资”字，写作“左从水，右从欠”之形，或有释其字为“次”而读为“羡”者③。其文中所举到的一个字形证据，就是上海博物馆藏战国楚竹书(四)《曹沫之阵》“毋爱货资子女”的“资”字是写作“左从贝，右从次”之形；而楚简《周易》中这个字的右边明显是从“欠”作，比“资”字所从的声符“次”少写两笔，从而为《周易》中的这个字释为“次”提供字形依据。我们认为，对《周易》中这个字的释读不能仅仅依据字形中是从“欠”还是从“次”。何琳仪先生曾指出，楚系文字“欠”字或作“次”形，则属繁化；“次”在偏旁中或省“二”作“欠”形，与“欠”或作“次”形，交相繁省，惟据偏旁组合关系、相关辞例予以区别④。验之于楚简文字，可知其说可信。比如，楚简《周易》第26简出现了四个“钦”字，其中有一个“钦”字所从的“欠”旁多写两笔而成了“次”字，正可证明何琳仪先生说法之精确。由此，我们认为楚简《周易》第53简中的这个“次”字，虽然右部是从“欠”作，但仍应当看作是“次”之省体，字分析为“从水，从次省声”，从而读为“次(资)”

---

* 本文是国家社会科学基金重点项目“简帛诗学文献释读与研究”(编号：13AZD034)和曲阜师范大学科研启动基金“上博竹书(一～七)儒学文献释文整理”研究项目资助成果。

① 李学勤主编：《清华大学藏战国竹简(壹)》，上海：中西书局，2010年，第143、147页。

② 如清华简(壹)《楚居》简6即有从“延”声读为“延”之字，参李学勤主编：《清华大学藏战国竹简(壹)》，上海：中西书局，2010年，第181页。

③ 陈剑：《上博竹书异文选释(六则)》，《文史》，2006年第4辑，第5—20页。

④ 何琳仪：《战国古文字典》，北京：中华书局，1998年，第1255页。

字。我们之所以这样释读，还有一个重要原因，那就是《周易》中的卦爻辞包含大量的押韵现象，《周易》中这句爻辞本来也是押韵的。将"次"字释为从"次"声之字而读为"资"，恰好与上一句"旅即次"的"次"押韵，两字古音皆属脂部。而若将字释为"次"读为"羡"，古音在元部，则属失韵。

根据上述意见再看《保训》中的""字，其右部正是从"次"作（与《保训》篇第 5 简"欲"字右部所从的"欠"相比明显多写两笔），严格隶定的话应该是"左从水，右从次"，即是"涎"。如果将对《曹沫之阵》中"资"字形的分析"从贝，次声"移用到这里的话，此字就可以分析成"从水，次声"，读为"次"字就顺理成章了。

其次，从辞例文义上说，读为"次"也更为合理。若根据原整理者释读为"延"的意见来解释，于简文实多有不通。如有人将"朕闻兹不久，命未有所延"这句话解释为：这句是文王说我知道这些的日子不长，天命未能有所伸张。文王在位五十年，而受命仅为最后九年，未能战胜殷商，故言"命未有所延"。并举典籍文献中的相似例句为证：《尚书・召诰》："我不敢知曰：有夏服天命，惟有历年；我不敢知曰：不其延。惟不敬厥德，乃早坠厥命。"[①]在《召诰》原文中，紧接这段话之后还有类似结构的几句："我不敢知曰：有殷受天命，惟有历年；我不敢知曰：不其延。惟不敬厥德，乃早坠厥命。今王嗣受厥命，我亦惟兹二国命，嗣若功。"这句话提到殷商，更便于比较，我们不妨以此作为参考文句。仔细分析《召诰》这段话的本意，和《保训》所表达的文意实有很大出入。这里的"不其延"是承上句话而来，指殷商的天命不得延伸；而前面冠之以"我不敢知曰"，即"我不敢探知天之意图，也不敢对此予以评说"，这体现出召公对天命的尊重和敬畏。随后的"惟不敬厥德，乃早坠厥命"，却是说话者召公敢知敢说的话。全句的意思是说：天命在殷商那里经历了这么长时间，为什么上天后来不延长殷商的命数，这些是上天的决定，我不敢探知也不敢评说。我唯一知道的是：商纣不敬修自己的德行，所以过早地丧失了他的天命。因为夏商两代都是"惟不敬厥德，乃早坠厥命"，所以周人要想"受天永命"（获得永久的天命），召公便提出了统治者"敬德"的要求。《召诰》里两次出现的"不其延"指的是夏商两代的天命不得延伸，文中的思想脉络是很清晰的。

我们再看《保训》篇里所谓的"延"字的解释。首先，"朕闻兹不久"的"兹"在这里可以肯定是有所指的，若据原整理者的句读，则可以认为是指随后的"命未有所延"一句。那么，这里"未有所延"的"命"究竟何指呢？是指殷商所受的"天命"呢？还是西周所受的"天命"呢？结合第一句"惟王五十年"来看，当时文王已经"受命"。既然文王已经"受命"，他应该祈求"受天永命"才是，怎么会说出"命未有所延"（西周所受的天命未能有所延长）这样的话呢？原因很明显，《保训》上文已经说到成汤"用受大命"。而成汤在"受命"之后，他手里的"天命"并非随着他的去世而终结，他是可以传给子孙后世的。成汤传给子子孙孙这么多代，经历这么多年，即如《召诰》所说的"有殷受天命，惟有历年"。文王此时病重，即便去世，还有武王继任大统，承担起上天授

---

① 子居：《清华简〈保训〉解析》，复旦大学出土文献与古文字研究中心网站（http://www.gwz.fudan.edu.cn/），2009 年 7 月 8 日。

予西周的统治天下的大命，他怎么会说“命未有所延”呢？若是如此理解，这句话就变成了文王认为上天授予他的“天命”因他的去世而终结了，这是无论如何都解释不通的。再者，若是如此理解，前一句“朕闻兹不久”（我听说这件事的时间不是很长）尤属不词：天命在西周是否能得以延伸这种事，怎么会成为他闻知的内容呢？他要是当时就预言“天命”在西周不能得以延伸赓续，那武王也就不必有所作为了，也就不会出现后来的甲子伐纣之事了。而且，《召诰》篇也明明说“今王嗣受厥命”（如今成王继承了天命），这个“天命”难道不是从文王、武王那里延续继承下来的吗？要是如文王所说“命未有所延”，那成王所受的“天命”是如何得来的呢？所以，将“命”理解为西周所受的“天命”是说不通的。原整理者或以为这里的“命”是指文王之生命，这又与简文中“用受大命”的“命”用字不统一。《尚书》里出现的“命”，除了作为“命令”外，其他的几乎都是指“天命”而言。而且，文王自己的生命不能延长，也不可能是他“闻兹不久”的“兹”所指代的内容。因此，这里的“命”只能是指“天命”而言。原整理者又或以为这里的“命”是指商朝的天命；或有以为“命”是指殷商所受的“天命”，指商朝的命运，并将“命”字属上读者[①]。我们姑且认为文王是想表达这种意思，那么，“朕闻兹不久命”这句话里的指示代词“兹”就应当是指殷商而言了。这就产生一个问题：殷商作为与西周敌对的大邦，文王提及殷商，是否有可能用“兹”这个指示代词？《召诰》里两次出现的“不其延”，用指示代词“其”分别来指夏和商，而且还是在前面已经提到夏和商的情况下。“朕闻兹不久命”这句话，在前后文都没有提到殷商的语境里，蓦然用“兹”来指殷商，未免太过突兀，恐在当时的行文中不应如此表达。即便读为“朕闻兹不久，命未有所延”，而认为“命”是指殷商所受的“天命”，也同样有指示代词使用不当的问题。再对比《召诰》篇的语境，当时周已灭商，而召公犹言“我不敢知曰”。如果文王话语里的“命”是指殷商所受的“天命”，这就与《召诰》所表达的天命思想有矛盾：“朕闻兹不久命，未有所延”即是说“我听说（知道）殷商不能久有天命，天命在殷商那里未能有所延长”；而在武王还没有伐纣灭商的时候，文王即便已经“受命”，对比召公的“我不敢知曰”（含有对天命敬畏而不敢妄加评论之意），恐也不会说出随意评价殷商之于天命如何如何的话来。因此，这句简文里的“命”既不当是特指殷商所受的“天命”，也不能是特指西周所受的“天命”，而应当是指通常意义上的“天命”。既然是通常意义上的“天命”，则“命未有所延”（天命未能有所延长）这句话就失去了意义：天命是在哪里（是在殷商还是在周邦）未能有所延长呢？又是什么原因导致其未能有所延长的呢？都成了不可解说的问题。可见，从文意上说，将这个字释读为“延”实难讲通简文。

而将字释读为“次”，以“命”指通常意义上的“天命”则是文从字顺。次，有舍止、驻留、止息之义。如《尚书·泰誓中》：“惟戊午，王次于河朔。”孔安国传：“次，止也。”孔颖达疏：“次，是止舍之名。”《穆天子传》卷六：“五里而次。”郭璞注：“次，犹止也。”《左传》庄公三年“过信为次”，孔颖达疏：“次，亦止舍之名。”《广雅·释诂四》：“次，舍也。”王念孙疏证：“次为舍止之舍。”[②]

---

① 陈伟：《〈保训〉词句解读》，简帛网（http://www.bsm.org.cn/），2009年7月13日。

② 宗福邦、陈世铙、萧海波主编：《故训汇纂》，北京：商务印书馆，2003年，第1168－1169页。

“命未有所次”即“天命不是驻留停止在某个地方一成不变的”。这与《尚书·康诰》所说的“惟命不于常”(天命不是恒久不变的)以及《诗·大雅·文王》所说的“天命靡常”(天命无常)正相符合。验之于《保训》全篇文义,上文已经说到成汤“用受大命”,则文王未受命之前,仍当是殷商王朝执有天命。而文王既受命之后,天命就转移到了西周。文王即将去世,受天命不到十年,所以说“朕闻兹不久”。这里的“兹”是指“命未有所次”这个道理,“不久”应该是从文王受天命之时算起。既然“命未有所次”(天命不是驻留停止在某个地方一成不变的),而是运行不止的,这就为殷商王朝原本执有天命而为什么现在转移到了西周变成文王执有天命提供了理论依据。天命的转移,又是以君王是否有德为标准的,所谓“天命有德”(《尚书·皋陶谟》),“皇天无亲,惟德是辅”(《尚书·蔡仲之命》,又见《左传》僖公五年所引),夏商两代都是“惟不敬厥德,乃早坠厥命”(《尚书·召诰》)。而《保训》中说到成汤之所以“用受大命”,前提是“祗服不懈”(敬于政事而不懈怠),正是有德者的表现。所以,文王紧接着也要求武王“今汝祗服不懈”,因为只有这样才能“身受大命”,其言辞中所反映的天命观与文献记载是一脉相承的。

用“次”字来指“天命”之于某个人,在典籍中也是可以见到的。如皇侃《论语义疏》注解“天之历数在尔躬,允执其中”云:

> 天,天位也。历数,谓天位列次也。尔,汝也。躬,身也。尧命舜曰:天位列次,次在汝身,故我今命授与汝也。……言天信运次既在汝身,则汝宜信执持中正之道也。①

“次在汝身”的“次”,用法正同于《保训》简文里的“次”字。

又如,《孔丛子·答问》记载,陈王涉使周章为将,西入关,将以诛秦,秦使大将章邯拒之。而陈王以秦国之乱,在心理上很轻视秦国,势若有余而不设敌备,太师孔鲋因此进谏曰:

> 章邯,秦之名将,周章非其敌也。今王使章,霈然自得而不设备,臣窃惑焉。夫虽天之所舍,其祸福吉凶,大者在天,小者由人。今王不修人利以应天祥,若跌而不振,悔之无及也。②

其中“天之所舍”的“舍”字,其义也正同于《保训》简文里的“次”字。

综上所述,《保训》简文中的“[illegible]”字,当隶定为“⿰氵次”,释读为“次”,训为“止、舍”。“朕闻兹不久,命未有所次”意为:我闻知这个道理的时间不是很久,天命不是驻留停止在某个地方或某个人身上一成不变的。如此解释,验之于《保训》原文才能文从字顺。

(作者单位:曲阜师范大学历史文化学院)

---

① (梁)皇侃:《论语义疏》,《丛书集成初编·论语集解义疏》,北京:商务印书馆,1937年,第277页。
② (秦)孔鲋:《孔丛子》,《汉魏丛书》,长春:吉林大学出版社,1992年,第349页。

《古典文学研究资料汇编·杜甫卷》补遗(下)

张忠纲

范浚(1102—1150)

遣兴五首(其二)　少陵古诗伯,未必真豪人。胡为冷炙辱,自分潜悲辛。莫倚善题赋,未悟严武嗔。徒言磊落士,不肯异其身。(《四部丛刊》续编本《范香溪先生文集》卷八)

对酒分和杜诗　桃花朱朱李花白,高柳花边出多碧。雨中物色更芳鲜,未碍刘郎中一石。醺酣裁诗角险丽,坐人豪逸俱勍敌。但令得醉复长吟,山云从尔生虚壁。(同上卷九)

避盗泊舟武康远光亭下与同行分和杜工部诗《伤秋》及《宿江边阁》二首　带郭人烟少,通村径路微。水光浮栋宇,野色动窗扉。小树无重数,前山不合围。艰危邻虎窟,奔迫诡牛衣。白舫竟何适,丹枫看即稀。西园小茅屋,知复几时归。

客子舟维岸,人家树作门。西风秋惨切,南鹊夜飞翻。恻恻惊心折,鞺鞺戍鼓喧。若为容足地,广大自乾坤。(同上卷十)

胡铨(1102—1180)

《卢溪文集》序(节录)　绍兴壬戌秋,铨坐不肯与金人议和,且乞斩主议大臣二人,铨削爵窜岭表。先生送行诗有云:"名高北斗星辰上,身落南州瘴疠间。"人争传诵,至达权臣耳,奏下江西帅司鞫治,久之窜辰州,时绍兴己巳秋七月壬午也。先生贬八年会权臣薨,得旨自便。先生思益苦,语益工,盖如杜子美到夔府后诗,韩退之潮阳归后文也。人得其片言只字宝藏十革,虽玉府所谓珠盘玉敦未足为珍。(四库本王庭珪撰《卢溪文集》卷首)

郑樵(1104—1162)

秋水歌效少陵　年年秋水崩江石,秋水年年连天碧。山中草木尽号呼,江外鱼龙轻虚掷。既怜茅屋化飞蓬,又叹虾蟆共枕席。人生变化不可知,且听秋风吹萝薜。(四库本《夹漈遗稿》卷一)

葛立方(?—1164)

陈去非尝为余言:唐人皆苦思作诗,所谓"吟安一个字,捻断数茎须","句向夜深得,心从天外归","吟成五字句,用破一生心","蟾蜍影里清吟苦,舴艋舟中白发生"之类者是也。故造语皆工,得句皆奇,但韵格不高,故不能参少陵之逸步。后之学诗者,傥能取唐人语而掇入少陵绳墨步骤中,此速肖之术也。(上海古籍出版社1984年影宋本《韵语阳秋》卷二)

史浩(1106—1194)

童丱须知·宫室八篇(其五)　广厦须增千万间,普令寒士尽欢颜。少陵自处知何所,低小茅檐燕往还。(四库本《鄮峰真隐漫录》卷五十)

黄公度(1109—1156)

至日戏题天福寺　去年至日老夫家,呼儿具酒对梅花。今年至日空奔走,岂止无花亦无酒。薄宦驱人无已时,客怀牢落强裁诗。君不见杜陵老诗伯,年年至日长为客。(四库本《知稼翁集》卷上)

戏集老杜句再和　背堂资僻远,要路亦高深。未负幽栖志,回看不住心。寒花隐乱草,飞鸟度层阴。独绕荒斋径,新诗近玉琴。(同上)

邹定(1112—1170)

过杜工部祠　畴昔哦诗忆耒阳,兹因奉檄过祠堂。一生忠义孤吟里,千载凄凉古道旁。自是风霜侵病骨,非干牛酒涴诗肠。明朝解缆秋江上,问讯先生一瓣香。(四库本宋魏庆之撰《诗人玉屑》卷十九)

按:此诗《杜甫卷》已收,见第三册651页,署作"邹应可"。按,邹定字应可。

王十朋(1112—1171)

伤时感怀(其一)　三万六千成掷梭,欢娱常少愁常多。干戈今日犹未定,书剑他年知若何。淡荡三秋冷时节,萧条万里空山河。伤时眼泪满襟血,更把少陵诗句哦。(《王十朋全集·诗集》卷一,上海古籍出版社1998年版)

读亲征诏书二首(其一)　逆虏何时正典刑,久闻诸将拥强兵。中原未雪十年耻,圣主自劳千里征。楚国群臣谁恸哭,杜陵野客自吞声。君恩压顶丘山重,命掷鸿毛未是轻。(同上)

九日寄昌龄弟　九日嘉节也,予坐无聊中不能自遣,又念昌龄弟不在家,为之怅然。因诵王维诗云:"遥知兄弟登高处,遍插茱萸少一人。"遂用其字为韵,作十四绝,并茱萸酒以寄之。

白石登山客,新诗句必豪。宁容杜陵老,独步玉山高。(其七)

老去悲秋甚,兴来聊自娱。明年知健否,子细看茱萸。(其十二)(同上卷五)

陈郎中(公说)赠韩子苍集　唐宋诗人六七作,李杜韩柳欧苏黄。近来江西立宗派,妙句更推韩子苍。非坡非谷自一家,鼎中一脔曾已尝。丈人珍重赠全集,开卷烂然光焰长。诗如此公固足贵,赐出仁者尤难忘。兼金白璧不足道,愿宝兹集为家藏。鲰生幸脱场屋累,老境欲入诗门墙。古诗三百未能学,句法且学今陵阳。(同上卷一一)

题何子应金华书院图　君不见杜陵野客老更狂，浣花溪上结草堂。又不见谪仙世人皆欲杀，匡山读书头如雪。二公同时鸣有唐，文章万丈光焰长。钧天无人帝呼去，草堂书馆今荒凉。太平宰相张居士，外甥似舅金华子。胸中万卷杜陵翁，笔下千篇谪仙李。向来衣冠拜伪楚，我乃宋臣惟有死。何曾着眼痴宰相，况肯低头骢御史。天边卿月落九疑，口诵《离骚》吊湘水。诛茅筑室小东山，天下苍生望公起。种梅志欲调商鼎，持斧梦刀聊尔耳。公生长安我东嘉，天遣邂逅鄱江涯。笔头一语真戏剧，却将铁面拟金华。子应《和颜范祠堂诗》云："铁面金华谁氏子，要须相与嗣前尘。"金华自是金闺彦，金口褒扬两朝眷。未须归去金华山，行将入侍金华殿。（同上卷一七）

呈同官　樽前记得少陵诗，好向江头尽醉归。此日风光真可惜，古来乐事巧相违。细看八阵图犹在，欲问三分迹已非。惟有年年古夔国，竹枝声里日晖晖。（同上卷二一）

与二同年观雪于八阵台果州会焉酌酒论文煮惠山泉瀹建溪茶诵少陵"江流石不转"之句复用前韵　吾侪风味雅同科，领略江山逸兴多。诸葛阵图堂一作"台"上看，少陵诗句酒中哦。惠山活水煎茶白，胜已高峰带雪皤。绝境况逢三五马，定将好句压阴何。（同上卷二二）

杜殿院挽词（其一）　流落杜陵老，平生一饭忠。大贤宜有后，异代果生公。文艳神藜烛，霜蹄御史骢。九原呼不起，萧瑟柏台中。（同上）

读东坡诗　学江西诗者，谓苏不如黄。又言韩欧二公诗，乃押韵文耳。予虽不晓诗，不敢以其说为然。因读坡诗，感而有作。

东坡文章冠天下，日月争光薄风雅。谁分宗派故谤伤，蚍蜉撼树不自量。堂堂天人欧阳子，引鞭逊避门下士。天昌斯文大才出，先生弟子俱第一。天人诗如李谪仙，此论最公谁不然。词无艰深非浅近，章成韵尽意不尽。味长何止飞鸟惊，臆说纷纷几元稹。有言欧公诗味短者，王介甫云："行人举头飞鸟惊"之句，味亦甚长。浑然天成无斧凿，二百年来无此作。谁与争先惟大苏，谪仙退之非过呼。胸中万卷古今有，笔下一点尘埃无。武库森然富摘掞，利钝一从人点检。莫年海上诗更高，和陶之诗又过陶。地辟天开含万汇，少陵相逢亦应避。北斗以南能几人，大江之西有异议。日光玉洁一退之，亦言能文不能诗。碑淮颂圣十琴操，《生民》《清庙》《离骚》词。春容大篇骋豪怪，韵到窘束尤瑰奇。韩子于诗盖馀事，诗至韩子将何讥。文章定价如金玉，口为轻重专门学。向来学者尊西昆，诗无老杜文无韩。净扫书斋拂尘几，瓣香敬为三夫子。（同上卷二三）

六客堂　水晶宫中刺史宅，月□□堂游六客。中有一客为主人，万卷诗书李公择。元□□挥玉堂手，令举声蜚制科策。五劝使君古遗直，三□郎官老词伯。眉山有客何等人，退之少陵李太白。直道高才时不容，天遣数子为游从。吴兴清绝山水国，五百年过人中龙。健峭银钩逼颜鲁，点化湖山出奇语。高压白蘋洲上诗，更肯区区谈小杜。端如竹溪逢谪仙，并游逸士名俱传。飘飘乘风鼓长翮，两两照坐成台躔。苕霅交流下山碧，一代名贤已陈迹。我后百年登此堂，咀嚼姓名牙颊香。坐上何曾欠佳客，苏仙一去难再得。（同上卷二五）

陈知柔(? —1184)

登巾山 司马胸中著云梦,杜陵眼底盖乾坤。吾衰不复论兹事,饱看孤帆落远村。(四库本宋林表民编《天台续集别编》卷五)

次海上长亭村 行到山穷处,微茫岛屿青。百年多逆旅,万事一长亭。风雨晚潮急,鱼虾晓市腥。平生诵佳句,今见海冥冥。自注:老杜"台州地阔海冥冥"。(同上)

龚相

学诗 学诗浑似学参禅,几许搜肠觅句联。欲识少陵奇绝处,初无言句与人传。(四库本宋魏庆之撰《诗人玉屑》卷一《龚圣任学诗》)

谢谔(1121—1194)

《卢溪文集》序(节录) 李杜诗多于文,韩柳文多于诗,世之不知者,便谓多者为所长,少者为所短。此殆拘牵之论而非圜机之士。夫贤哲之于世,学以为主用之则行,其发而为言,有所谓不得已者,其将激于中而发于外者乎?即是而为诗,即是而为文,文即无韵之诗,诗即有韵之文,所以三百篇之美刺,即十二公之褒贬,盖本一致。如此,则李杜可名长于文,韩柳可名长于诗,又奚可以一偏观耶?(四库本王庭珪撰《卢溪文集》卷首)

李吕(1122—1198)

适见诸公咏梅之什因用其韵率作者同赋 影落林塘凹,斜入茅檐角。月黑缟袂逢,天寒翠袖薄。世无杜陵人,清吟久零落。诗魂不可招,远水谁当酌。(四库本《澹轩集》卷一)

乌洲李氏世谱序(节录) 公少孤,刻苦自立,学益富,作诗得少陵句法,自是乌洲之李遂与闻家代不乏贤焉。若夫得姓者,必出于陇西,至于命氏之由,蟠根奕叶,则备见于典膳丞延寿之序传,兹不复列云。(同上卷五)

李流谦(1123—1176)

和叶六舅 李杜主盟诗有声,文推韩柳著章程。二三子者皆人杰,五百年来并世生。但见词源倒三峡,岂知武库足千兵。勉君须把分阴惜,莫问红尘雨共晴。(四库本《澹斋集》卷六)

陆游(1125—1210)

雨夜书感 宦游四十年,归逐桑榆暖;皇恩念黎老,一官犹置散。春残桃李尽,风雨闭空馆,有怀无与陈,万事付酒碗。近代固多贤,吾意终不满。可怜杜拾遗,冒死明房琯。慷慨讵非奇,经纶恨才短。群胡穴中原,令人叹微管。(钱仲联校注《剑南诗稿校注》卷三二,上海古籍出版社1985年版)

贫甚卖常用酒杯作诗自戏 桃李成尘浑不数,海棠也作胭脂雨。清明未到春已空,枝上流莺替人语。逢春日日合醉归,莫笑典衣穷杜甫。生时不肯浇舌本,死后空持酹坟土。门前三百里湖光,天与先生作醉乡。银杯羽化不须叹,多钱使人生窟郎。(同上卷四二)

示子遹 我初学诗日,但欲工藻绘。中年始少悟,渐若窥宏大。怪奇亦间出,如石漱湍濑。数仞李杜墙,常恨欠领会。元白才倚门,温李真自郐。正令笔扛鼎,亦未造三昧。诗为六艺一,岂用资狡狯?晋人谓戏为狡狯,今闽语尚尔。汝果欲学诗,工夫在诗外。(同上卷七八)

《曾文清公墓志铭》:公治经学道之馀,发于文章雅正纯粹,而诗尤工,以杜甫、黄庭坚为宗,推而上之,繇黄初建安以极于《离骚》、雅颂,虞夏之际。(四库本《渭南文集》卷三二)

范成大(1126—1193)

嘉陵江过合州汉初县下 井径东川县,山河古合州。木根拏一作"挐"断岸,急雨沸中流。关下嘉陵水,沙头杜老舟。江花应好在,无计会江楼。(四部丛刊本《石湖居士诗集》卷一六)

杨万里(1127—1206)

跋陆务观剑南诗稿二首 今代诗人后陆云,天将诗本借诗人。重寻子美行程旧,尽拾灵均怨句新。鬼啸狨啼巴峡雨,花红玉白剑南春。锦囊翻罢清风起,吹仄西窗月半轮。

剑外归乘使者车,浙东新得左鱼符。可怜霜鬓何人问,焉用诗名绝世无。雕得心肝百杂碎,依前涂辙九盘纡。少陵生在穷如虱,千载诗人拜蹇驴。(四部丛刊本《诚斋集》卷二十)

跋陈简斋奏草 诗宗已上少陵坛,笔法仍抽逸少关。真迹总归天上去,独留奏草在人间。(同上卷二四)

《卢溪文集》序(节录) 先生王氏,讳庭珪,字民瞻。登政和八年第。调茶陵丞,与上官不合,弃官去,隐居卢溪者五十年,自号卢溪真逸。少尝见曹子方,得诗法。盖其诗自少陵出,其文自昌黎出,大要主于雄刚浑大云。(四库本王庭珪撰《卢溪文集》卷首)

喻良能

近结茅屋数椽以可赋轩揭取子美"可以赋新诗"之义用沈约体赋诗一首 安仁偃息处,之问读书室。茅轩规昔人,聊可容吾膝。幽芳秀垣曲,翠筱蓊檐隙。松窗炯虚明,荆篱互疏密。淡月晓窥几,候虫夕鸣壁。诗书后前陈,图史左右秩。遐览到三五,旁搜及坚白。一语偶有得,寸心欣自适。轮奂非所慕,兹焉颇放逸。渊明傥来过,真趣会能识。(四库本《香山集》卷一)

次韵伯寿兄海棠 无情长笑杜陵老,不识海棠春意好。东坡作意赏东风,为爱轻绡映肉红。枝头点缀知多少,贪睡今年开不早。含情欲开还未开,紫蝶黄蜂亦懒回。

可怜熟视明人目,长恨年年看不足。晓来风定雨霏霏,減却春光一片飞。多愁更被花相恼,宁惜春衫同藉草。(同上卷三)

参议李郎中惠示古律诗两巨轴次韵首篇奉酬 邺中七雄迹既扫,谢楼梦断池塘草。仙李诗人麻竹多,佳句唯传杜陵老。省郎句法专后来,压尽今世诗流才。并刀剪水有佳致,月中聚雪无纤埃。穿天出月馀四纪,来诗有"宣和中作",故云。捉月风流今不死。从教人售一杯水,自信笔挟风霜字。次山风味唤仍回,老文犹未磨苍崖。收拾明珠百馀斛,寒光入夜阖复开。我得公诗兴叹慨,千古长留诗卷在。只恐天官下取将,人间古货今难卖。(同上)

次韵李大著春日杂诗十首(其七) 帝里春仍好,风和昼漏迟。但怀三釜乐,遑恤北山移。老大谙斑戏,空疏愧色丝。平生杜陵老,耿耿寸心知。(同上卷七)

同德坊寓居 天地方摇落,江湖入梦思。三为京辇客,十见岁华移。亹亹金闺直,萧萧素发垂。残年饱吃饭,细诵少陵诗。(同上)

草堂成即事二首 三年留滞江之南,归来故园寝亦甘。经理草堂唐宝应,耘锄荒径晋陶潜。寸心自昔似南八,双鬓只今如谢三。手栽杨柳既合抱,木尚如此人何堪。

燕雀桑麻五亩匀,香炉峰下磬湖滨。青衫不碍两居士,白发真成六老人(兄弟五人皆二毛,与老母而六也)。子美浣花元不恶,渊明栗里总宜贫。作诗饮酒真吾事,回首江湖懒问津。(同上卷九)

读初寮集呈王宗丞 初寮文律冠中京,晚岁深严三折肱。清处月中仍聚雪,高时风里政抟鹏。家声不坠推王粲,句法能传有杜陵。剩作诗文追汉魏,非公谁不阏溪藤。(同上卷十)

松峭山傍偃松昔尝过之为赋长句今三十有六年矣复至其下慨然有感因次韵 人日肩舆度晓峰,长松偃蹇倚晴空。几年不见根如铁,老境重来鬓似蓬。独树未须夸老杜,五楸那复论韩公。青幢翠盖貌难似,想见霏霏烟雨蒙。(同上卷一一)

试院中秋效诸进士作月涌大江流 团月临清夜,平分一半秋。轮侵斜汉迥,色涌大江流。皎皎惊飞鹊,亭亭喘卧牛。一川寒练静,十顷素光浮。碎彩通袁渚,馀辉谢庾楼。翻思杜陵老,岸草泊樯舟。(同上卷一二)

次韵王待制初见虎牙铜柱诗 千骑远征夔子国,百篇还赋杜陵诗。虎牙突兀撑空出,恰似云开衡岳时。(同上卷一五)

李洪(1129—?)

九日效少陵体 异县黄花节,愁边白发生。茱萸朝士赐,粔妆楚乡情。鸿雁何时到,霪霖未肯晴。今朝一杯酒,独酌似渊明。(四库本《芸庵类藁》卷二)

李处全(1131—1189)

《崧庵集》序 少陵句法出审言,豫章句法出亚夫,有唐若我宋诗人,莫可居二老先,盖其祖考源流所从来远。(四库本《崧庵集》卷首)

程洵(1135—1196)

谒杜子美祠 少年诵公诗,讽咏忘日夕。晚为湖外游,适有耒阳役。仙人梅子真，邀我连辔策。苍山环古城，幽路转石壁。丛祠隐木末，古冢累道侧。衣冠尚唐制，金石存古刻。缅怀天宝年，纲纪丝棼剧。肃代虽中兴，安史互攘贼。风云暗宇宙，蛇豕莽区域。生灵困鱼烂，廊庙鄙肉食。崎岖兵戎间，公亦屡颠踣。时危孰与持，忠愤气弥激。炯炯心怀丹，萧萧发垂白。兴来谩吟哦，赋罢还叹息。区区杞人忧，此意谁复测。至今杜陵编，义与风雅敌。人亡遗像在，庙古炉香寂。庭花日日红，阶草年年碧。公身不可见，公心犹可识。惟馀耒阳流，与君共无极。（知不足斋丛书本《尊德性斋小集》卷一）

林亦之(1136—1185)

奉寄云安安抚宝文少卿林黄中（栗） 泥封款款下青冥，却许麾幢换使軿。夔子城头开幕府，杜陵诗卷作图经。十年去国未还国，万里长亭更短亭。可信明时好人物，乱猿啼处是州厅。（四库本《网山集》卷一）

楼钥(1137—1213)

赵资政招赏川海棠次袁和叔韵 少陵千古诗人杰，每见名花辄题绝。锦棠无如蜀川盛，见说千林天染缬。大篇短章合无数，忍对此花舌如结。黄鹄衔子万里来，春光颇向东南泄。榕闲老子携春归，移石郁林表高洁。崇桃炫昼不足言，红艳烧林疑益烈。棠梨小红自退听，不待骚人定优劣。两登蜀道归海滨，一琴一龟全晚节。嘉招容我到花下，春酒新笃公自挈。攀翻乱插人共醉，十二金钗不成列。袁安参坐为长哦，同气相求磁石铁。不须高烛映红妆，佳月自能明作哲。红潮满颊卧林间，风流谁敢来分别。（四部丛刊本《攻媿集》卷四）

简斋诗笺叙（节录） 少陵、东坡诗，出入万卷书中，奥篇隐帙，无不奔凑笔下，固已不易尽知；况复随意模写，曲尽物态，非亲至其处，洞知曲折，亦未易得作者之意。蜀赵彦材注二诗最详，读之使人惊叹，然亦有未尽处。少陵《留花门》诗有曰："连云屯左辅，百里见积雪。"彦材略而不言，读者亦谓止言其多尔。若此，则上句足矣，何用"积雪"之语？惟能知回鹘之人衣冠皆白，然后少陵之意涣然矣。……少陵、东坡二诗至多，彦材以一力兼注之，故虽尽平生之工，而犹有所遗。（《四部丛刊》影宋本《增广笺注简斋诗集》卷首）

王炎(1137—1218)

用元韵答清老（其一） 巧匠胸中有全室，能文纸上无脱稿。老禅善画亦如是，毛锥未出意先到。解衣盘薄小经营，蓦然挥洒笔如扫。我思诗画本一律，众作徒多等蝉噪。画手无如王右丞，一似诗中杜陵老。正缘此老襟韵高，工拙奇常无不好。斫轮妙处不可传，此事难从笔端讨。由来万法生一心，贯彻精粗无二道。（四库本《双溪类稿》卷九）

与杜仲高书 前日从者回辕，偶病中不得叩教，继蒙放示《杜诗发微》，两日小愈，方得披玩。执事之于杜诗，如杜征南之于《左传》，颜秘监之于《班书》，用工既深，敬信亦笃。炎于诸家诗文，涉猎而已，不能如是精致，即执事所评，炎岂复更可议论？但序文中称本朝至苏子瞻与其徒陈无己、黄鲁直,始尊尚杜诗而宗其旨,炎窃谓此一节当有分别,黄比苏虽为后进,然专以诗自名。书至颜平原,文至韩昌黎,诗至杜工部,二公皆以为得其大全,东坡虽尊杜诗,然始学李太白,晚学刘梦得,与杜诗气脉不同;山谷外舅谢师厚、孙莘老二人,皆学杜诗,鲁直诗法得之谢、孙,故专以杜诗为宗,然诗法出于工部,而句法不尽出于工部,山谷所以名世者以此。后山论诗,其说曰:"王介甫以工,苏子瞻以新,黄鲁直以奇,惟杜工部工拙、新陈、奇常,无一不佳。"其尊杜诗至矣。然后山自谓其文得之曾南丰,其诗得之黄豫章,则山谷乃后山之师也。后山贫困至骨,不肯有所附离,东坡欲其见已,后山难之,盖不欲以师弟子之礼谒之也。东坡知其说,后山始登其门,故后山论诗则为豫章之徒,论文则为南丰之徒,诗文既成而后见苏公,则为东坡之客。今置陈无己于鲁直之上,而以为子瞻之徒,恐未甚安。区区所见如此,不觉尽言,聊谢先施之万一,俟面见方得请教。(同上卷二二)

杨冠卿(1138—1203)

九日(其三) 凄凉少陵老,梓州九日诗。朝廷入梦想,弟妹天一涯。我亦困羁旅,千古同其悲。不忍嗅新菊,惟思咏江蓠。(四库本《客亭类稿》卷一一)

陆九渊(1139—1193)

与程帅书 伏蒙宠贶《江西诗派》一部二十家,异时所欲寻绎而不能致者,一旦充室盈几应接不暇,名章杰句焜耀心目。执事之赐伟哉!诗亦尚矣,原于赓歌,委于风雅。风雅之变,壅而溢焉者也。湘累之骚,又其流也。《子虚》、《长杨》之赋作而骚几亡矣。黄初而降,日以澌薄。唯彭泽一源,来自天稷,与众殊趣,而淡泊平夷,玩嗜者少。隋唐之间,否亦极矣。杜陵之出,爱君悼时,追蹑骚雅,而才力宏厚,伟然足以镇浮靡,诗家为之中兴。自此以来,作者相望,至豫章而益大肆其力,包含欲无外,搜抉欲无秘,体制通古今,思致极幽眇,贯穿驰骋,工力精到。一时如陈、徐、韩、吕、三洪、二谢之流,翕然宗之,由是江西遂以诗社名天下。虽未极古之源委,而其植立不凡,斯亦宇宙之奇诡也。开辟以来,能自表见于世若此者,如优昙花时一现耳。曾无几时,而篇帙寖一作"寖"就散逸,残编断简,往往下同会之籍,放弃于鼠壤酱瓿,岂不悲哉!网罗搜访,出隋珠和璧于草莽泥滓之中,而登诸篋椟,干霄照乘,神明焕然,执事之功,何可胜赞。是诸君子亦当相与舞抃于斗牛之间,揖箕翼以为主人寿。某亦江西人也,敢不重拜光宠?(四部丛刊本《象山先生全集》卷七)

蔡戡(1141—?)

再次前韵上呈 云幕四垂头上黑,微霰飞霙初摵摵。衾裯不暖夜更寒,庭户无声晓仍集。漫空龙凤落万家,入地螟蝗想千尺。因风作响急敲窗,得月交光先透隙。园林巧缀斗新奇,楼观匀铺失金碧。今朝知是谪仙来,门前踏作琼瑶迹。雪车句好忆刘叉,缟带诗成走张籍。但得同倾北海尊,不妨屡过扬雄宅。须知里社乐有馀,正恐太仓米徒索。愁吟时作郊岛寒,饱食幸无陈蔡色。破贼空惭李常侍,仗节未许苏属国。只今力穑学老农,剩喜流膏滋宿麦。杜陵一饭不忘君,忧国丹心老弥剧。愿言玉烛常

均调，万物忻忻俱自得。昌黎有《咏雪赠张籍》诗。（四库本《定斋集》卷一六）

杨简(1141—1226)

偶作（其十五） 勿学唐人李杜痴，作诗须作古人诗。世传李杜文章伯，问着《关雎》恐不知。（四库本《慈湖遗书》卷六）

欧阳光祖

赠篆书吴全仲古风 乡友吴全仲读书之暇，工大小篆。一日，别予游江右，于其行，歌以赠之。

黄帝史仓初作书，依类象形书亦疏。兽蹄鸟迹颇奇怪，乾端坤倪微发舒。周籀大篆十五篇，体制渐与苍史殊。秦兼七国有天下，混一土宇同书车。赵高采历竞新作，胡母博学夸宏模。是时小篆方挺出，苍籀字画勤芟除。云阳系囚变隶体，自注：程邈。世喜简便争奔趋。人文日巧伪日胜，古意自此皆荒芜。峄山野火惟焦苏，苦县光和碑亦无。宣王石鼓后来出，真赝莫订徒嗟吁。阳冰凛凛及前辈，字骨瘦硬中敷腴。潮乎下笔亦清切，杜陵谓与李蔡俱。寂寥恍已隔千载，游心艺苑惟长驱。我朝巨笔惟章徐，武夷近数延陵吴。吴君心近觑天巧，瘦不露骨肥不粗。小字银钩铁画如，大字龙蛇相郁纡。上穷羲黄下秦汉，掎摭彝鼎并盘盂。知音惜无浣花老，侯门欲曳邹阳裾。劝君行矣勿留滞，识真四海多通儒。莫学妇人写阴符，莫作奇字索酒沽。摩崖他日颂功德，大字深刻真良图。（清陆心源《宋诗纪事补遗》卷五二引《截江网》）

赵蕃(1143—1229)

挽宋柳州绶（节录） 少陵在大历，涪翁在元祐。相去几百载，合若出一手。流传到徐洪，继起鸣江右。遂令风雅作，千载亡遗究。猗欤宋柳州，有志诸公后。作诗匪雕琢，气质先忠厚。锐锋深自敛，至宝不轻售。（四库本《淳熙稿》卷一）

以山药傅担团茶送向伯原用旧韵 江郊重数少陵堂，草木依人亦宠光。柏藉扶持难雨溜，竹逃剪伐易云长。鸡苏莺粟类熟炙，熟炙事，见《林间录》。山茗溪茶同摘苍。杜诗有《摘苍耳》诗。我愿麋琼更加璧，助其问字有过扬。（四库本《章泉稿》卷三）

徐恢

登舟客有诵杜诗春水船如天上坐之句因成一绝 暖风收拾乍晴烟，春水西湖并半船。若使杜陵轻著眼，应言直下是青天。（《永乐大典》卷八九九九引《站台集》）

寄题赵昌父发深省斋 寄语前身杜拾遗，梦回深省不须疑。钟声荐处浑闲事，荐起钟声未起时。（同上卷二五三八）

史中之

叙州 东楼特杰少陵诗，锁江颉颃涪翁题。两翁诗阵屹相向，千载名与江山齐。（宋王象之撰《舆地纪胜》卷一六三《潼川府路·叙州》，中华书局1992年影印本）

范令闻

楚公鹰(节录)　与鹰写真惟楚公,与公作歌惟老杜。画托此歌以不朽,至今人诵传空句。……枯枝绝笔半已讹,飞鸟脱字无缘补。好事能来一赏音,不必移之在缣素。(刘喜海《金石苑·宋富乐山范公诗》)

叶适(1150—1223)

对读文选杜诗成四绝句　一从屈原离骚赋,便至杜甫短长吟。千载中间多作者,谁于海岳算高深。

绝疑此老性坦率,无那评文兼世情。若比乃翁增上慢,诸贤何得更垂名。

江淹杂体意不浅,合彩和音列众珍。拣出陶潜许前辈,添来庾信是新人。

草堂四松看摩空,瀼西千果交青红。似须隐约住蜀道,可惜奔波离峡中。(四部丛刊本《水心先生文集》卷八)

俞成

萤雪丛说　老杜诗词,酷爱下"受"字,盖自得之妙,不一而足。如"修竹不受暑","轻燕受风斜","吹面受和风","野航恰受两三人",诚用字之工也。然其所以大过人者无它,只是平易,虽曰似俗,其实眼前事尔。"老妻画纸为棋局,稚子敲针作钓钩",以"老"对"稚",以其妻对其子,无如此之亲切,又是闺门之事,宜与智者道。(丁福保辑《历代诗话续编》本蔡梦弼《杜工部草堂诗话》卷一,中华书局 1983 年版)

陈藻(1150? —1225)

山中有感　每看风月非人世,错认江山是画图。谁解吟诗追李杜,何须涉海访蓬壶。(四库本《乐轩集》卷一)

读李翰林诗　杜陵尊酒罕相逢,举世谁堪入此公?莫怪篇篇吟妇女,别无人物与形容。(同上)

胡稡

简斋集叙(节录)　诗者,注情之溪也,有所感发,则轶入之,不可遏也。其正始之源,出于《风》、《骚》,达于陶、谢,放于孟、王,流于韦、柳,而集于今简斋陈公。……况其忧国爱民之意,又与少陵无间,自坡、谷以降,谁能企之?余故窃嗜焉。(《四部丛刊》影宋本《增广笺注简斋诗集》卷首)

孙应时(1154—1206)

入剑门和少陵韵　客还入剑门,纵览形势壮。两崖摩青天,石城岌相向。风云郁惨澹,神鬼见情状。重关一何危,哀壑不可傍。岩蹲虎豹怒,水落龙蛇放。英雄意飞扬,行路色沮丧。杀人古如麻,俯仰有馀怆。我游亦何事,哦诗神颇王。杜陵千年句,角逐不得让。过关一雨凉,浓绿出千嶂。独酌无与歌,怀人复怊怅。(四库本《烛湖

集》卷一五）

定军山叹 仲达受巾帼，佐治来闭营。君看此情事，岂办吾孔明。八阵有天威，千里无留行。但度渭水去，贼势能不争。便当截狼头，三辅即日平。连年计兹役，独坐粮运萦。所以五丈原，驻军方杂耕。俶载维首夏，望望秋谷升。云何西风至，忽已落大星。痛哉万世功，于此丧垂成。炎精遂沦谢，王路终榛荆。三马肆蹄啮，群雄迄纵横。公乎少徐死，此祸何由生。天机定谁执，变化纷可惊。乔木定军山，空有身后名。世论复卤莽，呜咽志士情。朗咏少陵诗，何诛陈寿评。（同上）

辞武侯庙 三分遗论久难明，独有河汾与杜陵。工拙人休计曹马，兴亡天亦恨桓灵。大星忍向中宵落，老柏空馀千载青。再拜征途重回首，雪风吹断泪成冰。（同上卷一九）

曹彦约(1157—1228)

戏集少陵句 山晚浮云合，天寒鸧鸹呼。世人共卤莽，行路日荒芜。衰谢身何补，低垂气不苏。所过凭问讯，似欲慰穷途。（四库本《昌谷集》卷一）

奉济驿次杜老送严公韵 奉济传芳久，当年折柳情。来赓工部句，去作锦官行。诗妙将安仿，吾衰及此荣。草堂修旧否？得见慰平生。（同上）

程珌(1164—1242)

富春驿记 杜工部月明泊舟对驿云："更深不假烛，月朗自明船。金刹青枫外，朱楼白水边。城乌啼眇眇，野鹭宿娟娟。皓首江湖客，钩帘独未眠。"富春据钱塘上游，千车辚辚，百帆隐隐，日过其前，而征舍才数椽，客至无所馆，往往躏老子之宫，践浮屠之室，其来尘轶，其去水空，公私交病，不知几春秋。予弹丝稍间，筑驿江渚，至者如归，越山如画，金刹差参其旁，绝类草堂所诗，旦夕代去，系舟驿下，收吴烟越雨尽入毫端，继公之诗于数百年后，亦一快也。癸酉冬记。（四库本《洺水集》卷七）

释居简(1164—1246)

书雪巢林景思诗卷 诗人巢雪如住山，巢中所得强得官。官微不足了饘粥，尽日幽寻遣儿读。春容大篇辄千字，炼字贵活不贵死。乡来杜陵有布衣，晚到夔州也如此。乃今遗稿安在哉，古花囊锦宗文开。开缄宛见谏议面，只字重哦复三咽。三咽然后耳有闻目有见，见人捧心颦两眉。不学施家女，只学唐人诗。为言诸子将安之，巢空雪明康鼎来。（日本应安七年刻《北磵诗集》卷二）

毗陵三题（节录） 百围振虚籁，言嗟漆园误。溜雨四十围，诗史诞弥著。锵然《古柏行》，谁领末后句。一亩蔽苍苔，回顾空蕃庶。（同上卷六）

涨水叹（节录） 涛翻天上第一禅，所感召者诚宜然。或讥浮图事吟笺，法当勿用浮图言。

少陵琳琅千万篇，留人间者百不一。亦师粲可缚禅寂，不知此话何从出。（同上卷七）

度正(1166—1235)

八月中澣同官会于尘外亭分韵得烟字 放步超阛阓,濯缨俯漪涟。清风来徐徐,玉宇明娟娟。平畴卷黄云,远浦凝寒烟。横空六六峰,一一来当筵。秋光助颜色,相对如高贤。三峨眇遐思,仿佛窥其颠。悠悠城南道,郁郁惠陵阡。怀哉千载人,乔木今参天。回头子云宅,池塘亦依然。奈何傍人门,不几丧我玄。沿河西复西,草草屋数椽。唐儒杜先生,向来此周旋。食我西山英,饮我西涧泉。吐出五色丝,无愧三百篇。遂令浣溪上,草木皆光鲜。我欲于其间,结茅近英躔。尚论古之人,永谢区中缘。鹪鹩翔蓬蒿,庶几避鹰鹯。但欲一区宅,不用二顷田。念昔怀此心,只今已十年。平生百事拙,为计亦可怜。家有万卷书,而囊无一钱。登临每怅望,兴味徒拳拳。珍重金石交,议论相磨研。求寻鸥鹭盟,摆脱簿书缠。风月为鼓吹,溪声为管弦。茗饮间醴醪,藜羹杂豆笾。谈谐各自适,洒落真神仙。哦诗纪胜游,他年草堂编。(四库本《性善堂稿》卷一)

戴复古(1167—?)

祝二严 仆本山野人,渔樵共居处。小年学父诗,用心亦良苦。搜索空虚腹,缀缉艰辛语。糊口走四方,白头无伴侣。前年得严粲,今年得严羽。我自得二严,牛铎谐锺吕。粲也苦吟身,束之以簪组。遍参百家体,终乃师杜甫。羽也天姿高,不肯事科举。风雅与骚些,历历在肺腑。持论伤太高,与世或龃龉。长歌激古风,自立一门户。二严我所敬,二严亦我与。我老归故山,残年能几许。平生五百篇,无人为之主。零落天地间,未必是尘土。再拜祝二严,为我收拾取。(四库本《石屏诗集》卷一)

杜子野主簿约客赋一诗为赠与仆一联云生就石(一作"后")桥罗汉面吟成雪屋阆仙诗 杜陵之后有孙未一作"子",自守诗家法度严。秀骨可仙官况薄,高情追古俗人嫌。起看星斗夜推枕,为爱江山寒卷帘。饱吃梅花吟更好,锦囊虽富不伤廉。(同上卷五)

苏泂(1170—?)

老杜浣花溪图引 拾遗流落锦官城,故人作尹眼为青。碧鸡坊西结茅屋,百花潭水濯冠缨。故衣未补新衣绽,空蟠一作"峥嵘"胸中书万卷。探奇欲度羲皇前,论诗未觉国风远。干戈峥嵘一作"终风且霾"暗宇县,杜陵韦曲无鸡犬。老妻稚子具眼前,弟妹飘零不相见。此公乐易真可人,园翁溪友肯卜邻。邻家有酒邀皆去,《庄子》:"井蛙不可以语于道。"得意鱼鸟来相亲。《世说》:简文入华林园,顾谓左右曰:会心处,不必在远;翳然林木,不觉鸟兽禽鱼自来亲人。浣花酒船散车骑,野墙无主好桃李。杜诗:"手种桃李非无主,野老墙低还是家。"又云:"桃花一簇间(应作"开")无主。"宗文守家宗武扶,老杜云:"熊儿幸无恙,骥子最怜渠。"又有《示宗文宗武》两诗,《宗武生日》诗注云:宗武,小字骥子。陈无已《和饶节咏周昉画李白真》诗云:"君不见浣花老翁醉骑驴,熊儿捉辔骥子扶。金华仙伯哦七字,好事不复千金摸。"谓此也。金华,谓山谷。落日蹇驴驮醉起。愿闻解鞍脱兜鍪,《书·太甲》:"惟甲胄起戎。"注:甲,铠;胄,兜鍪也。《汉·韩延寿传》:"被甲鞮鍪。"注:即兜鍪也。退之诗:"边封脱兜鍪)”。老儒不用千户侯。老杜《忆昔》云:“老儒不用尚书郎。”乐府《木兰歌》:“木兰不用尚书郎。”中原未得平安报,杜诗:“夕烽来不近,每日报平安。”醉里眉攒万国愁。一作“清扬之间”。《庐阜杂记》:远法师结白莲社,以书招渊明造焉,远勉以入社,陶攒眉而去。生绡铺墙粉墨落,平生忠义今寂寞。儿呼不苏驴失脚,又恐新来有新作。常使诗人拜画图,煎胶续弦千古无。东方朔《十洲记》:煮凤喙麟角合煎作胶,名为续弦胶。《博物志》:汉武时,西海国献胶五两,以付外库,馀半两,使者佩以自随。后从帝射于甘泉,帝弓弦断,西使乞以所馀胶续之,弦遂相着,使力士各引一头,终不相离,因名续弦胶。杜诗:“麟角凤嘴世莫辨,煎胶续弦奇自见。”杜牧之《读韩杜》云:“杜诗韩笔愁来读,似倩麻姑痒处搔。天外凤凰谁得髓,无人解合续弦胶。”(四库本《泠然斋诗集》卷二)

陈宓(1171—1230)

和枢上人评诗 赠我古锦囊,诗卷若笋束。吟头久不掉,邂逅适我欲。刺眼讶龙蛇,远意追鸿鹄。陋语固自愧,高词敢虚辱。大雅久矣亡,三叹对遗牍。不有靖节篇,何以悦我目。谪仙句无敌,有口不食粟。遂令后世儒,拳拳仰高躅。杜陵到圣处,正始顿牵复。挥毫动风雨,咳唾惊流俗。其馀闹蛙蚓,谁屑与类族。亡国悦郑音,俚耳习胡曲。勃兴出韩柳,一洗陋学独。变化云在天,鲜妍锦来蜀。骅骝就夷路,造父为之仆。方扬秋月辉,忽散春花馥。洪钧运不停,常窘苦见逐。我宋得欧苏,妙语起山谷。后山又角立,作者复陆续。流派自天河,巨浪翻平陆。和风扇寰宇,弦诵兴庠塾。搏虎寝其皮,屠龙食其肉。掷简海蜃浮,举手天浆掬。会当三月初,论文约吾属。引杯送残红,分坐占新绿。笑语剧鹅雁,酬倡交金玉。庶呈待聘珍,无以藏诸椟。(清抄本《复斋先生龙图陈公文集》卷一)

华岳(? —1221)

酒歌(谢同舍叶南陵,名英) 尝闻子美清江曲,日典春衣耽美禄。又闻太白游长安,市上熏熏醉眠熟。风流国里太平时,处处红楼漾酒旗。王孙公子恣行乐,繁弦脆管相追随。谁知寥落天涯客,笠顶清风秋挑月。芒鞋踏遍山水雄,奋身欲入黄金阙。方嗟萧索向西园,刮面寒风雨涨天。回头忽喜黑衣至,急破红泥倾数船。虽无皓齿歌金缕,也扫新诗狂欲舞。儿童拍手笑拦街,应怪吴侬喜如许。长江波浪卷银山,去去仍悲道路难。只凭一醉进未得,更借高风吹片帆。(四库本《翠微南征录》卷三)

汪莘

放歌行 口中吐佛子,腰间出神仙。眉心红日大如钱,脑宫诵经声泠然。瞿昙黄老去我久,可使举世终无传。天亦若忌我,我自梦里知其天。团团清光中,本来面目常现前。分明是真不是想,水中月影镜中像。自从别后见君稀,一朝邂逅成欢赏。见亦不可拟,得亦不可强。知音相逢只弹指,得丧穷通且涵养。芙蓉芰荷颠倒披,九天风露流肝脾。俯观人世不忍弃,世人弃我良非痴。有时愤闷须痛饮,长歌市上相追随。左挟田先生,右拍樊於期。狗屠在前武阳后,击筑叱起高渐离。扬雄但能识奇字,未识以道御之无不宜。一舞神鬼哭,再舞雷电飞。三舞乾坤悉清净,却视万物生光辉。我衰不能作伊尹,手把犁锄垦蚯蚓。亦复不能作吕望,垂丝磻溪上。但愿汉家宗社牢,化权何必吾人操。但愿紫微宫南太微北,中间七个能甄陶。君不见张三裹青衫,李四著紫袍,黄金转多官转高。孔丘盗跖那复辨,长蛇封豕争雄豪。我欲告天天肯否,旁人窃笑妇摇手。不如开眼明月前,莫教失却清风后。杜子美,李太白,清风为魂月为魄。至今来往天地间,几回独把栏干拍。(四库本《方壶存稿》卷一)

魏了翁(1178—1237)

程氏东坡诗谱序　谱三百五篇诗,自郑氏不尽用旧谱,而又别为谱。自国朝欧阳氏考世次以定先后,审正变以观治忽,谱之作不但为诗而已,抑亦当代之编年也。自文章之盛而百家之传有总集,有别集,大抵有后先之序。杜少陵所为号诗史者,以其不特模写物象,凡一代兴替之变寓焉。前之为谱者有吕氏,后之为谱者有蔡氏,所以忠于少陵者多矣。然自除官至剑南后事,尚多疏漏。其卒也,或谓在耒阳,或谓在岳阳,或谓当永泰之二年,或谓在大历之五年,自新、旧史列传以逮二家之编年,俱不能定于一,则其转徙之靡常,本末之无序,当有未易考者。诗谱之作,殆非易事也。文忠苏公之诗,其世虽近而易考,其诗则博而难究,公之里人程子益以谦既为之谱,又举其一时之唱和,与公之追和前人,后人之追和于公者,皆参列而互陈之,谱之作不知视二家为何如?然以数百年之酬唱会粹成编,亦谱少陵者所未及也。或曰唱酬之用韵,当少陵时未知其有亡也,乌得而谱?余曰不然。赓歌答赋,其源尚矣,下逮颜、谢各有和章见于集,虽声韵不必皆同,然更唱迭和具有次第,逮唐人始工于用韵,韩退之和皇甫持正《陆浑山火》,张籍和刘长卿《馀干旅舍》,刘、白和元微之《春深》题二十篇,盖同出一韵。少陵之有无此例,诚不得而知,然其集中有酬李都督、寇侍御、韦韶州等篇,既谓之酬,岂得无唱?集所不录,姑置勿论。如高常侍、岑补阙,乃少陵之所纳交者,严郑公又少陵所依者,而补阙寄少陵之诗见于集者一,常侍、郑公所寄少陵之诗见于集者三,何其微也?吕、蔡固不以唱酬具载为例,设因事而并识之,如贾舍人早朝诗,与和者三人皆在,岂不益详且尽哉?矧惟文忠公之诗,盖不徒作,莫非感于兴衰治乱之变,非若唐人家花车斜之诗,竞为瘦当为"廋"辞险韵,以相胜为工也。咏歌叹美之词,闳挺而不浮,隐讽谲谏之词,肫实而不怼,而又所与交者皆一代之闻人,千载而下,诵其诗者,不必身履熙、丰、祐、圣之变,而识世道之升降,不待周旋于熙、丰、祐、圣诸公,而得人品之邪正,兹又有出于谱之外者。余固因子益之谱而重有感也。子益之祖尝为柱下史,劝讲金华,益又公之外家,其学远有端绪云。(四库本《鹤山集》卷五一)

张端义(1179—?)

辛卯岁,北来人数百辈暂寓于襄阳府九华寺或作"光孝寺",有一人题诗于壁云:"干戈未定各何之,一事无成两鬓丝。踪迹大纲王粲传,情怀小样杜陵诗。鹡鸰信断云千里,乌鹊巢寒月一枝。安得中山千日酒,陶然直到太平时。"虽未为绝唱,读之亦使人增感也。(四库本《贵耳集》卷下)

陈振孙

四家诗选十卷　王安石所选杜、韩、欧、李诗,其置李于末,而欧反在其上,或亦谓

有所抑扬云。(现代出版社 1987 年影印武英殿聚珍版《直斋书录解题》卷一五,《中国历代书目丛刊》第一辑)

程公许(1181—1251)

盐亭登高山庙 晓驰光禄坂,暑憩盐亭县。嵯峨山叠云,窈窕溪横练。长怜少陵叟,浪走天涯遍。耿然忧国心,甘作忍饥面。世难今略平,军行余后殿。凭高慨往哲,欲去有馀恋。(四库本《沧洲尘缶编》卷三)

岳珂(1183—?)

周少隐留春词帖赞 弦管之流声,景物之感情。激徵含商,书一作"舒"华发英,固所以合融怡于自然,而惜流转之不停。亦犹夫见穿花之蛱蝶,赋点水之蜻蜓。思尽醉于风光,而典春衣于杜陵也。(四库本《宝真斋法书赞》卷二四)

曾由基

与陈刚父论诗 少陵久矣跨鲸游,近说西江沸不休。双井发源注南海,百川分港失东流。君怀正印高悬眼,我抉玄关笑点头。半世工夫缘底事,旁人却作等闲求。(《永乐大典》卷九〇三)

刘克庄(1187—1269)

《网山集》序(节录) 至于网山论著,句句字字,足以明周公之意,得少陵之髓矣。其律诗高妙者,绝类唐人,疑老师当避其锋。(四库本《网山集》卷首)

释元肇(1189—?)

题草书洗兵马 诸将收功日,山东平定时。妙须怀素笔,草出少陵诗。风雨驱驰疾,龙蛇变化宜。合当崖石上,见写次山碑。(日本东山天皇元禄乙亥仿宋刊本《淮海挐音》卷上)

题饮仙图 蹇驴破帽少陵寒,吐出歌辞字字酸。渭水骊山肠断日,诸公肯待醒时看。(同上卷下)

林希逸(1193—?)

新诗改自吟 酷爱惊人语,诗坛独苦心。吟成还自改,改罢又长吟。四炼传谁法,双声岂古音。笔涂随句定,髭捻用功深。过眼疵难掩,支颐吻欲噤。身轻少陵集,商榷到于今。(四库本《竹溪鬳斋十一稿续集》卷一七)

李龏(1194—?)

梅花集句 子美诗中黄四娘,满身新裛瑞龙香。似嫌时世妆梳浅,故作无情淡淡妆。(其七十五)

花压栏干春昼长,玉中还有辟邪香。少陵苦被花相恼,可是无心赋海棠。(其八

十九)(汲古阁影宋抄本《梅花衲》)

释善珍(1194—1277)

少陵　少陵弦断无胶续,鸾凤巢高隔五云。老子一身都是胆,要倾东海取龙筋。(日本宽文十二年藤田六兵卫刊本《藏叟摘稿》卷上)

高斯德

题赵致道茅斋　三百年前茅屋歌,谁其继者茅斋铭。杜陵忧世何其切,鹤山观物何其精。两诗妙处均不朽,吾能合异融其真。绮栊雕宇贮豪士,此岂有意矜吾民。从来大庇天下手,乃在茅栋茨檐人。请君观铭验吾德,复来歌义充吾仁。庶几体用归一贯,二老可作当欣欣。(四库本《耻堂存稿》卷七)

绝交行　男儿独立天地间,太华绝尖一何峭。子房不肯下萧曹,伯夷本自轻周召。往来舞袖拂云霄,醉里扁舟凌海峤。凤饥肯向鸡求餐,玉洁不与蝇同调。山高路断客来稀,日晏廛空臂争掉。穷途李白友俗人,岁晚杜甫交年少。前门长揖后门关,当面论心背后笑。云门轻与凡耳弹,夜光莫怪儿童诮。君平世弃政自佳,老子知希渠所要。人间对面九疑峰,未许冲风鼓无窍。(同上)

立春日集杜句　春日垂霜鬓,江村乱水中。偷生长避地,愁坐正书空。乞米烦佳客,应门试小童。布衾冷如铁,长夜岂堪终。

早行石上水,泥泞苦相牵。兵甲杜诗作"盗贼"浮生困,艰辛众目怜。囊空罄金错,米尽折花钿。更有伤心处,君臣半壁天杜诗作"豺虎边"。(同上卷八)

胡仲弓

问陈禹锡太博病　脉虚非别症,身坐蠹鱼痴。造物不青眼,江湖此白眉。近年书不至,远宦梦相随。遣病无他嘱,加餐诵杜诗。(四库本《苇航漫游稿》卷二)

潘玙

读少陵近体诗　少陵近体诗,其间备众体。炼语发英华,立意为根柢。如击常山蛇,应处贯首尾。今人一体看,而不究其理。(影印《诗渊》第六册 4222 页)

李昴英(1201—1257)

吴荜门《杜诗九发》序　草堂诗,名辈商评尽矣,反复备论为一书者盖鲜。莆田吴君泾思覃句中意,索言外,寻音响,泝脉络,举纲目,工部胸襟气象模写曲尽,皆前人所未到。余味之隽永,深叹其用工之精。户掾余君得稿维桑,捐金锓梓,盖深于杜诗者,谓是编不可无也。足未万里途,不读万卷书,莫读杜诗,信哉!(四库本《文溪集》卷三)

方蒙仲(1214—1261)

和刘后村梅花百咏　拾遗当日醉于诗,江路寻梅兀似痴。花底柳边真梦事,居然短褐鬓如丝。(其六)

少陵前仅陆君诗，骚里居多摭茝蘺。未必梅花非有待，不妨敲琢古人遗。（其十一）

无人可共倚雕栏，折得横枝独自看。梅癖难医君信否，东阳瘦损少陵酸。（其十八）

驿处徘徊磴处缘，任教人唤作梅颠。赊它陆凯二十字，唤起杜陵三百年。（其三十五）（影印《诗渊》第二册）

王义山(1214—1287)

挽黄松涧 少陵元是谁家数，衣钵当初自审言。松涧于何寻的派，涪翁之后又乃孙。几篇忧国诗奚寄，一念爱君天所根。不比骚人弄光景，读君遗稿死犹存。（四库本《稼村类稿》卷二）

陈著(1214—1297)

辟戴师一作"帅"**初食长斋**一作"菜" 漂泊无家杜少陵，兵间奔走随蓬萍。碧涧香芹固所一作"可"嗜，鲙鲤岂厌银丝精。百谪九死苏玉局，到处为乡心自足。有时珍尝百糁羹，何尝不食黄鸡粥。二子流落甚数奇，攻苦食淡分所宜。顾无所释一作"择"随所有，亦曰吾师吾仲尼。菜瓜鱼肉皆可食，乡党一篇炳星日。君胡不学圣与贤，乃外吾道从道释。岂薄朱门粉乳一作"署"郎，穷搜滋味丰时装一作"壮"。岂恶毡帽侏儒辈，抟一作"搏"攫羊豕饱腥肪。不则床头怕金尽，不则继肉乖夙准。遂将所受父母身，束缚枯肠强坚忍。况闻君家百指馀，正是一作"自"不同藜苋厨。独立标榜人所骇，此意未知果何如。君子之道在耳中一作"中耳"，才落一偏犯公议。有则庶羞不为过，无则乞食亦常事。朋友切磋欲无瑕，早从吾言勿姑差。庶几上不见标于仲尼之门，下可并齿于杜苏二子之家。（四库本《本堂集》卷三十）

后纪时行 岁在乙酉孟春朔，天气凝滞云不开。一日二日三四日，或雪或雨或夜雷。山川失色万物病，寒气折骨淖没胫。如大兵后洪水馀，鸡犬无声烟火冷。况昔三阳转新元，公私万事五日宽。上得杯酒寿父母，下与妻孥贺团圞。如今景物不可说，官府何曾有时节。符移捷出星火飞，吏卒叫嚣豺虎烈。意谓东风换年头，眼前百锢当作"痼"庶有瘳。天时人事乃如此，何以解吾忧世忧。元日连阴至七日，老杜感时时当作"诗"纪实。太平时节身难遇，昌黎此语亦凄恻。是时世事未如今，二老已有难言心。我今更有难言处，聊记岁月那忍吟。（同上卷三一）

徐集孙

赵紫芝墓 晚唐吟派续于谁，一脉才昌复已而。对月难招青冢魄，见梅如揖紫芝眉。四灵人物嗟寥落，千古风骚意一作"忆"俊奇。公去遥遥谁可法，少陵终始是吾师。（四库本《两宋名贤小集》卷三百《竹所吟稿》）

王象之

杜少陵诗石刻 少陵游蜀凡八稔，而在夔独三年。平生所赋诗凡千四百六篇，而在夔者乃三百六十有一。治平中,知州贾昌言刻十二石于北园,岁久字漫灭;建中靖国元年,运判王蘧新为十碑。今碑在漕司。(四库本《舆地碑记目》卷四《夔州碑记》)

舒岳祥(1219—1298)

寇攘之馀谷五斗才易一鸡衰老多病资血味以为养求之弗可得畜二母鸡自春抱育至夏百翼不减子美生理喜而有作(四月初十日)　昔有尸乡翁,养鸡盖阡陌。累财千馀万,积微利自博。子美居瀼西,此物尚百翮。作诗戒宗文,墙东树笼栅。我今山居中,生理苦迫窄。衰年资食治,时有不速客。海鱼不常储,溪蟹碎难擘。颇欲效两翁,字鸡供口食。买得双伏雌,领以一赤帻。户外听约束,安能污案席。剖坼五十卵,引哺渐开拆。从兹日生生,向秋益繁息。麦云行刈黄,可得二十石。已知饼臛具,不假天边翼。窃笑茅季伟,割烹惟一只。奉亲不及宾,资生拙无策。(四库本《阆风集》卷一)

题潘少白诗　海飓既过天泬寥,瓦檠弄焰静自摇。特山吟稿适在案,读罢不知山月高。早从唐体入圆妥,更向派家事掀簸。尽囊六卷要我删,子自得之何必我。燕骑纷纷尘暗天,少陵诗史在眼前,我才衰退空茫然。君能于此更著力,唐体派家俱可捐。(同上卷二)

陈必复

读后山诗　百世人参杜陵句,一灯晚得后山传。天寒霜重隼孤击,木落江空花自妍。绝代文章惊此老,半生心力尽他年。后来不作嗟谁继,古意凄凉付断编。(《永乐大典》卷九〇三)

陈杰

和成修堂见寄吟稿韵二首(其一)　吟屋青山万垒间,割来风月少陵坛。可怜云树相望地,今作江东渭北看。(四库本《自堂存稿》卷四)

龚开(1222—?)

仆为虚谷先生作玉豹马先生有诗见酬极笔势之驰骋乃以此诗报谢(节录)　我持此马将安归,投之君侯如献璧。君侯作诗凛驰骛,八荒满盈动雷雨。定知此马知此意,独欠老奚通马语。曹将军,杜工部,各有一心存万古。其传非画亦非诗,要在我辈之襟期,君侯君侯知不知。(明程敏政撰《宋遗民录》卷十)

释行海(1224—?)

言诗　句织天机字字难,冥搜长在寂寥间。每惊白雪阳春变,未放光风霁月闲。子美到今谁是史,仲尼亡后不曾删。衰吾欲话平生志,安得重逢饭颗山。(抄本《雪岑和尚续集》卷上)

谢枋得(1226—1289)

代上杜按察三首(其三)　万物宁无吐气时,平生爱诵杜陵诗。如今天下知元结,

六百年间再见之。(四部丛刊本《叠山集》卷一)

方回(1227—1307)

秋晚杂书三十首 窃尝评少陵,使生太宗时。岂独魏郑公,论谏垂至兹。天宝得一官,主昏事已危。脱命走行在,穷老拜拾遗。卒坐鲠直去,漂落西南陲。处处苦战斗,言言悲乱离。其间至痛者,莫若八哀诗。我无此笔力,怀抱颇似之。(其十九)

六经天日月,诸子如四时。史自班以上,语奇文亦奇。踵武蔚宗辈,语有文无之。小宋刊新唐,不悟宵寐规。以艺传李杜,待之无乃卑。他人有遗集,一览不再窥。惟此与韩柳,咀嚼无厌期。侪彼枫落生,吾欲镌此疵。(其二十一)

道自汉魏降,裂为文与诗。工诗或拙文,文高诗或卑。香瓯假山序,不妨自一奇。鲋橘多骨核,乃至肆诋訾。恭惟陈无己,此事独兼之。五七掩杜集,千百臻秦碑。四海紫阳翁,归美岂其私。所以此虚叟,取为晚节师。(其二十二)(四库本《桐江续集》卷二)

说诗 齿发侵寻落,风霜取次秋。口须湔乳臭,川合向东流。沈宋中尝悔,江湖晚更羞。此声专老杜,犹俟到夔州。(同上卷八)

拟咏贫士七首(其六) 少陵走西蜀,坡仙谪罗浮。暗与渊明合,九日无新篘。儿曹处此境,四顾定复愁。惟此三老翁,浩然无所忧。作诗配日月,万古长空流。寄谢酩酊子,讵识黄花秋。(同上卷九)

九日无酒并序 "尘爵耻虚罍,寒华徒自荣",渊明诗也。"如今九日至,自觉酒须赊",少陵诗也。"典衣作重九,徂岁惨将寒。无衣粟我肤,无酒皲我颜",东坡惠州诗亦然。予乙酉九日前,以衣袍典钱不能得,遂成无酒诗。瞠若乎三大老之后,可笑也已。

陶杜休官窘可知,更怜坡老惠州时。三人九日俱无酒,一笑千年各有诗。我辈固穷生事拙,今秋悭雨菊花迟。典衣不办杯中物,空嗅青英有所思。(同上)

西斋秋感二十首(其十八) 寒士足奇士,贵人多俗人。俗人尚自可,盗贼乘风尘。子美客长安,悲歌惊鬼神。柄国者谁子,曲江近前嗔。逆臣自此起,强藩由是振。乃至饿隶辈,貂冕垂长绅。狼狈老拾遗,拾橡逃陇岷。我每读其诗,吞泪声酸辛。(同上卷一一)

题郭熙雪晴松石平远图为张季野作是日同读杜诗 书贵瘦硬少陵语,岂止评书端为诗。五百年间会此意,画师汾阳老阿熙。嵬诗琐画世一轨,肉腴骨弱精神痴。明窗共读杜集竟,两幅雪霁叉横披。前幅长松何所似,铁干皴涩撑霜皮。其下怪石卧狻兕,突兀峭崒凝冰凘。后幅渐远渐迤逦,一往不知其几里。目力已尽势未尽,平者是沙流者水。人物如指或如蚁,戴笠骑驴者谁子。顾此定是觅句翁,羸仆缩首襆冻耳。欲渡未渡溪坂间,啐野寒乌忽惊起。自非布置夺鬼神,焉能挥扫到骨髓。郭生此画出自古心胸,亦如工部百世诗中龙。清癯劲峭谢妩媚,略无一点沾春风。市门丹青纷俗工,为人涂抹杏花红。老夫神交此石与此松,留眼雪天送飞鸿。(同上卷一二)

过李景安论诗为作长句 三百年来工五七,追雅媲骚谁第一。独闻彭城陈正字,向来得法金华伯。终古不朽语言在,以诗教人人不识。善学少陵而不为,殆如孟子不言易。世人往往谈神仙，便欲插翅登青天。邀寻道士学服饵，朝呼暮吸夜炼煎。换骨一语曾未悟，未办黄庭修内丹。俗流无骨但有肉，虾蟆敢竞骊龙先。姚合许浑精俪偶，青必对红花对柳。儿童效之易不难，形则肖矣神何有。求之雕刻绘画间，鹄乃类鹜虎胜狗。由陈入黄据杜坛，当知掬水月在手。后生可畏尝闻之，君友何人师者谁。双井白门浣花脉，实字用正虚用奇。郁轮袍曲异筝笛，藐姑射姿无粉脂。梯危磴绝不可近，尚有简斋横一枝。(同上卷一四)

赠江东李提学(浩)(节录)　雅衰风息《离骚》降，迩来此道尤荆榛。少陵一老擅古今，学所从入须黄陈。后世口耳逐世好，九苞一角谁凤麟。君家兄弟名骤起，传者惊叹笔有神。门第既已推第一，人品学问俱不群。呜呼宇宙之大我辈未尝少，高歌一曲吾气其庶伸。(同上)

赠程君以忠杨君泰之(其一)　后生可畏古云然，斗大荒城得两贤。句眼端能敲一字，吟肠何啻著千年。淡中滋味参须透，圣处工夫语不传。我有长明古灯在，未妨三绝少陵编。(同上卷一九)

于氏琵琶行　君不见木兰女郎代戍边，铁甲卧起二十年。不知谁作古乐府，至今流传木兰篇。又不见公孙大娘舞剑器，挥霍低昂动天地。我杜少陵有长歌，每一读之生壮气。(同上卷二十)

孟浩然雪驴图　往年一上岳阳楼，西风倏忽四十秋。诗牌高挂诗两首，他人有诗谁敢留。其一孟浩然，解道气吞云梦泽。其二杜子美，解道吴楚东南坼。浩然诗不多，句句尽堪传。天下诗人推老杜，老杜又专推浩然。我亦尝遨江汉边，梅花腊月犹年年。一句新诗学不得，谩饱槎头缩项鳊。雪天谁写诗穷状，冻合吟肩神气王。短褐长夜死不朽，貂蝉何必凌烟上。偶随故人直玉堂，龙鳞不顾婴君王。李太白、贺知章，三郎不识放归云水乡，子美先生饿欲僵。浩然先生不直内厩一匹马，可是蜀栈骑驴山路长。(同上卷二三)

九月一日稍佳演作五十六字终不及少陵牧之　少陵哦后牧之□，□□原缺三字篇章可谓过。真是能专诗笔否，似应无奈菊花何。雁来秋老江湖落，病感风寒涕唾多。自古死生元有命，满斟且复醉颜酡。(同上卷二十六)

湖州推官史彦明碎妖石(节录)　君不见杜子美搜诗益州城，西门所见石笋双高蹲。欲募壮士掷天外，使人不疑见本根。(同上)

题答禄章瑞净香亭　□□成都府治元帅堂，绿竹含箨新出墙。今古诗人第一□，幕属工部员外郎。□□□酒樽，主宾遨晚凉。上句雨洗娟娟三字原缺，据杜集补净，一扫人间尘土黄。下句吓破严武胆，解道风吹细细香五字原缺，据杜集补。竹净易见香难说，此□撩天鼻孔长。我知横溪□□□，□□少陵先生鼻。不徒□此君之佳色，又能识此君至清之□。然则是又不徒识此君之清气，而能识此君之真味，识此君之深意者欤。下一转语参此禅，敢问竹香云何细而细。(同上卷二七)

义犬行(节录)　杜少陵寓鄜州居，旧物低徊入衣裾。宗文宗武共入蜀，爱怜想亦如相如。(同上卷二八)

学诗吟十首　三百篇既绝，孔圣作《春秋》。荣辱系褒贬，与诗美刺侔。楚骚降一等，尚可风雅俦。汉盛出苏李，魏兴起曹刘。历览逮六朝，仰止兹为优。独一陶元亮，

龙凤翔九州。韩柳继李杜,黄陈绍苏欧。江湖近一种,禽虫鸣啁啾。(其二)

《离骚》谓绝响,此道传人心。外物有鼎革,能言无古今。曹刘与陶谢,五柳擅正音。李杜与韩柳,一字直万金。欧苏与黄陈,孰浅而孰深。尤萧杨陆范,乾淳鹤在阴。二涧可继之,章泉亦骎骎。奈何近百载,种火灰中深。(其三)(同上)

诗思十首 大雅嗟麟笔,《离骚》叹凤弦。猗那谁与敌,羌蹇尚堪传。步仰曹刘独,名歆李杜专。无时吾不梦,携酒访斜川。(其一)

老子持公论,评诗众勿惊。更无双子美,止有一渊明。响接东坡和,肩随太白名。吾尝图画像,释菜四先生。(其二)

万古陶兼杜,谁堪配飨之。赦还儋耳海,谪死瘴城宜。无已玉堂冻,去非榕岭驰。更添韩与柳,欲筑八贤祠。(其三)(同上)

龚侯玉豹图 我未尝求忽得之,袖出玉花骢一匹。开卷如闻嘶风声,蹴踏青天炮霹雳。曹霸昔遇唐明皇,画出此马真龙骧。黄金拜赐南熏殿,赫奕门户生辉光。升平难保金易散,晚岁奔波逃战场。却得少陵诗一首,名撑宇宙相悠长。龚侯不干万乘主,但欲追寻穷杜甫。老笔一洗韩干肉,天闲至宝落环堵。诗非杜甫画胜曹,无乃心神漫劳苦。龚侯此笔游戏耳,别有文章垂万古。(清卞永誉撰《式古堂书画汇考》卷四五)

牟巘(1227—1311)

和德问弟苦雨 鹁鸠朝唤晴,竹鸡莫催雨。翛翛晴雨间,平生睡足处。剥啄忽以诗,使我浪愁苦。此事属天公,底用强如许。淋漓不得休,土偶复于土。君何见之晚,三叹咏集栩。不如两忘言,危坐拥败絮。向来夏畦劳,抱瓮汉阴圃。旱涝相乘除,天地只此数。为我语老农,未用轻喜怒。使有二顷田,亦欲荷锄去。我评昔逊世,幼安胜根矩。毋为苦近名,江湖多数罟。但看采荣者,隐约殆终古。彼以膏自煎,谢去非吾侣。无已则沮溺,躬耕谅所取。吾侪固长贫,正坐力不武。所营薄少耳,抟沙尚难聚。却笑杜陵翁,欲把漏天补。胡不归自谋,飕飕破茅宇。天边金老鸦,已放晴曜吐。马嘶群动起,吾惟守环堵。(四库本《陵阳集》卷二)

刘辰翁(1232—1297)

读杜拾遗百忧集行有感 余生行年将六十,不知何者为忧戚。富贵不骄贫贱安,以此存心度朝夕。往年承乏佐中书,大官羊膳供堂食。只今赐老作编氓,衣食信天无固必。陋巷箪瓢如素居,不管茅茨春雨湿。门前载酒求赋诗,锦轴牙签日堆积。在官不置负郭田,既老翻得稽古力。毁誉都忘月旦评,姓名不上春秋笔。朝米不烦邻僧送,暮米不烦太仓粜。我亦一饭不忘君,文人相轻所不及。伤哉白首杜拾遗,入蜀还秦劳辙迹。文章盖世亦何为,妻子相看百忧集。(清顾嗣立编《元诗选》三集卷一,中华书局1987年排印本)

简斋集序(节录) 诗至晚唐已厌,至近年江湖又厌,谓云一作"其"和易如流,殆于不可庄语,而学问为无因一作"用"也。荆公妥帖排奡,时出经史,然格体如一。及黄太史矫然特出新意,真欲盛用万卷,与李、杜争能于一辞一字之顷,其极至,寡情少恩,如

法家者流。(《四部丛刊》影宋本《增广笺注简斋诗集》卷首)

文天祥(1236—1283)

咏怀　阴阳相烹然一作"煎",天地一釜鬵当作"鬻"。人生居其间,便同肉在砧。热犹以火燎,温一作"湿"犹以汤焊当作"焊"。一岁一煅炼,老形忽骎骎。吾生四十六,弱质本不任。矧当五六年,患难长侵寻。子卿羝羊节,少陵杜鹃心。酷罚毒我肤,深忧烦我襟。嗟嗟夏涉秋,天道何其淫。或时日杲杲,或时雨淋淋。方如坐烝甑,又似立烘煁。水火交相禅,益热与益深。宛转儿戏中,日夜空呻吟。何如真鼎镬,殊我一寸金。脱此寒暑壳,谁能复岖嵚。(四部丛刊本《文山先生文集》卷一四《指南后录》卷三)

跋黄文节公书　山谷道人题荣州祖无大师元上人此君轩,如炉铸铁,而笔力遒劲,字势飞扬,猊虎斗争,蛇龙变幻,莫测去来之迹。是殆日月星辰章于天,山川草木形于地,而不知孰使之然也。古人诗句字画,称唐之盛时,诗如李、杜,书如颜、柳,无加矣。至我宋熙、丰、元祐间,道人者出,不惟可追驾古人,遂至兼取众长,集之一已云云。吉州文山文天祥跋。王士禛《居易录》卷二七云:"文信公墨迹一帧《跋黄文节公书》云云,书不必工,有岁寒松柏之气。"

按:此条渔洋所述文天祥墨迹,中华书局《古典文学研究资料汇编·杜甫卷》未收,北京市中国书店1985年据1936年世界书局版影印《文天祥全集》、《全宋文》均未收。

汪元量(1241—1317?)

九日次周义山　杜陵清瘦不禁寒,白发萧萧强笑欢。阶下决明难独立,庭前甘菊好谁看。一钱留得囊羞涩,九日沽来酒带酸。却忆大明朝谒罢,紫萸擎出赐千官。(知不足斋刻本《湖山类稿》卷四)

浮丘道人招魂歌(其八)　有诗有诗吟啸集,纸上飞蛇喷香汁。杜陵宝唾手亲拾,沧海月明老珠泣。天地长留国风什,鬼神护呵六丁立。我公笔势人莫及,每一呻吟泪痕湿。呜呼八歌兮歌转急,魂招不来风习习。(四库本《水云集》)

草堂(二首)　子美西来筑此堂,浣花春水共凄凉。鸣鸠乳燕归何处,野草闲花护短墙。英雄去矣柴门闭,邻里伤哉竹径荒。安得山缸盛乳酒,送分渔父濯沧浪。

白发遨游梓阆间,中原戎马未平安。粗饭浊醪常欠缺,老妻稚子半饥寒。扁舟出峡风涛壮,短褐行湘天地宽。侨寓耒阳牛酒饱,不知曾忆使君滩。(影印《诗渊》册五页三二三八)

重访草堂　放棹花溪去,重来访草堂。菰蒲依静渚,杨柳绕回塘。野堑棕高下,山墙竹短长。槁梧含古色,瘦菊减清香。鼙鼓挝三叠,旌旗列两行。花娘纷舞袖,座客竞飞觞。酱蘸生葱白,齑浇熟韭黄。洪炉催卷饼,匕首割烧羊。大笑诸公醉,高谈小子狂。城关犹未掩,冠盖已飞扬。鸟语青松里,人行锦树傍。杜陵轻出峡,千古隔潇湘。(同上页三四四七)

夏天民

题汪水云诗卷　仰峰昨夜三尺雪,梅花吟老坐如橛。道人啄扉来掺别,茗碗冰胶不堪啜。袖中枝桐半皴裂，为予载拊舒郁结。谁裁古调多曲折，拍拍胡笳中音节。燕山孤累心石铁，神物护持笔生舌。杜陵老翁代佛说，长歌自击唾壶缺。万古剑铓倒流血，毛发森森照关月。於乎嵇康东市计仍拙，广陵一散何尝绝。（影印《诗渊》册六页四一三五）

萧灼

题汪水云诗卷 朔风卷雨东南昏，铜仙泪洒辞吴门。间关万里踏燕月，埃沙扑面愁人魂。携琴早晚随王母，不似瑶池旧歌舞。南冠岌岌操南音，此意此心千万古。十年归来两鬓霜，袖有诗史继草堂。西游苍梧北太华，笔端传入古锦囊。甫也再拜杜鹃血，颖乎冥入冰炭肠。一朝访我茅屋下，朔风易水为余写。黄金好铸钟子期，知君不是黄冠师。（影印《诗渊》册六页四一三七）

林景熙(1242—1310)

陈子植草庐成求予赋 老矣杜陵客，草堂倚江干。故人相幽筑，皇天慭生还。君家付楚炬，结构当时黼。谓得风雅力，竹木供大官。城边归野鹤一作"夜归鹤"，杳杳发长叹。朱甍昔峨峨，碧草今曼曼。何如荫白茅，容膝有馀安。我哀丧乱馀，人烟半凋残。风凄狐兔警，露重星斗寒。丈夫坐一室，此念驰九寰。所以草堂人，安得千万间。（四库本《霁山文集》卷三）

吕三馀

贺陈随隐以布衣除东宫掌书 青宫楼观近尧阶，班列屏风间坐开。人羡杜闲生杜甫，天教苏颋继苏瓌。马归禁苑行边柳，鹤伴平山隐处梅。我恨长镵斸黄独，兀年无计策衰颓。（宋陈世崇《随隐漫录》卷三）

仇远(1247—?)

读陈去非集 简斋吟集一作"册"是吾师，句法能参一作"从"杜拾遗。宇宙无人同叫啸，公卿自古叹流离。穷途劫劫谁怜汝，遗恨茫茫不在诗。莫道墨梅曾遇主，黄花一绝更堪悲。（四库本《山村遗集》）

近世习唐诗者，以不用事为第一格，少陵无一字无来处，众人固不识也。若不用事云者，正以文不读书之过耳。暇日与里人盛元仁言之，余与元仁俱以笔墨受两山先生，知余之心、元仁之心、先生之心同矣。元仁归十锦，将束书渡淮，辄录小卷赠行，以寄君思。若元仁小好诗录以教我，以寄予思。明月天涯，千里对面，稽不孤矣。戊寅七夕前三日武林仇远顿首顿首。（同上）

丹心 丹心只有杜陵知，愁读伤春五首诗。传语龟年休度曲，江南正是落花时。（同上）

陆文圭(1250—1334)

李杜 子美坐同谷，太白走扶风。虽遭仓黄急，转觉吟咏工。首乱者群险，贻祸及二翁。因知漆室女,发论乃至公。触事机难审,临危计易穷。川原愁夕照,草木困西风。鬼马如龙游,鬼妾如花红。变灭不须臾,焉能保其终。择祸莫若轻,老遁林谷中。(四库本《墙东类稿》卷一五)

洪贵叔

春日田园杂兴 弃官杜甫罹天宝,辞令陶潜叹义熙。暖日浣溪仍旧迹,春风栗里只前时。苗生阡陌培嘉种,花绕林塘发故枝。佳兴二公能领会,可能胸次太多诗。(四库本宋吴渭编《月泉吟社诗》)

宋无(1260—?)

太白扁舟图 锦袍烟艇夜郎西,酒思金銮入直时。不道相思杜陵老,愁吟落月屋梁诗。(四库本《翠寒集》)

(作者单位:山东大学文史哲研究院)

范镇年谱*

陈小青

范镇，字景仁，成都华阳人，世称“范蜀公”，北宋著名的文学家、史学家，成都范氏世族的始创者[①]。历仕仁、英、神、哲四朝，一生三入翰林，四知贡举。以文著名，编修唐书；精通音律，修订宋乐。平生著述甚丰，然散佚严重。司马光为其作《传》，苏轼为其作《墓志铭》，《宋史》、《东都事略》等皆有传。然其生平事迹鲜有详考，现当代研究更是凤毛麟角。今不揣浅陋，钩沉史料，详考其生平为年谱，以作知人论世之助。

范镇，字景仁，成都华阳人。

苏轼《范景仁墓志铭》（后简称《墓志铭》）：“公姓范氏，讳镇，字景仁。”[②]《东都事略》卷七十七：“成都华阳人。”[③]华阳，今属四川成都双流县。

宋真宗大中祥符元年（1008）戊申，一岁

范镇生。

《墓志铭》、《神道碑》等皆言其卒于元祐三年（1088），年八十一，据此知其生于大中祥符元年（1008）。

宋真宗大中祥符四年（1011）辛亥，四岁

范镇父亡。

《墓志铭》：“四岁而孤，从二兄为学。”

宋真宗大中祥符七年（1014）甲寅，七岁

范镇母亡。

范镇《上蜀帅王密学书》云：“镇天与奇薄，幼即孤露。始生四岁而先人殁，七岁而母氏终，所赖诸兄养之长之，又从而诲之，得于盛明时服为儒者事业。”[④]

---

* 本文为国家社科基金重大招标项目“唐宋文学编年系地信息平台建设”（编号 12&ZD154）成果之一。

① 参胡昭曦：《宋代“世显以儒”的成都范氏家族》，载《胡昭曦宋史论集》，重庆：西南师范大学出版社，1998年，第 314 页。

② （宋）苏轼：《苏轼文集》，上海：上海古籍出版社，1986 年，第 435 页。

③ （宋）王称：《东都事略》，台北：文海出版社，1980 年，第 1109 页。

④ 范镇文均出自曾枣庄等：《全宋文》，上海：上海辞书出版社，2006 年，第 156－324 页。

宋真宗大中祥符八年(1015)乙卯,八岁

本年至仁宗天圣二年(1024)甲子,范镇在家乡成都从庞直温学。

《墓志铭》:"公少受学于乡先生庞直温。直温之子昉卒于京师,公娶其女为孙妇,养其妻子终身。"

宋仁宗天圣三年(1025)乙丑,十八岁

居家乡成都,由兄范镃荐,客于蜀守薛奎。

《墓志铭》:"薛奎守蜀,道遇镃,求士可客者,镃以公对。公时年十八,奎与语奇之,曰:'大范恐不寿,其季廊庙人也。'"《方舆胜览》卷五十一《成都府路》:"薛简肃公知成都,范蜀公方为举子,一见爱之,即于府第俾与子弟讲学。"①

乡试时,"作赋场屋中,默坐至日出,无一语,及下笔,顷刻而就。同试者笑之,范公遂魁成都"②。按,薛奎初见范镇,镇为举子,可见乡试当在此之前,暂系于此。

宋仁宗天圣六年(1028)戊辰,二十一岁

范镇随薛奎入京师开封。

是年薛奎由知益州升为龙图阁直学士、权三司使而进京,携镇同往。李焘《续资治通鉴长编》(后简称《长编》)卷一百六十:"(天圣六年三月)辛酉,以枢密直学士右谏议大夫知益州薛奎为龙图阁直学士权三司使公事。"③《方舆胜览》卷五十一:"简肃还朝,载蜀公以去,或问简肃曰:'自成都归得何奇物?'曰:'蜀珍产不足道,吾归得一伟人耳。'"④

宋仁宗天圣七年(1029)己巳,二十二岁

本年至景祐四年(1037),范镇一直居京师开封。期间与宋祁兄弟为布衣交,作《长啸却胡骑赋》。

《墓志铭》:"时故相宋庠与弟祁名重一时,见公称之,祁与为布衣交。由是名动场屋。"

苏辙《祭范蜀公文》:"宋氏叔仲,典司众盟,见公所为,屣履以迎,自毁其文,以致公名,士满太学,莫之敢争。"⑤按,宋庠兄弟自毁之文为《赋长啸却胡骑》。《能改斋漫录》载:"范蜀公少时,与宋子京同赋《长啸却边骑》,蜀公先成……景文见之,于是不复出其所作,潜于袖中毁之。"⑥镇因而得名"长啸公"。《宋文鉴》卷一百四十三:"少时尝赋《长啸却胡骑》,及奉使契丹,虏相目曰:'此长啸公也。'其后兄子百禄亦使虏,虏

① (宋)祝穆:《方舆胜览》,北京:中华书局,2003年,第913页。

② (宋)苏籀:《栾城遗言》,《文渊阁四库全书》第864册,台北:台湾商务印书馆,1983年,第175页。

③ (宋)李焘:《续资治通鉴长编》,北京:中华书局,1984年,第2469页。

④ 《方舆胜览》,第913页。

⑤ (宋)苏辙:《栾城集》,上海:上海古籍出版社,2009年,第542页。

⑥ (宋)吴曾:《能改斋漫录》,上海:上海古籍出版社,1979年,第399页。

首问‘公安否’。”[①]

宋仁宗天圣八年(1030)庚午,二十三岁

从子范百禄生。

《范资政百禄墓志铭》:“绍圣元年四月,范公薨,年六十有五。”[②]据此推知百禄生于本年。

宋仁宗天圣九年(1031)辛未,二十四岁。

范镇在京,作《大报天赋》。

《渊鉴类函》卷一百六十五:“范镇《大报天赋》,大宋七十有二载,符节合于圣神。”[③]太祖建隆元年至本年为七十二年。

是年范镇还作有《重修悟真塔记》。文曰:“大中七年(853)十一月,建塔……塔曰‘悟真’……后百七十有八载,沙门守班……求请予志其详。”知此文作于本年。

宋仁宗明道二年(1033)癸酉,二十六岁。

范镇居京,有《上蜀帅张公书》。

文曰:“镇恭闻宋有天下,七十四年于今矣。”知此文作于本年。

宋仁宗明道三年(1034)甲戌,二十七岁。

范镇在京,作《送彭学士序》。

彭学士,指彭乘,亦为华阳人。天圣八年(1031)知普州,后居父丧,三年服除,约于明道三年知荆门军。此序既为送彭乘赴荆门而作,当作于本年。《太平治迹统类》卷二十九:“(天圣)八年集贤校理彭乘以亲在蜀,求便官,诏乘知普州。”[④]

约在本年,范镇曾回川中,徒步坊间,寻兄子范百常。

《墓志铭》:“兄卒于陇城,无子,闻其有遗腹子在外,公时未仕,徒步求之两蜀间,二年乃得之……名之曰百常。”按,范镇兄镃卒年不可考,范镇寻其遗腹子时尚未仕,究竟是在入京前居蜀还是入京后又返蜀,待考,姑系于此。

宋仁宗宝元元年(1038)戊寅,三十一岁。

居京师,中进士。为新安主簿。

《文献通考》卷三十二:“(宝元元年)进士三百一十人……省元范镇,状元吕溱。”[⑤]《墓志铭》:“礼部试第一,中进士第七十九名。”按,范镇此次礼部试第一、殿试第七十九名的原因,诸传皆认为由于其耿直安恬。如《东都事略》卷七七:“故事,殿廷

① (宋)吕祖谦:《吕祖谦全集》,杭州:浙江古籍出版社,2008年,第1897页。

② (宋)杜大:《名臣碑传琬琰集》,台北:文海出版社,1969年,第819页。

③ (清)张英:《渊鉴类函》,北京:中国书店,1985年,第4页。

④ (宋)彭百川:《太平治迹统类》,《文渊阁四库全书》第408册,第756页。

⑤ (宋)马端临:《文献通考》,北京:中华书局,1986年,第306页。

唱第过三人，则礼部第一人者必越次抗声自陈，因擢置上第。公不肯自言，至第七十九人乃出拜，退就列，无一言。廷中皆异之。自是旧风遂革。”[①]他传略同。按，是年省试题目为《北斗赋》，苏颂：“范镇省试《北斗赋》，天下传颂，士子争求其本。”[②]

司马光亦于同年中进士[③]。

及第后，范镇释褐为新安主簿。《墓志铭》：“释褐为新安主簿。”新安，今洛阳市新安县。

宋仁宗宝元二年(1039)己卯，三十二岁

范镇任新安主簿。不久，宋绶荐范镇任职国子监。

司马光《范景仁传》：“到官数旬，时宋宣献公留守西京，不欲使与下吏共劳碌，召置国子监，使教诸生。”[④]

宋仁宗庆历元年(1041)辛巳，三十四岁

范镇居京师，在国子监教诸生。

从孙范祖禹生。祖禹《祭妹文》：“庆历戊子(1048)，大江之南，惟汝初生，后我八年。”[⑤]可推知范祖禹生于本年。

宋仁宗庆历二年(1042)壬午，三十五岁

范镇居京师，宋绶荐为东监直讲。

《墓志铭》：“秩满，(宋绶)又荐于朝，为东监直讲。”《神道碑》作“通监直讲”。按，宋东西京皆有国子监，东京国子监地位高，即《神道碑》所谓“通监”。

宋仁宗庆历四年(1044)甲申，三十七岁

范镇居京师，除馆阁校勘。

《墓志铭》：“参知政事王举正荐，召试学士院，除馆阁校勘。”《宋宰辅编年录》卷四：“庆历元年五月，王举正自翰林学士兵部郎中知制诰迁右谏议大夫，除参知政事。”[⑥]王举正庆历元年至三年任参知政事，其荐范镇为馆阁校勘，当在庆历三年任东监直讲之后，姑系于此[⑦]。

① 《东都事略》，第1109页。

② (宋)苏颂：《苏魏公文集》，北京：中华书局，1988年，第143页。

③ 按，据《宋登科记考》卷四：仁宗宝元元年，范镇同年进士除司马光，还有祖无择、石扬休、李大临等。后均与范镇友善(见龚延明：《宋登科记考》，江苏教育出版社，2009年，第164页)。

④ (宋)司马光：《司马温公集》，北京：中华书局，1985年，第1387页。

⑤ (宋)范祖禹：《范太史集》，《文渊阁四库全书》第1100册，第416页。

⑥ (宋)徐自明：《宋宰辅编年录校补》，北京：中华书局，1986年，第243页。

⑦ 按，据《宋史》本传，由于王举正推荐，范镇本“当得馆阁校理”，但“主司妄以为失韵，补校勘”。“参知政事王公荐召试学士院，诗用‘彩霓’字，学士以沈约《郊居赋》‘雌霓连蜷’读‘霓’为入声，以景仁为失韵，由是除馆阁校勘。殊不知约赋但取声律便美，非‘霓’不可读为平声也。众皆为景仁积郁，而景仁处之晏然，不自辩。”(见朱熹：《宋名臣言行录》，台北：文海出版社，1980年，第547页)

宋仁宗庆历五年(1045)乙酉,三十八岁

闰五月,以宋祁荐,范镇被任命为编修《唐书》官。

《长编》卷一百五十六:"(庆历五年闰五月庚子)……校书郎宋敏求、大理寺丞馆阁校勘范镇、大理寺丞国子监直讲邵必并为编修唐书官。"[①]

宋仁宗庆历七年(1047)丁亥,四十岁

范镇在京,为馆阁校勘。

与梅尧臣等诗酒唱和,是年梅尧臣有《范景仁席中赋葡萄》诗[②]。

宋仁宗庆历八年(1048)戊子,四十一岁

七月,范镇回蜀祭祖,作《载酒亭群公书像记》。

是年范镇曾返乡祭祖,其《载酒亭群公书像记》末署"大宋庆历八年七月十日,具位范镇记"。载酒亭,《蜀中名胜记》卷三:"益州中兴寺内有墨池……《图经》云'中兴寺有子云载酒亭',是矣。"[③]益州,即四川成都,扬子云即西汉扬雄,成都人。梅尧臣是年有《送范景仁学士归蜀焚黄》,亦证本年范镇确曾归蜀[④]。

宋仁宗皇祐元年(1049)己丑,四十二岁

范镇在京。五月,除直秘阁。

《长编》卷一百六十六:"(皇祐元年五月)宰相庞籍言'殿中丞馆阁校勘范镇有异材,不汲汲于进取'。丁巳,特遣直秘阁。"[⑤]司马光作《喜景仁直秘阁》贺之[⑥]。

八月,皇帝临策贤良方正及武举进士,范镇与司马光同"受诏雠校策卷,寓直于景福殿东厢,凡三日"。见司马光《景福殿东厢诗》诗序[⑦]。

十一月,范镇上《石祖仁不合接服议》。《宋会要辑稿》"礼"三六:"皇祐元年十一月,大理评事石祖仁言……范镇议曰'按经无接服非礼也'。"[⑧]

宋仁宗皇祐二年(1050)庚寅,四十三岁

范镇在京,参与校定雅乐。

闰十一月,朝廷命令太子中舍致仕胡瑗定雅乐,司马光、范镇皆参与考定,二人意见不一。据顾栋高《司马光年谱》,皇祐二年,司马光作《与范景仁论乐书》,就此展开两人长达几十年的论乐之辩[⑨]。《墓志铭》:"二公盖相得欢甚,……神宗时论新法,其

① 《续资治通鉴长编》,第3778页。

② 《梅尧臣集编年笺注》,上海:上海古籍出版社,2006年,第416页。

③ (明)曹学佺:《蜀中名胜记》,重庆:重庆出版社,1983年,第36页。

④ 《梅尧臣集编年笺注》,第437页。

⑤ 《续资治通鉴长编》,第4000页。

⑥ (宋)司马光:《司马温公集编年笺注》,成都:巴蜀书社,2009年,第425页。

⑦ 《司马温公集编年笺注》,第413页。

⑧ (清)徐松:《宋会要辑稿》,北京:中华书局,1957年,第1309页。

⑨ (清)顾栋高:《司马光年谱》,北京:中华书局,1990年,第39页。

言若出一人，相先后如左右手，故君实尝谓人曰：‘吾与景仁兄弟也，但姓不同耳。’然至于论钟律，则反复相非，终身不能相一。君子是以知二公非苟同也。”[①]

宋仁宗皇祐三年(1051)辛卯，四十四岁

范镇在京，直秘阁。有《上房庶律尺法疏》。

《长编》卷一百七十一：(皇祐三年十二月甲辰)，“益州乡贡进士房庶为校书郎，论乐，直秘阁范镇是之”[②]。

宋仁宗皇祐四年(1052)壬辰，四十五岁

范镇在京，为祠部员外郎、直秘阁。

六月，范镇有《上皇帝书论尺律》。《长编》卷一百七十二：“(皇祐四年)六月乙酉，祠部员外郎、直秘阁、判吏部南曹范镇上书(论乐)。”[③]

是年范镇作《岳台表影新书序》。《宋史》卷七十六《律历志》：“皇祐初诏周琮……又刻二十四气岳台晷景，所得尺寸置于司天监，候之三年，知气节比旧历后天半日，因而成书三卷，命曰《岳台晷景新书》……既上奏，诏翰林学士范镇为序。”[④]据知此序作于本年。

宋仁宗至和元年(1054)甲午，四十七岁

范镇以起居舍人知谏院。

据司马光《范景仁传》，范镇除直秘阁后，“未几，以起居舍人知谏院”，暂系于此。按，其为谏官，屡屡上章论事，《墓志铭》称其“临大节，决大义，色和而语壮，常欲继之以死，虽在万乘前，无所屈”。司马光《传》赞曰：“其为勇，人莫之敌。”

八月，就民困、水旱等事上奏。有《上仁宗论水旱乞裁节国用》[⑤]，并上《乞罢内藏库》，《长编》卷一百七十六：“(至和元年)八月范镇论买钞事可考。”[⑥]

据《诸臣奏议》，其后，范镇就葬温成皇后之事屡次上奏，具列如下[⑦]：

九月，有《上仁宗论温成皇后护葬官妄冀迁改》。

十月，有《上仁宗论温成圹中不当以锦绣珠翠玉备焚瘗》。

十一月，有《上仁宗论石全斌等护葬妄冀恩泽》。

---

① 《苏轼文集》，第437页。

② 《续资治通鉴长编》，第4121页。

③ 《续资治通鉴长编》，第4148页。

④ (元)脱脱：《宋史》，北京：中华书局，1985年，第1751页。

⑤ (宋)赵汝愚：《宋朝诸臣奏议》，上海：上海古籍出版社，1999年，第408页。

⑥ 《续资治通鉴长编》，第4264页。

⑦ 《宋朝诸臣奏议》，第1019、1020、674页。

宋仁宗至和二年(1055)乙未,四十八岁

范镇居京师,知谏院。

二月,范镇上《论陈执中疏》,并连上《辩陈执中事》三状。《长编》卷一百七十八:“(至和二年二月)甲辰,殿中侍御史赵抃言‘风闻同知谏院范镇妄行陈奏,营救执中’。”①

三月,范镇有《上仁宗论黑气蔽日及风雨寒暑变异》和《论傅宣与内臣转官二府不执奏乞正其罪疏》②。

四月,范镇有《上仁宗论水旱之本》和《上仁宗乞中书枢密院通知兵民财利》③。

五月,范镇上《乞许御史台全台请对奏》。《长编》卷一百七十九:“(至和二年五月)戊寅,知谏院范镇言‘御史台全台请对陛下……’”④

六月,范镇上《辩陈执中事第五状》。《长编》卷一百八十:“至和二年六月癸巳,执中既罢,上以谕镇,镇复言……缴前五奏……”⑤

七月,范镇有《上仁宗乞罢百官郊迎宰相仍许私第见客》⑥。

八月,范镇为契丹国母正旦使出使契丹。《长编》卷一百八十:“至和二年八月,直秘阁知谏院范镇为契丹国母正旦使。”⑦

宋仁宗嘉祐元年(1056)丙申,四十九岁

范镇知谏院,连上奏议。十月,罢知谏院。

正月,范镇有《论不宜下行有司疏》⑧。

三月,范镇有《乞招抚下溪州变彭士议奏》。《长编》卷一百八十二:“(至和三年)三月癸丑朔,范镇言‘窃闻彭士羲父子相攻边臣……’”

四月,范镇有《论选举补荫之法疏》三疏。《长编》卷一百八十二:“(至和三年)三月,知谏院范镇言‘臣伏见御史言李淑……’”

五月,范镇有《请建储疏》和《上仁宗乞求参考祖宗故事以定大计》。《长编》卷一百八十二:“(至和三年)五月甲申,知谏院范镇上疏曰‘陛下置谏官者为宗庙社稷计也……’”

六月,范镇有《论水灾疏》和《上仁宗论水灾乞速定副贰之位》。《长编》卷一百八十二:“(至和三年)六月,知谏院范镇言‘臣伏见河东河北京东西陕西湖北两川州郡俱奏水灾……’”

八月,范镇有《请建储以答星变疏》、《请速定宗庙社稷之计以应天变疏》(第十二状)等。《长编》卷一百八十三:“(至和三年八月)癸亥,范镇言‘臣近以都城大水及彗

---

① 《续资治通鉴长编》,第4213页。

②③ 《宋朝诸臣奏议》,第409、490、411、493页。

④⑤ 《续资治通鉴长编》,第4339、4351—4355页。

⑥ 《宋朝诸臣奏议》,第495页。

⑦ 《续资治通鉴长编》,第4365页。

⑧ 《宋朝诸臣奏议》,第66页。

星谪见为变……'"[①]

九月,范镇继续上疏,并乞罢言职。

有《再辞知杂御史并请因恭谢大礼择定副贰疏》、《乞解言职疏》等。《长编》卷一百八十四:"至和三年九月,时范镇亦累奏辞所除官。"[②]

十月,范镇罢知谏院。

《大事记讲义》卷九:"嘉祐元年十月,解范镇言职,因言储嗣未立,章凡十九上,待罪百余日,须发为白。"[③]

十一月,以起居舍人充集贤殿修撰,就立嗣问题继续上疏。

《长编》卷一百八十四:"十一月己丑,新除户部员外郎兼侍御使知杂事范镇,复为起居舍人,充集贤殿修撰。"[④]是月又上《辞御史知杂事乞定大议疏》。按,《诸臣奏议》在此疏后有注:"镇至和三年五月建议,至嘉祐元年十一月,凡二十状。"[⑤]

宋仁宗嘉祐二年(1057)丁酉,五十岁

范镇与欧阳修同知贡举。

欧阳修《归田录》卷下:"嘉祐二年,余与端明韩子华、翰长王禹玉、侍读范景仁、龙图梅公仪同知礼部贡举。"[⑥]是年,苏轼、苏辙兄弟参加贡举考试。苏轼考后曾有《谢范舍人书》[⑦]。范镇作《试明经大义多不通有感》(今佚),对险怪奇涩的太学体提出批评,欧阳修和之[⑧]。

宋仁宗嘉祐三年(1058)戊戌,五十一岁

范镇居京师,知制诰。

《宋会要辑稿》"职官"六三:"嘉祐三年三月,以起居舍人、同修起居注范镇知制诰。"[⑨]

三月,与梅尧臣唱和,梅有《范景仁紫薇见过亦谒不遇道上逢之》诗[⑩]。

八月,作《石工部扬休墓志铭》。

宋仁宗嘉祐四年(1059)己亥,五十二岁

范镇知制诰。

二月,范镇作《欧阳修授给事中同提举在京诸司库务制》。胡柯《欧阳修年谱》载:

---

①② 以上分别见于《续资治通鉴长编》,第4397、4401、4407、4416、4437、4446—4449页。

③ (宋)吕祖谦:《类编皇朝大事记讲义》,台北:文海出版社,1981年,第347页。

④ 《续资治通鉴长编》,第4454页。

⑤ 《宋朝诸臣奏议》,第297页。

⑥ (宋)欧阳修:《归田录》,西安:三秦出版社,2003年,第147页。

⑦ (宋)苏轼:《苏轼文集编年笺注》,成都:巴蜀书社,2011年,第1426页。

⑧ (宋)欧阳修:《欧阳修全集》,北京:中华书局,2001年,第814页。

⑨ 《宋会要辑稿》,第3814页。

⑩ 《梅尧臣集编年笺注》,第1025页。

嘉祐四年“转给事中，同提举在京诸司库务”，并附范镇《制词》[①]。

七月，就秘阁考试制科。《宋会要辑稿》“选举”一一：“（嘉祐）四年七月二十六日，命翰林学士吴奎、权御史中丞韩绛、知制诰范镇……就秘阁考试制科。”[②]

八月，范镇同欧阳修、包拯、韩绛等同上书议皇后之事。《长编》卷一百九十：“翰林学士欧阳修，枢密直学士陈旭、包拯，权御史中丞韩绛，知制诰范镇……议曰‘古者宗庙之制，皆一帝一后，后世以有子贵者’。”[③]

十月，范镇上书仁宗《论开封府公事不经纠察司引问》。[④]

十一月，与梅尧臣、欧阳修等诗酒唱和，梅有《十一月二十三日欧阳永叔刘原甫范景仁何圣徙见访之什》[⑤]。

是年祖择之赴陕州，范镇有诗《送祖龙学择之赴陕府酌饮赠别次欧阳永叔韵》[⑥]。按，梅尧臣《送祖择之赴陕府》诗后注：“欧集书简卷五，嘉祐四年与祖择之言：‘尝择之西行，犹在斋禁，不得瞻达，实深为恨。’指择之赴陕府事。”[⑦]

宋仁宗嘉祐五年(1060)庚子，五十三岁

范镇居京师。《新唐书》成，范镇迁为翰林学士。

《春明退朝录》卷下：“嘉祐五年六月成书。……欧、宋二公，范、王与余皆迁一官。”[⑧]

按，至此《新唐书》历时十七年而成，范镇自始至终参编。欧阳修《辞转礼部侍郎札子》曰：“检会宋祁、范镇到局，各及一十七年……范镇、王畴、刘羲叟并从初置局便编纂故事，分成卷草，用功最多。”[⑨]

八月，刘羲叟卒。范镇作《刘检讨羲叟墓志铭》。

是年，范镇有诗《送文与可通判邛州》。据家诚之《石室先生年谱》：嘉祐五年，文同(字与可)以亲老通判邛州，先归乡，六年春，赴邛州任[⑩]。又据范镇诗“仙籍新年贵，宾僚旧日荣”，推知文同离京的时间当在嘉祐五年辞旧迎新之际，故系于此。

宋仁宗嘉祐六年(1061)辛丑，五十四岁

范镇居京师，知贡举。

正月，范镇知贡举。《宋会要辑稿》“选举”一：“（嘉祐六年）正月八日……以翰林学士范镇、御史中丞王畴并权同知贡举。”

---

① 《欧阳修全集》，第 2611 页。
② 《宋会要辑稿》，第 4429 页。
③ (宋)李焘：《续资治通鉴长编》，第 4588 页。
④ 《宋朝诸臣奏议》，第 1063 页。
⑤ 《梅尧臣集编年笺注》，第 1125 页。
⑥ 范镇诗均出自傅璇琮等：《全宋诗》，北京：北京大学出版社，1998 年，第 4258－4267 页。
⑦ 《梅尧臣集编年笺注》，第 1097 页。
⑧ (宋)宋敏求：《春明退朝录》，北京：中华书局，1980 年，第 45 页。
⑨ 《欧阳修全集》，第 1341 页。
⑩ 周和平：《北京图书馆藏珍本年谱丛刊》，北京：北京图书馆出版社，1999 年，第 14 册，第 135 页。

十二月，范镇作《大乐钟磬丝竹依谱考击奏》。《宋会要辑稿》“乐”三：“（嘉祐）六年十二月二十六日，翰林学士范镇言‘昨进呈大乐钟磬丝竹依谱……’”①

宋仁宗嘉祐七年(1062)壬寅，五十五岁

范镇居京师，判秘阁。

二月，作《皇女兖国公主降封沂国公主制》。《宋大诏令集》卷四十言此制作于嘉祐七年二月壬子，时范镇为翰林学士，当作此制②。

六月，范镇补写官银绢有差。《长编》卷一百九十七：“（嘉祐）七年六月，赐予判秘阁范镇及管勾补写官银绢有差。”③

宋仁宗嘉祐八年(1063)癸卯，五十六岁

范镇居京师，知贡举。修《仁宗实录》。

正月，范镇知贡举。《宋会要辑稿》“选举”一：“（嘉祐）八年正月七日，以翰林学士范镇权知贡举，知制诰王安石、天章阁待制司马光，并权同知贡举。”

三月二十九日，仁宗崩，范镇为葬礼仪使。《宋会要辑稿》“礼”二九：“（嘉祐八年）四月四日，命宰臣韩琦为山陵使，翰林学士范镇为礼仪使……”④

四月，范镇作《立高皇后制》。

五月，作《除富弼枢密使制》。《东都事略》卷七载：“嘉祐六年春三月辛未，立皇后高氏……五月，富弼枢密使。”⑤时范镇为翰林学士，当作此两制。

六月，英宗即位，范镇就仁宗陪葬物之事上《论受命宝等不当入葬奏》。《宋会要辑稿》“舆服”六：“嘉祐八年六月，翰林学士范镇言‘伏闻大行皇帝受命宝及法宝物与平生衣冠器用皆欲举而葬之’。”

七月，范镇为皇子说书。《宋会要辑稿》“运历”一：“（嘉祐）八年七月，命翰林学士范镇皇子位说书。”

十月，范镇有《请安置册宝等奏》。《宋会要辑稿》“礼”一五：“（嘉祐八年）十月三日，翰林学士范镇‘伏见帝后尊号册宝、皇太子册与谥册……’”⑥

十二月，范镇修《仁宗实录》。《长编》卷一百九十九：“（嘉祐八年十二月）庚辰，命翰林学士王珪、贾黯、范镇撰《仁宗实录》。”⑦

---

① 以上见《宋会要辑稿》，第4236、315页。

② 司义祖点校：《大诏令集》，北京：中华书局，1962年，第215页。

③ 《续资治通鉴长编》，第4648页。

④ 以上见《宋会要辑稿》，第4236、1082页。

⑤ 《东都事略》，第158页。

⑥ 以上见《宋会要辑稿》，第1830、2131、652页。

⑦ 《续资治通鉴长编》，第4840页。

宋英宗治平元年(1064)甲辰,五十七岁

范镇迁给事中。罢翰林学士。

《墓志铭》:"英宗即位,迁给事中。"

五月,范镇作《韩琦进右仆射制》和《曾公亮进户部尚书制》。因草制不当罢为翰林侍读学士。《宋会要辑稿》"职官"六五:"(治平元年五月),翰林学士范镇罢为翰林侍读学士。初迁宰相各一官。而镇草制已迁曾公亮一官,误以兼门下侍郎。后帝觉其误,而公亮亦辞,遂贴制而黜镇焉。"①

宋英宗治平二年(1065)乙巳,五十八岁

范镇居京师。知贡举,复为翰林学士。

正月,范镇知贡举。《宋会要辑稿》"选举"一:"(治平二年正月九日)翰林侍读学士范镇、知制诰邵必,并权同知贡举。"

二月,范镇复为翰林学士,上《宋庙祠祭斋郎室长亦当受誓戒斋宿奏》。《宋会要辑稿》"礼"一五:"英宗治平二年二月十一日,翰林学士范镇等……奏伏见宗庙之祭有司摄事、公卿、祠官,先之以誓戒,后之以斋宿……"

六月,范镇上《议濮安义王称号状》。《宋会要辑稿》"礼"四〇:"(治平元年)六月,礼官范镇等言'汉之称皇考、称帝、称皇,立寝庙、序昭穆,皆非陛下圣明之所法……'"

七月,范镇充仁宗山陵仪仗使。《宋会要辑稿》"礼"二八:"英宗治平二年七月六日,以亲郊命宰臣韩琦为大礼使,翰林学士王珪为礼仪使,范镇为仪仗使。"②

十二月,范镇作《崇道观道藏记》,文末有"治平二年十二月日记"。

是年,范镇作《范忠献公雍神道碑》。碑曰:"忠献范公既没之十九年,其子宗贤始以公之行状与故范文正公所为铭文,求文于镇,以为碑。"按,范雍卒于1046年。

宋英宗治平三年(1066)丙午,五十九岁

范镇因追尊濮安懿王之事罢翰林学士,知陈州。

正月,范镇罢翰林学士。《长编》卷二百七:"治平三年春正月壬申,翰林学士给事中知制诰范镇为翰林侍读学士,集贤殿修撰、知陈州。"③范镇作《谢翰林侍读学士表》。

二月,范镇知陈州,在陈州放粮。《墓志铭》:"陈饥,公至三日,发库廪三万贯石,以贷不及奏,监司绳之急,公上书自劾,诏原之。是岁大熟,所贷悉还,陈人至今思之。"陈州,今河南淮阳县。

十二月,作《陈少卿希亮神道碑》。

宋英宗治平四年(1067)丁未,六十岁

范镇仍知陈州。

八月,作《归来亭记》。文末署:"治平丁未八月丙申成都范镇记。"

---

①② 《宋会要辑稿》,第3858、4236、652、1373、1060页。

③ 《续资治通鉴长编》,第5020页。

宋神宗熙宁元年(1068)戊申,六十一岁

范镇迁礼部侍郎。复为翰林学士。

《墓志铭》:"神宗即位,迁徙礼部侍郎,复为翰林学士兼侍读,群牧使勾当三班院。"

三月,作《张侍丞文尉墓志铭》。

是年秋,作《秋怀答司马君实》。诗曰:"畴昔共登仕,尔来三十秋。"二人同为宝元元年(1038)进士,三十当虚指,姑系于此①。

宋神宗熙宁二年(1069)己酉,六十二岁

范镇居京师,擢户部侍郎,知通进银台司。

七月,《仁宗实录》书成,范镇擢户部侍郎,知通进银台司。《宋会要辑稿》"仪制"七:"熙宁二年八月二十七日,令知通进银台司翰林院学士范镇权监察御史里行程颢,同看详银台。"②

宋神宗熙宁三年(1070)庚戌,六十三岁

范镇罢知通进银台司。十月,因反对青苗法,致仕。

正月,范镇上《请罢青苗法疏》、《再请罢青苗法疏》等,奏青苗钱扰民不便。《宋会要辑稿》"食货"四:"(熙宁)三年正月,翰林学士范镇言'青苗者,唐衰乱之世所为'。"

三月,范镇罢知通进银台司。《宋会要辑稿》"食货"五:"(熙宁三年三月七日),翰林学士范镇罢知通进银台司兼门下封驳事。"③

十月,范镇荐苏轼为谏官,未果,五上《请致仕疏》致仕。上《谢致仕表》。

《大事记讲义》卷十七:"(熙宁三年)十月,范镇致仕。言青苗不允罢一可去,荐苏轼、孔文仲不见用二可去。"④《墓志铭》:"请致仕,疏五上……安石大怒,自草制极口诋公。落翰林学士,以本官致仕。闻者皆为公惧。公上表谢,其略曰:'虽曰乞身而去,敢忘忧国之心。'又曰:'望陛下集群议为耳目,以除壅蔽之奸;任老成为腹心,以养和平之福。'天下闻而壮之。安石虽诋之深,人更以为荣焉。"

宋神宗熙宁四年(1071)辛亥,六十四岁

范镇致仕后仍居京师,以读书赋诗自娱。

《宋会要辑稿》"职官"七七:"范蜀公自翰林学士以本官户部侍郎致仕,仍居京师,同天节乞随班上寿,许之。……范公景仁既退居,有园第在京师,专以读书赋诗自娱,客至无贵贱,皆野服见之,不复报谢。"⑤

范镇在京师的园第名东园,当在汴京城东郊。苏辙《栾城集》卷九《送鲜于子骏还

① 《全宋诗》,第4258页。

②③ 《宋会要辑稿》,第1961、4855、4862页。

④ 《类编皇朝大事记讲义》,第624页。

⑤ 《宋会要辑稿》,第4157页。

朝兼简范景仁》:"犹有城西范蜀公,买地城东种桃李。"[①]《墓志铭》:"公既退居,专以读书赋诗自娱。客至,辄置酒尽欢。或劝公称疾杜门。公曰:'死生祸福,天也。吾其如天何!'"

是年,司马光也因言不用,以银青光禄大夫致仕,居洛阳。顾栋高《司马光年谱》卷六:"(熙宁四年)夏四月,公判西京留司御史台,不久卜居洛阳。"[②]范镇作《题崇福宫》,司马光和之[③]。

宋神宗熙宁五年(1072)壬子,六十五岁

范镇居京师东园。

十一月,范镇上《论宗庙祧迁宜集百官议疏》。《长编》卷二百四十:"熙宁五年十一月,户部侍郎致仕范镇上言,伏见英宗皇帝即位,议祧迁僖祖……"[④]

欧阳修卒,范镇作《祭欧阳文忠公文》。

宋神宗熙宁六年(1073)癸丑,六十六岁

范镇居京师。约于春天赴洛。

是年春,范镇赴洛与司马光同游寿安。今人李之亮《司马温公集编年笺注》将此系年于熙宁六年,姑从之。寿安,今河南宜阳县。范镇有《寿安》、《闻蝉》、《宿憩鹤寺》、《游喷玉泉》、《叠石溪》等诗,司马光皆和之[⑤]。其中《闻蝉》"山中气候别,二月已闻蝉"说明此次寿安之游是春天。

吕公弼卒,范镇作《吕惠穆公公弼神道碑》。

宋神宗熙宁八年(1075)乙卯,六十八岁

范镇携子归蜀。居成都,极登览蜀地山河之胜。

《事类备要》前集卷四十二:"范景仁镇喜为诗,年六十三致仕,一朝思乡里,遂径行入蜀,故人李才元知梓州,景仁枉道过之。归至成都,日散财于亲旧之贫者。遂游峨嵋、青城山,下巫峡、出荆门,凡期岁,乃还京师,作诗凡二百五篇。"[⑥]李才元,即李大临。梓州,今四川三台县。《峨眉寿圣院写真赞》序云:"余既致仕之六年,熙宁八年,自京师还成都。遂游峨眉,极登览之胜。"[⑦]《晋原太平院留题》序:"熙宁八年三月游青城,间四日趋峨眉。百朋、百嘉侍行。"[⑧]《游昭觉寺》、《武侯庙柏》、《浮众寺新禅院》等诗,当作于此。

---

① 《栾城集》,第 194 页。

② 《司马光年谱》,第 67—68 页。

③ 《司马温公集编年笺注》,第 298 页。

④ 《续资治通鉴长编》,第 5865 页。

⑤ 《司马温公集编年笺注》,第 335—344 页。

⑥ (宋)谢维新:《古今合璧事类备要》,《文渊阁四库全书》第 939 册,第 343 页。

⑦⑧ 《全宋文》,第 285 页。

宋神宗熙宁九年(1076)丙辰,六十九岁

范镇回京师。苏辙前来,寓居东园。

十一月,苏辙来京师投奔范镇,居东园,作《雪中呈范侍郎》。孔凡礼《三苏年谱》载:熙宁九年"辙至京师,寓于范景仁东园,雪中辙作诗呈范镇"。

十二月,范镇作《除夕夜》(已佚),苏辙有《次韵范镇除夕夜》。《三苏年谱》谓熙宁九年"十二月辛亥,(辙)有《次韵范镇除夜》"。

宋神宗熙宁十年(1077)丁巳,七十岁

范镇居东园。苏轼自密州移河中府,改差徐州,因不准入京师,与苏辙同居范镇东园。

正月,范镇访宋温之、吴缜,作诗(均佚),苏辙有次韵。《三苏年谱》:熙宁十年"正月八日,范镇招宋温之小饮,复饮温之南轩,辙皆次韵"。又"十二日,范镇访吴缜,作诗,辙次韵"。

二月,范镇与苏辙同游东园,辙作《游景仁东园》。《三苏年谱》载:熙宁十年二月"初八日,惊蛰,辙游范镇(景仁)东园"。

据《三苏年谱》,熙宁十年二月,苏轼改知徐州,辙自京师迎轼,会于澶、濮间,至陈桥驿,轼知徐州告下,时不得入国门,乃寓居城外范镇之东园[①]。

三月,范镇赴洛,有留别诗(今佚),轼、辙皆次韵,并有诗相送。苏轼诗《送范景仁游洛中》,后镇因此诗陷乌台诗案。

春末,范镇自洛还,带司马温公《寄题超然台诗》给苏轼[②]。

宋神宗元丰元年(1078)戊午,七十一岁

范镇居京师东园,撰写《东斋记事》。

《东斋记事》的写作时间,据范镇自序是在致仕后,大约成书于元丰年间[③]。

是年,范镇七十一岁,作《七十一偶成》,司马光和之。

宋神宗元丰二年(1079)己未,七十二岁

范镇居京师。苏轼乌台诗案下狱,镇上书施救,未果。涉案受罚。

《长编》卷三百一:"轼初下狱,(张)方平及镇皆上书救之,不报。"同卷又云:"(元丰二年乙未)端明殿学士司马光、户部侍郎致仕范镇、知开封府钱藻……各罚铜二十斤。"[④]

七月,宋敏求卒,范镇作《宋谏议敏求墓志铭》。

---

① 以上引《三苏年谱》均见于孔凡礼:《三苏年谱》,北京:北京古籍出版社,2004年,第897—898、901、906—907、916、916—917页。

② 《苏轼文集编年笺注》卷五十《与司马温公五首》其一:"春末,景仁丈自洛还,伏辱赐教,副以《超然》雄篇。"(成都:巴蜀书社,2011年,第408页)可证司马光《超然台寄子瞻学士》是由范镇从洛阳带给苏轼。

③ (宋)范镇:《东斋记事》自序,北京:中华书局,1980年。

④ 《续资治通鉴长编》,第7333—7334页。

宋神宗元丰三年(1080)庚申,七十三岁

范镇自京师徙居许昌。

范镇晚年卜居许昌并终老,前贤多以为在熙宁四年。实则直至元丰二年(1079)乌台诗案前,没有任何证据表明范镇移居许昌。元丰二年,鲜于侁还朝回京,苏辙曾有诗相送并兼简范镇,表明范镇其时仍居京师①。又据《宋史》本传所载"轼得罪,下台狱,索与镇往来诗文甚急,犹上书论救。久之,徙居许"云云推断,范镇徙居许昌应在乌台诗案后,姑系于此,俟确考。

造长啸堂,办"飞英会",时人以为美谈。

朱弁《曲洧旧闻》卷三:"蜀公居许下,于所居造大堂,以'长啸'名之。前有荼醾架,高广可容数十客。每春季花繁盛时,燕客于其下,约曰:'有飞花堕酒中者,为余釂一大白。'或语笑喧哗之际,微风过之,则满座无遗者,当时号为'飞英会'。传之四远,无不以为美谈也。"②

镇有《镇卜居许下虽未有涯先作五十六言奉寄子华相公持国端明玉汝待制》。司马光和之,并作《闻景仁迁居许昌为诗寄之》。

六月,神宗诏范镇与刘几订乐。镇上《论乐疏》。《墓志铭》:"元丰三年,神宗诏公与刘几订乐。公曰'定乐当先正律',上曰'然'。"

七月,范镇上《乞求访真黍奏》。《宋会要辑稿》"乐"三:"七月二十七日,户部侍郎致仕范镇言:'乞下京东京西河东河北陕西转运司,量力赏格,求访真黍以审音乐。'从之。"③

九月,范镇因详定乐律受奖谕。《长编》卷三百八十:"罢议乐修乐局,其范镇令降勅奖谕,仍赐银绢各一百匹两。"④

宋祁卒,范镇作《宋景文公祁神道碑》。

宋神宗元丰四年(1081)辛酉,七十四岁

范镇居许昌。

作《王尚书陶墓志铭》。

宋神宗元丰五年(1082)壬戌,七十六岁

范镇居许昌。上书论乐。

《宋史》卷一二八《乐志》:"(元丰五年正月)范镇亦言'今叶防但通世俗夷部之说,而不见《周礼》正文……'"⑤

范镇第四子百岁卒。《墓志铭》:"次百岁,太康主簿,先公六年卒。"

---

① 见《宋史》卷三四四《鲜于侁传》:"元丰二年,召对。"第10936页。

② (宋)朱弁:《曲洧旧闻》,北京:中华书局,2002年,第115页。

③ 《宋会要辑稿》,第317页。

④ 《续资治通鉴长编》,第7487页。

⑤ 《宋史》,第2987页。

宋神宗元丰六年(1083)癸亥,七十六岁

范镇居许昌。约于春天入洛。

时苏轼贬黄州,范镇修简约其卜居许昌,轼作《书蜀公约邻》,镇简今佚[①]。

是年,范镇连修书司马光论乐,论乐之争又起。据《司马光年谱》卷七:元丰六年,司马光《与范景仁第九书》言"闻景仁欲奏所为乐,此大不可……"[②]自皇祐二年(1050)首次争论,至今已三十多年。

是年春,范镇入洛,赠司马光布衾,司马光分外高兴,于衾上作铭。范祖禹《司马温公布衾铭记》:"元丰中公在洛,蜀公自许往访之,赠以是衾。"[③]临别时,司马光作《景仁将归颍昌辄为诗二十韵纪赠》,诗中有"穷泉约互铭"句[④]。按,据《司马温公集编年笺注》,司马光是年另有《景仁思归雨未克行以诗留之》[⑤],其中有"春雨亦多情"句,可证是春天。

宋神宗元丰七年(1084)甲子,七十七岁

范镇居许昌。司马光作诗思之。

据《司马温公集编年笺注》,是年司马光作《和留守相公九月八日与潞公宴赵令园有怀去年与景仁秉国游赏》。诗曰"亲朋在望西湖远,节物那堪处处逢"[⑥]。按,此西湖指颍昌西湖,范镇居许昌常游此湖。

宋神宗元丰八年(1085)乙丑,七十八岁

范镇居许昌。上书。

范镇有《论太祖宜正东向位疏》、《再论太祖东向及大乐乖误疏》,均作于哲宗即位后。《长编》卷三百六十五:"(元丰八年九月)及上即位,镇又乞迁僖祖正太祖东向之位,时年几八十矣。"[⑦]

宋哲宗元祐元年(1086)丙寅,七十九岁

范镇居许昌。司马光拜相。欲起用镇,不起,再度致仕。

《史传三编》卷三三:"哲宗立,韩维上言……拜端明殿学士,将以为门下侍郎。镇辞曰:'六十三而求去,盖以引年,七十九而复来,岂云中礼?'再三强之,卒不起。以银青光禄大夫再致仕。"[⑧]

九月,司马光薨,范镇履行诺言为其作墓志铭,以简洁之笔概述二人"四十余年如一日"的友谊。《司马光年谱》:"景仁长公十一岁,公薨于元祐元年丙寅,年六十八,景

---

① 《苏轼文集编年笺注》,第 54 页。
② 《司马光年谱》,第 196 页。
③ 《范太史集》,《文渊阁四库全书》1100 册,第 196 页。
④⑤⑥ 《司马温公集编年笺注》,第 499、350、515 页。
⑦ 《续资治通鉴长编》,第 8767 页。
⑧ 朱栻:《史传三编》,《文渊阁四库全书》第 459 册,第 553 页。

仁以七十九志其墓。"[1]

宋哲宗元祐二年(1087)丁卯,八十岁

范镇居许昌,提举嵩山崇福宫。

《宋会要辑稿》"职官"七七:"哲宗元祐二年七月二十八日,诏端明殿学士光禄大夫提举嵩山崇福宫范镇迁银青光禄大夫,仍前职致仕,从其请也。"[2]

镇次子百嘉去世。《墓志铭》:"次(子)百嘉,承务郎,先公一年卒。"

鲜于侁卒。八月,范镇作《鲜于谏议侁墓志铭》。

宋哲宗元祐三年(1088)戊辰,八十一岁

闰十二月一日,范镇卒于许昌。卒前上《进乐律表》。

《文献通考》卷一百三十:"元祐三年,范镇上所成乐书并其图法,赐诏褒美。及提举崇福宫,欲造乐献之,自以为嫌,乃先请致仕。既得谢,请太府铜为之,逾年乃成。……二圣御延和殿,召执政同观,赐诏嘉奖,以乐下太常,诏三省、侍从、台阁之臣皆往观焉。"[3]

《墓志铭》:"时公已属疾,乐奏三日而薨。实元祐三年闰十二月癸卯朔,享年八十一。讣闻,辍视朝一日,赠右金紫光禄大夫,谥曰'忠文'。"又:"公晚家于许,许人爱而敬之。其薨也,里人皆出涕。以元祐四年八月己未,葬于汝之襄城县汝安乡推贤里。"

苏辙有《范蜀公挽词》:"忧国常先众,谋身亦勇归。"概其一生[4]。

范镇一生著述甚丰,然散佚严重。据《墓志铭》,镇受诏"修《唐书》、《仁宗实录》、《玉牒日历类篇》。凡朝廷有大述作、大议论,未尝不与"。有"文集一百卷,《谏垣集》十卷,《内制集》三十卷,《外制集》十卷,《正书》三卷,《乐书》三卷,《国朝韵对》三卷,《国朝事始》一卷,《东斋记事》十卷,《刀笔》八卷"。南宋汪应辰守成都三年,搜访仅得诗文六十二卷,又以《谏书》、《乐书》等附之,通为一百二十卷,题为《范蜀公集》[5]。《郡斋读书志》著录为"十卷"[6],惜今已佚。《文献通考》卷二二八《经籍考》载范镇有《国史对韵》十二卷,《宋史·艺文志》著录有《本朝蒙求》二卷[7]。按《东斋记事》,《宋史·艺文志》卷二三二记作十二卷[8],与《墓志铭》所记不同。原书已佚,清《四库全书》,从《永乐大典》中辑得《东斋记事》五卷,《补遗》一卷。

今人编撰的《全宋文》辑范镇文一百五十余篇,《全宋诗》录其诗不足六十篇,可见范镇诗文大多已散失。

(作者单位:武汉大学文学院)

---

① 《司马光年谱》,第257页。
② 《宋会要辑稿》,第4160页。
③ 《文献通考》,第1158页。
④ 《栾城集》,第384页。
⑤ (宋)汪应辰:《文定集》,《文渊阁四库全书》第1138册,第681页。
⑥ (宋)晁公武:《昭德先生郡斋读书志》,《续古逸丛书》之三五,南京:江苏古籍出版社,2001年,第661页。
⑦⑧ 《宋史》,第5300、5116页。

董逌生平考略

王宏生

关于董逌生平，历来记载不详，陆心源《宋史翼》卷二七《董逌传》、余嘉锡《四库提要辨证》、方爱龙《南宋书法史》等有所考证，然取资有限，仍极为简略。

李正民《大隐集》卷二《董逌徽猷阁待制与郡制》云：

> 敕：入持从橐，出领藩符。惟时迩臣，宜膺异数。具官某博学而多识，殚见而洽闻。诵甘泉之遗仪，如指诸掌；记南宫之故事，不忘于心。早擢秀于士林，遂飞英于儒馆。荐更郡寄，复叹郎潜。浸陟九卿之联，乃跻二史之列。遽以疾谂，丐于外迁。宜升次对之班，俾遂偃藩之逸。往祗朕命，勿替厥修。可。

《董逌知信州制》云：

> 敕：次对西清，持从臣之橐；承流列郡，分刺史之符。谅匪时髦，孰膺宠数。具官材猷博敏，学问淹该。出典藩垣，惠昭民誉；入更省寺，望著朝端。宜陟近班，俾膺郡寄。往继循良之治，广宣德意之孚。可。

卷三《董逌赠官制》又云：

> 敕：朕待遇臣工，务全终始。遽起沦亡之叹，可无褒赠之恩？具官早负时名，亟跻儒馆。嗜学至老而不厌，所闻既博而愈精。未尝枉道以徇人，故每进寸而退尺。晚记言于柱史，浸联华于从班。方俾分符，俄闻易箦。宜优加于恤典，仍峻陟于文阶。庸示蠹伤，并推余泽。尚其灵爽，歆此宠休。可。①

诸制中“从橐”、“持从臣之橐”指为文学侍从一类官职，“出领藩符”、“遂偃藩之逸”、“出典藩垣”指出任地方长官，“飞英于儒馆”、“亟跻儒馆”指在秘阁任职，“荐更郡寄”、“俾膺郡寄”指出任州郡太守，“郎潜”指为官久不升迁，“入更省寺”、“浸陟九卿之联”指为九寺之大卿，“乃跻二史之列”、“晚记言于柱史”指为史官，“升次对之班”、“陟近班”、“浸联华于从班”指为近臣，列于朝班。

据诸制所言，董逌才思敏捷，学问淹博，早负时名，任职于馆阁，后出为地方州郡太守，又入朝为九寺大卿，任史官，以病乞外，未及任职而卒，此董逌生平履历之大体。李正民与董逌同时，诸制载董逌生平大体相同，所作时间亦大致相近，在董逌晚年，故其言董逌生平也更为完整。兹据董逌《广川书跋》、《广川画跋》，李心传《建炎以来系年要录》，徐梦莘《三朝北盟会编》等著作记载，排比诠次，考订如下。

---

① （宋）李正民：《大隐集》，影印文渊阁《四库全书》本。

董逌字彦远，东平人

陈振孙《直斋书录解题》卷一董逌《广川易学》解题云："中书舍人东平董逌彦远撰。"卷八董逌《广川藏书志》解题云："徽猷阁待制董逌彦远撰。"[①]据此，则知董逌字彦远，东平人，曾任中书舍人、徽猷阁待制等职。

《四库全书总目》卷一一二《广川书跋》提要云："逌字彦远，东平人，题曰'广川'，从郡望也。"[②]董逌字彦远，诸家皆无异说。关于董逌之籍贯，陈振孙《直斋书录解题》卷一、俞琰《读易举要》卷四、毛晋《陆氏诗疏广要》卷下之上、陶宗仪《南村辍耕录》一四皆作东平人。李心传《建炎以来系年要录》卷二五注云："逌，益都人。"[③]据《宋史·地理志》，东平府属京西路，下设须城、阳谷、中都、寿张、东阿、平阴六县及东平监，而益都县属京东路青州。陈振孙《直斋书录解题》卷八董逌之子董弅《新定志》解题云："郡守东平董弅令升撰。"则董逌为东平人无疑。

陶宗仪《南村辍耕录》卷一四《瘗鹤铭》云："君字彦远，号广川，东平人。"[④]以"广川"系董逌之号。检董弅《严陵集序》自署"广川董弅"，则"广川"非董逌之号无疑。司马迁《史记·董仲舒列传》云："董仲舒，广川人也。以治《春秋》，孝景时为博士。"[⑤]董逌、董弅之称"广川"，以董仲舒之故。

元祐八年(1093)，作题跋《又刘统军别本》。

《广川书跋》卷九《又刘统军别本》云："元祐七年，余为李平叔书《刘统军碑》后。明年，赞皇李叔宪复得此碑，属余考其岁月以书，将有释于后也。"[⑥]董逌在元祐七年(1092)为李平叔书题跋《刘统军碑》，此跋今未存。《又刘统军别本》作于元祐八年，这是董逌《广川书跋》、《广川画跋》写作时间可考诸跋中最早的，也是关于董逌生平最早的记录。

绍圣元年(1094)，撰《续钱谱》。

王应麟《玉海》卷一八〇云："董逌撰《续钱谱》十卷。"注云："绍圣元年。"[⑦]

绍圣三年(1096)，过长安。

董逌《广川书跋》卷六《七贤帖》云："绍圣三年，余过长安。邵仲恭得此摹本，诿余跋其后。"

---

① (宋)陈振孙撰，徐小蛮、顾美华点校：《直斋书录解题》，上海古籍出版社，2006年。

② (清)永瑢等：《四库全书总目》，中华书局，1981年。

③ (宋)李心传：《建炎以来系年要录》，中华书局，1956年。

④ (元)陶宗仪：《南村辍耕录》，中华书局，1997年。

⑤ (汉)司马迁撰，(南朝宋)裴骃集解，(唐)司马贞索隐，(唐)张守节正义：《史记》，中华书局，1997年。

⑥ (宋)董逌：《广川书跋》，见卢辅圣主编《中国书画全书》第一册。

⑦ (宋)王应麟：《玉海》，影印文渊阁《四库全书》本。

元符元年(1098),来京师。

董逌《广川画跋》卷一《书李子西兵车图》云:"绍圣四年,诏造兵车……明年,余来京师。"绍圣四年(1097),诏造兵车,明年董逌至京师,则在元符元年。

元符二年(1099),自汶至京师,假道陶丘。

董逌《广川画跋》卷二《书锁树谏图》云:"元符二年冬,余自汶如京师,假道陶丘。会晁尧民守济阴,留颐堂五日。"汶即大汶河,流经东平。盖董逌自东平假道陶丘(今山东定陶西北)至京师。

崇宁三年(1104),除秘阁正字。

董逌《广川书跋》卷一《一柱爵》云:"秘阁有爵一柱……崇宁三年,余至馆下识之。"同卷《蜼彝》云:"《考古图》曰:'秘阁所藏大小七器,形制略相似……'崇宁三年,余就馆中,求之信然。"知董逌于崇宁三年到秘阁任职。黄伯思《东观余论》卷下《论汉晋碑》载其与董逌讨论读书:

> 董云:"异书不可不看。逌初除正字,供职未几,乃以平日所疑故事,因阅传记决疑者多。自此后论议觉进,信知书不负人也。所恨未尝获睹太清楼书。"①

据此,董逌初入秘阁官为正字。王应麟《困学纪闻》卷八录董逌《除正字谢启》,即作于此时。

董逌《广川画跋》卷二《上王会叙录》云:"崇宁五年七月五日编校臣某上。"编校是馆阁编校书籍官的简称,属实事官。《广川书跋》卷二《弡仲宝医铭》:"大观元年,刘仲冯以其家藏古器上之,适余在馆,始尽模其铭,并得原父释考之。"崇宁五年(1106)、大观元年(1107),董逌仍在秘阁任职。

政和七年(1117),在秘阁任校书郎,因得罪蔡攸,补外任郡守。

王明清《挥麈录·前录》卷三云:"宣和中,蔡居安提举秘书省。夏日,会馆职于道山,食瓜。居安令坐上征瓜事,各疏所忆,每一条食一片。坐客不敢尽言,居安所征为优。欲毕,校书郎董彦远连征数事,皆所未闻,悉有据依,咸叹服之。识者谓彦远必不能安,后数日果补外。"②蔡攸字居安,蔡京长子。《挥麈录·前录》卷一云:"宣和初,蔡攸提举秘书省。"亦以蔡攸提举秘书省在宣和年间。据《宋史·徽宗本纪》,政和七年五月辛卯,"命蔡攸提举秘书省并左右街道箓院"。陈桱《通鉴续编》卷一二、徐乾学《资治通鉴后编》卷九十九所载皆同,则蔡攸提举秘书省在政和七年,非宣和中。《宋史·蔡攸传》云:"京再入相,加龙图阁学士兼侍读,详定《九域图志》,修《六典》,提举上清宝箓宫,秘书省两街道录院、礼制局。道、史官僚合百人,多三馆隽游,而攸用大臣子领袖其间,懵不知学,士论不与。初置宣和殿,命为大学士,赐毬文方团金带,改淮康军节度使。帝将去京,先逐其党刘昺、刘焕等,使御史中丞王安中劾之。攸通籍

① (宋)黄伯思:《东观余论》,见卢辅圣主编《中国书画全书》第一册。

② (宋)王明清:《挥麈录·前录》,中华书局,1961年。

禁庭，闻其事，亟请间百拜以恳，帝意遂解。”据此，蔡攸提举秘书省，又为宣和殿大学士、淮康节度使。陈均《九朝编年备要》卷二八云：政和五年四月，“置宣和殿学士，以蔡攸为之”[①]。则蔡攸为宣和殿学士在政和五年，在提举秘书省之前。《宋史·王安中传》云：“政和间……已而，再疏京罪。上曰：‘本欲即行卿章，以近天宁节，俟过此，当为卿罢京。’京伺知之，大惧，其子攸日夕侍禁中，泣拜恳祈。上为迁安中翰林学士，又迁承旨。宣和元年，拜尚书右丞。”陈桱《九朝编年备要》卷二八云：“（重和元年）六月，王寀、刘昺坐妖讪诛窜。诏朝奉大夫、前知峡州王寀，资政殿学士刘昺酬倡诗歌悖逆妖讹不道，寀伏诛，刘昺长流琼州。”根据诸书所载时序，则蔡攸为淮康节度使、王安中弹劾蔡京，宋徽宗流放刘昺诸事皆在宣和元年之前。徐度《却扫编》卷下云：“蔡太保攸政和末自宣和殿大学士、上清宝箓宫使拜淮康军节度使。”[②]政和为宋徽宗年号，共七年，据此则知蔡攸自提举秘书省至拜淮康军节度使在政和七年。此时董逌仍在秘阁任校书郎，秩从八品。王明清《挥麈前录》误以蔡攸提举秘书省在宣和中。

李正民制诏云“荐更郡寄，复叹郎潜”，“出典藩垣，惠昭民誉”，则知董逌补外任郡守之职，秩从五品。

《广川书跋》卷五《古铊铭》云：“宣和五年，余来关中。”《广川画跋》卷四《书李成画营丘图》云：“余去国十年矣。官系乎朝不得归，每升高东顾，想在家山，而神驰意到，自有见闻，宾想既悟而悲悼随之。及观正夫所示图，真得乡路矣，反若不敢识者。亦似失其悲心者矣。”[③]董逌政和七年外补为郡守，跋中言“去国十年”，则在靖康元年(1126)。宣和五年，董逌至关中，疑即到关中任郡守，故云“每升高东顾，想在家山”，所谓“荐更郡寄”也。十年在地方任职，居久不迁，故有郎潜之叹。

建炎元年(1127)，为礼部员外郎、权国子监司业、充事务官、权国子监祭酒。

徐梦莘《三朝北盟会编》卷七八云：“（靖康二年正月二十九日）差董逌权司业，监起书籍等，差兵八千人赴军前。”[④]《靖康要录》卷一一云：“（靖康二年二月十四日）司业董逌劝谕愿往北方为师者，给马一匹，钱二十万，即曰投状者满三十人。”[⑤]王明清《玉照新志》卷四载宋齐愈狱牍云：“（建炎元年二月）司业董逌午间亦在坐，未委见与不见。”[⑥]此事亦见于徐梦莘《三朝北盟会编》卷一〇一。靖康二年即建炎元年，时董逌权国子监司业。据《宋史·钦宗本纪》，金兵围陷汴京在靖康元年闰十一月，疑董逌靖康元年即已至京任职。

徐梦莘《三朝北盟会编》卷八三云：“（靖康二年三月二日）差事务官。是日差给事中马寿隆[⑦]、中书舍人李熙靖、左谏议大夫洪刍、兵部尚书吕好问、工部侍郎何昌言、

① (宋)陈均：《九朝编年备要》，影印文渊阁《四库全书》本。

② (宋)徐度：《却扫编》，影印文渊阁《四库全书》本。

③ (宋)董逌：《广川画跋》，见卢辅圣主编《中国书画全书》第一册。

④ (宋)徐梦莘：《三朝北盟会编》，上海古籍出版社，1987年。

⑤ 《靖康要录》，《丛书集成初编》本。

⑥ (宋)王明清：《玉照新志》，《丛书集成初编》本。

⑦ 据《建炎以来系年要录》卷三、《靖康要录》卷一二、《宋史·徽宗本纪》，“马寿隆”当作“韦寿隆”。

军器监王绍、吏部员外郎王及之、礼部员外郎董逌、户部员外郎李健、工部员外郎李士观、刑部员外郎吕勤、仓部员外郎曾慥、光禄少卿黄堂传、作郎颜博文充事务官。”据此，三月二日，董逌由礼部员外郎充事务官。礼部员外郎秩正七品，正月二十九日，董逌由礼部员外郎权司业。所谓“事务官”，右正言邓肃札子云：“事务官者，金人已有立伪楚之语，朝廷集议，恐不能如礼，遂至结十友作事务官，讲册命之仪，搜求供奉之物，悉心竭力，无所不至。使邦昌安然得阳揖逊，北面而拜者三，南面而拜者二，挥涕就位，以事美观，皆事务官之力也。”[①]则知事务官之职在拥戴张邦昌为帝，讲究伪帝之仪，为金人搜求供奉之物，故邓肃深以为耻。

李心传《建炎以来系年要录》卷三云：“（建炎元年三月）己酉，邦昌遣权国子监祭酒董逌抚谕太学诸生。”丁特起《靖康孤臣泣血录》云：“三月二十日，邦昌伪命国子祭酒董逌抚喻诸生，慰劳备至。逌承命巡斋宣布邦昌之意。自围闲诸生困于虀盐，多有疾故死亡者。迨春尤甚，日不下死数人，至十余人，邦昌见之，乃有抚喻之使。”[②]李心传《建炎以来系年要录》卷四云：“（建炎元年四月丁亥）国子祭酒董逌率太学诸生诣南京劝进。”三月二十日，董逌以礼部员外郎权国子监祭酒抚慰太学诸生，四月二十八日，至南京劝进。

建炎二年(1128)，为宗正少卿。

李心传《建炎以来系年要录》卷一三云：“（建炎二年二月壬戌）尚书礼部员外董逌为宗正少卿。”宗正少卿是宗正寺副职，秩从五品。

建炎三年(1129)，从驾维扬，为起居舍人，江东提刑，中书舍人，充徽猷阁待制。卒，赠正奉大夫。

曾敏行《独醒杂志》卷六云：“建炎己酉，董公逌从驾在维扬，适北兵至。逌尽弃所有金帛，惟袖《千文》南渡。”[③]《宋史·高宗本纪》云：“（建炎）三年春正月庚辰朔，帝在扬州。”[④]董逌从驾即在此时。

李心传《建炎以来系年要录》卷二五云：“（炎三年秋七月庚子）中书舍人董逌充徽猷阁待制。逌为宗正少卿，官省而罢，旋入西掖，至是才踰月也。”注云：“逌……今年五月戊子除江东提刑，其除舍人日历题名皆失之。”“西掖”是中书省别称。董逌充徽猷阁待制在建炎三年七月，其为中书舍人则在建炎三年六月间。注云其除江东提刑在五月戊子，盖任职时间仅一月余。

张守《论差李公彦李正民权官不当札子》云：“又伏见中书舍人有阙，祖宗故事，差起居舍人兼权，又阙，即差他官。今董逌为右史，而差左司员外郎李正民权中书舍人，臣所未谕。使正民贤于逌，即当便用正民为中书舍人，不然即是董逌不学无文也。逌不学无文，则不当擢为右史。若曰逌不可权摄邪？而逌亦久以文学著称，士论亦未以

① (宋)邓肃：《栟榈集》，影印文渊阁《四库全书》本，卷一二。
② (宋)丁特起：《靖康孤臣泣血录》，明万历三十四年刻本。
③ (宋)曾敏行：《独醒杂志》，上海古籍出版社，1986年。
④ (元)脱脱等：《宋史》，中华书局，1997年。

为不可也……近舍董逌而远取李正民，未必薄于董逌，然人不能无疑，而逌亦无以自安。恐非以礼处人之意，也亦恐祖宗故事自是废矣。”[①]则董逌任中书舍人之前曾任右史，即起居舍人，秩从六品。李心传《建炎以来系年要录》卷二三云：“建炎三年五月戊寅朔……始除浚招讨使，左司员外郎兼权中书舍人李正民言川陕吾境，不当以招讨名，请用唐裴度故事。”李正民由左司员外郎权中书舍人在建炎三年五月之前，董逌为起居舍人亦在五月之前。《宋史·职官志》云：“建炎初，并省冗职，惟太常、大理不能。诏太常少卿一员兼宗正少卿，罢丞、簿，惟置博士一员。”《中兴会要》云：“建炎三年，诏太常少卿一员兼宗正少卿。”[②]董逌由宗正少卿改任起居舍人，因并省冗职之故。

李心传《建炎以来系年要录》卷二五云：“（建炎三年七月庚子）尚书左司员外郎李正民、起居郎綦崇礼、太常少卿李公彦并为中书舍人。”李正民任中书舍人在建炎三年七月，在董逌之后。中书舍人掌行命令，为制词，李正民《董逌徽猷阁待制与郡制》、《董逌知信州制》、《董逌赠官制》诸制当即作于其任中书舍人时。诸制合观，则知董逌由中书舍人充徽猷阁待制，以疾丐于外迁，封信州郡守，未及上任而病故。《宋史·高宗本纪》云：“（建炎四年正月）乙丑，以中书舍人李正民为两浙、湖南、江西抚谕使，诣太后问安。”则李正民为中书舍人在建炎三年七月至建炎四年正月间，董逌之卒即在此时。

张嵲《徽猷阁待制董弅故父逌可特赠正奉大夫制》云：“具官某故父某，学问博洽，驰骤千载以还；文辞纵横，独高当世之誉。备先朝之法从，颇著尽规蓄，余庆于后人。终然济美文阶三品，极纳襚之至，荣营魄九原，尚焄蒿之如在。可。”[③]据李心传《建炎以来系年要录》，绍兴七年（公元 1137 年）闰十月，集英殿修撰、提举江州太平观董弅充徽猷阁待制知严州。绍兴十年（公元 1140 年）八月，起居舍人兼实录院检讨官兼侍讲张嵲试中书舍人，绍兴十一年（公元 1141 年）二月中书舍人兼侍讲、实录院同修撰张嵲罢。[④] 董逌赠正奉大夫即在绍兴十年八月至绍兴十一年二月间。

（作者单位：福建师范大学文学院）

① （明）杨士奇：《历代名臣奏议》卷一四三，影印文渊阁《四库全书》本。

② （明）谢维新：《古今合璧事类备要后集》卷三三，影印文渊阁《四库全书》本。

③ （宋）张嵲：《紫微集》卷一八，影印文渊阁《四库全书》本。

④ 《建炎以来系年要录》卷一一六，卷一三七，卷一三九。

崔鶠行年考*

田甘

崔鶠,北宋人,与陈恬、田昼和李廌并称为"戊己四先生",以直言敢谏名动当时。长于诗歌,清雄有法度,有文集三十卷,惜不传。《宋史》和《东都事略》均有传,但记载不详。其生平事迹,今人杨玉华做过初步考证①,但碍于当时材料有限,考证不甚完备,笔者在此基础上拟做进一步的考证,力求有所补充。

字德符。《宋史·崔鶠传》载:"崔鶠,字德符"②,《东都事略》所载同。

号婆娑先生。《宋史·崔鶠传》和《东都事略》等都未提及崔鶠之号,唯陆游《跋砚录香法》称"婆娑先生崔德符"(详后)。崔鶠曾筑婆娑园,故以为号,文集亦名《婆娑集》。

父,崔毗。《宋史·崔鶠传》载:"崔鶠,字德符,雍丘人。父毗。"③《新安志》卷五亦云:"父毗,有闻于时。"④

无子,有女,女婿卫昂。《宋史·崔鶠传》载:"无子,婿卫昂集其遗文。"⑤陆游《跋砚录香法》言之稍详:"师房者,济南卫昂也,娶婆娑先生崔德符女,晚官巴峡,死焉。"⑥卫昂字师房,阳翟人,曾任知县。明曹学佺《蜀中广记》卷二十一载有石刻题名:"颍川刘均国邀古雍李绍隆、洛阳邢仲时、阳翟卫师房、黄山韩次阮游卧龙山咸平院,谒长老忍禅师。建炎四年十月晦日。"⑦《画继》卷八载"中原卫昂师房知县家"藏有"吴道子《白衣观音图》"诸画⑧,《佩文斋书画谱》卷九十七所载同⑨。

雍丘人,后徙居阳翟(今河南禹县)。《东都事略》卷一百零五云:"崔鶠,字德符,颍州阳翟人也。"⑩《宋史·崔鶠传》则曰:"崔鶠,字德符,雍丘人。父毗,徙居颍州,遂为阳翟人。"⑪《新安志》卷五亦载:"崔鶠,字德符,雍丘人……自雍丘徙阳翟。"⑫可见崔鶠本为雍丘人,后随父徙居阳翟。

有《婆娑集》三十卷,后佚。《宋史·崔鶠传》曰:"鶠平生为文至多,辄为人取去,

---

* 2012年国家社科基金重大招标项目:唐宋文学编年系地信息平台建设(12&ZD154)。

① 杨玉华:《崔鶠其人其诗》,《楚雄师专学报》,1993年第1期,第10—14页。

②③ (元)脱脱:《宋史》卷三五六,北京:中华书局,1977年,第11213页。

④ 中华书局编辑部:《宋元方志丛刊》,第八册,北京:中华书局,1990年,第7671页。

⑤ 《宋史》卷三五六,第11217页。

⑥ 曾枣庄等:《全宋文》卷四九三五,上海:上海辞书出版社、合肥:安徽教育出版社,2006年,第375页。

⑦ (明)曹学佺:《蜀中广记》,上海:上海古籍出版社,1993年,第259页。

⑧ (宋)邓椿:《画继》,丛书集成初编本,北京:中华书局,1991年,第53页。

⑨ (清)纪昀:《文渊阁四库全书》,台北:台湾商务印书馆,1983年,823册,第339页。

⑩ (宋)王偁:《东都事略》,台北:文海出版社,1980年,第1613页。

⑪ 《宋史》卷三五六,第11213页。

⑫ 《宋元方志丛刊》,第八册,第7671页。

箧无留者。尤长于诗，清峭雄深，有法度。无子，婿卫昂集其遗文，为三十卷，传于世。”[①]《郡斋读书志》著录有“崔德符《婆娑集》三十卷”[②]，可见其集名《婆娑》。吴曾《能改斋漫录》卷七曾言及《婆娑集》的命名来历：“崔德符以所作诗文，目曰‘婆娑集’。盖取四子讲德论：‘婆娑讴吟，鼓腋而笑。’”[③]

嘉祐三年丁酉(1058)，崔鶠生。崔鶠生年有两处记载：一为张邦基《墨庄漫录》卷四载：“许、洛两都，轩裳之盛，士大夫之渊薮也。党论之兴，指为许、洛两党。崔鶠德符、陈恬叔易皆戊戌生，田昼承君、李豸方叔皆己亥生，并居颍昌阳翟，时号戊己四先生，以为许党之魁也。故诸公坐废之久。”[④]戊戌年即嘉祐三年(1058)。另一处为晁说之《祭崔德符正言文》所言：“说之也少兄二岁。”[⑤]据李朝军《晁说之年谱简编》考证，晁说之生于嘉祐四年(1059)[⑥]，崔鶠就应生于嘉祐二年(1057)。按：《墨庄漫录》所记干支不应有误，否则不会“时号戊己四先生”。而晁说之于崔鶠生年相近，多有交往，其文作于崔鶠离世之际，所言亦有可信度。因《墨庄漫录》为直接记载，故从《墨庄漫录》之说。晁氏所言“少兄二岁”之“二”，也有可能是“一”字之讹，姑志此疑以备考。

元祐七年壬申(1092)春，居阳翟，有《送邹志完序》。序云：“元祐七年春，仆卧病三封，志完自颍昌不远百里贻以书曰：‘我数月解官，去东南千余里。与子有一日雅，宜有以遗我。’因以书告。”[⑦]按：三封，指三封山，在阳翟。《太平寰宇记》卷七：“三封山。《水经注》云：‘颍水故渎东南经三封山北。’谓此山也。”[⑧]《大清一统志》卷一八六：“三封山，在禹州西南二十里。上有三峰，亦名三峰山。《水经注》：‘颍水故渎，东南经三峰山北。’《金史·地理志》：‘阳翟有三封山。’《州志》：‘山半崖有燕王洞，最深邃。山下复有洞，深数里。又有分水岭，岭下有二泉，东西分流。’”[⑨]邹志完，即邹浩，号道乡先生，《宋史》卷三四五有传。考清人李兆洛《道乡先生年谱》，邹浩元祐七年“官颍昌。七月，秩满”离任[⑩]。与崔鶠文中所言相符，故有是序。

元祐九年甲戌(1094)三月二十六日，崔鶠登进士第，时年三十七。《墨庄漫录》卷三载：“崔鶠德符，颍昌阳翟人。元祐中，毕渐榜登科，不汲汲于仕宦。”[⑪]按：毕渐于绍

---

① 《宋史》卷三五六，第11217页。

② (宋)晁公武：《郡斋读书志》，上海：上海古籍出版社，1990年，第1023页。

③ (宋)吴曾：《能改斋漫录》，上海：上海古籍出版社，1979年，第205页。

④ (宋)张邦基：《墨庄漫录》，北京：中华书局，2002年，第112页。

⑤ 《全宋文》卷二八二〇，第356页。

⑥ 李朝军：《晁说之年谱简编》，《西南交通大学学报》(社会科学版)，2005年第1期，第22—23页。文载：“说之明确提及自己年龄有如下两处：《与刘壮舆书》云‘况今忧患之余五十岁矣’，同时此文又提及‘去夏长子二十三岁，一病不起’，而据其《嵩隐长子墓表》：‘其卒在陕州芮城，年二十有三，丁亥六月丁巳也。’丁亥即大观元年，可知其五十岁在大观二年(1108)；《太极传后序》载明作年为建炎二年戊申(1128)八月二十五日，且云‘年七十’，由此二处均可推知其生年在嘉祐四年。”

⑦ 《全宋文》卷二七七九，第331页。

⑧ (宋)乐史：《太平寰宇记》，北京：中华书局，2007年，第133页。

⑨ (清)穆彰阿、潘锡恩等：《大清一统志》，上海：上海古籍出版社，2008年，第四册，第741页。

⑩ (清)李兆洛编：《道乡先生年谱》，吴洪泽、尹波：《宋人年谱丛刊》，成都：四川大学出版社，2003年，第3553页。

⑪ 《墨庄漫录》，第92页。

圣元年(1094)三月状元及第[①],崔鶠与之同榜,及第亦在此年。元祐九年四月始改元为绍圣元年,崔鶠进士及第在是年三月,故仍称“元祐中”。

及第后,任凤州(今陕西宝鸡凤县)司户参军。《宋史·崔鶠传》载:“登进士第,调凤州司户参军、筠州推官。”[②]《东都事略》卷一百零五亦云:“举进士,为凤州司户参军、筠州推官。”[③]而崔鶠《祭王正孺文》曾自言:“君既出仕,我窃科举。各天一方,乖其出处。旷绝音滕,矧谐笑语。我后三年,罢秩陕西。”[④]由此可知,崔鶠在登进士第后,便被任命为凤州司户参军,任职时间为三年。

绍圣四年丁丑(1097),改任筠州(今江西高安)推官。由前可知,崔鶠任职凤州司户参军三年后调任筠州推官,时当绍圣四年(1097)。在筠期间,作有《筠州新堂上梁文》:“郡城幽邃,介居吴楚之乡;台府深严,迥处江湖之胜。鼓角鸣于天上,幢盖出于云中。岂非阆苑之峰,恐是蓬山之岛。昔营道院,名擅江西。”[⑤]

元符三年庚辰(1100)三月二十四日,因日食,求直言,崔鶠进《上皇帝乞辨忠邪书》,徽宗览而善之,改任相州教授。《宋史·崔鶠传》载:“徽宗初立,以日食求言,鶠上书曰:‘臣闻谏诤之道,不激切不足以起人主意……’帝览而善之,以为相州教授。”[⑥]《东都事略》卷一百零五所载大致相同[⑦],《新安志》卷五亦云:“元符末,以频年四月日食诏求直言,鶠上书辨司马温公,力抵时相。宰相蔡京使以邪正二等差定上书者,列鶠邪下。”[⑧]三处记载都未明言崔鶠进言的具体时间,而《宋史纪事本末》卷四十八载:“哲宗元符三年……三月辛卯,以四月朔日当食,诏求直言。筠州推官崔鶠上书曰:‘臣闻谏诤之道,不激切不足以起人主意……’帝览而善之,以为相州教授。”[⑨]《续资治通鉴》卷八十六亦云:“辛卯,以日当食,诏求直言。筠州推官雍丘崔鶠应诏上书曰:‘方今政令烦苛,风俗险薄,未暇悉陈,而特以判左右之忠邪为本。……’帝览而善之,以为相州教授。”[⑩]是月戊辰朔,辛卯当为二十四日,崔鶠进言即在此时。按:元符三年正月,哲宗崩,徽宗即位未改元,故《宋史》言“徽宗初”与《宋史纪事本末》言“哲宗元符三年”并不矛盾,均指元符三年(1100)。

崇宁元年壬午(1102)九月,崔鶠入元祐党籍,被免官。《皇宋通鉴长编纪事本末》卷二十三载:“是月(崇宁元年九月)己未,诏中书省开具元符臣僚章疏姓名如后:……邪下三百一十二人……崔鶠……”[⑪]按:据陈垣《二十史朔闰表》崇宁元年九月癸未朔[⑫],己未日不在九月。黄以周《续资治通鉴长编拾补》卷二十谓是乙未:“[案]《纪事

---

① (宋)杨仲良:《皇宋通鉴长编纪事本末》,卷一百,第三册,哈尔滨:黑龙江人民出版社,2006年,第1720—1721页;(元)佚名:《宋史全文》,卷一三下,哈尔滨:黑龙江人民出版社,2004年,第745页。

② 《宋史》卷三五六,第11213页。

③ 《东都事略》,第1613页。

④⑤ 《全宋文》卷二七七九,第339、343页。

⑥ 《宋史》卷三五六,第11213页。

⑦ 《东都事略》,第1613—1614页。

⑧ 《宋元方志丛刊》,第八册,第7671页。

⑨ (明)陈邦瞻:《宋史纪事本末》,北京:中华书局,1977年,第467—469页。

⑩ (清)毕沅:《续资治通鉴》,北京:中华书局,1979年,第2196—2198页。

⑪ (清)毕沅:《皇宋通鉴长编纪事本末》,南京:江苏古籍出版社,1988年,第3822—3831页。

⑫ 陈垣:《二十史朔闰表》,北京:中华书局,1999年,第132页。

本末》原本作九月己未。考九月癸巳朔(应为癸未朔)无己未日,当依《十朝纲要》、《宋史本纪》作乙未是。"[①]乙未为九月十三日,而《宋会要辑稿·职官六八》所载相隔一日:"崇宁元年九月十四日诏开具元符三年臣僚章疏姓名。"[②]《宋史·崔鶠传》言:"后蔡京条籍上书人,以鶠为邪等,免所居官。"[③]知崔鶠因此被免官。

政和中,崔鶠为绩溪(今属安徽)令,后又因病归汝州郏城(今河南郏县),治地为婆娑园。《宋史·崔鶠传》载:"免所居官。久之,调绩溪令。移病归,始居郏城,治地数亩,为婆娑园。屏处十余年,人无贵贱长少,悉尊师之。"[④]《东都事略》卷一百零五所载大致相同:"停所居官,久之,调绩溪令。以病免归,始居汝州之郏城,闭门屏处十余年。人无贵贱长少悉尊师之。"[⑤]两处记载未言崔鶠任绩溪令的时间,而《新安志》却有记载:"政和中,为绩溪令。"[⑥]具体在政和几年任绩溪令,待考。在绩溪期间,作有《题绩溪雪峰楼》、《新安四咏》和《绩溪道中三首》。[⑦] 在郏城期间,作有《婆娑园》诗[⑧]。

宣和中,崔鶠曾监西京洛南稻田务,作《会节园梅花下作》,因擅入御苑勒停,寄食诸家,后归阳翟。《墨庄漫录》卷三云:"宣和中,监西京洛南稻田务。时中官容佐掌宫钥于洛,群僚事之唯恐不及,惟德符不肯见之。容极衔之。德符一日送客于会节园,时梅花已残,与客饮梅下。已而容奏陈会节园为景华御苑,德符初不知也。明年暮春,复骑瘠马,从老兵,径入园中梅下,哦诗曰:'去年白玉花,结子深林间。小憩藉清影,低颦啄微酸。故人不复见,春事今已阑。绕树寻履迹,空余土花斑。'徘徊而去。次日,容见地有马迹,问园吏,吏以崔对。容怒其轻己,遂劾奏鶠径入御苑,以此罪废累年。"[⑨]《吴礼部诗话》所载与此略同:"劾以擅入御苑勒停,家贫传食诸人家,久而后归阳翟。"[⑩]按:《宋史·崔鶠传》、《东都事略》和《新安志》均失载此事,崔鶠离任绩溪令后,非一直在郏城,其间曾监西京洛南稻田务,后被罢职,又归阳翟。

晁补之《祭崔德符正言文》谓:"远官沅湘,乐诗思于烟霞。"[⑪]崔鶠又有《青州到任谢表》,[⑫]知崔鶠曾在湖南和山东任职,但具体时间不详。

宣和六年甲辰(1124),崔鶠通判宁化军(今山西宁武县),召为殿中侍御史,复罢。《宋史·崔鶠传》载:"宣和六年,起通判宁化军,召为殿中侍御史。"[⑬]而《宋史纪事本末》卷五十五载:"徽宗宣和七年……太上皇(徽宗)起崔鶠通判宁化军,召为殿中侍御

---

① (清)黄以周:《续资治通鉴长编拾补》,北京:中华书局,2004年,第708—709页。

② (清)徐松:《宋会要辑稿》,北京:中华书局,1957年,第3908页。

③④ 《宋史》卷三五六,第11215页。

⑤ 《东都事略》,第1614页。

⑥ 《宋元方志丛刊》,第八册,第7671页。

⑦⑧ 北京大学古文献研究所:《全宋诗》卷一一九二,北京:北京大学出版社,1995年,第13480—13481、13481页。

⑨ 《墨庄漫录》,第93页。

⑩ (元)吴师道:《吴礼部诗话》,丛书集成初编本,北京:中华书局,1985年,第27—28页。

⑪ 《全宋文》卷二八二〇,第355页。

⑫ 《全宋文》卷二七七九,第324页。

⑬ 《宋史》卷三五六,第11215页。

史。”[①]《东都事略》卷一百零五云:“宣和末,通判宁化军。”[②]未明言是宣和六年还是宣和七年。吕本中《师友杂志》云:“宣和末,何栗为中丞,荐(崔鶠)为殿中侍御史,复以上书人罢。”[③]考《宋会要辑稿·职官七七》:“(宣和六年)十一月丙子,太傅王黼致仕,用中丞何栗疏也。未几,栗亦奉祠。文缜(何栗字文缜)罢在十月庚午,此误也。当附九月甲戌,黼罢太宰时。”[④]何栗被罢在宣和六年,其举荐崔鶠为殿中侍御史,亦当在宣和六年。崔鶠起通判宁化军,是赴任后被任命为殿中侍御史,还是未赴任就改任殿中侍御史,待考。

靖康元年丙午(1126)三月十七日,崔鶠任右正言,上《乞斩蔡京劄子》、《乞斩蔡京第二劄子》。《靖康要录》卷三载:“十七日,徐秉哲除殿中侍御史,吕好问左司谏,崔鶠右正言。”[⑤]《宋史·崔鶠传》、《东都事略》亦载崔鶠为右正言。乞斩蔡京二劄所上时间,徐梦莘《三朝北盟会编》卷五十系于靖康元年七月二十日蔡京死后[⑥],而《宋史全文》卷十五则将《乞斩蔡京第二劄子》系于靖康元年二月十三日己酉后[⑦]。考《乞斩蔡京劄子》曰:“卒致远夷猖狂,直犯畿甸,宗庙震动,社稷荡摇,上皇南巡,肃王北质。”[⑧]此谓蔡京专政,导致金人南侵,上皇徽宗南逃,肃王为质。检《续资治通鉴》卷九十六,知肃王为质在靖康元年二月初七癸卯:“以著作郎沈晦从皇弟肃王枢使金军。”[⑨]据知《乞斩蔡京劄子》必作于二月七日肃王为质之后。再考《宋史》卷二十三《钦宗本纪》,靖康元年三月三十日“丙申,贬蔡京为崇信军节度副使”[⑩],七月十一日乙亥,“安置蔡京于儋州”,七月二十一日乙酉,蔡“京死于潭州”[⑪]。崔鶠《乞斩蔡京第二劄子》应上于三月蔡京贬为崇信军节度副使之后、七月十一日贬蔡京于儋州之前。《会编》系于七月二十日蔡京死之后,是将相关史料编排一处,非指崔鶠《乞斩蔡京劄子》上于七月二十日。《全宋文》注谓《乞斩蔡京第二劄子》上于“靖康元年二月”[⑫],不确。第一劄应上于三月蔡京初贬之前,二札应上于蔡京七月再贬儋州之前。

靖康元年丙午(1126)六月二日,崔鶠上《论王氏及元祐之学奏》,继又上《再论冯澥奏》和第三奏。第三奏《全宋文》未收,原文见《靖康要录》卷七:“臣伏闻前谏官冯澥曾上章奏,乞榜朝堂,朝廷以为是,施行之;御史李光以为非,缴驳之。及光之缴驳也,冯澥不敢以自直,大臣不敢以为辩,置李光而不问,迁冯澥而不诘。政刑如此,士论纷然。且以澥之言为是,则光可罪;以光之言为是,则澥可斥。当斥而反迁,是谓赏奸。《传》曰:‘下义其罪,上赏其奸,上下想蒙,难以济矣。’驯致其道,至于今大乱。陛下中

---

① 《宋史纪事本末》,第559页。

② 《东都事略》,第1614页。

③ (宋)吕本中:《东莱吕紫薇师友杂志》,丛书集成初编本,北京:中华书局,1985年,第13页。

④ (清)徐松:《宋会要辑稿》,北京:中华书局,1957年,第4164页。

⑤ 据《文渊阁四库全书》本,第329册,第466页。案王智勇笺注《靖康要录笺注》卷四作“左正言”(成都:四川大学出版社,2008年,第508页)。

⑥ (宋)徐梦莘:《三朝北盟会编》,上海:上海古籍出版社,2008年,第374—377页。

⑦ (元)佚名:《宋史全文》卷十五,哈尔滨:黑龙江人民出版社,2004年,第850页。

⑧ 《全宋文》卷二七七九,第320页。

⑨ 《续资治通鉴》卷九六,第2515页。

⑩⑪ 《宋史》卷二三,第427、429页。

⑫ 《全宋文》卷二七七九,第321页。

夜以思，当食而叹，未知所以善其后也。而臣下不思所以排奸纠纷以宽陛下社稷之忧，但袭用前日相蒙之术以尝试陛下，此罪人也。它日有论蔡京绍述为是，而籍没之资产可还，放逐之子孙可用者矣。何以知之？尝试之说行，而陛下无与照奸，则何言之不行，何说之不入？此非独臣忧之，天下忠臣义士所共忧也。今臣区区犯奸锋，蹈祸机，与陛下言之，卒于不胜而自毙也，亦愚也。但臣职在言责，伐奸邪之谋，塞祸乱之原，为国家长虑却顾，臣之责也。且侍从者，执政之阶也，近澥之意，不过欲次补近臣，渐党揆路，以行其邪说，以固其党与，为万世自安之计。此贼臣蔡京之术，行之至今，天下破坏，兹亦极矣，陛下尚忍使京之余党再破坏耶？前车未覆而不戒者有矣，未有前车已覆而不戒者也。伏望陛下究冯澥之建议、李光之驳奏孰是孰非，而大明赏罚，以示四方，使四方晓然知陛下政不容奸，则虽邻敌不敢轻中国。不然，匹夫匹妇忿然有不服之心，国威不复振矣。取进止。"①按：《靖康要录》笺注者王智勇认为，因冯澥奏在五月十三日，所以崔鶠三奏也应在五月，②《全宋文》亦将《论王氏及元祐之学奏》系在靖康元年五月。然《论王氏及元祐之学奏》明谓："臣伏睹诏书，诏谏臣直论得失以求实是，此见陛下求治之切也。"③考《靖康要录》卷四，钦宗颁手诏在六月一日："手诏：'朕惟顷者谏省虚位，药石不闻，肆求忠谠直谅之士，以备谏诤之列，朕既虚心无讳矣。凡尔谏臣，义当自竭，体兹至怀。自今朕躬阙失，其悉心直论，勿隐勿避，必求实是，以称朕好直求助之意。'"④故崔鶠此奏当在六月一日后，崔鶠另外两奏，《靖康要录》系于《论王氏及元祐之学奏》后，故从《靖康要录》并系在六月。

靖康元年(1126)七月二十三日，崔鶠以龙图阁直学士主管嵩山崇福宫，命下而卒，享年六十九。《宋史・崔鶠传》载："忽得挛疾，不能行。三求去，帝惜之，不许。吕好问、徐秉哲为言，乃以龙图阁直学士主管嵩山崇福宫，命下而卒。"⑤《靖康要录》卷九载："二十三日，右正言崔鶠除直龙图阁，差管勾西京崇福宫。以疾病屡乞休致，故有是命。"⑥可见任命在七月二十三日。

崔鶠卒后，晁说之有《祭崔德符正言文》曰："兄形质枯槁，而文章英华。言恐忤物，而愤怒疾邪。仕而屡跌，曾不惨嗟。……身虽老于畎亩，志每存乎邦家。"⑦

（作者单位：武汉大学文学院）

① （宋）汪藻：《靖康要录笺注》，成都：四川大学出版社，2008年，第803－806页。

② 《靖康要录笺注》，第809页。

③ 《全宋文》卷二七七九，第321页。

④ 《靖康要录笺注》，第802页。

⑤ 《宋史》卷三五六，第11216－11217页。

⑥ 《靖康要录笺注》，第960页。

⑦ 《全宋文》卷二八二〇，第355页。

《梅郎中年谱》补正

秦　文

梅曾亮(1786—1856),原名曾荫,字伯言,又字葛君,号相月斋居士,江苏上元(今南京)人,原籍安徽宣城,为清代著名文学家、道光年间桐城派的领军人物。吴孟复先生撰《梅郎中年谱》,对梅曾亮生平行迹多有考实,功在梅氏、功在学林,然或因所涉梅氏文献甚为广博,该谱仍不免简略甚至疏失。本文稽考梅曾亮及其师友著作、各类方志及谱乘,补正吴谱原有谱条,以详梅氏生平行迹,供研究者参考。

按:本年谱补正所记岁次,以清代纪年、干支和公历年次并列,月日皆采用夏历。同一年内诸事,有明确时间者,按先后顺序排列;无明确时间者,以"是年"标出置后。补正形式为先简要撰述谱条于前,后辑录文献,一般视谱文需要摘录相关部分。辑录的文献中,若吴孟复先生编《梅郎中年谱》中是年有记载,则列于诸条文献之首。凡须说明之内容,皆以"按:"形式分别置于文献原文后,所作按语重在补正吴谱之疏失。

清乾隆五十一年(1786)丙午　一岁

先生生于江苏上元。父梅冲,字衷渊,号抱莯,嘉庆五年举人。博雅淹通,通经学、算学,著《然后知斋经义答问》、《勾股浅述》等,亦擅诗文。母侯芝,字香叶,通经史,学守程朱,能诗,擅弹词,曾手订《再生缘》、《玉钏缘》、《金闺杰》、《再造天》、《锦上花》。

> 先生生于家。(吴孟复《梅郎中年谱》)①
>
> 镠子冲,字衷渊,号抱莯。嘉庆五年举人,博雅淹通,着有《然后知斋经义答问》、《庄子本义》、《离骚经解》、《阴符经解》、《勾股浅述》、《增订事类赋》并诗文集。冲妻侯芝,字香叶。通经史,能诗,生子曾亮。(《金陵通传》卷三十一)②
>
> 近日江宁侯香叶,淹贯经籍,学守程朱,所谓理而不腐,朴而不陋,诵其韵语,足敦风教,宜王碧云名媛诗话以女宗推之。《梧门诗话》)③

按:《梅郎中年谱》中此年条目未提先生父母,现参照地方史料补之。

清乾隆五十九年(1794)甲寅　九岁

此前,先生跟随祖父梅镠学习诗文。梅镠,梅縠成第五子,字既美,号石居,上元

---

① 吴孟复:《梅郎中年谱》,《晚清名儒年谱》第13册,北京图书馆出版社,2006年,第447页。因下文频引,不一一标注页数。

② (清)陈作霖:《金陵通传》,清光绪三十年(1904)甲辰瑞华馆印刻本,卷三十一,第2A页。

③ (清)法式善:《梧门诗话》,新疆大学出版社,2006年,第219页。

籍诸生，工篆隶，著《石居文集》。

我年未及十，我祖授书时。襟裾戒牛马，解授城南诗。覆醢悲子路，读记泪绠縻。谓我有文性，祖亦为嘘唏。（《书示张生端甫》）[①]

镠，字既美，号石居，诸生。当兄钫病革，祷神乞代，既不起，镠痛之甚遂。不应科举以养亲，每晨起立榻前问安否，夜分俟亲寝而后退，中裙厕牏躬自浣濯。又通小学，工八分书，着有《石居文集》。（《金陵通传》卷三十一）[②]

按：《梅郎中年谱》中缺此年条目。

清嘉庆二年(1797)丁巳　十二岁

先生随舅侯云锦学诗文。侯云锦，字子有，亦字抑庵，清嘉庆三年举人。为人冲淡诚挚，工诗画。作诗喜苏轼、黄庭坚。不以对待常童的方式教导先生，对其颇多寄望，对诗好难中出奇。

从舅氏侯子有先生学。子有甚奇之。冬夜课咏雪诗，辄刺取《雪赋》语缀之。子有为讲东坡禁体，于是执笔为文。见时贤集多快语无忌，大以为佳。（吴孟复《梅郎中年谱》）

先生讳云锦，字子有，亦字抑庵，江宁人。父学谊，母顾氏。试中嘉庆三年举人。（《侯子有先生墓志铭》）

云锦字子有，号抑庵，嘉庆三年与从弟云松同举乡试。性冲淡诚挚，工诗画。上元董进、何瑞芝皆相友善。晚得气疾，不至听事者数年。而酷好黄山谷集，吟哦不少辍。年五十七卒。将死，自书其行，曰：'父母已衰，孝不胜慈。有弟曰松，友不胜恭。少治章句乃为禄利，晚逃佛老，未捐忿忮，诗今之奴，字古之隶。呜呼哀哉！名与生敝。'着有《昙花书屋诗集》。（《金陵通传》卷三十）[③]

按：《梅郎中年谱》此年条目中对先生舅氏侯子有略有介绍，现增之。

清嘉庆三年(1798)戊午　十三岁

先生父梅冲参加科举考试，在家时由母侯芝监督其课业。

先生父试北闱，乃从侯先生学。晚间母侯夫人教之。（《梅郎中年谱》）

先子留上都，我母课中闺。（《书示张生端甫》）

时曾亮年十三、四，家大人方试礼部，留京师。每从塾归，则吾母课诵必问所习者师讲解否？能记忆否？背师作游弄否？自塾归适他所否？……曾亮自家大人课，四、五年而未尝一日宽吾母失学之忧。（《周石生授经图记》）

“近日江宁侯香叶，淹贯经籍，学守程朱，所谓理而不腐，朴而不陋，诵其韵

① （清）梅曾亮著，彭国忠、胡晓明校点：《柏枧山房诗文集》，上海古籍出版社，2005 年，第 125 页。下文所摘文献单注篇名不注书目者皆引于此，因下文频引，不一一注注页数。

② 《金陵通传》，卷三十一，第 1 页 B。

③ 《金陵通传》，卷三十，第 9 页 A。

语，足敦风教，宜王碧云名媛诗话以女宗推之。”《梧门诗话》)[①]

清嘉庆四年(1799)己未　十四岁

仍从侯先生学，而母教为多。(《梅郎中年谱》)

清嘉庆五年(1800)庚申　十五岁

先生父成举人。(《梅郎中年谱》)

清嘉庆六年(1801)辛酉　十六岁

肄业尊经书院。同学者汪郯楼、陆香筠、阮小咸等数人。每夜归，市户皆静闭，三、四人者履街，满街戏诵小咸诗。(《梅郎中年谱》)

清嘉庆七年(1802)壬戌　十七岁

仍肄业尊经书院。(《梅郎中年谱》)

清嘉庆八年(1803)癸亥　十八岁

初晤姚鼐。

见姚惜抱先生。肄业钟山书院。(《梅郎中年谱》)

按：此时先生仍不能算是严格意义上的桐城派人。其并未完全接受姚鼐应习古文的看法，从嘉庆十年与管同的争论可看出。姚鼐亦未记住先生之名。

清嘉庆九年(1804)甲子　十九岁

先生随父梅冲前往江西，并由其亲授课业。是年，始存诗。

父馆江西巡抚署，随往。同受书者：秦远亭、汤子燮、师子文。其秋，与秦远亭泊虎邱，立剑石下。謍钱塘潮，观橘柚于富阳钓台。而归舟中相与谈诗。是年始有存稿。自浙归，仍至江西。(《梅郎中年谱》)

清嘉庆十年(1805)乙丑　二十岁

先生与秦耀曾、汤誉光、帅方蔚交游。初识王澧、管同，于文学上互相激发、交流，始用力于古文，其才学得姚鼐赏识。江宁县学尊经阁失火，天发神谶碑毁。梅曾亮此年有诗记此事。

先生父试礼部至京。先生等四人乃以诗牌为戏，自是益习为诗。常故作奇语，汤子燮有“衰柳抚青直到天”之句。归上元，授室。交王惠川(澧)。惠川劝治

---

① 《梧门诗话》，第219页。

古书，先生乃从事《史》、《汉》及诸子，圈点皆数过，用功甚密。夏，从惜抱先生游。惜抱遣往见管异之（同）。先是，先生喜骈偶之文，异之曰："文譬人貌，今以玉冠之，失真面矣。"先生曰："《哀江南赋》、《报杨遵彦书》，意固不快耶？"异之曰："彼意终有限。若夫马迁、扬雄、班固、韩愈之徒，其文采如云兴，聚如车屯，虽百庾、徐之词，岂及其万一？"先生由是大肆力古文。（《梅郎中年谱》）

此间作古文有荆溪吴仲伦，作诗有江宁管同。又梅总宪有一曾孙，忘其名，才廿一岁，似异日皆当有成就者，亦视其后来功力何如耳。（《姚惜抱尺牍》）①

钟山书院诸生作时文，差可观者，固尚有人。若作诗，则梅总宪一曾孙名曾荫者为佳。作古文，则有管同者为佳。此二人年仅二十许，若年进学登，为后来之隽矣。承采开盛心，故以奉告。（《姚惜抱尺牍》）②

据诗《天发神谶碑旧置江宁县学尊经阁下以其易得搨者少嘉庆乙丑年五月碑毁于火不可复得矣》。

清嘉庆十一年（1806）丙寅　二十一岁

先生游历浙江，见王昙。与胡圣基亦有诗歌往来。

复游浙，见王仲瞿西湖上。旋归。（《梅郎中年谱》）

据诗《赠胡圣基》。

清嘉庆十二年（1807）丁卯　二十二岁

先生独至瓦宫寺，内心喜独处的任性自在，对人事无常、时光飞逝多了感性上的把悟。关注时事，对漕运输粮提出看法。是年得子。

生子。（《梅郎中年谱》）

据诗《独出》、《小游仙》、《众人》、《爬沙谣》。

清嘉庆十三年（1808）戊辰　二十三岁

先生游杭州、天台、无锡等地。与冷公调、王淯有诗往来。对清代前期诗坛流弊已形成比较清醒的认识。为秦攀魁、秦攀萼记其兄秦攀元于嘉庆七年杀贼赴死之事。

春之武林，游天台，过无锡，发龙潭。五月，归。（《梅郎中年谱》）

本朝文士模贞元，往往诗篇藉人口。愚山五字工一格，竹垞万言输八斗。朝廷老吏推渔洋，惜哉原本不精厚。（《赠王小梧》）

据诗《戊辰春冷公调之徐州余之武林作此》、《寄公调》、《赠王小梧》、《寄小梧》、《嘉庆七年冬天宿州狂徒猝起秦君攀魁攀萼其乡豪也以杀贼得勇爵为余言其兄攀元死贼事因记之》。

---

①② （清）姚鼐：《姚惜抱尺牍》，上海新文化书社，1924年，第56、15页。

清嘉庆十四年(1809)己巳　二十四岁

游虎丘、杭州、毕坟、苏州五人墓,以独处任性为乐。与王渭、章渠宾、秦耀曾有诗往来。送庚生兄入都为官。幼弟梅曾诰逝。

在苏州、无锡。殇弟。(《梅郎中年谱》)

据诗《过虎邱》、《寄王小梧》、《送家庚生兄入都》、《赠章渠宾》、《呈秦远亭》、《哭幼弟曾诰》。

清嘉庆十五年(1810)庚午　二十五岁

是年与方东树、管同皆有诗往来。在《秋怀五首》中提及王渭、方东树、管同,感慨其人有才志却窘于生计,亦为自叹。是年冬,姚鼐八十大寿,先生撰序相贺。亦清楚地认识到桐城派当时不为文坛主流所接纳的窘境。

是年,惜抱先生寿登八十,先生撰序以祝。交方植之(东树)。时惠川、异之皆在金陵,与先生及植之时依惜抱讲论道艺,而学益淳厚,文愈高古,其得义法以此时为最。(《梅郎中年谱》)

先生世无旷傺,少有令誉。(《姚姬传先生八十寿序》)

据诗《赠方植之》、《呈管异之》、《秋怀五首》。

清嘉庆十六年(1811)辛未　二十六岁

与管同共游城东,与方东树同游。识马韦伯、左朝第。殇儿鹤算。

殇儿。识左匡叔。点读《史记》。(《梅郎中年谱》)

据诗《偕异之游东城》、《避暑过管异之斋是日小雨未成同坐者朱干臣吏部马韦伯茂才侯振廷舅氏》、《放歌行示植之异之韦伯彦勤弟》、《立春日送植之酒》、《赠马韦伯》、《韦伯才调盖是庭筠长吉之流近乃云欲学曾亮所作句律者无乃爱忘其丑耶》、《赠坐匡叔归桐城》、《哭殇子鹤算》。

清嘉庆十七年(1812)壬申　二十七岁

十月十三日得第三子梅焕枝。有诗赠王南垞,感慨生活之困。与叶恰同游,作诗,用黄庭坚诗格。识方长耔、钮树玉、周石生。

与管异之等讲论。又识方长耔、王南垞、钮非石、周石生。要叶耳山同游城西诸山。生子。(《梅郎中年谱》)

据文《梅伯言男八十墓碣》,据诗《赠方长耔》、《赠吴中王南垞》、《要叶耳山同游小盘谷偶用山谷进退格》。

清嘉庆十八年(1813)癸酉　二十八岁

与钮树玉、袁廷璜、周石生有诗往来。感于天理教匪之乱,先生作《上方尚书书》、《士说》、《民论》。此年还著《韩非论》,论为人臣应知进退。又著《论蔺相如返璧事》,暗讽赵国不珍惜人才。在《上方尚书书》中同样谈到人才的重要性。

天理教匪林清犯官。智勇亲王既放铳却之，然犹盘踞曹州诸地，屠杀守宰，抗拒大兵。朝命方尚书往剿。先生上方尚书书谓："贼之所以敢动者，以平时官吏不任劳怨，袖手委重律令，故豪杰束手无奇，奸人乐窥无惮，以致于乱。而欲尚书破崖岸，用望外赏罚，一切以尽人材为先，鼓众心为本。"书上，尚书嘉纳之。先生既上方尚书，又着《士说》，痛言是时用人者之用商贾负贩与士无异。复着《民论》，言天下有乱民，有奸民，毒官吏，迫饥寒，挺刃卒起，索党自救，此乱民常态。若夫无所激发而猖狂悖之说，招诱愚，名之曰"教"，是谓奸民。又推论奸民固无声名文物之乐，视听采色之娱，而东汉之后，饮射傩蜡之礼又废，民所乐趋，不为利导，遂有因民之欲窃吾意以售其奸。始特立名字，敛财帛，赛会征逐。然其终知意不出于上，乃有与上相持之心，遂聚不可散，以为有国之忧，而意在欲复傩蜡乡饮之举。盖先生睹教匪之乱，推其远近诸因而为之，其周备如此。后来朱伯韩(琦)载《民论》入文集后序。(《梅郎中年谱》)

今人君无贤智愚不孝，莫不欲制人而不制于人，测物而不为物所测，然卒为揣摩智士之所中，而不能脱其要领者，彼士也，阴用其术而主不知，故因势而抵其巇，使知有人焉玩吾于股掌之上，而吾莫之遁。虽无信臣左右之谗，其不能一日容之也决矣。(《韩非论》)

彼知不爱死士而爱璧者，其国可玩而虏也。(《论蔺相如返璧事》)

今明公奉天子诏往破贼，金鼓一动，毕授天讨，无足虑者。然愚以为要在破崖岸，用望外之赏罚，一切以尽人才为先，鼓众心为本。(《上方尚书书》)

据诗《赠钮非石》、《慰袁荷塘》、《示袁荷塘》、《赠周石生》。

清嘉庆十九年(1814)甲戌　二十九岁

在扬州唐文馆，有诗《扬州唐文馆即事二首》记其事。嘉庆二十一年著《复陈伯游书》，谈及在唐文馆校书之事，似为生计所迫，多有无奈。有诗赠马斗山、赵魏。

在扬州唐文馆，吴山尊(鼒)所延也。与山尊及秦敦夫、顾千里、陈小松等相从于文酒间，考证文字、金石及唱和吟咏。俟子有卒。以妇病返上元。(《梅郎中年谱》)

前岁客扬州，为人校唐文，皆非某所好者，然无如何。《复陈伯游书》

据诗《赠马斗山》、《赠赵晋斋》。

按：先生因妻病重而返上元当为嘉庆二十年三月事。嘉庆二十一年著《复陈伯游书》，谈及丧妻之痛："去岁三月，妇病笃，乃束装而归，永逝之哀不能自抑。"《梅郎中年谱》此条有误。

清嘉庆二十年(1815)乙亥　三十岁

三月，梅曾亮妻病逝，梅曾亮作悼亡诗。姚鼐逝，姚椿、方东树皆赶来江宁会丧，梅曾亮作《题姚椿木还松江君在家数载搜葺文献闻姬传先生卒来会丧江宁》。有诗赠陈师吾。

悼亡。惜抱先生卒。姚春木(椿)、方植之皆来会,哭之甚哀。(《梅郎中年谱》)

痴云抱月夜帘清,烛影幢幢梦不成。今日语言谁刺刺,当年离别只平平。(《悼亡》)

高风会帐今谁见,他日元经待子收。哭声未终还送野,把君诗卷不胜愁。(《题姚椿木还松江君在家数载搜葺文献闻姬传先生卒来会丧江宁》)

据诗《赠陈师吾》。

清嘉庆二十一年(1816)丙子 三十一岁

馆于城外欧氏,任塾师。姚椿索梅彀成奏议行状,梅曾亮并覆其伯祖梅钐文集一通。有诗和方东树。是年著论说文《观渔》。

馆城外欧氏。一生从,主人又怜爱姑息,而先生乃得日夜取古人文字,放声诵之。姚春木索文穆公奏议行状。先生覆书,称史之难为,苟有一失平,则小人因以无忌惮。无忮求之心与轩轾之见,乃能为之。方植之诗来,感念惜抱先生,反复致望于先生之继起。先生赋诗答之。(《梅郎中年谱》)

前所须先文穆公奏议、行状,并先伯祖文集一通,今皆以往奉上,收到后望即以札相闻。(《复姚春木书》)

名德原如凤,高怀独援鹑。学从吾辈好,交许后生真。(《和方植之来诗感念姬传先生殁已逾年》)

安知夫鱼之跃而出者,不自以为得耶?又安知夫跃而不出,与跃而反入者,不自咎其跃之不善耶?而渔者视之,忽不加得失于其心。嗟夫!人知鱼之无所逃于池也,其鱼之跃者可悲也,然则人之跃者何也?(《观渔》)

清嘉庆二十二年(1817)丁丑 三十二岁

与姚一如、姚椿有诗往来。

在上元,续娶妇。(《梅郎中年谱》)

据诗《题姚一如方伯秋山赌墅图》、《寄姚春木》。

清嘉庆二十三年(1818)戊寅 三十三岁

与钮树玉、顾千里夜坐畅谈。五月送黄修存入都。冬,怀舅氏侯云锦先生,时先生之卒已五年。在扬州,寓宝林庵。遇顾弢庵。王渭卒。

在扬州,寓宝林庵。旋移虹桥道院。遇顾弢庵,谈艺。王惠川卒于豫章。(《梅郎中年谱》)

五月吉日辰之良,故人揖我神洋洋,金台峨峨路修长。(《送黄修存入都》)

早年学赋心尚孩,舅氏夸余角难折。(《岁暮感旧用东坡聚星堂雪韵》)

据诗《为钮非石题片石图》、《暑甚与钮非石顾千里夜坐》。

清嘉庆二十四年(1819)己卯　三十四岁

为上元诸生马功仪画题诗。

在扬州。(《梅郎中年谱》)

据诗《题马棣园秋馆听潮图》。

清嘉庆二十五年(1820)庚辰　三十五岁

为陈仰韩、周次立、马韦伯、管厚庵、联璧之之画题诗。其旭庄伯父七十大寿,梅曾亮有诗庆贺。

举顺天乡试。出戴均元门。(《梅郎中年谱》)

据诗《题陈仰韩读书秋树根图》、《题周次立大母戴宜人侍疾课诗图》、《题马韦伯湘帆图》、《题管厚庵松下科头图》、《题联玉农龙潭话别图》、《旭庄伯父七十寿诗》。

清道光元年(1821)辛巳　三十六岁

得赐同进士出身。和苏轼诗,叠韵三首。读黄庭坚集。悼彭兆荪。关注民生,作《郊行》。为黄修存、龚自珍集题序。入都后有诗寄彦勤弟,言志,“我生三十余,踽踽事幽讨。岂无功名志,日月送饥饱”,怀念亲人、家乡,“得失安可知,徘徊二亲老。亲朋念我远,文酒连昏晓。稍稍行李动,始觉乡里好”。谈吏治,作《过滕县作时县令赵毓驹贵州人》。有诗寄陈用光,作《康中丞刊姬传先生文词类纂成书此呈石士先生》。有诗与叶筠潭、陈易庭。入都后多见博学恰古之士,与张琦、魏源、黄洵接触较多。

成进士。出顾晴芬门。见陈石士先生。石士为先生之父故同年友也,因视先生如犹子,深友疏客,誉之不已。是时,交友多好古博洽之士,曰叶筠潭、陈易庭、张琦、魏源、黄洵。康刻《古文辞类纂》成。先生赋诗呈陈石士先生,言之甚喜也。答陈石士札曰:“今世人颇谓士大夫患在空疏,苟反是,则天下之能事尽矣。背道伤理,吾小疵也。此说也,犹妇之庸奴其夫,而自曰‘吾不失行’。又曰‘今人议论败理道,好诋毁儒先,片言支字之讹,穿凿诋欺,文致大恶,骇动后学,不顾所安。《传》所谓‘小人无忌惮’,荀卿所谓‘陋儒嵬容’者也。”自京赴栾城视弟,旋又入京。(《梅郎中年谱》)

郁结复郁结,何以舒我情?我读涪翁诗,明月青天行。(《读山谷集》)

皇天久不雨,野草池中生。园林亦枯槁,何以慰农耕。(《郊行》)

陋儒编书书成格,不使鹏虾同一泽。高才之士贪多多,杂进粱稻羞蒿莪。先生编此心独苦,康公传刻惠不磨。(《康中丞刊姬传先生文词类纂成书此呈石士先生》)

后入都,与张大令琦、魏孝廉源、黄秀才洵日相见。(《与李申耆书》)

据诗《呈叶筠潭先生》、《雪夜呈陈易庭》。

清道光二年(1822)壬午　三十七岁

以知县注广西,先生以双亲年事已高为由辞。出京,经德州、历城、禹城,十月抵家。为方子范画题诗。十二月十日殇儿。

与汪平甫同寓京师。以知县注广西。戴均元谓顾晴芬曰:"梅生得县令,无奈何!毋令遽出京。"将出京,汪平甫乞言,先生赠序,有曰:"自先秦两汉之书,下到今,读其近古者。不如是,文卑。皇帝歃顼之书,下到周,读其近今者。不如是,文伪。因吾所能,以求古人。无循古人所能而忘吾身,无达于心而畏难于手,无玩其词而不求声,无割裂首尾而资高言,无改易途辙而适异路,无小有所获而于人人,无告人以不问而取憎,无畏乎时讥,无疑乎古人,无欺乎后人。"出京。自德州赴历城,经禹城,饮趵突泉。十月抵家。(《梅郎中年谱》)

据诗《方子范故园樽酒图》、《出京自德州赴历城泥水失路》、《禹城道中阻水》、《梅伯言男八十墓碣》。

清道光三年(1823)癸未　三十八岁

正月,告病缴照。回安徽宣城谒墓,经江宁镇、铜井、翠微山、查家湾、薛家渡、黄池、方家冲。宣城久雨,患水灾,梅曾亮有一系列诗记录此事。六月在柏枧山。

正月,告病缴照。盖父母年老,不欲子远离也。上汪尚书书。言州县无能有为者,以六、七级上官及六、七级胥吏钳制逆阻,因欲如国初之法:州县课最,入为御史。又论天下可虑者为奸民,奸民不易知,惟州县知耳。然权不重,志不在,则亦相率而不知不问。故欲消奸民,必重州县权;重,莫若中外互用。四月,回宝城扫墓。时大水。殇儿。(《梅郎中年谱》)

自我来宣州,两月不开霁。入村过三旬,连阴倍凄泪。(《苦雨作》)

急风吹雨如追逃,斗室喷沫生波涛。(《急雨歌》)

据诗《回宣城谒墓夜泊江宁镇作》、《铜井泊舟》、《雨泊采石》、《查家湾作》、《薛家渡夜泊》、《黄池守风》、《方家冲》、《宣城水灾行时邑令为朱锦琮海盐人》、《宣城归舟书所见》。

按:据诗《梅伯言男八十墓碣》,梅曾亮为道光二年十二月十日殇儿。《梅郎中年谱》此条末尾所述当有误。

清道光四年(1824)甲申　三十九岁

清明谒外祖朝议公墓,过方村晤外兄崔芝田。在文峰家塾讲授一段时间后离开,有诗《文峰家塾留别族中诸子》:"家塾依祠庙,诸村抱若环。四山皆我有,一水去人间。物力应稍薄,宗风尚可还。无忘经始者,辛苦辟茅菅。"经太平门、单桥、方村、郡城、坐吉村、峄阳桥、鲁王庙。与容澜止交,撰《与容澜止书》。写信望结识李兆洛,撰《与李申耆书》:"辄不自揆,而以书自通焉。并附文一篇以为异日之贽。惟恕其冒昧而裁止之。"

在宣城。时讲文峰家塾。(《梅郎中年谱》)

据诗《清明日谒外祖朝议公墓太平门外》、《过方村晤外兄崔芝田》、《自郡城赴坐吉村过峄阳桥》。

清道光五年(1825)乙酉　四十岁

谒梅縠成墓。与孙翘生有往来,有诗《和孙翘生残雪诗》。为温葆深集题诗。有信予仲卿弟谈学书法之事。是年著论说文《刑论》,认为刑法宜简不宜繁,才能起到震慑民众的作用。

在宣城。回上元。陈石士主试江南。撤棘,相过,抚松摩竹,问屋之价,拟终结邻焉。而以相携书籍尽贻先生,先生为题授经图而去。(《梅郎中年谱》)

梅縠成,字循斋,世籍宣城。祖文鼎,以善算法为圣祖所知,将命以官,以老疾辞。乃召縠成入内廷供举,蒙养斋汇编乐、律、数、理诸书及《明史·天文志》。康熙五十三年,赐举人。明年,赐进士,除编修。縠成仰承家学,经圣祖授以借根方法,知与古人立天元一术相同阐扬,绝艺有明三百年所不能知者。历官至左都御史,尝疏罢正一真人援例请封。及会审浙江学政,陈其疑舞弊事,乾隆中告归。居江宁,卒,遗疏请入籍。诏许之,并命子祭葬,谥文穆。(《金陵通传》卷三十一)①

然宁从其略者以为法,贵易知而难犯。(《刑论》)

据诗《句容旧柏庵谒文穆公石居公墓》、《题温明叔集》。

按:据诗《句容旧柏庵谒文穆公石居公墓》,是年,梅曾亮谒其曾祖梅縠成墓。《梅郎中年谱》此条未述,现补之。

清道光六年(1826)丙戌　四十一岁

与温葆深同赴安庆。和章管香诗。作诗贺汪郱楼五十寿。客邓廷桢幕府,时管同亦在,与众文友诗酒唱和,先生感叹生平酬唱之乐少有及此时。邓廷桢早年曾游于姚鼐帐下,嘉庆四年肄业钟山书院,后考取进士,官运亨通,亦不忘提携照拂姚门后进俊杰,为梅曾亮、管同、方东树等人提供了一个较好的学术环境。是年,先生著《臣事论》,叹为良臣之难。

在上元。九月,至安庆。客邓嶰筠尚书幕府。尚书时巡抚吾皖,管异之、马湘帆、汪平甫皆在署。方植之亦时来,文酒流连,想见太平景象。(《梅郎中年谱》)

生平酬唱之乐,亦少有及斯时者。(《〈双砚斋诗钞〉序》)

然天下之民有自乐其农工商贾之业,而以士为畏途者,彼士也有考试场屋之苦,有文字声病之学,违其程度,则又有褫夺扑责之刑以随其后。凡士之所深忧以为大辱者,民皆脱然而无患。……今夫大吏,其日造请问起居者,属吏也;供刍薪米炭者,属吏也;加声色颐指者,属吏也;听弹劾迁换者,又属吏也。有罪,则曰:"是属吏所承办也,承审也,大臣者不知。"同有罪,则曰:"是大臣也,不可与小

① 《金陵通传》,卷三十一,第1页A。

臣同科。"科其罪矣，而或降级，或罚俸，不旋踵而复其故。其罪同，而位卑者则一蹶不可复振。用法如此，固贱者之不能心服也。心不服而隐忍以为之，此其身有不能安，而其职有不能尽者矣。(《臣事论》)

据诗《和明叔见怀用其韵不复次》、《九月偕明叔赴安庆过芜湖王子卿丈招饮陶塘园》、《和章管香作用原韵》、《和管香地楼看雪韵》、《寿汪郧楼五十》。

清道光七年(1827)丁亥　四十二岁

游黄山寺。为徐季雅画题诗。客熊传栗官署。

客熊民怀六合官署。(《梅郎中年谱》)

据诗《过当涂黄山寺》、《徐季雅蓬莱鼓枻图》。

清道光八年(1828)戊子　四十三岁

在上元。母丧。陈石士自闽试还，过先生，致唁，赙仪颇厚。先生送之至镇江金焦之间，僧帽对着，濯足江流。既罢，别去。(《梅郎中年谱》)

今编是诗，则先吾母卒已十余年，吾母之卒亦三年矣。(《昙花居士存稿序》)

按：据先生道光十二年八月作《昙花居士存稿序》，可推断其母侯芝于道光九年去世。《梅郎中年谱》此条首处所述当有误。

清道光九年(1829)己丑　四十四岁

与王凤生、高丽庵有诗往来。受陶澍聘为如泉讲席。

住上元。受陶宫保聘，主如泉讲席。(《梅郎中年谱》)

据诗《王竹屿丈黄河归棹图》、《竹屿丈招饮三山二水居分韵得露字》、《三峰园歌为泰州高丽庵作》。

清道光十年(1830)庚寅　四十五岁

与邓廷桢多有书信往来。识徐汉苍。为许穆清画题诗。

主翠螺书院。(《梅郎中年谱》)

蒙赐手书并书院束脩，已祗领讫。(《上邓嶰筠先生启》)

昨过友人所，有合肥徐汉苍字寿伯，陆祁生丈之门人，方植之友也，貌庄而色忧，云欲得陶宫保书求公荐馆，而天使方在城，进见无时。(《上邓嶰筠先生启》)

据诗《题许心梅如意图》。

按：《梅郎中年谱》此条未述先生与邓廷桢书信往来之事，现补之。

清道光十一年(1831)辛卯　四十六岁

与陶澍有诗往来，作《和陶云汀尚书登云台上作》。有信予姚柬之探讨文事。怀念姚莹。是年，管同逝。

在上元。陶官保就升总督,先生时依其幕府,而葆益舟、任阶平、王竹筠、汪均之、程春海等皆在。(《梅郎中年谱》)

文章至极之境,非可骤喻;以言有用,则论事者为要耳。……简而明、多而不令人生厌者,惟汉人耳。苟得其意,而为宋人之文从字顺,论事之道莫善于是矣。(《与姚伯山书》)

石甫当相见已老苍矣,可叹!(《与姚伯山书》)

清道光十二年(1832)壬辰　四十七岁

为汪均之画题诗。

在上元。旋北上。(《梅郎中年谱》)

据诗《题汪均之集园画扇》。

清道光十三年(1833)癸巳　四十八岁

在京,识孙秋士。为万贡珍、张渊甫、朱小坡、孙秋士、叶名澧、黄宅中画题诗。与范今雨、王慈雨、杨以增、谢钟抱有诗往来。为容静止诗集题诗。有诗《得家书口号寄仲卿彦勤弟及淑仪妹》寄弟妹。

在京。与张渊甫、荔门范今甫、王慈雨、杨至堂、朱小坡、孙秋士交,讨论文字,甚乐。(《梅郎中年谱》)

仁人君子之用心,至纤至细。《题还珠图》

秋士之名,余得之管异之诗中。来京师,始得交其人,然殊不意为久居都中人。退之云:"混混与俗相浊,独其心追古人而从之。"非知秋士,亦不知古人之言之深也。(《题孙秋士小照》序)

据诗《为万荔门题图》、《题张渊甫图》、《赠故高邑令范今雨》、《王慈雨兰亭横卷》、《赠杨至堂》、《朱小坡松云采芝图》、《题孙秋士小照》、《孙秋士寒窗灯影图》、《寄谢钟抱云》、《题容静止诗集》、《题叶润臣风雨怀人图》、《送季仙九督学山左》、《题还珠图》。

清道光十四年(1834)甲午　四十九岁

入赀,官户部郎中。为陆我嵩、徐宝善、何竹芗画题诗。与何竹芗、朱小岑有诗往来。

入赀,官郎中。与陆莱庄、徐廉峰、何竹芗、黄树斋友。(《梅郎中年谱》)

据诗《陆莱庄春城夜话图》、《题徐廉峰忆壶园图》、《题徐廉峰校士浙江》、《题徐廉峰问诗图》、《赠何竹芗》、《题竹芗村居读书图》、《桂林布衣朱小岑集咏不倒翁戏效之》。

清道光十五年(1835)乙未　五十岁

居京任户部郎中。闻两宗人殁,作《闻两宗人相继殁感作并悼六友侄》。与范今雨同游，有诗《范今雨来言南归事兼喜雨有作》。与澄斋、石生、明叔同游，有诗《澄斋来讶久不出因作此并呈石生明叔》。为程恩泽画题诗。与黄景濂、陈蕴山、马寿龄、李莲舫、吴清鹏、李榆村有诗往来。入京后对各种应酬感到无奈，作《偶出》。

服京官。马寿龄等从游。（《梅郎中年谱》）

人招我饭辞不得，登车欲赴犹逡巡。座中有客共深语，如骄似喜还疑嗔。（《偶出》）

《题程春海侍郎扇中美人》、《赠黄景濂友莲》、《送陈蕴山作令山石》、《赠马生寿龄鹤船》、《赠李莲舫》、《吴笏庵以庄子语作七律见赠仿和之》、《赠李榆村》。

按：《梅郎中年谱》此条过简，现补先生是年交游之概况。

清道光十六年(1836)丙申　五十一岁

居京任户部郎中。是年冬，邓廷桢自安徽应召入京，授两广总督，时鸦片烟方盛行，邓廷桢任职后不久，道光帝即下旨令其防范外夷商船。邓廷桢入京时，梅曾亮及同乡在京为官者二十人前往南寓馆拜见，作《宣南夜话图记》。为朱琦画题诗。与陶芗泉、贺长龄、邹松友有诗歌往来。何子坤居京两年后返家，先生有诗《赠何子坤还新安》赠别。送黄香铁离京，作《送黄香铁归岭南》。为城中一节妇桂云酣作诗。

服京官。朱兰坡（琦）、陶芗泉、贺耦耕、邹松友等，谈诗及文，甚乐。邓嶰筠入觐。先生及乡人官京师者，与之夜论声韵之学，因记其《宣南夜话图》。（《梅郎中年谱》）

着邓廷桢等严饬各营、县及虎门各炮台随时查案，严行禁阻防范。并谕饬澳门西洋弁目派拨洋兵在南湾一带巡查，勿使烟船水手人等登岸滋事；仍即驱逐开行回国，勿令久泊外洋。倘洋人不遵法度，竟肆桀骜，立即慑之以威，俾知儆惧。（《清宣宗实录选辑》）①

及暮，归宣武门南寓馆，与乡人述故老逸事，商论文史，辨训诂、音声，于三百五篇诗，刺取声韵双叠音，左右逢获，如取物筐箧中。人皆神开意新，日闻所不闻。（《宣南夜话图记》）

据诗《朱兰坡先生以家瞿山翁画松寿施愚山图属诗记之》、《节妇吟为桂云酣作》、《赠陶芗泉》、《赠贺耦耕先生》、《赠邹松友》。

按：南寓馆之聚是先生居京时一次重要的文人聚会，时鸦片烟方盛行，邓廷桢本人亦为坚定的禁烟派，此次进京实为道光帝授之禁烟抗夷的大任。《梅郎中年谱》未提及此政治背景，现补之。

清道光十七年(1837)丁酉　五十二岁

居京任户部郎中。与徐宝善频有往来，有诗《徐廉峰家制萝卜鲊作诗乞之》。程恩泽人日雪后招先生及京中名流至龙树寺相聚，作《程春海侍郎人日雪后招饮龙树寺

① 《清宣宗实录选辑》，台湾：大同书局，1984年，第195页。

中》记此事。陈用光招京中名士相聚于苏公祠，先生亦前往并作《陈石士先生苏公祠雅集图》记此事。王叔原奉旨前往琼州，先生作诗赠之。阮文藻将赴临湘，先生作诗赠之。为蔡镜堂、陈用光、张白也画题诗。

服京官。王叔原、程春海等，相游聚过从。(《梅郎中年谱》)

行人飞鸟俱不到，空宇萧萧见真悦。甘醪名论未觉晚，月气寒光半空结。(《程春海侍郎人日雪后招饮龙树寺中》)

据诗《送王叔原守琼州》、《赠潘谘少伯》、《赠阮侯亭之任临湘》、《题蔡镜堂探梅图》、《北峡关晴雪图为蔡友石先生题》、《陈石士先生韬光步竹图》、《题张白也中年听雨图》。

按：程恩泽组织的龙树寺聚会与陈用光组织的苏公祠聚会是先生居京时参与的重要文人聚会，《梅郎中年谱》此条目中未提，现补之。

清道光十八年(1838)戊戌　五十三岁

居京任户部郎中。正月十九日游白云观，《正月十九日游白云观燕九白也未赴有诗因和之》。汪封渭组织京城名士前往苏公祠聚会，先生亦往之，并作诗《诸城令汪封渭字竹千黄冈人葺北台故址为苏公祠僚佐配食兼罗种玉盘盂郡人李方赤太守属诗纪之》记录此事。是年有同岁者聚会，梅曾亮作《同年为真率会酒二壶菜五簋恐有以丰腆败约者诗以志之》。是年林则徐赴广东禁烟，梅曾亮有诗相赠，作《林公少穆以钦差大臣使广东作此呈送时两广总督为邓公嶰筠》。有诗寄侯云松，作《寄呈青甫舅氏》。为欧阳岳庵、何青士画题诗。与姚柬之、姚椿、毛紫庭。

服京官。与同年为真率会。饭一盂，菜四器，约曰："毋入酒人。"(《梅郎中年谱》)

诸城令君真好古，手翦蒿莱辟祠宇。堂前栽遍玉盘宇，太博屯田配旁庑。(《诸城令汪封渭字竹千黄冈人葺北台故址为苏公祠僚佐配食兼罗种玉盘盂郡人李方赤太守属诗纪之》)

同岁消寒共此筵，粗期真率只谈天。棕鞋铜帽难拘礼，菰饭莼羹岂破钱。(《同年为真率会酒二壶菜五簋恐有以丰腆败约者诗以志之》)

禁烟新断阿芙蓉，为遣肤臣急奏功。锁钥全收坤外纪，威仪特进汉元公。(《林公少穆以钦差大臣使广东作此呈送时两广总督为邓公嶰筠》)

据诗《欧阳岳庵又一村夜话图》、《为何青士题扇》、《赠姚伯山》、《寄姚春木》、《毛紫庭赠人参鹿茸赋谢》

按：《梅郎中年谱》此条目中对先生是年交游活动描述过简，现补之。

清道光十九年(1839)己亥　五十四岁

居京任户部郎中。是年，姚莹出狱。与汤鹏相识，有诗《赠汤海秋》。与朱丹木、步芗南、陈小松、姚柬之有诗往来。听闻彦勤弟病愈，有诗《寄彦勤弟》。遇故友汤誉光、陈小松。有感于官场趋炎附势之风，作《偶书》。

服京官。姚石甫(莹)出狱,汤海秋(鹏)觞之万柳堂。海秋至是与先生始识,谓先生曰:“为文当学两汉及先秦以上才大,慎毋习时人所谓‘八大家’者。”先生谢曰:“归、方吾且未知,何论唐宋!”汤大惭服。邀先生至其家,以《浮邱子》求正,意恳恳如也。(《梅郎中年谱》)

谓神除蝗吏除暴,使苗无灾民不莠。神勤其官吏敢惰?以此自誓心语口。我闻法立民知恩,吏威已轻民易狃。惜哉古有生杀权,酷吏反以资毒手。后贤岂无活国计?法律裹身如械杻。(《赠朱丹木之任无为州》)

闻汝沉疴去,他乡喜不禁。百年门户计,千里弟兄心。《寄彦勤弟》

雨少风多又一春,人间无处避车尘。(《偶书》)

据诗《赠步芗南之任平阳》、《赠汤海秋》、《赠汤子燮》、《赠陈小松》、《姚伯昂年丈以册作瓜菜数十种遗伯山属题》。

清道光二十年(1840)庚子　五十五岁

居京任户部郎中。孔宪彝、秦缃业招饮于尺五庄,与会者十三人,梅曾亮有诗记此事。为李唐、张仲芝画题诗。与张澄斋、项傅霖有诗往来。

服京官。(《梅郎中年谱》)

往来裙屐多欢场,吾辈亦复成徜徉。座中醉客兼醒客,总觉樽前是故乡。(《孔绣山秦澹如招饮于尺五庄会者十三人即事作》)

据诗《题李唐画》、《题张仲芝住帆图》、《张澄斋筑室陶谷寄赠》、《赠项几山》。

按:《梅郎中年谱》此条对先生是年交游活动描述过简,现补之。

清道光二十一年(1841)辛丑　五十六岁

与朱琦、余小坡、陈藙叔、冯志沂探讨诗文,作《夜集偶成呈伯韩小坡艺叔鲁川》,并与其皆有诗歌往来。有诗寄张岳骏,概述自己从学经历,言友人曾劝其从训诂之学,然先生婉拒,自言重视史传、《老子》、《庄子》、《荀子》、《管子》、《韩非子》、《战国策》、《楚辞》、《淮南子》、《吕氏春秋》等著作。为吴县蔡母秦孺人作节孝诗。与张劢庵、姚椿有诗歌往来。作诗悼念程恩泽、陈嘉树。有诗寄仲卿、彦勤两弟。想摆脱官场的羁绊,又有无奈之处,作诗《可叹》。

服京官。朱伯韩(琦)、冯鲁川、姚春木、余小叔等相游从。陈藙叔、张端甫等从游。与陆立夫论坚壁清野事,谓:莫如于贼登陆处去海十余里,多掘深沟,人藏沟中,待彼至,而后接战;又多掘小坎于左右,以乱之。(《梅郎中年谱》)

吴门遇王渭,交我顾广圻。语我六书学,训诂宜兼之。凡校古人书,不以他书资。古书各义例,熟玩窥其峨。惭非性所好,负此良友规。……三史范已孱,陈寿无华词。五代事简略,词义独恢恢。老庄荀管韩,《国策》逮《楚词》。《淮南》《吕春秋》,谲诡而倡披。六经为稻粱,此亦膏与脂。不可一日无,使人发华滋。(《夜集偶成呈伯韩小坡艺叔鲁川》)

西山诗和承亲写,东观书成许借看。岂为公卿嗟命薄,独缘文字惜才难。

(《追悼程春海侍郎》)

同榜随年运,藏舟叹世情。升沉与修短,大半已分明。(《悼陈仲云》)

自倚结交意气真,谁知久客无相亲。漫言文藻动千古,终是悠悠一路人。呜乎人生快意是超俗,欲求神仙当避谷。君不见李侯憔悴杜陵饥,投诗乞米无休时。双鱼斗酒何人送,匹马短衣空自悲。(《可叹》)

据诗《和张端甫得家书》、《赠陈蓺叔》、《赠朱伯韩》、《即事呈伯韩小坡鲁川》、《赠冯鲁川》、《和鲁川见赠韵》、《和余小坡甓翁诗》、《赠余小坡》、《吴县蔡母秦孺人节孝诗》、《赠张劢庵》、《和姚春木咏夏内史》、《追悼程春海侍郎》、《悼陈仲云》、《偶成寄仲卿彦勤两弟》。

按:先生作《夜集偶成呈伯韩小坡艺叔鲁川》,详述其一生从学心迹,为研究其生平、治学、为文的重要文献资料。《梅郎中年谱》此条未提,现补之。

清道光二十二年(1842)壬寅　五十七岁

居京任户部郎中。正月初七有诗《人日作》。中秋感寂寞,念友,有诗《中秋独坐》。念家。作诗悼念柏云伯父、温肇江。与何青士、余小坡、叶名琛、李紫房有诗往来。为师禹门、汪春生、陈蓺叔画题诗。为李榆村诗稿题诗。

服京官。汪显仲等从游。(《梅郎中年谱》)

我幼少边幅,独翁喜见誉。指夸族亲言,此是吾家驹。吾老不自忧,衰宗得持扶。酒酣气益真,不顾人揶揄。我时亦自喜,誓不斯言孤。(《悼伯云伯父》)

吾欲适已事,世岂复我须?落落固其宜,如何叹人愚!麋鹿与牛马,受分固自殊。虽言受分殊,未足相谤誉。(《有会而作》)

酒伴未招游伴阻,等闲已过一中秋。(《中秋独坐》)

客中花少每思家,又得家书说种花。(《忆故园芙蓉》)

昔君风雪走吴门,我客扬州冬复春。除夕残杯愧童仆,那知尚有路旁人。(《题李榆村诗稿》)

据诗《简何青士馈元宵未至戏促之》、《鹰游登岸图为师禹门作》、《赠叶昆臣云南方伯任》、《楼桑村昭烈祠壁刊元遗山词宣城李紫房访得之拓以见赠》、《汪春生从舅氏许玉年至西城图》、《为陈蓺叔题沈石田画》、《悼温翰初》。

按:《梅郎中年谱》此条目中对先生是年交游活动描述过简,现补之。

清道光二十三年(1843)癸卯　五十八岁

居京任户部郎中。与张际亮有诗往来,忆道光二十年尺五庄聚会,先生留友心切,作和诗。为李寄云画题诗。

服京官。(《梅郎中年谱》)

宿心虽了莫归去,好赋西京燕喜诗。(《和张亨甫》)

据诗《为李寄云题图》。

按:《梅郎中年谱》此条目中对先生是年交游活动描述过简,现补之。

清道光二十四年(1844)甲辰　五十九岁

居京任户部郎中。喜邓廷桢入关,有诗相贺。先生作诗两首记录种竹生活。与冷公调相遇,回忆往事,念诸友中已有人逝,多感慨。中秋夜访冷公调,未遇。作诗复方东树,露辞官之意。与王少鹤、光栗园有诗往来。为罗两峰画题诗。

服京官。王少鹤、罗两峰、冷公调等相游从,文酒吟咏,反复讨论古文义法终日。少鹤之学,从此益邃。(《梅郎中年谱》)

公论终由明主定,天恩先为老臣新。(《邓嶰筠先生入关志喜》)

人生万古莫非寓,衣食寸寸谋贞坚。未归一日尚我宅,那因后舍荒其前。竹楼作记意不尔,试问狂屈知谁贤?(《种竹》)

长日摊书睡眼遮,绕庭数竹是生涯(《又一首》)

林间一局暑风收,四十年前话旧游。乐事何缘近消歇,几人华屋几山邱。(《冷公调话往事有感》)

佳节欢友生,良夜念孤客。叩门适不应,惆怅缓归屐。(《中秋夜访冷公调不遇》)

故人怜我久京华,宦味谁知薄似纱。书札闲翻如话旧,林泉偶憩当还家。(《代书答方植之》)

宦薄兴归思,交新惜胜流。(《和王少鹤》)

安得论文一樽酒,龙眠山色鸟声中。(《寄光栗园》)

先生翰墨世无伦,薄宦滇南寄此身。(《题罗两峰为桂未谷作簪花骑象图》)

按:《梅郎中年谱》此条目中对先生是年交游活动描述过简,据其诗文可观先生亦已显辞官之意,现补之。

清道光二十五年(1845)乙巳　六十岁

居京任户部郎中。是年先生六十,杨至堂为其整理文钞,刊行以为寿。林则徐奉旨入关,先生作诗相赠。作《冬夜偶成》、《赠冷公调》,露望做一纯粹文人之意。作诗予黄修存,言为官之难。祀灶日寄诗仲卿弟,念家。与汤敦甫、顾杏楼、张仲远、陈颂南、邵懿臣、冯志沂、姚椿、吴子叙、桂丹铭有诗往来。为王少鹤、李紫藩、戴云帆画题诗。

服京官。汤敦甫、王少鹤、邵位西、吴子序等,相讨论古文义法。杨至堂以先生六十,属全抄旧稿,将刊行为寿。(《梅郎中年谱》)

边筹久已伸清议,臣节终能转圣颜。(《林少穆先生奉恩旨入关署陕甘总督作此寄呈》)

儿时笔墨原游戏,应俗文章只白科。遗忘已随春梦过,扫除犹似夏云多。(《杨志堂属全录旧稿寄之并作此寄呈》)

无官不碍寄婆娑,几见飞华逐逝波。识字愧从新学晚,论文喜较旧游多。难抛书卷因闲甚,欲整冠巾奈懒何。(《冬夜偶成》)

长安车马竞追攀,羡子萧然绝往还。中酒常醒惟适睡,把书懒校且消闲。当

年侠气尝惊坐，老去文人只闭关。默数旧游应一笑，青云黄壤与朱颜。（《赠冷公调》）

近得交城黄子书，为言吏职实愁余。便文常觉初心负，临事方知旧论疏。（《答黄修存》）

知君爱雪复爱诗，无味之味能兼之。空庭雪落诗成后，扪腹逍遥散步时。（《题戴云帆寒斋味雪图》）

喧喧亦有家庭乐，却笑家庭是客中。（《祀灶日寄仲卿弟》）

据诗《和座主汤敦甫先生游龙杖歌》、《顾杏楼自礼部郎出守浔州相知者于其行不能诎然而无言也然以君之才之望今得一郡于词不宜夸故为道君所欲得于民与民所欲得于君者以效麦邱之诚以致朋友相爱之意于无已也》、《赠张仲远之任武昌令》、《王少鹤婴砧图》、《李紫藩青溪烟雨图》、《赠陈颂南》、《赠邵位西移居》、《和邵位西咏韩蕲王翠微亭磨崖》、《赠冯鲁川移居》、《寄姚春木》、《赠吴子叙移居》、《寄桂丹铭时自扬州移守苏州》。

按：《梅郎中年谱》此条目中对先生是年交游活动描述过简，据其诗文可观先生亦已显辞官之意，现补之。

清道光二十六年(1846)丙午　六十一岁

居京任户部郎中。为甘实庵《白下琐言》题诗，甘实庵赠先生数种金陵小食，先生作诗谢之。六月十二，梅曾亮等十人庆黄庭坚生日，有诗记其事。有诗寄仲卿弟，念家。有诗寄陈叔和，看淡荣利。为李云生画题诗。是年著论说文《〈论语〉说》，重新诠释《论语》中“子路、曾皙、冉有、公西华侍坐”一节中曾皙所言的志向，“昔曾皙言浴沂舞雩咏归之志，为夫子所叹与。自常情观之，固旷达之士所能也，圣人乃深契之者，何哉？曰：‘此贤者学道之所得，而圣人之观人于微者，乃正在乎此也。’”

服京官。邵位西、吴子序、张石舟、朱伯韩、赵伯厚、冯鲁川、龙翰臣、刘蕉云皆在京，时与先生过从谈艺，邵、朱、吴、龙与先生尤密。先生偕诸人为山谷生日。（《梅郎中年谱》）

蔗糖麻饼满春盘，乡味因君遇故欢。忽忆雨花台下路，糖箫声里过长干。（《实庵遗乡味数种诗答之》）

君家藏卷过三万，得取图经自讨论。偶为金陵增琐事，如从石室订《方言》。（《题甘实庵白下琐言》）

我亦低首涪翁诗，最怜作吏折腰时。只今更谪人间否？安得停杯一问之。（《六月十二山谷生日邵蕙西舍人招吴子叙编修张石舟大令朱伯韩侍御赵伯厚赞善曾涤生学士冯鲁川主政龙翰臣修撰刘蕉云学正及曾亮凡十人集于寓斋舍人有诗属和》）

谅哉古人言，一饥能天涯。何如田舍翁，聚首依桑麻。（《与方慎之夜话寄示仲卿弟》）

超然荣观觉身轻，不作东坡曳杖声。（《寄陈叔和》）

人固有视富贵如脱屣、死生如旦暮，至于俯仰陈迹、流连光景之代谢，事无与己而悲从中来，不能自已于登山游览之际者，是何也？得丧之见，能自制于意之所重，而不能不忽于意之所轻；苟呈露于意之所轻，其所重者，固萌芽而未尝去。然则，如庄子者，犹未能平其心者也。今如点之所言，游而乐焉，乐而归焉，归且咏而不失其乐焉，浩浩然无所恋于其始也，熙熙然无所谦于其终也，是岂可以强为之哉！其于死生富贵，不足以动其中也久也，是故其心平，而其气充；其气充，故凡物之去来消长，不足以盛衰吾气。此则贤人学道之所得，非旷达所能几，而圣人以深许之者与？吾观庄子书十余万言，大旨欲薄富贵齐死生。而圣人之道则异是：义重而重，义轻而轻。……而务为达者，乃始矫而轻之。夫始矫而轻之，其意则固重之矣。吾故曰：如庄子者，未能平其心者也。(《〈论语〉说》)

据诗《为李云生题思耕望读图》。

清道光二十七年(1847)丁未　六十二岁

居京任户部郎中。作诗答陈子宣，自言不宜为官。六月二十一日，梅曾亮等八人聚庆欧阳修生日，先生作诗记此事。回忆宣城旧事，作《癸未六月十五日柏枧山飞桥避暑追忆作此》、《忆宣城故居》。中秋夜回忆昔日与友人共游之景，作《中秋夜忆昔游》。八月二十九日读诏书有感作诗，感恩圣策。朱琦将离京，先生作诗赠之，九月初九于黄庭坚祠为其饯行。是年与邵懿臣多往来唱和，共买菊，有诗记之。邵懿臣读姚鼐集后向先生请教，先生作诗答之，喜其文归桐城。向邵懿臣述桐城旧友诸事。与吴笏庵、吴红生有诗往来。为方东树画题诗。为陈蕴山诗集题诗。

服京官。朱、龙、刘、邵，皆仍在京。曾涤生(国藩)、孙芝房(鼎臣)亦来，时聚论，因为欧公生日。与邵位西多倡和之作。位西于时方用功于惜抱集，先生相与讨论尤勤。涤生既闻方植之所言，而得惜抱尺牍，乃一意用力古文。而先生称述师说，发明马、班、韩、欧文章义法。涤生乃得益，进而窥见美富、芝房、蕉云笃志宋学，而先生为发义理、考据、词章不可偏废之意。朱丹木相见。别去，移书请益。先生曰："文章之事，莫大因时。立言必吾言在此，虽细物微事，而一时朝野风气好尚，可于君言得之。"(《梅郎中年谱》)

昔君巷北我巷南，文字自裹如眠蚕。长安冠盖识者少，两士相遇惟诗谈。(《答吴笏庵》)

岂有文章堪寄傲，自缘疏懒不宜官。潜夫何意蒙书札，更盼他年卸马鞍。(《答陈子宣》)

记与吾宗二三老，农谈终日慰平生。(《癸未六月十五日柏枧山飞桥避暑追忆作此》)

柏枧山前坐吉村，故园何日不心存。(《忆宣城故居》)

闲寻放呗冲山寺，缓逐清歌傍水楼。(《中秋夜忆昔游》)

诏书真恻怛，国计正艰难。天意诚能动，民情感易安。(《二十九日读诏书作》)

去留自笑无长策，漫欲留君缓缓归。(《赠朱伯韩归里》)

秋辰饯归客，遗老旧游处。传经亦复佳，岂在重抗疏。(《重九日集顾亭林祠

饯朱伯韩分韵得虑字》)

定论漫期千载后,喜君先已辨渑淄。(《答邵位西读惜抱轩集见赠》)

据诗《方植之寒崖独往图》、《题陈蕴山诗集》、《六月二十一日欧公生日集邵位西寓斋朱伯韩曾涤生周岷帆龙翰臣刘蕉云孙芝房与曾亮凡八人以天下文章莫大乎是分韵得乎字芝房编修是日抚琴》、《答吴红生》、《位西要买菊》、《位西诗言及管异之吴仲伦因复作二首》、《和邵位西风寒怀人诗》、《刘宽夫侍御有石田像人以为曾亮似之邵位西有诗因答之》。

按:《梅郎中年谱》此条目中对先生是年交游活动描述过简,且朱琦将离京,先生等人于九月初九在黄庭坚祠为其饯行,吴谱未述,现补之。

清道光二十八年(1848)戊申　六十三岁

居京任户部郎中。与邵懿臣共赏牡丹、赴书市,多唱和。是年多旧友归家,先生愈感寂寞。与刘蕉云、冯展云、孙芝房、何青士、黎月樵、司马绣谷有诗往来。何绍基五十岁生日,先生作诗相贺。为张石洲画题诗。

服京官。其妻送女南归。先生是时名声益大,海内言文章者争归之。先生开掖讲说,弥勤以励,而文风大盛。尝有宦寺,亦能诗,颇与公卿往返,叩门求见,欲称弟子。先生谢之,曰:"吾岂康对山耶!"吴子序书来,先生答之,告读古人书,求其为吾意而已;求其疵而辨胜之,无当也;专求其疵,则其可以为我益者寡矣。(《梅郎中年谱》)

王君已谢白云司,刘子高怀又继之。辞禄不为中隐计,养亲为及少年时。(《赠刘蕉云归里》)

敬亭长忆好山居,十载京尘薄笨车。(《和冯展云》)

自惭时命同蠢蠢,独喜文交神不竭。(《和孙芝房作》)

我初见君十四五,快诵六经如坠雨。我今见君四十强,屈指忘年友先数。我疏于世常空居,独喜辰来谈过午。(《何青士四十生日诗》)

苏赓堂陈颂南两给谏,朱伯韩侍御,先后归里。月樵侍御曾以诗赠伯韩行,今又继之,作此奉赠,并以怀三君子也。戊申九月十四日识。(《送黎月樵归里》序)

吏隐岂非吾辈愿,卧游应慰故乡思。(《赠司马绣谷》)

据诗《张石洲烟雨归耕图》、《邵位西寓招看牡丹分韵香字》、《和邵位西游书肆诗》、《延年益寿瓦拓文一页有翁覃溪学士自题程渔门编修和诗翁年五十时客以此瓦为祝今拓文为何子贞编修得之子贞五十生日出以示客题此为寿》。

清道光二十九年(1849)己酉　六十四岁

居京任户部郎中。与陈作甫、陆立夫有诗歌往来。为范筱云、吴仲云画题诗。为张元浩诗稿题诗。八月辞官出都,众人于龙树寺为先生饯行。思家情切,作《出都偶成》、《出都过漫河》。至江宁家中,见姚莹,二人回首往事,感慨颇多。

服京官。(《梅郎中年谱》)

君宦凉州十五年，相逢各已叹华颠。苦言案牍难行意，赖有文章与作缘。(《赠陈作甫》)

先生昔作湖山主，补葺乡诗继诗祖。江湖台阁岂区分，不薄今人如爱古。(《题吴仲云辑诗图》)

樗散京华二十年，英流相接喜珠联。久应旧里便衰懒，难得奇文共讨研。(《己酉八月出都邵位西员外孔绣山舍人曾涤生侍郎边袖石编修秦澹如明经冯鲁川何愿船两主政黄子寿庶常饯于龙树寺因留赠》)

昔言白下君开府，即返青溪我散人。(《将归里寄陆立夫》)

归去交亲耆旧少，近来文字墓铭多。但期书札传通子，莫话功名叹阿婆。(《出都偶成》)

归心已怕车轮缓，更为征人作许愁。(《出都过漫河》)

君归谪宦三千里，我寄闲官十九年。人世烟云谈笑过，钟山青到小窗前。(《姚石甫客江宁至家喜晤》)

据诗《为范筱云题图》、《题桐城张元道诗稿》。

按：据诗《己酉八月出都邵位西员外孔绣山舍人曾涤生侍郎边袖石编修秦澹如明经冯鲁川何愿船两主政黄子寿庶常饯于龙树寺因留赠》、《出都偶成》、《出都过漫河》、《姚石甫客江宁至家喜晤》可知是年八月先生离京。《梅郎中年谱》此条当有误。

清道光三十年(1850)庚戌　六十五岁

主讲于梅花书院，闲适淡泊。与吴笏庵、厉茶心有诗往来。为王梦兰画题诗。

服京官。其秋，辞官去。冬，出都。抵家。(《梅郎中年谱》)

徙倚忽忘身世处，晚钟声里上炊烟。(《登书院中亭子》)

京华曾拟广陵游，一笑相逢两白头。(《馆梅花书院和吴笏庵》)

读到和陶心更远，澹然吾亦在皇羲。(《厉茶心以诗集见赠答之》)

据诗《题王梦兰校书图》。

按：先生当于道光二十九年八月出都，且据诗《登书院中亭子》、《馆梅花书院和吴笏庵》可知是年先生已主讲于梅花书院，吴孟复《梅郎中年谱》此条有误。

清咸丰元年(1851)辛亥　六十六岁

主讲于梅花书院。与陈艺叔、吴笏庵、张生焘、吴子叙、陈稻孙、戴云帆有诗往来。仲卿弟卒于五月四日，有诗《归里感作》。作诗悼黄修存。

主讲梅花书院。先生去扬州且二十年，至是重来，尽访旧游。而昔之人无复存者，凄然感旧，之吟咏而已。孙芝房寄衣服，且问古文法。先生答之曰："夫古文与他体异者，以首尾不可断，有二首尾，则断矣。"又曰："成章者，一气者也。"又曰："观书用目一官而已，必出于口，成于声，畅于气。气者吾身之至精者也。以吾身至精，御古人至精，故浑合无间。然文之弊，又在空疏寡情，实非博学心知其意不能也。"(《梅郎中年谱》)

愧忆应官尝待漏，文书衔袖手频呵。（《和吴笏庵枕上偶成》）

伤心寒木春华馆，无复迎门唤阿兄。（《归里感作》）

据诗《赠吴笏庵》、《柬吴笏庵》、《张生焘送月季花》、《晤吴子叙》、《怀陈稻孙》、《送戴云帆归里》、《悼黄修存》。

清咸丰二年（1852）壬子 六十七岁

主讲于梅花书院，冬归上元。

在扬州梅花书院。吴子序来访。书院诸生视先生甚亲，多约游山水，有赠花草者。冬，归上元。（《梅郎中年谱》）

吾庐已百年，幸免近市嚣。乔木生远籁，修竹清阴交。何期己酉夏，城市盈江潮？平泉旧草木，十九为之凋。（《治圃偶成》）

清咸丰三年（1853）癸丑 六十八岁

在上元，陷于太平天国之乱。先生为掳服役，后逃出，避乱于城外。得友人彭云墀、许询臣、何亦民、王容甫、张子畏相助。村居生活贫困。期间彭云墀本约重阳同过，惜未至。避乱中多读黄庭坚、杜甫诗。是年，姚莹逝。

在上元。粤匪陷城。先生处城中，不得出，为贼所得，役以担水。先生勉任之，而相以诗。贼奇焉，问之，知为贫老读书之士，乃释之去。先生潜走出城，居城北。凡三月，又迁家至王墅。（《梅郎中年谱》）

买邻幸有名卿助，踏海应无义士穷。北望篱门原咫尺，烽烟消息苦难通。（《癸丑春避地居王墅村彭云墀都转许询臣中丞何亦民方伯王容甫大令同年张子畏太守助房价薪米衣物之费感叹有作》）

相招怜我食无鱼，风雨相望竟阻余。（《云墀约重九日相过未赴》）

君来幕府参军事，我作山头太瘦生。（《王容甫馈食物志谢》）

当年杜陵老，身世殊寂寞。我今亦何为？感叹昔贤作。（《读杜诗作》）

据诗《村居无书无墨无笔无砚无纸无衣作六无叹》、《借衣叹》、《与云墀翁感扬州旧游作》、《读山谷诗作》。

清咸丰四年（1854）甲寅 六十九岁

先生先举家居王墅，闰七月十日携家欲赴盐城，于途中又暂居兴华。后又前往清江，泊于露筋祠，终赴清江浦得依旧友杨以增。避难期间心情彷徨、孤独，"茫如兽走野，兀若鸟离匹。躁如游釜鱼，困若处裈虱"。有诗寄姚椿。

居王墅，又移兴化，又移淮安。乃得至清江浦，依南河总督杨志堂（以增）。杨因先生同年，馆先生于署之清宴园，朝夕与杨论艺。盖流离贼中，至是始定。方先生之在王墅、兴化、淮安也，日犹手一卷，吟哦不已。盗贼烽火之中，自若也。（《梅郎中年谱》）

见即开宾榻，知君友意真。（《至清江杨志堂留寓节署》）

墋黩灾俄遘，烟波望益劳。怜君得安枕，诗兴若为豪。(《寄姚春木》)

清咸丰五年(1855)乙卯　七十岁

先生居杨以增清宴园，自言晚年好诗。听闻曾国藩领兵收复失地，大喜，作诗悼念战死的将领。回首一生，作自嘲诗。与刘星房、冯展云、赫藕香、彭云墀有诗歌往来。为吴平斋画题诗。始知姚椿已于咸丰三年去世，作诗悼念。杨以增将新城陈氏刊本的《姚姬传先生尺牍》重新校勘，九月，梅曾亮为《姚姬传先生尺牍》作序。杨以增以先生年七十开雕先生集，文集成，后又续刊诗集与骈文集。然未终，杨以增于是年冬逝。

居清江清宴园。杨志堂以先生七十，乃开雕先生集。先生在乱离奔窜中，独携其稿自随，故皆全。即至清江浦，无事，颇自删益。而杨校刻之。冬，杨志堂卒。(《梅郎中年谱》)

昔我年二十，洪都谒襜帷。三十客扬州，佣书代耘耔。四十寿二亲，高堂奉华卮。五十与六十，文酒酣京师。倏忽又十年，岁月真如驰。岂惟岁月驰，乾坤亦疮痍。家园既荡尽，三载成孤羁。(《七十自嘲》)

君卒逾年我未知，渡江犹寄赠君诗。(《悼姚春木》)

后息终谁胜，吾生固有涯。却怜文已倦，只欲细论诗。(《至堂为刊文集成续刊诗集骈体志感》)

同年杨至堂侍郎，深企慕乎先生之为人，以为其超俗者非独文与诗也，即尺牍，亦德人之雅音。因以新城陈氏刊本，延高君伯平重为校刊。(《姚姬传先生尺牍序》)

据诗《闻曾涤生侍郎以乡兵逐贼湘潭攻复武昌追贼至武昌志喜》、《悼吕鹤田侍郎贤基》、《悼徐晋希太守启山与鹤田皆以乡勇捍贼咸丰三年冬死事舒城》、《悼李紫藩大令椺》、《悼曹庚甫观察楙坚》、《悲张丙元吾友景堂子也》、《寄刘星房》、《赫藕香以龙井茶见馈并天露水赋谢》、《和东坡粲字韵诗寄彭云墀》、《寄和冯展云》、《题吴平斋秋斋赏古图》。

按：先生于乱中仍关注时事，九月为杨至堂新刊《姚姬传先生尺牍》作序。《梅郎中年谱》此条未述，故补之。

清咸丰六年(1856)丙辰　七十一岁

是年正月十二日，先生逝，享年七十一岁。

居清江浦。自杨志堂卒，先生益若无所归。然杨之二子，视先生礼甚至。先生既成杨家传，始自慨年衰力竭，恐将死矣。二月，先生卒。三月，集刊成。(《梅郎中年谱》)

先君子校刊伯言先生文集，既成，续校诗集、骈体文，刊未及半，而先君子薨。穀等泣请先生为传志之文，时先生患鼻衄，旋淮安寓舍，踰旬，撰家传寄示。不数日，先生亦卒。是为咸丰六年正月十二日，距先君子薨仅二十四日。(《兵部侍郎

江南河道总督杨公家传》后记）

按：据杨以增之子杨绍穀、杨绍和于先生所书《兵部侍郎江南河道总督杨公家传》后记所述，先生当卒于清咸丰六年正月十二日，《梅郎中年谱》此条关于先生卒月叙述有误，故订之。

本文除了补订吴孟复先生因史料缺乏或校对失误所造成的疏漏与讹误外，对梅曾亮居京时的交游活动亦多有补述。明晰梅曾亮居京时的结社及为宋代诸诗人庆生活动的时间及参与者，有助于我们一观梅曾亮文名渐盛的过程及京中宗宋之风的概貌。同时，此间梅曾亮交游的不少文人乃是清廷上有名的“禁烟派”或“主战派”，结合当时鸦片战争的背景，这些诗作及结社活动于应酬交际外的政治态度亦值得我们进一步深究。

（作者单位：安徽大学文学院）

《清人诗文集总目提要》订补*
——以姚孙森等十位安徽籍作家为中心

朱则杰

在清代诗歌(包括散文)的文献学研究领域,近年相继出版了李灵年、杨忠两位先生共同主编的《清人别集总目》(安徽教育出版社 2000 年 7 月第 1 版)和柯愈春先生所撰《清人诗文集总目提要》(北京古籍出版社 2002 年 2 月第 1 版)两种巨著。两书均为 16 开三大册,各著录清代作家近两万人,别集约四万种。特别是《清人诗文集总目提要》(以下简称《提要》),更可以说是后出转精,代表着目前该领域研究的最高水平。

但不难想见,涉及这么多的对象,即以《提要》而论,这里面的各种疏忽、缺漏乃至错误,自然也是难以尽免的。并且遗留下来的这些问题,一般说来,其难度恰恰也是最大的。对这些问题进行订正和补充,正可以使两书更趋完善。特别是关系到《提要》本身以及日后《全清诗》、《全清文》等内部排序的作家生卒年问题①,更是解决一处是一处,完成一家多一家。因此,笔者在日常读书的过程中有所发现,即随时将它们记录下来,并陆续整理成文,相继分组发表,提供给编著者以及其他有关读者参考。本篇取十位安徽籍作家,仍旧按照《提要》著录的先后立目排序,依次考述;有些同时涉及《清人别集总目》的问题,也附此一并予以指出。

一、姚孙森(卷四,上册,第 64 页)

姚孙森,《提要》著录其《可处堂诗文集》,但缺少作者生卒年。按本条最末提到的本集"方孝标序"与"康熙五年其仲子文燮刻于建宁",基本上可以解决这个问题。检《方孝标文集·光启堂文集》收有《可处堂集序》,有关叙述说:

> 《可处堂集》者,先君子之友姚公珠树先生之遗稿也。先生没之十有六年,其子经三刻之于建宁官署。……先生……享年五十有一卒。②

这里"没之十有六年",正常理解应该是去世第十六年,包括去世当年在内。如此以姚文燮(经三其字,详后"姚文燮"条)刻集的康熙五年丙午(1666)减去十五年计算,姚孙森(珠树其号)即卒于清顺治八年辛卯(1651)。再据享年逆推,其出生则在明万历二

---

* 基金项目:2013 年度教育部人文社会科学研究一般项目(13YJA751074)、全国高等院校古籍整理研究工作委员会直接资助项目(1362)、浙江省哲学社会科学规划重点课题(13NDJC024Z)同名"清诗续考"。

① 《清人别集总目》按作家姓氏笔画排序,但各家小传也力求注明生卒年。

② (明)方孝标:《方孝标文集》,合肥:黄山书社,2007 年,第 9—10 页。

十八年庚子(1600)。《提要》本卷以之大致归入“生于万历三十四年至三十八年(1606—1610)”者,相差不是很大。

此外,张英《文端集》卷四十三《笃素堂文集》之七有一篇《姚珠树公传》,其中叙及:

英为珠树公幼婿。公捐馆舍时,英年十有五。……公……卒年五十有一。①

张英生于明崇祯十年丁丑(1637)年末②,其十五岁正是清顺治八年辛卯(1651),可以互证。

二、姚文燮(卷八,上册,第197页)

姚文燮,《提要》及《清人别集总目》均定其生卒年为明崇祯元年戊辰(1628)至清康熙三十二年癸酉(1693)③。按这个说法,可能是依据姚文燮《无异堂文集》卷三《许青屿先生诗跋》自述“余丁亥[清顺治四年,1647],方弱冠,随先君子游毗陵”云云④,以“弱冠”为二十岁整,逆推其生年;再结合《国朝耆献类征》卷二百五十辑录“国史馆本传”所说“持母丧,以哀毁致疾,卒,年六十六”⑤,下数其卒年。但根据仔细考察,这个说法整体上晚了一年。

姚文燮七世孙姚元之撰《竹叶亭杂记》,卷六曾说:

先七世祖开化公讳文燮……生于天启丁卯[七年,1627],卒于康熙壬申[三十一年,1692],年六十有六。⑥

这里生卒年都非常明确,不存在推论的过程。它的原始依据,从其下文的相关叙述来看,应该是姚氏的“家乘”。

已故邓之诚先生《清诗纪事初编》,卷五姚文燮小传末尾,曾经引据张英《文端集》卷三十《笃素堂诗集》之一康熙三十四年乙亥(1695)三月所作《题羹湖画册巾车归里图四首》之四“碧落仙居刚十载,黄垆客去已三年”⑦,推论姚文燮(羹湖其号)“没于壬申”⑧。这个卒年,与姚元之所记正相吻合。只不过原诗的“三年”假如理解为泛言或者头尾三年,那么这里的推论就显得还不够有力,只能作为一种大致的参考。特别是该小传把姚文燮的享年推测为“七十”岁以上,则显然不可取信。

① (明)张英:《文端集》,《景印文渊阁四库全书》第1319册,第594—595页。

② 江庆柏:《清代人物生卒年表》,北京:人民文学出版社,2005年,第377页。

③ 《清人别集总目》见第2册,第1700页。

④ (清)姚文燮:《无异堂文集》,《清代诗文集汇编》第106册,第107页。又葛金烺《爱日吟庐书画录》卷三著录“姚文燮山水册”,所录原跋也说:“丁亥负笈毗陵,时方弱冠。”可见《续修四库全书》第1088册,第433页。唯该处按语称姚文燮为“顺治辛丑[十八年,1661]进士”,则“辛丑”应作“己亥”(十六年,1659)。

⑤ (清)李桓:《国朝耆献类征》,湘阴李氏刻本,第2页a。稍后马其昶撰《桐城耆旧传》卷七《姚开化、阶州、峡江传第七十》,也曾叙及姚文燮(曾官云南开化府同知)“年六十六,母丧,毁卒”,见:合肥:黄山书社,2013年,第198页。

⑥ (清)姚元之:《竹叶亭杂记》,《〈檐曝杂记〉〈竹叶亭杂记〉》本,北京:中华书局,1982年,第138页。

⑦ 《文端集》,第542页。

⑧ 邓之诚:《清诗纪事初编》,上海:上海古籍出版社,1984年,下册,第559页。

而钱澄之《田间诗集》卷十四有一首长篇五言古诗《姚仲子经三司理初度，书怀为寿》[1]，格外值得注意。其中叙及钱澄之客游福建建宁，因时任建宁推官的姚文燮推荐而留修《建宁府志》，称"去冬初开局，朝夕恒于斯"[2]，而末尾有云："君今四十一，膝下已含饴。"[3]对照钱澄之之子钱㧑禄所撰《钱澄之年谱》相关事迹[4]，可以确切知道此诗作于康熙六年"丁未"(1667)。由此逆推姚文燮的生年，正是姚元之所记的天启七年丁卯(1627)。

此外，钱澄之《田间文集》卷十七《客建宁，赠司李姚仲子经三序(时值其初度)》，叙及"仲子今初度，称强仕"亦即四十岁[5]，从姚文燮生年推算则应该作于康熙五年"丙午"(1666)。两年"初度"，钱澄之一赠序，一赠诗，这也比较符合常理。可惜"初度"的具体日期，这里都没有交代。

至于上文所说的"弱冠"，在一般情况下只能大致理解为二十岁左右而不能绝对定为二十岁整，并且最好是结合作者的使用习惯来考察。例如姚文燮《无异堂文集》卷十二《祭杨观察[大鲲]文》，一方面说自己"长先生年十有四"，另一方面又说"先生登贤书，甫弱冠"[6]，则无论姚文燮生于天启七年丁卯(1627)还是崇祯元年戊辰(1628)，加十四年之后再数到顺治十六年己亥(1659)两人同科中进士，杨大鲲也还只有十九岁或者十八岁，可见这里的"弱冠"同样并不等于二十岁整。

另外关于姚氏"家乘"，可参见下文姚文燮之子"姚士藟"条。

三、范　良(卷八，上册，第209页)

范良，《提要》称其"生年不详，卒于康熙三年(1664)"，并附有大致考证："方文有《补寿范眉生三十》诗，约作于顺治十五年，知良生于崇祯二年前后。孙枝蔚《挽范眉生客死燕中》诗，作于康熙三年，良当卒于此时。"(眉生其字)

按今人李圣华先生《方文年谱》卷四《归隐桐城及家难(顺治十一年至顺治十三年)》"顺治十三年丙申(1656)"条所附范良小传[7]，考订其生卒年甚悉，大略如下：方文《嵞山集·续集·徐杭游草》"五言今体"《补寿范眉生三十(步天醉韵)》六首，其一颔联云："九月逢初度，扁舟往润城。"[8]诗歌作于清顺治十六年己亥(1659)二月顷[9]，则范良三十初度在顺治十五年戊戌(1658)九月，逆推其生年即为明崇祯二年己巳(1629)。又赵吉士《万青阁全集·万青阁自订诗》"五言古"《哭范眉生明经》，小序明确说："甲辰闰六月十二日，范子眉生卒于都城报国寺。"[10]也就是康熙三年(1664)，公

---

①②③ (清)钱澄之：《田间诗集》，合肥：黄山书社，1998年，第299—301、300、301页。

④ (清)钱澄之：《所知录》附，合肥：黄山书社，2006年，第212—213页。

⑤ 《田间文集》，第334页。

⑥ 《无异堂文集》，第201页。

⑦ 李圣华：《方文年谱》，北京：人民文学出版社2007年，第281页。

⑧ (清)方文：《嵞山集》，上海：上海古籍出版社1979年，中册，第654页。

⑨ 参见《方文年谱》卷六《徐杭、山左、西江之游(顺治十六年至顺治十八年)》"顺治十六年己亥(1659)"条有关叙述，第324—325页。

⑩ (清)赵吉士：《万青阁全集》，《四库全书存目丛书》集部第220册，第343页。

历为8月3日。《提要》本条,即可予以采纳。《清人别集总目》范良小传[①],亦可据此补充。唯范良享年,准确计算乃为三十六岁;《方文年谱》谓"得年三十四","四"字盖为笔误。

附带关于赵吉士,从孙枝蔚《溉堂集·前集》卷七《挽范眉生客死燕中》二首之二尾联上句自注,可知其与范良为"姻娅"[②],所以记载范良谢世时间如此具体。但上引《哭范眉生明经》小序,又写入其《寄园寄所寄》卷十一《泛叶寄》"故老杂记"门,而"闰六月"作"闰三月"[③]。检康熙三年甲辰(1664)闰月确实在六月,则该处"三"字当系形近而误。

又,《提要》同卷关于赵吉士《万青阁全集》所收诗歌的介绍,所谓"诗起于康熙三十年"云云[④];以及已故袁行云先生《清人诗集叙录》卷八关于赵吉士《林卧遥集》的介绍,所谓"以康熙三十年林卧西岩[,于]章[云]投寄七律四首"云云[⑤],都有不少疏误,需要修订。

四、姚士藟(卷十四,上册,第378页)

姚士藟,《提要》著录其《咏园诗集》,但作者缺少生卒年。

按尤珍《沧湄诗钞》卷六有《哭姚绥仲宫赞二首》[⑥],编年在康熙四十七年"戊子"(1708),姚士藟(绥仲其字)当即卒于此年。其接下去两题依次为《桐城相国张公挽诗四首》、《哭孙树峰少宗伯三首》[⑦],所挽张英(官至文华殿大学士)、孙岳颁(树峰其号)两人也都卒于此年[⑧],可以佐证。

又姚士藟系前述姚文燮次子。顷见汪孔丰先生博士学位论文《桐城麻溪姚氏家族与桐城派兴衰嬗变研究》,于该家族成员多注有生卒年。其中姚士藟名下,不但所注卒年正是"1708",而且还有生年"1648"[⑨],亦即顺治五年戊子。《提要》本卷以之大致归入"生于顺治十三年至十七年(1656—1660)"者,相差不是很大。

前述姚文燮的生卒年,该学位论文也有标注,正作"1627—1692"[⑩]。检文末《参考文献》,其中列有一种民国十年(1921)木活字本《麻溪姚氏宗谱》[⑪],猜想应该就是有关人物生卒年的主要依据。前面推测姚元之所记姚文燮生卒年可能依据姚氏"家乘",情形正复相似,可以互证。

---

① 《清人别集总目》,第2册,第1344页。

② (清)孙枝蔚:《溉堂集》,上海:上海古籍出版社,1979年,上册,第373页。赵吉士字天羽。此外颈联上句自注还提到龚鼎孳(字孝升)"有祭文、挽诗",具体未详。

③ (清)赵吉士:《寄园寄所寄》,《四库全书存目丛书》子部第155册,第468页。

④ 《万青阁全集》,上册,第198页。

⑤ 袁行云:《清人诗集叙录》,北京:文化艺术出版社1994年,第1册,第276页。于章云名汉翔,章云其字。

⑥⑦ (清)尤珍《沧湄诗钞》,《四库未收书辑刊》第八辑第23册,第568、568—569、569页。

⑧ 江庆柏:《清代人物生卒年表》,第377页、第224页。

⑨ 汪孔丰:《桐城麻溪姚氏家族与桐城派兴衰嬗变研究》上编第二章《从移民之家到海内世家:麻溪姚氏的发展历程》第三节《麻溪姚氏文学世家的繁盛(十一世～十六世)》第三部分《十三世》,上海大学博士学位论文,2012年,第66页。

⑩⑪ 《桐城麻溪姚氏家族与桐城派兴衰嬗变研究》同节第二部分《十二世》,第63、275页。

当然，宗谱一类的文献，由于通常一再翻修，鲁鱼亥豕，加上各次修纂者的水平良莠不齐，因此往往存在着诸多错误，有关记载不一定都值得相信。即如此种《麻溪姚氏宗谱》，于姚文燮之弟姚文焱的生年称作“崇正[祯]甲寅”，该学位论文就曾经指出：“查明崇祯年间并无‘甲寅’年，故其生年存疑。”①正因为如此，所以如果能够在宗谱之类以外发现其他可靠的资料，那么不但其本身更具价值，而且还可以反过来为宗谱之类提供有力的佐证或必要的参考。

附带关于前及邓之诚先生《清诗纪事初编》卷五姚文燮小传，曾经援引王士祯(禛)《蚕尾诗集》卷二《送姚绥仲编修归省，因寄羹湖二首》②，称“此诗作于康熙三十一年”壬申(1692)③。从《蚕尾诗集》同卷其前第四题《题王石谷画，送竹垞归禾中二首》明确作于该年朱彝尊(竹垞其号)罢官归里来看④，这个推测不无道理。但是，范光阳《双云堂文稿》卷三《送姚华曾年兄乞假南归序》曾说：

> 今岁二月，庶常士散馆，君留为编修，余改授户部主事。……而君独念尊大人春秋高，乞假归省……⑤

结合《双云堂诗稿》卷六“七言律诗”《康熙辛未二月，以满书散馆，得部曹，自述》四首、卷四“五言律诗”《送姚绥仲年兄乞假省觐》三首两题来看⑥，可以确切知道姚士藟(华曾其号)乞假归省乃在康熙三十年“辛未”(1691)，具体时间在该年的年末。此外如尤珍《沧湄诗钞》卷四《送姚绥仲编修给假南归三首》、张英《文端集》卷二十九《存诚堂集》之二十五《送绥仲归里省觐二首》等⑦，据编年或集内作品排次也都作于“辛未”。因此，王士祯《蚕尾诗集》该题，显然在排次上并不准确。

另外，近人徐世昌辑《晚晴簃诗汇》卷三十一姚文燮小传最末，曾误将姚士藟所撰《咏园诗集》也当作姚文燮的著作⑧。

五、吴隆骘(卷二十三，上册，第578页)

吴隆骘，《提要》及《清人别集总目》均缺生卒年⑨，唯《提要》曾叙及“年八十四卒”。

按《提要》在介绍吴隆骘诗集版本以及诗歌特点的时候，曾叙及一种吴氏家族诗歌总集《芸晖馆四世诗钞》以及方东树所撰序文。该序文方东树《考槃集文录》卷三有载，即题作《芸晖馆四世诗钞序》，从中可以知道第一世即为吴隆骘，有关叙述说：

> 乡先辈退余吴先生，处仁抱义，乐善务施。……至年六十一，始得冢嗣竹心

---

① 《桐城麻溪姚氏家族与桐城派兴衰嬗变研究》同节第二部分《十二世》，第64页，注[八]。另外关于前述姚文燮之父姚孙森，同节第一部分《十一世》未注生卒年，不知宗谱情况如何，见第61页。

② 可见《王士禛全集》，齐鲁书社2007年，第2册，第1104页。

③ 邓之诚：《清诗纪事初编》，下册，第558—559页。

④ (清)王士禛：《王士禛全集》，第2册，第1102—1103页。

⑤⑥ (清)范光阳《双云堂文稿》，《四库全书存目丛书》集部第256册，第642、778—779、755—756页。

⑦ 《沧湄诗钞》，第531—532页；《文端集》，第526—527页。

⑧ 徐世昌：《晚晴簃诗汇》，北京：中华书局，1990年，第2册，第1067页。又“咏”字所见多作“泳”。

⑨ 《清人别集总目》见第1册，第910页。

大令；又十年，复得种之太史，人以为阴德之报云。[①]

这里提到的吴隆鹭（退余其号）长子吴贻诚（竹心其号，详后“吴贻诚”条），出生于雍正四年丙午（1726）；由此逆推吴隆鹭，即可知其出生于康熙五年丙午（1666），刚好早一甲子。《提要》本卷将吴隆鹭大致归入“生于康熙四十年至四十四年（1701—1705）”者，相差比较大。

又这里提到的吴隆鹭次子吴贻咏（种之其号，一作种芝，详后“吴贻咏”条），其《芸晖馆诗集》卷首所附《桐城县志·文苑传》本传曾说：“生十四岁而孤，居父丧有至性，族人异之。”[②]而吴贻咏出生于乾隆元年丙辰（1736）吴隆鹭七十一岁那年，其“十四岁”为乾隆十四年己巳（1749），则吴隆鹭当即卒于这一年，享年正是八十四岁。

六、吴贻诚（卷三十三，上册，第 903 页）

吴贻诚，《提要》及《清人别集总目》均缺生卒年[③]，唯《提要》曾叙及“卒年四十九”。

按吴贻诚为前述吴隆鹭长子。前及其弟吴贻咏《芸晖馆诗集》，卷上有一首长篇叙事诗《南归纪事》，开头即详细叙述吴贻诚因病去世的过程，写来十分凄楚：

乾隆甲午春，二月初六。吾兄莫州归，舆疾面深墨。……呼之目已瞑，渐觉冷逾石。[④]

这里“甲午”为乾隆三十九年（1774），吴贻诚即卒于该年二月初六日（公历 3 月 17 日）。又其下文有“我生后十年，亥豕从兄识”之句[⑤]，则以吴贻咏生年乾隆元年丙辰（1736）减去十年计算，吴贻诚即出生于雍正四年丙午（1726），享年正是四十九岁。《提要》本卷将吴贻诚大致归入“生于乾隆十六年至二十年（1751—1755）”者，相差比较大。

七、吴贻咏（卷三十五，中册，第 993 页）

吴贻咏，《提要》及《清人别集总目》均缺生卒年[⑥]，唯《提要》曾叙及“卒年七十一”。

按吴贻咏为前述吴隆鹭次子、吴贻诚之弟，其生卒年特别是生年可以通过多种渠道考得，并且正是前面考察吴隆鹭、吴贻诚生卒年的一个重要参照点。

前及吴贻咏《芸晖馆诗集》卷首所附《桐城县志·文苑传》本传，有关叙述说：

中乾隆癸卯举人，年四十八矣。癸丑，中会试第一，改翰林院庶吉士。……年七十一卒于官。[⑦]

---

① （清）方东树：《考槃集文录》，《续修四库全书》第 1497 册，第 295 页。

② （清）吴贻咏：《芸晖馆诗集》，《清代诗文集汇编》第 391 册，第 199 页。

③ 《清人别集总目》见第 1 册，第 902 页。

④ （清）吴贻咏：《芸晖馆诗集》，第 208 页。

⑤ 《芸晖馆诗集》，第 209 页。此处所谓“十年”，联系前面“吴隆鹭”条所引方东树《芸晖馆四世诗钞序》有关叙述来看，应该属于实指。唯其上文称其父“六十始生兄，爱之如拱璧”，该“六十”则是“年六十一”的泛指，见同页。

⑥ 《清人别集总目》见第 1 册，第 902 页。

⑦⑧ 《芸晖馆诗集》，第 199—200、209 页。

这里“癸卯”为乾隆四十八年(1783)。据此逆推,可知吴贻咏刚巧出生于乾隆元年丙辰(1736)。

又,前引《芸晖馆诗集》卷上《南归纪事》,在叙及乾隆三十九年“甲午”(1774)其兄吴贻诚谢世的时候,曾回忆说:“我生卅九年,依兄如肘腋。”[8]据此逆推吴贻咏生年,同样是乾隆元年丙辰(1736)。

此外,昭梿《啸亭杂录》卷九“老年科目”条,所举例证有:“乾隆……癸丑,吴种芝贻咏五十八中会元。”[1]这里“癸丑”为乾隆五十八年(1793),逆推吴贻咏生年也是乾隆元年丙辰(1736)。而正如《提要》所说,《芸晖馆诗集》卷首序文即系昭梿所撰,两人是挚友,所以有关记载完全正确。

如此再结合享年七十一岁,可知吴贻咏的卒年为嘉庆十一年丙寅(1806)。

关于吴贻咏的生卒年,今人如所见原复旦大学中国古代文学研究中心博士研究生郑幸同学《上海图书馆藏袁枚家谱及其文献价值》,第二部分《所存袁枚重要佚传一篇》在介绍该“佚传”的作者亦即吴贻咏时,就已经明确标注为“1736—1806”[2]。并且其在博士学位论文基础上修订出版的《袁枚年谱新编》一书,附录《征引文献·古典之部·史部》列有一种吴贻咏之子吴赓枚等撰、嘉庆年间刻本《显考种之府君行述》[3],则该行述正应该是考察吴贻咏生卒年以及其家族情况最为翔实可靠的依据。

而如戎毓明先生主编《安徽人物大辞典》,将吴贻咏生卒年标注为“1735—1806”[4],这是因为不熟悉古人按虚岁计年龄的习惯。又江庆柏先生《清代人物生卒年表》,根据《清代官员履历档案全编》推算吴贻咏出生于乾隆八年癸亥(1743)[5],那很可能是有意往小里说的所谓“官年”。

《提要》本卷将吴贻咏大致归入“生于乾隆二十六年至三十年(1761—1765)”者,相差比较大。

另外,《提要》本条叙及吴贻咏科名,称之为乾隆五十八年癸丑(1793)“一甲一名进士”。这如同清末平步青《霞外捃屑》卷一“词林嘉话·父子翰林”条称吴贻咏为“癸丑状元”一样[6],也是一个小小的疏忽。盖如前引县志本传所述,吴贻咏乃该科会元,而殿试之后的名次则为三甲第二十七名[7]。

八、王 舒(卷五十二,中册,第1814页)

王舒,《提要》及《清人别集总目》均缺生卒年[8]。按民国二十年(1931)十二月“调制”的钱育仁编校《虞社社友录》,以表格形式记录近三百名社友的基本信息,其中有

---

① (清)昭梿:《啸亭杂录》,北京:中华书局,1980年,第288页。

② 郑幸:《上海图书馆藏袁枚家谱及其文献价值》,《图书馆杂志》2008年第10期,第76页。

③ 郑幸:《袁枚年谱新编》,上海:上海古籍出版社,2011年,第651页。

④ 戎毓明《安徽人物大辞典》,北京:团结出版社1992年,第494页。

⑤ 《清代人物生卒年表》,第319页。

⑥ (清)平步青:《霞外捃屑》,上海:上海古籍出版社,1982年,上册,第48页。

⑦ 可见江庆柏先生编著《清朝进士题名录》,中华书局2007年,上册,第660页。

⑧ 《清人别集总目》,第1册,第71页。

王舒，当时“年岁”为六十一岁[①]。据此逆推，可知其出生于清同治十年辛未(1871)。《提要》本卷以之大致归入“生于道光二十六年至三十年(1846—1850)”者，相差比较大。

九、吴承烜(卷五十四，中册，第1895页)

吴承烜，《提要》缺少生卒年。按左鹏军先生所著《晚清民国传奇杂剧文献与史实研究》，第六章《若干曲家曲目考辨》第十篇专门为《吴承烜生卒年辨正》[②]。其中最关键的一条资料，为已故林葆恒先生纂辑、张璋先生整理的《(国朝)词综补遗》卷十吴承烜名下所附词话：“于民国廿九年[1940]卒，年八十六。”[③]由此可知其生年为清咸丰五年乙卯(1855)。

此外笔者还见到两条涉及生年的资料：一是已故谢云声先生早年所著《灵箫阁谜话初集》，卷首有吴承烜序，署款为：“中华民国丙寅年[民国十五年，1926]春古花朝，古歙东园吴承烜拜撰，时年七十二。”[④]二是前及民国二十年(1931)钱育仁编校《虞社社友录》，其中有吴承烜，记其当时“年岁”为七十七岁[⑤]。凡此逆推其生年，也都是咸丰五年乙卯(1855)，可以确信无疑。

《提要》本卷将吴承烜大致归入“生于咸丰六年至十年(1856—1860)”者，相差不大。

十、戴寿昌(卷五十四，中册，第1907页)

戴寿昌，《提要》及《清人别集总目》均仅有籍贯[⑥]。按民国十年(1921)印行的江苏武进“苔岑吟社”社诗总集《苔岑丛书·辛酉卷》，内有该年《续刊尚齿录》，以齿为序，第十五人为：“戴寿昌，字养轩，现年五十四岁，安徽休宁人。”[⑦]据此可以知其表字，并可逆推其生年为清同治七年戊辰(1868)。《提要》本卷以之大致归入“生于咸丰六年至十年(1856—1860)”者，相差不是很大。

(作者单位：浙江大学传媒与国际文化学院)

① 钱育仁：《虞社社友录》，《清末民国旧体诗词结社文献汇编》第15册，第533页。

②③ 左鹏军《晚清民国传奇杂剧文献与史实研究》，北京：人民文学出版社2011年，第403－405、404页。

④ 谢云声：《灵箫阁谜话初集》，厦门书社编译部排印本，1930年，第2页。

⑤ 《虞社社友录》，第530页。

⑥ 《清人别集总目》，第3册，第2439页。

⑦ 吴放：《苔岑丛书·辛酉卷》，《清末民国旧体诗词结社文献汇编》，第6册，第238页。

戴震家族考

王智汪

戴震(1724—1777),字慎修,号东原,安徽徽州休宁隆阜(今黄山市)人,他对经学、天文、地理、历史、数学、机械、水利、生物及古代器物都有研究,被誉为百科全书式的学者。戴震家族是一个以尊祖、敬宗、睦族为宗旨而形成的宗族,通常称为隆阜戴氏,这种宗族之共同生态是:"聚族而居,绝无杂姓搀入者,其风最为近古。出入齿让,姓各有宗祠统之。岁时伏腊,一姓村中,千丁皆集。"[①]这种观念根深蒂固渗透到每一个皖南士人及百姓的日常生活之中:"千年之家,不动一抔;千丁之族,未尝散处;千载之谱系,丝毫不紊;主仆之严,虽数十系不改,而宵小不敢肆焉。"[②]

一、戴姓及隆阜戴氏的由来

戴姓来源说法很多。第一种说法认为戴姓出自姬姓,以国为氏。据《通志·氏族略》及《左传》所载,春秋时有戴国,为姬姓诸侯国,在今河南民权县东,一说在河南兰考县。隐公十年(前713)亡于郑国,一说亡于宋国。其族人遂以国名"戴"为氏。第二种说法是戴姓由殷氏姓而来。据《鼠璞》所载,武王灭商后,有不少殷遗族以国为氏。因商首都在殷,又叫殷国,称殷氏,其后就有改姓戴的,这一种说法尤为今天河南的戴氏后裔所肯定。第三种说法是戴姓来源于其他民族的改姓。如满洲达尔充阿氏、戴佳氏,鄂温克族涂克冬氏改戴姓,今天,除汉族外,满、瑶、回、蒙古[③]、土家等民族中都有戴姓。这导致了戴姓人口数量非常庞大,戴姓人口数目前居中国姓氏中第54位。

另外,历史上戴姓常简笔写成"代"姓,这种情况在清代中叶后非常普通,这增加了戴姓来源的复杂性。据《清朝通典·氏族略·蒙古八旗姓》、《黑龙江志稿·氏族》记载:蒙古族巴逊氏,亦称把孙氏、博斯沁氏,世居克什克腾(今内蒙古克什克腾),后有满族引为姓氏者,满语为 Basun Hala。清朝中叶以后多冠汉姓为戴氏、卜氏、孙氏等,其戴氏今有简笔写作"代"。蒙古族戴卜罗氏,亦称岱簸罗氏,源出蒙古新巴尔虎部,后有满族引为姓氏者,满语为 Daibolo Hala。清朝中叶以后所冠汉姓即为戴氏,今有简笔写作"代"。蒙古族岱齐特氏,亦称戴特氏,世居喀喇沁(今内蒙古赤峰喀喇沁旗),后有满族引为姓氏者,满语为 Daicit Hala。清朝中叶以后多冠汉姓为戴氏,

---

① (清)赵吉士辑撰,周晓光、刘道胜点校:《寄园寄所寄》卷十一《故老杂记》,合肥:黄山书社,2008年。

② 赵华富:《两驿集》,合肥:黄山书社,1999年,第217页。

③ 如在清康熙二十六年(1687),蒙古八旗的一支部族奉命随蒙古八旗和汉军八旗派驻辽宁丹东凤凰城,屯垦于瑷河沿岸的影壁山附近,其后人取汉字"戴"为姓氏,称戴氏。

今已简笔写作“代”。蒙古族塔塔儿氏，亦称塔塔喇氏，源出元朝时期成吉思汗世仇塔塔儿部，世居察哈尔，后有满族引为姓氏者，满语为 Tatar Hala。清朝中叶以后多冠汉姓为戴氏、谭氏等，其戴氏今天已经简笔写作“代”字。

今天，学术界一般认为戴姓是出自于子姓，为商汤的后裔。据《元和姓纂》及《古今姓氏书辩证》所载，周初，周公旦在平定“管蔡之乱”后，封商纣之庶兄微子启（子姓）于商的旧都（今河南商丘），建立宋国。宋国第十一代国王戴公（公元前 799 年—公元前 766 年），仁而爱民，万民仰戴。周宣王彰其德，在其去世后谥号为“戴”。“宋之有戴族，则戴公之群公子从宗而合族属焉。武族、宣族，则武公、宣公之群公子各从宗而合族属焉，戴公传子宋武公司空，武公的庶子抝便以王父谥号为氏。”①戴族后世沿用戴姓，并尊戴抝为戴姓的始祖（一世祖）。可见，戴氏之称，缘于戴族。颜师古注史游《急就篇》云，“戴公生公子文，遂称戴氏”。戴震曾作《族支谱序》②，自述戴氏谱牒：“戴之先，子姓。至春秋时，宋有戴、武、宣、穆、庄族。”

先秦时期，戴姓人口主要是在其发祥地即今天的豫东一带生息繁衍。春秋时代的宋国大夫戴恶即为一时名流。如《左传》载：“宋有戴恶，戴溢之问政孟子。”戴姓后来由于从春秋至唐代因战乱，时代久远等原因，这一较长的历史长河中戴姓世系不清，所以我们认为戴姓仅溯至唐末时的戴护公，为真实的谱系。正如戴震也在其《族支谱序》家谱中说道：“本支详生卒年月及茔图，谱为本支述也。夫惟上不蒙冒滥承，下不散而失稽，然后治亲之法明，人人得以远知所本，近知所戚也欤。”也就是说从戴公至护公，中间代系遥隔，多有滥承之处。戴震批评族人不解字族、赐姓之义，以致造成了宗谱的诸多谬误。戴姓从宋国戴公至唐时护公之间，戴姓支分派衍，散而失稽比较严重，这期间的谱系是缺失史据的，虽然牵引联采的做法可以“荣于族人，可以炫耀于他邦，但终非实情”③。

戴震以他一贯坚持的实事求是考据精神认为戴姓是：“戴公以下，护公以上，不审信。”那么可以确信的隆阜戴氏谱系是：戴护（护公）为婺源始祖，戴护子为戴寿（寿公），戴寿子为戴安（安公），戴安生四子，其次子为戴颜（颜公），三子为戴端，戴颜乏嗣，过继了戴端次子戴睿（睿公）承嗣，戴睿十三传而戴外，戴外又十二传至戴弁，戴弁即戴震的父亲。这些谱系都记述在清乾隆二十八年（1763）抄本《戴氏荆墩家谱》④中，可谓信史。

今天的隆阜戴氏后裔还在隆阜建有戴氏祠堂，其中祖祠一座，支祠两座：一座名荆墩支祠，奉祀戴氏始祖戴安，近祖戴奢及分门支祖；另一座名前门支祠，亦奉祀戴安、戴奢和另一分门支祖。荆墩支祠规模宏大，厅堂内高悬尚书、进士匾额二十余块，后身有灵庙三间，供有戴安塑像，每年春季和秋季，戴氏后裔子孙祭祖，烟火不绝，累世皆从。这些先祖中比较突出的是：

六十八世祖戴护子戴寿（寿公），字伯龄，为中书舍人。戴寿子戴安（安公）为戴姓六十九世祖，字宁叔，官至银青光禄大夫，并署检校国子祭酒兼监察御史，谥忠恭，为

① 是为河南戴氏。

②③ （清）段玉裁：《戴震年谱》，《戴震集》，上海古籍出版社，1980 年，第 454、455 页。

④ 浙江图书馆藏休宁隆阜《戴氏荆墩家谱》，清乾隆二十八年（1763）抄本。

隆阜戴氏的始祖，生于唐哀帝天祐丙寅岁（906年），赐葬乐邑黄柏源八间桥。生四子：长子靖居黄柏源、仙槎、洛口[①]；次子戴颜（颜公）乏嗣过继端公次子睿公承嗣，因安公被奸党所害，端公怕四个儿子受牵连，全部过继在自己名下带到古仰（今乐清港市）隐居，后安公平反昭雪后迁隆阜。

六十七世祖戴护（护公）为婺源始祖[②]，生于唐宣宗大中戊寅年（858—914），由金陵迁徽州新安[③]篁墩。唐末，黄巢起义时候，护公奉敕镇江南，补散骑先锋，押衙兵马，与父及乡人自守，护公有功，封晋补厢虞侯，卒赠朝议大夫，与董夫人合葬徽州婺源大游山凤亭里戴冲洞灵山。

六十一世祖戴齐，生四子：伯伦、叔伦、叔简、叔通。其中的次子叔伦为贞元进士、少以诗赋闻名。戴叔伦的后世裔孙戴兰芬、戴衢亨，与戴震同为《四库》纂修官，并且戴衢亨曾被皇帝钦点为状元，今天仍有一块“状元及第”匾，保存在江西戴叔伦后裔的余干县维城戴氏宗祠里。

隆阜戴氏源于徽州戴氏，而戴安是隆阜戴氏所追之一世祖，但真正迁居到休宁隆阜则是从戴安儿子戴奢和孙子戴睿才开始的。戴奢，字君俭，为人敦厚，性情豁达，人称“孝隐先生”，是个堪舆家，故他一来到休宁隆阜等处，就认定此为“斯发祥之地也”，于是携四子和家母由江西迁居安徽歙州。后周显德六年（959），奢母廉氏病故，奢为其卜葬于歙篁墩小练源，与四子共同庐墓三年，不忍遽去，丧服既满，乃命长子戴庐仍回婺源，三子戴处迁上溪口定居，四子戴虔留居歙县岩寺，戴奢本人与次子戴睿迁至隆阜定居，成为隆阜戴氏的始迁祖。戴奢终年六十八岁，葬于近隆阜的自卜葬地游仙山，后人尊之为“奢公墓”。戴弁是戴奢的二十六代孙，戴震则是二十七代孙。

二、宗族的局外人

戴震无疑是戴氏宗族的局外人。戴震的先祖从唐代由歙县篁墩到隆阜住居，出了一些仕宦人物，到了戴震以上几代，早已式微，戴震的曾祖父名戴景良，祖父戴宁仁，戴家已经是非常衰败了。他父亲戴弁起自单寒，又由于受到大族宗长房的欺压，领不到祠堂学米，从此戴弁不得入学，导致家极贫，无以为业。为了生存，戴弁出远门以贩布为业。即使这样，戴弁多有“义举”，主持修纂百有余年未修之宗族支谱，并于隆阜三门厅故居建众厅，辟思乐园，以为族党燕叙之所。

但戴弁修族谱很不成功，戴震后来决定重修，他说：“吾族谱系，百有余年未修矣。

① 现江西乐平市涌山镇、洛口镇、临港镇，浮梁仙槎，景德镇等地有数万靖公子孙。

② 为徽州婺源始祖，现有后裔400万左右，占世界戴氏80%的人口，散布于赣、皖、闽、粤、浙、湘、鄂、川、渝、苏、冀、桂、云、贵、陕、鲁、豫、港、澳、台及东南亚等地。

③ 唐武德改新安为歙州，州治黟县、歙县、祁县、休宁、婺源、绩溪六县。

支分派衍，不可使散而失稽也。”[①]戴震从小就具有怀疑精神[②]，他抱着强烈的使命感，对于以前的谱录中存在的诸多问题，甚为不满，从古典章制度和史籍载录的考证入手，纠正了许多转相稗贩、口耳是资的不实之处，力求还原戴族世系传衍的真实来历。于是在乾隆十九年(1754)，即戴震三十二岁那年，由于戴震对族谱“不从旧谱序列，不敢滥承”，得罪了族人。为逃避迫害，不得不远走北京。一波未平一波又起，继修族谱得罪族人的第二年，即乾隆二十年(1755)[③]，戴震状告一个家族中强横子弟侵占祖坟，不料这个强横子弟倚仗财势打通关节，反诬戴震不法，县令准备抓他治罪。戴震闻讯，不得不再次“脱身挟策入都”。戴震争讨祖坟地，本合情合理，反遭迫害。自身遭遇促使戴震对“以理杀人”与“以法杀人”的思考，孰更苛毒不公？因为戴震不先寻求其家族族长的裁决，径直报官，显违《戴氏家规》中“至因争而讼，更非所宜，戒之戒之”[④]的族训，成为一个悖弃族规、目无族长、大逆不道的罪人。

戴震虽逃到京城，但受迫害并没有就此结束，后来还是卢文弨从中调停才得以平息祖坟事件。受此影响，戴震在京生活无着，而禀性狷介自爱，不合流俗，“人皆目为狂生”[⑤]。是时“纪太史陶、王太史鸣盛、钱太史大昕、王中翰昶、朱太史筠，俱甲戌进士，以学问名一时，闻先生名，往访之。叩其学，听其言，观其书，莫不击节叹赏，于是声重京师，名公卿争相交焉”。段玉裁《年谱》定在乾隆二十年(1755)，段说：“二十年乙亥，三十五岁。盖是年入都。”但据钱大昕五十七岁时自编的年谱说：“十九年甲戌，年二十七岁。”[⑥]钱庆曾(钱大昕曾孙)按：“公集《戴先生传》云：以敝袍入京师，一见奇之，即与之定交。”[⑦]京师之行，是戴震学术生涯中的一件大事，也使得戴震深刻地感受到“哀民生之多艰”，这种现世情怀使得戴震颇为“另类”。从此，戴震不满足仅做一个“襞积补苴”的考据学者，而是主张治学须“志存闻道”、“求之《六经》”，回归儒学原旨，重建儒家“人学”，这使得戴震成为其家族的一个“局外人”。学者，讲究薪火相传，“许多学术大师的成家渊源于家学，戴东原却不如此”[⑧]。既然戴震非源于家学，那么戴震的学术生涯又是如何呢？

戴震学术生涯一般分为两个阶段。从乾隆七年(1742)课学童于邵武、从师江永至乾隆二十二年(1757)结识惠栋为前期，从结识惠栋到去世为后期。戴震前期生活轨迹是：十岁开始说话；从十岁至十七岁，戴震读完了私塾；十八岁那年，戴弁携戴震客居南丰，课学童于邵武；从南丰回休宁后，戴震拜见同族人戴瀚为师；戴

---

① (清)戴震：《戴震全书》(六)，合肥：黄山书社，1995年，第397页。

② 故事是关于戴震和他老师间的对话，时间是在1732年，当时戴震还是个8岁的孩子，老师正在讲解“四书”之一的《大学》，理所当然地援引朱熹的注解，但戴震不但没有接受，反而质疑朱注的真实与权威。戴震问塾师：“此何以知为孔子之言而曾子述之？又何以知为曾子之意而门人记之？”师应之曰：“此朱文公所说。”即问：“朱文公何时人？”曰：“宋朝人。”“孔子、曾子何时人？”曰：“周朝人。”“周朝、宋朝相去几何时矣？”曰：“几二千年矣。”“然则朱文公何以知然？”“师无以应，曰：“此非常儿也。”

③ 钱大昕的自定年谱和钱庆曾的注都可说明戴震是甲戌年(1754)进京的。

④ 蔡锦芳：《戴震生平与作品考论》，桂林：广西师范大学出版社，2006年，第112页。

⑤ (清)戴震著，赵玉新点校：《戴先生震传》，《戴震文集》，北京：中华书局，1980年，第265页。

⑥⑦ (清)钱大昕：《十驾斋养新录》，北京：商务印书馆，1957年，第22、23页。

⑧ 魏建功：《戴东原年谱》，《国学季刊》，第1卷第2号，1925年12月。

震二十岁(1742),他从师于婺源硕儒江永;娶妻(1748);避难入京(1754);寄居纪昀家(1755);辞姚鼐从师(1755);在京与纪昀、王鸣盛、钱大昕、王昶、朱筠交游,以学问名闻京师;三十四岁(1758),设馆于礼部尚书王安国家,教授王念孙读经;次年,结识惠栋于扬州转运使卢文弨署内;乾隆二十九年四十岁(1764)中举人。后期的主要行止有:在扬州结识惠栋(1757);客居扬州(1757、1758、1760);评介江永,著《江慎修先生事略状》(1762);修《直隶河渠书》(1768);参修《汾州府志》(1769);参修《汾阳县志》(1771);主讲浙东金华书院(1772—1773);在四库馆校《九章算术》等(1774—1777)。

戴震虽然在学术上取得了巨大的成功,但是由于他耿直性格,促使戴震绝不与世浮沉,坚持自己的考据学实事求是的思想,反对所谓的天理,因此戴震宁愿在科举之路上一再重考,也不愿违心地遵从《四书章句集注》之标准答案。为此戴震共参加了八次科举考试:1759年、1762年、1763年、1766年、1769年、1771年、1772年、1775年。五十三岁时,乾隆赐其同进士出身,授翰林院庶吉士。《清史稿》评价戴震所校书时说:“震为学精诚解辨,每立一义,初若创获,乃参考之,果不可易。”在四库馆里,戴震为校辑整理《四库全书》一丝不苟,殚精竭虑:“震以文学受知,出入著作之庭。馆中有奇文疑义,辄就咨访。震亦思勤修其职,晨夕披检,无间寒暑。”[①]在馆中的四年,经戴震亲手校订的书主要有:《仪礼集释》,《仪礼识误》,《大戴礼记》,《水经注》,《周髀算经》,《九章算术》等近二十部书籍。

戴震在四库馆的次年初突患脚病,但仍然笔耕不辍。乾隆四十二年,戴震竭尽心血,五日作成《声类表》九卷,又手批《六书音均表》一部。章太炎说:“戴君寿不中身,愤时以陨,岂无故耶?”[②]戴震的同乡好友金榜说:“先生之坚强,贫困时能日行两百里。”戴震对自己的身体也非常自信,他说:“余乖于时,而寿似可比。”戴震去世前6天即1777年5月22日,还写信给段玉裁[③]说自己“归山之志早定,八日准南旋”。5月22日当天,孔广森去看他,戴震依然“精神朗澈”,5月25日有一个医生为戴震看病,让他服黑山栀一两,“吐后病即剧”,此后仅过两天,即5月27日,戴震在北京崇文门西范氏颖园与世长辞[④]。

戴震去世后,灵柩由其夫人朱氏率子运回故乡。今天的戴震墓占地200平方米左右,墓上横镌“隆阜戴震”,中刻“皇清特赐进士出身,敕授文林郎,翰林院庶吉士,先考东原府君,先妣朱氏孺人合墓”。碑文系段玉裁的女婿龚丽正所书。戴震之后的戴家继续被不幸所笼罩,其死后的第三年,儿子戴中立又死,因无后,朱氏继立族弟戴渔

---

① 赵尔巽、柯劭忞等:《清史稿·儒林二》,北京:中华书局,1977年重印本。

② 章太炎:《太炎文录初编》卷一《说林》上,民国浙江图书馆刊本。

③ 戴震在京期间,客居新安会馆,汪元亮、胡士震、段玉裁等追随问学。段玉裁且将戴震所著《原善》三篇、《尚书今文古文考》、《春秋改元即位考》一一抄眷,后更自称弟子,执意师从。从此,遂在乾隆中叶以后的学术史上,写下了戴、段师友相得益彰的一页。

④ 戴震卒后一月左右,其同郡后学洪榜即应戴震子戴中立之邀撰其《行状》。此盖为述戴震平生论学及有关事略之最早文字,加之诸多方面评述甚详,遂为世人所重,不仅为时人后学传、铭、表、记戴震之学行时广为袭取,即使《行状》出三十六七年后,段玉裁编订戴震《年谱》时,关于戴震三十五岁以前之事略也多依从之。《年谱》出世后,遂被视作研究戴震平生学行之权威佐据,后世论学,纷纷服膺。

卿(戴霖)之子戴中孚为嗣子,又为中孚娶妻,后来中孚妻卒,又为他续娶。凡此种种,导致辞世后的戴震“身灭绝嗣,此殆未可以为偶然也”[①]。戴震的遗孀朱氏,“夙夜匪懈,以勤劳节俭持其家,持门户于先生既逝后三十余年,其为戴氏功臣可知”[②]。

(作者单位:淮北师范大学历史与社会学院)

① (清)姚鼐:《再覆简斋书》,《惜抱轩全集》卷6,北京:中国书店,1991年,第619页。

② 《戴先生震传》,《戴震文集》,第269页。

先秦祭祀中用马现象探析

王维清

“国之大事，在祀与戎”，祭祀在古代社会生活中的重要地位和意义毋庸多言。祭祀在古代是作为礼最重要的一部分而存在的，对之进行整理和研究从很早就开始了。从最早十三经中的《三礼》，到后来历代对礼经的研究著作，以及今人对古人相关著述的研究论著和文章，真可谓汗牛充栋。这些是就礼学的整体研究而言的，具体到本文所要论述的要点，则相关的论文和关注就相对比较少了。这是因为，祭祀中所用的牺牲多是牛、羊、猪，而六牲中其他三牲（马、狗、鸡）则很少用，传世文献中对用马为牲的记载又很少，且历来经学家们的注疏很少就这一问题作细致的探究，多是一笔带过。幸而随着考古工作的兴盛，地下材料日渐得以发现。近几十年中，车马坑在各地得以陆续挖掘出来，为我们了解和研究祭祀丧葬中用马现象提供了很好的地下材料。1932 年，由当时的中央研究院历史语言研究所组织，第一次用现代考古学手段在河南浚县辛村发掘了两座车马坑。自此，不断发掘了若干车马坑遗迹。但对其研究相对滞后，到目前为止，除去考古简报，以笔者所见，专门研究先秦车马坑祭祀的论文和专著大约只有十余篇（部）。现择其要者简述如下。

刘允东先生在其硕士论文《先秦车马殉葬制度初步研究》[①]中，详细探讨了先秦的车马殉葬问题，并从不同时期的车马坑遗迹探索其所反映的社会现状。另外，作者还有《中国古代的车马坑陪葬》、《车马坑的考古发现与研究》两篇文章，可以看作是其硕士论文的简论。赵海洲先生硕士论文《东周车马埋葬制度初探》[②]对东周各国的车马坑遗址进行了研究，并试图找出其埋葬规律；其博士论文《东周秦汉时期车马埋葬研究》进一步将研究范围下延到了秦汉时期，并在末章探讨了东周车马祭祀问题。同时，作者有《东周时期车马祭祀探论》。李志鹏硕士论文《两周时期葬马遗存研究》[③]，对两周时期的葬马坑进行了分期和分区研究。前人有关祭祀中用马现象的论文大致如此。另有专著《神灵与祭祀——中国传统宗教综论》（詹鄞鑫著）、《先秦礼制探赜》（曹建墩著）、《周代祭祀研究》（张鹤泉著）、《殷商两周的车马祭祀》（李自智著）等，其中都有专章讨论殷周时期丧葬祭祀的用牲制度，也或多或少地涉及用马情况。因为目前涉及祭祀用马的论文和专著较少，所以笔者觉得有必要加以研究。

---

① 刘允东：《先秦车马殉葬制度初步研究》，济南：山东大学，2005 年。

② 赵海洲：《东周车马埋葬制度初探》，郑州：郑州大学，2004 年。

③ 李志鹏：《两周时期葬马遗存研究》，郑州：郑州大学，2013 年。

祭祀的定义、分类

要对用马的情况作分类研究，首先必须对祭祀下定义，以便于我们对考古遗迹中的车马坑性质作出判断。这是因为就目前发现的车马坑遗迹而言，其中有的是诸侯的陪葬品，有的是祭祀用牲，性质不一，所以必须对之作区分，以免引起不必要的误解。但是，在后面行文中笔者并没有严格划分陪葬和祭祀用马的界限，主要是为了行文方便，这里给祭祀下定义也可以使其不言自明。

祭祀，在古代又简称“祭”，或者“祀”。《说文解字》：“祭，祭祀也。（段注：统言则祭、祀不别也）从示，以手持肉。”①从“祭”的甲骨文字形看，学者多谓其象手持带血的生肉；从读音看，“祭”古音同“杀”，有杀生之义。所以，“‘祭’本指杀牲以腥肉献神，它反映了原始人食生肉的遗俗”②。所谓祭祀，就其根本而言，是人为了某种目的（或是祈福，或是禳灾）而通过一定的仪式向虚拟的“神”献上祭品，以求得人神之间的沟通，向神传递人的愿望，从而达到其目的。詹鄞鑫先生说，祭祀就是将“人与人之间的求索酬报关系，推广到人与神之间而产生的活动”③。

至于祭祀之分类，《礼记·郊特牲》中说：“祭有祈焉，有报焉，有由辟焉。”（郑玄注：祈犹求也。谓祈福祥，求永贞也。报，谓若获禾报社。由，用也。辟读为弭，谓弭兵灾，远罪疾也）④故从祭祀的目的来说，可以概括为祈福、回报、禳灾三个方面。又《礼记·祭法》曰：“埋少牢泰昭，祭时也。相近（当为“禳祈”之误）于坎坛，祭寒暑也。王宫，祭日也。夜明，祭月也。幽宗（当为“禜”之误，后面同此），祭星也。雩宗，祭水旱也。四坎、坛，祭四方也。山林、川谷、丘陵能出云，为风雨，见怪物，皆曰神。有天下者祭百神。”⑤故从祭祀对象来说，又可以分为天地、日月、星辰、山川、四时、水旱、鬼神，等等。詹鄞鑫在其《神灵与祭祀》一书中，又从神之大小、礼之轻重，祭祀场所，常规和非常规，天地四方的位置，以及祭祀的吉凶与否，对祭祀作了七种分类。其分类不可谓不详尽。但是我们认为，从祭祀对象来分类似乎更加合理，也更加全面。现根据张鹤泉先生《周代祭祀研究》一书的分类列之如下：一、天神系统的祭祀，又可以细分为：1. 郊天祭祀；2. 日月祭祀；3. 星辰祭祀；4. 寒暑祭祀；5. 雩祭祀；二、地祇系统神祇祭祀，分为：1. 社稷之祭；2. 山川之祭；3. 五祀之祭；4. 蜡祭；三、人鬼系统神祇祭祀，分为：1. 宗庙祭祀；2. 厉鬼祭祀⑥。

而在这些名目众多的祭祀中，用马者大概是在郊天、日月、山川等场合才可以。正如《周礼·夏官·校人》所说：“凡大祭祀、朝觐、会同，毛马而颁之。”⑦

---

① （清）段玉裁：《说文解字注》，上海：上海古籍出版社，1988 年。

②③ 詹鄞鑫：《神灵与祭祀——中国传统宗教综论》，南京：江苏古籍出版社，1992 年。

④ （清）孙希旦：《礼记集解》，北京：中华书局，1989 年。

⑤ （清）阮元校刻：《十三经注疏》，北京：中华书局，2009 年。

⑥ 张鹤泉：《周代祭祀研究》，台北：文津出版社，1993 年。

⑦ 《十三经注疏》。

《周礼》中六牲之官

“六牲”者,《尔雅》谓牛、马、羊、豕、犬、鸡。那么,作为牺牲的六牲在古代的制度中是怎样被规定的?由什么部门蓄养?众所周知,《周礼》以保存周代官制最详尽而著称,大至王廷显官,微至乡闾卑职,无所不包。至于六牲之官,也大致囊括其中。现各举一例,以说明六牲蓄养之情况。《周礼·夏官·牧人》:“牧人掌牧六牲而阜蕃其物,以共祭祀之牲牷。”贾公彦《疏》谓:“五官各有牛人、羊人、犬人、豕人之等,择取纯毛物者,以供牧人。牧人又供与充人,刍之三月以祭祀。”①可见,牧人之职不是掌养某一牲,而是统筹六牲之调度,以供祭祀之用。《地官·牛人》:“牛人掌养国之公牛,以待国之政令。凡祭祀共其享牛、求牛,以授职人而刍之。”②这是专门养牛之官,遇国家有祭祀活动时则上供“享牛”、“求牛”。《地官·司门》也说道:“祭祀之牛牲系焉,监门养之。”③这是即将被用作祭祀之牛暂时寄养在监门。《春官·鸡人》:“鸡人掌共鸡牲,辨其物。凡祭祀面禳,衅共其鸡牲。”④鸡在祭祀体系中与牛羊相比不占主要地位,然也有专人饲养。《夏官·羊人》:“羊人掌羊牲,凡祭祀饰羔。”⑤《夏官·校人》:“校人掌王马之政。”⑥除校人之外,掌养马牲者还有廋人以及圉人,惟其职不专养马,而有训练马及为祭祀而刍马之职。《秋官·犬人》:“犬人掌犬牲,凡祭祀共犬牲,用牷物,伏瘗亦如之。”⑦同时《地官·槁人》亦有“掌豢祭祀之犬”之功能。《周礼》之中,五牲均有其官,唯独“豕人”阙失,不见书中。然贾公彦“庖人”《疏》则直言“冬官豕人”,谓其在《冬官》之中,清代江永也曾考证《豕人》当在《冬官》之中。想必《周礼》成书之初当有《豕人》部分,而在流传过程中遗失了。

以上是有关掌养六牲之官在《周礼》中的记载,可见在周代出于祭祀之需要所设之官职已是非常细致和全面的。

马用于祭祀的情况

前揭《周礼》中养马之官有“校人”、“廋人”及“圉人”,且三官所养之马皆关涉祭祀之事,似乎祭祀用马的情况较多,马在整个祭祀体系中占据了重要的地位。那么,从现有的文献材料和考古发现来看,究竟是否如此呢?先来看看先秦主要文献中的记载。先从《周礼》中的记载说起,《夏官·大司马》曰:“丧祭,奉诏马牲。”郑玄谓“王丧之以马祭者”⑧,则天子葬礼可以用马。《夏官·校人》曰:“春祭马祖,执驹”,“凡大祭祀、朝觐、会同,毛马而颁之”,“大丧饰遣车之马,及葬,埋之”,“凡将事于四海山川,则饰黄驹”⑨。可见,祭祀用马的场合较多,涉及马祖之祭、重大祭祀、丧祭、山川祭祀等。《周礼》所记均为制度层面的,而制度不一定和实际的执行情况相吻合,尤其是春秋战国以后僭越礼制的事情时常发生,所以需要用具体的事例来印证。通过穷尽检查,笔者在《左传》中找到了为数很少的几条记载。成公二年,“八月,宋文公卒,始厚

①②③④⑤⑥⑦⑧⑨ 《十三经注疏》。

葬，用蜃炭，益车马，始用殉”[①]。这里所增加之“车马”，孔疏谓乃“涂车茅马”，即以泥为车，束茅为马。尽管葬礼所用车马不是真的，但其象征意义则与真正之车马一样。襄公九年《传》：“祝宗用马于四墉。”杨伯峻注：“用马，杀马以祭。”[②]其时，宋国发生天灾，大火使得宋国城池损坏严重，为了祈求灾难不再发生，就要祭祀群神。于是祝宗便在城之四周以马祭祀群神，以求禳除天灾。《礼记·王制》有言：“诸侯无故不杀牛，大夫无故不杀羊，士无故不杀犬豕，庶人无故不食珍。”[③]五牲都不可以随便杀，马更不可以随便杀。且天灾之祭祀不当有牲，故杜注曰：“凡天灾有币无牲，用马祀盘庚皆非礼。”[④]所以，宋国用马之行为是僭越礼制的。昭公八年，陈哀公卒，楚国灭陈，“（楚国）舆嬖袁克杀马毁玉以葬（哀公）”[⑤]。同样，杀马毁玉也是非礼行为，而袁克厚葬哀公的行为也为自己招致了杀身逃亡的结果。可见，到了东周时期，杀马僭礼的行为在诸侯国中已经较为常见了。除了《周礼》、《左传》，在《史记·封禅书》中也有一条关于用马的材料，并被认为是祭祀用马的最早记载。春秋时期，秦襄公因为保卫周王室有功而被封为诸侯，秦襄公则“自以为主少皞之神，作西畤，祠白帝，其牲用骝驹”[⑥]。《左传》中三则材料的时间均在东周时期，而秦襄公用马时间在西周末，很有可能是现存最早的祭祀用马记载。

文献记载毕竟只是“一面之词”，还需要考古发现来印证，这就是王国维所说的“二重证据法”。祭祀用马不仅在文献中有明确的记载，考古发现也印证了这些记载。

据文献记载和考古发现来看，祭祀用马这一习俗，当始于殷商晚期，至两周、秦汉而不衰歇，其中又以两周时期用马现象最为普遍。根据现有的考古发现来看，用马的地域范围随着时间的推移从中原黄河地区逐渐向中原周边区域甚至荆蛮夷狄地区扩展。刘允东先生《车马坑的考古发现与研究》一文以时代先后顺序列举了主要的车马坑遗迹，现转录于下[⑦]：

商代时期：河南安阳殷墟，陕西西安老牛坡，山东滕州前掌大。

西周时期：陕西岐山、长安、扶风、宝鸡、西安，北京房山琉璃河，河南洛阳、浚县、新郑，山东胶县，甘肃灵台。

春秋时期：山西侯马、临猗、太原，山东长清、临淄、沂水，陕西凤翔、户县，河南三门峡、南阳、淅川。

战国时期：河北邢台、平山、邯郸、易县，河南洛阳、汲县（今卫辉市）、淮阳、三门峡、新郑、辉县、陕县，湖北江陵、枝江、宜城、枣阳、丹江口，陕西凤翔，甘肃平凉，安徽长丰。

上述所举还只是就其中主要考古发现而言之，实际考古遗迹数量远不止这些。由上可以大致看出，从殷商至战国，范围是大大扩展了，用马的情况也越来越多，且很多车马坑中所埋车马数量多至几十甚至几百。刘允东先生在其硕士论文《先秦车马殉葬制度初步研究》中用地图的形式清晰地展现了这一变化。这里不再赘述引用。

①②⑤　杨伯峻编著：《春秋左传注》，北京：中华书局，1981年。

③　《礼记集解》。

④　《十三经注疏》。

⑥　（汉）司马迁：《史记》，北京：中华书局，1959年。

⑦　刘允东：《车马坑的考古发现与研究》，文物世界，2010年第1期。

前述祭祀用马非天子及重大场合不能为，然而随着时代的推移，周天子越来越失去了权威，诸侯祭祀葬礼竞相攀比，甚至超过天子，也不足为奇了。至战国，用马祭祀或殉葬就更加盛行了。然而，物极必反，用马现象也从战国开始逐渐衰落了。

用马现象的衰落及其原因

《史记·封禅书》中载秦祭祀上帝，“春夏用骍，秋冬用骝。畤驹四匹，木禺龙栾车一驷，木禺（《索隐》：禺，一音寓，寄也。寄龙形于木，寓（鸟）马亦然）车马一驷，各如其帝色”[①]。可见，秦代在祭祀上帝这样重大的仪式上已经开始以模型代替真牲，即明器化。然而祭祀明器化的出现绝不应该是秦代，而是更早的时期。《礼记·檀弓下》曰：“孔子谓‘为明器者知丧道矣，备物而不可用也’，‘其曰明器，神明之也’。涂车刍灵（《礼记集解》引郑玄曰：刍灵，束茅为人马，谓之灵者，神之类[②]），自古有之，明器之道也。”《礼记》一书，成书复杂，当中有些篇目出自秦汉时，但据钱玄先生《三礼通论》研究，《檀弓》大概成于战国时[③]。若其结论可信，则“刍灵”这一现象至少应该上溯到春秋。又前引《周礼·校人》：“大丧饰遣车之马，及葬，埋之。”郑玄解“遣车之马”为“涂车之刍灵”，贾《疏》云“则古者以泥涂为车，刍灵谓以刍草为人马神灵，至周涂车仍存”[④]。以郑、贾二人之言，则可以推至殷商，甚至更早。且不论其具体上限，但始于西周至春秋这段时间应该是没有什么异议的。可以说，祭祀用真牲与明器化是同时存在的。然而，从考古发现来看，至战国晚期，祭祀用马的现象逐渐减少，且呈现出明器化的现象。从诸侯僭礼用马越来越盛行，到逐渐明器化，这其中的原因是什么？

由于笔者没有见到相关的论述，这里就一些个人的想法简单谈谈。首先，战国时期，骑兵被运用于战场，且越来越受到重视，这促使马的需求大量增加。而需求的增加间接影响到祭祀用马，诸侯不再像从前那样随意杀马祭祀、陪葬，动辄几十乃至上百匹。而且，中国自古主要的产马区在西北、幽燕、蜀、滇和辽东等地区，适合乘骑的战马则以西北和幽燕为上，西北、幽燕多少数民族，中原地区战马除了自己蓄养，很大程度上也要从西北、幽燕“进口”。这一客观条件促使各国统治者减少祭祀或陪葬用马。另外，在天下还是周天子天下的时候，马还可以由地方每年进贡，至战国时，这些“例行公事”都名存实亡了。其次，战国时期，群雄竞起，烽烟弥漫，战争成为时代的主题，导致礼崩乐坏，诸侯无暇顾及礼乐制度。《礼记·郊特牲》谓“大夫之奏‘肆夏’也，由赵文子始也”，又“公庙之设于私家，非礼也，由三桓始也”[⑤]，春秋时诸侯已经不遵礼法，更何况战国呢？对鬼神崇拜和祖先敬畏心理减弱，因而在祭祀和葬礼方面就显得不够重视，于是用模型来代替。

（作者单位：四川大学文学院）

① 《史记》。
②⑤ 《礼记集解》。
③ 钱玄：《三礼通论》，南京：南京师范大学出版社，1996年。
④ 《十三经注疏》。

《战国策》"注释"校订一则

刘敬林

读上海古籍出版社1983年版《战国策》，发现有一则古注似存在文字讹误，故特予以校订。为便于讨论，先将相关文字引录于下：

> 《赵策一》："及三晋分知氏，赵襄子最怨知伯，而漆其头以为饮器。"注："鲍本补曰：《史》：'漆其头。'《说苑》：'异日智伯与襄子饮，而灌襄子之首，后败智伯，漆其首为饮器。'《索隐》云：'案《大宛传》"匈奴以月氏王头为饮器"。裴氏引韦昭云："椑榼也。"晋灼曰："虎子也。"皆非。椑榼所以盛酒，非用饮者。皆以《韩子》、《吕氏春秋》并云："漆智伯头以为饮器"故也。'"①

此乃元人吴师道为宋人鲍彪重定次序新注本《战国策》所作的"补"注。笔者认为，注文中"皆以《韩子》、《吕氏春秋》并云：'漆智伯头以为饮器'故也"一语存在两处讹误：一是"皆"乃"晋"字形近之误。二是"饮器"乃"溲器"之误。

先说"皆"之误。从文意看，鲍本补注中所引《索隐》提出的先儒对"饮器"释义有"椑榼"、"虎子"两解，解为"椑榼"的人是"裴氏(骃)"，其依据是"韦昭云'椑榼也'"。解作"虎子"的是晋灼，其"故"即依据是"《韩子》、《吕氏春秋》并云：'漆智伯头以为饮器。'""皆"是表范围的副词，义为"都"，用于概括所提人物或事情的全体，表示无一例外。而此仅指晋灼释义依据一种情况，用"皆"显与整个注释语意不可通。而校订作"晋"，则只指出了晋灼的"虎子"释义所本依据，注文前后照应，文理畅通。

次说"饮器"之误。所谓"虎子"即今人所说的供人小便之"尿器"。《汉语大词典》："虎子：②便壶。因形作伏虎状，故名。……《周礼·天官·玉府》：'掌王之燕衣服，衽、席，床、笫，凡亵器。'汉郑玄注：'亵器，清器、虎子之属。'孙诒让正义：'虎子，盛溺器。'亦汉时俗语。"② 又："溺器：盛小便的器物。"③ 又："尿壶：盛小便的壶状容器。"④ 如果《韩子》、《吕氏春秋》中文字确是"漆智伯头以为饮器"的话，那此二"饮器"就不可能成为晋灼拿来作解释《战国策》"饮器"为"虎子"的书证。因为，三书均作"饮器"，无法以"彼""饮器"来释"此""饮器"词义。而实际情况是，《韩非子》在记述与《战国策》同一事时作"溲器"，而非"饮器"。《韩非子·喻老》："智伯兼范、中行而攻赵不已，韩、魏反之，军败晋阳，身死高梁之东，遂卒被分，漆其首以为溲器。"⑤陈奇猷《韩

---

① (汉)刘向集录：《战国策》(中册)，上海：上海古籍出版社，1983年，第598页。又：诸祖耿《战国策集注汇考》(增补本)，南京：凤凰出版社，2008年，第888页文字同，为节约文字，正文不复述诸氏《汇考》本。

②③④ 罗竹风：《汉语大词典》(缩印本)，上海：汉语大词典出版社，1997年，第5056、3400、2151页。

⑤ (清)王先慎：《韩非子集解》(诸子集成五)，北京：中华书局，1954年，第115页。

非子新校注》文字并同[①]。而“溲器”是“虎子”的同指异说。“溲”有“便尿”、“尿”义。《集韵·尤韵》:“溲,溺谓之溲。”《国语·晋语四》:“少溲于豕牢。”韦昭注:“溲,便也。”《史记·扁鹊仓公列传》:“令人不得前后溲。”司马贞索隐:“前溲谓小便,后溲,大便也。”《后汉书·张湛传》:“湛至朝堂,遗其矢溲。”李贤注:“溲,小便也。”《汉语大词典》:“溲器:尿器。《西京杂记》卷五:‘李广与兄弟共猎冥山之北,见卧虎焉,射之,一矢即毙。断其髑髅以为枕,示服猛也;铸铜象其形,为溲器,示厌辱之也。’”[②]可证。晋灼正是拿《韩非子·喻老》之异文“溲器”来作解释《战国策》“饮器”为“虎子”之书证的。此可谓吴师道补注中“饮器”乃“溲器”误讹的直接证据。这里还需要指出的是,《吕氏春秋》无索隐所言书证。《吕氏春秋·义赏》篇曰:“(赵襄子)与魏桓、韩康期而击智伯,断其头以为觞。”高诱注:“觞,酒器也。”[③]可见,《吕氏春秋》既无“饮器”说法,亦无“溲器”一语,司马贞索隐拿《吕氏春秋》说事,应是误记。

又,《史记·刺客列传》:“赵襄子最怨智伯,漆其头以为饮器。”司马贞索隐:“案:《大宛传》曰‘匈奴破月氏王,以其头为饮器’。裴氏注彼引韦昭云‘饮器,椑榼也’。晋灼曰‘饮器,虎子也’。皆非。椑榼所以盛酒耳,非用饮者。晋氏以为亵器者,以《韩子》、《吕氏春秋》并云襄子漆智伯头为溲杅,故云。”[④]其中,“晋氏以为亵器者,以《韩子》、《吕氏春秋》并云襄子漆智伯头为溲杅,故云”一语,被吴师道变说作“皆以《韩子》、《吕氏春秋》并云:‘漆智伯头以为饮器’故也”。两相对照,不难看出,吴师道补注中“皆”字乃“晋”字之误,而“饮器”乃“溲杅”之误。《集韵·虞韵》:“杅,器也。”可见,索隐“溲杅”是《韩非子》“溲器”的同义变说。《史记·刺客列传》索隐可为我们前文校订理由的又一直接的力证。

(作者单位:安庆师范学院文学院)

---

① 陈奇猷:《韩非子新校注》,上海:上海古籍出版社,2000 年,第 433 页。

② 《汉语大词典》(缩印本),第 3366 页。

③ (汉)高诱注:《吕氏春秋》(诸子集成六),北京:中华书局,1954 年,第 148 页。

④ (汉)司马迁:《史记》(标点本),北京:中华书局,1982 年,第 2519—2510 页。

禅录词语选释四则*

鞠彩萍

一、州县白踢僧

犹言“饭桶”，称庸碌无为不能完成参学大事之行脚僧。

(1)《景德传灯录》卷一四，潮州大颠和尚：“异日侍立次，石头问曰：‘汝是参禅僧，是州县白踢僧?’师曰：‘是参禅僧。’石头曰：‘何者是禅?’师曰：‘扬眉动目。’”(《大正藏》51 册，312 页)

按，此公案又见于《五灯会元》、《五灯严统》、《五灯全书》、《指月录》、《禅宗正派》、《佛祖纲目》等禅籍。“州县白踢僧”与“参禅僧”对举。

禅籍“吃粥饭僧”亦与“参禅僧”对举。如：

(2)《潭州沩山灵佑禅师语录》卷一：“师因陆侍御入僧堂。乃问：‘如许多师僧，为复是吃粥饭僧，为复是参禅僧?’师云：‘亦不是吃粥饭僧，亦不是参禅僧。’侍御云：‘在此作甚么?’师云：‘侍御自问他看。’”(《大正藏》47 册，581 页)

按，此公案又载于《联灯会要》、《宗鉴法林》、《嘉泰普灯录》、《拈八方珠玉集》、《禅宗颂古联珠通集》等。“吃粥饭僧”犹言饭桶。初步推断，“州县白踢僧”与之义近。

以下这段文字对“州县白踢僧”一语作了很好的注解：

(3)《古雪哲禅师语录》卷一〇：“时当末法，明眼宗师固少。正因行脚者大似披星拣月，祇是趁热闹，图软暖，贵耳贱目。听见三千五千处，便道是真善知识，青黄不办，菽麦不分。及到丛林中，自己事且不著急，只管管人闲事。东家杓柄长，西家杓柄短；某知识慈悲，肯为人说；某知识有福报，肯为众；某知识有学问，语句镴新。走过几个丛林，见得几员知识，便以老参自居，空腹高心，向无眼人前称王称郑，妄自尊大，及到明眼面前依旧来不得，不免纳降款，似此等辈谓之州县白踢僧，打野榸汉，打杀千千万万有甚么罪过!”(《嘉兴藏》28 册，356 页)

按，“明眼宗师”指法眼明亮的禅师。“自己事”，犹本分事，即明心悟道之本分大事。“纳降款”即被降服。“打野榸汉”也是对游方行脚僧的詈称。“只管管人闲事”“妄自尊大”“到明眼面前依旧来不得”等关键语词道出了“白踢僧”一词的内涵。

---

* 基金项目：2012 年度教育部人文社会科学研究规划基金项目“唐宋禅籍称谓语研究”(项目编号：12YJA740032)。

禅僧修行的主要目的是参禅悟道，而不是踏州县游山玩水：

(4)《古雪哲禅师语录》卷一〇："行脚人须具正因始得，不是游州县玩山门景致。"(《嘉兴藏》28册，356页)

(5)《五灯会元》卷八，知默禅师："上堂：'山僧如今看见诸上座恁么行脚，吃辛吃苦，盘山涉涧，终不为观看州县，参寻名山胜迹。莫非为此一大事，如今且要诸人于本分参问中通个消息来，云山敢与证明。"(《续藏经》80册，176页)

禅籍"州县僧"常常是庸碌僧的代名词。例：

(6)《布水台集》卷一三，天童林埜奇禅师塔铭："十七岁剃落，性乐禅寂，厌读诵。至年十九，耻州县僧庸碌，不足尚，即慨然动他山之念。"(《嘉兴藏》26册，360页)

(7)《五灯全书》卷八九，明觉憨璞聪禅师："年十五，出家天王寺。二十五岁，耻州县庸碌僧，不足尚，慨然动参学之念。由是诣南海普陀，圆具足戒。"(《续藏经》82册，496页)

又有"踏州县汉(僧)"之称。例：

(8)《南石文琇禅师语录》卷四："师才见僧入门便云：'你这踏州县汉，脚跟下好与三十棒。'僧云：'某甲话也未问，便蒙赐棒。'"(《续藏经》71册，731页)

(9)《慨古录》卷一："昔者浮山远、天衣怀与众同参叶县省，共七十余人，省一见即呵之曰：'汝辈踏州县僧来此何为？我那有闲饭养你闲汉耶！'叱之去。"(《续藏经》65册，367页)

"踏州县汉(僧)"即指四处游方行脚，徒吃斋饭，空无收益的僧人，语含讥刺意味。

"踏"与"蹋"相通。《集韵·合韵》："踏，或作蹹、蹋。"《玄应音义》卷十二"搏～"注："踏，又作蹋。"《说文·足部》段玉裁注："蹋，俗作踏。"《玉篇·足部》："踏，足著地。"《说文·足部》："蹋，践也。"①

"白"有徒然义。"白蹋"即徒然游方行脚。禅籍还有"逐队白蹋汉""白蹋之徒""州县踏白底"等语，与"州县白蹋僧"义同：

(10)《优婆夷志》卷一："憨山评云：'径山路向甚处去？蓦直去，是则且止？遮逐队白蹋汉，若脚下知些深浅，眼里识些好恶，鼻边分些香臭，才值婆子指个住处，觅底神通，当时轻飔飔地，打翻茶铫，撩起便行。"(《续藏经》87册，215页)

(11)《海幢阿字无禅师语录》卷一："天下老和尚劳劳攘攘、唧唧哝哝遗下一千七百条烂腐葛藤，印向纸文挂在人口，乃至天下一干州县白蹋之徒接虚寻响、捕风撮影。今日学相似语，明日学合头语。"(《嘉兴藏》38册，262页)

(12)《雨山和尚语录》卷一三："两序请上堂：'一叶落，天下秋。九旬圣制倏矣云周，圆觉伽蓝十方无壁落，芒鞋竹杖四海任优游，山水钟情底未为达士，州县踏白底岂是高流！"(《嘉兴藏》40册，581页)

---

① 宗福邦、陈世铙、萧海波主编：《故训汇纂》，北京：商务印书馆，2003年，第2222页。

二、嘲三摞四

犹言唠三叨四。形容禅师絮絮叨叨。

(1)《林泉老人评唱投子青和尚颂古空谷集》卷一:“师云:‘当头讳字寰中禁,谁敢依稀犯圣颜!把断要津,那许汝嘲三摞四;全提正令,岂容伊拨万轮千!’”(《续藏经》67册,276页)

(2)《从容庵录》卷二,第二十则:“示众云:‘入理深谈,嘲三摞四。长安大道,七纵八横。’”(《大正藏》48册,240页)

(3)《林泉老人评唱丹霞淳禅师颂古虚堂集》卷四:“示众云:‘琴瑟箜篌,听他何碍汝;青黄碧绿,识得不为冤。任伊竖判横批,看我嘲三摞四,莫有知音可嘉者么?试请辨看。’”(《续藏经》67册,351页)

按,雷汉卿《禅籍方俗词研究》附录“禅籍方俗词待问录”收有此条①。例(1)“把断要津”,意思是牢守重要渡口,喻指不立言句,扼断语路,使无可用心,无路可循②。“嘲三摞四”与之意思相反,即立言句,用语路。后句“全提正令”,是指超越言句义理的、直指人心的禅机施设,也是本色禅师的作略。例(2)“入理深谈”与“嘲三摞四”语义相承,指禅师陷于言辞义理之中。例(3)“竖判横批”也与“嘲三摞四”语义相关,都表示用言辞说教。

《正字通》“摞:郎可切,音裸,裂也。”③《汉语大词典》“摞:扯,撕。引申指扯淡,啰唆。”元无名氏《村乐堂》第三折:“相公,你行胡摞乱摞,你不摞。”④

“摞”也写作“啰”,“啰”有啰唆义。“嘲三啰四”、“嘲三摞四”为异形词。均为啰唆、絮叨义。例:

(4)《先觉宗乘》卷五,百丈政路逢官人:“洪州百丈山惟政禅师因入京,路逢官人吃饭,忽见驴鸣。官人召曰:‘头陀。’师举头,官人却指驴,师却指官人。法眼别云:‘但作驴鸣。’天奇拈云:‘混俗和光,何妨异类横身;丝毫不挂,那容竖拂敲床!大丈夫汉,莫觑东鲁西晋,休谈北狄南蛮,方见得出岫灵云,然后却来嘲三啰四,又且何如?’”(《续藏经》87册,210页)

三、限限毸毸

有二义。一是形容邋遢或猥琐。二是形容迟疑、拖沓,不能干脆爽利地契机应机。后一意义概从前一项引申而来。例:

---

① 雷汉卿:《禅籍方俗词研究》,成都:巴蜀书社,2010年,第634页。

② 袁宾、康健主编:《禅宗大词典》,武汉:崇文书局,2010年,第7页。

③ (明)张自烈、(清)廖文英:《正字通》,北京:中国工人出版社,1996年,第432页。

④ 罗竹风主编:《汉语大词典》(缩印本),上海:汉语大词典出版社,1997年,第3798页。

(1)《无准师范禅师语录》卷三:"结夏小参,二千年前尺不如寸,二千年后寸不如尺,清凉到这里,眼不见为净,只将三文钱娶个黑老婆,长裙短袖,拖泥带水,隈隈㲯㲯。且恁么过,更谁管你结制解制,长期短期,杀生护生,得念失念。"(《续藏经》70册,246页)

(2)《断桥妙伦禅师语录》卷一:"山僧自生下来,双耳聋两眼瞎,推不去托不来,毸毸,侘侘侗侗,一夏百二十日,虽与大众同行同住,同坐同眠,且无针头线脚之衒耀。"(《续藏经》70册,557页)

(3)《云卧纪谭》卷一:"大慧老师前住径山,法席雄盛,诸山未尝敢有登其门者,独持(按,雪窦持禅师)造谒。大慧为上堂讲法卷之礼,相与观画工图临济像次,持且欲传其本,大慧令为揎肘作拳之势,持遂命为赞曰:'面似淋了灰堆,喝似旱天怒雷,虽然粗粗慥慥,且不隈隈㲯㲯。'"(《续藏经》86册,665页)

按,"隈隈㲯㲯"也写作"隈隈毸毸"。从前后语境看,三处"隈隈毸毸"都是外貌描写,句中"拖泥带水、侘侘侗侗、粗粗慥慥"等词与之意思上紧密相承,描摹邋遢或鄙陋低下的样子。例(1)"结制"即结夏,中国佛教习俗,从阴历四月十五日至七月十五日,禁止僧尼外出,谓外出易伤害昆虫草木,应在寺院内坐禅参习,也称"安居"。"解制"即"解夏"。

《文选·左思〈蜀都赋〉》"龙池瀑渍其隈"李周翰注:"隈,曲也。"。《集韵·队韵》:"水曲曰隈。"又《文选·张衡〈南都赋〉》"芝房菌蠢生其隈"李周翰注:"隈,侧也。"又《文选·左思〈魏都赋〉》"考之四隈"张载注:"隈,犹隅也。"又《左传·僖公二十五年》"隈入而系舆人以围商密"杜预注:"隈,隐蔽之处。"[1]

《汉语大词典》《辞源》等辞书未收"㲯"字,《正字通》:"㲯,取伟切,崔上声。毛发貌,又平声与"毸"同。"[2]

"隈隈㲯㲯"的邋遢义概从以上义素引申而来。

(4)《密庵和尚语录》卷一:"行脚高士,跳出荆棘林,踏翻狮子窟,周行无辙迹,四顾绝遮拦,见佛祖如生冤家,闻禅道如风过树,向祖师门下,尚未得其仿佛,何况末上立志不坚,扶篱摸壁,隈隈㲯㲯,二十四气,一时发现,随群逐队,也道拨草瞻风,见善知识,轻轻拨著,便见魂飞胆丧,若无定龙蛇眼目,如何辨别?"(《大正藏》47册,981页)

(5)《虚堂和尚语录》卷四:"名实相当,行解兼备,以平等大心,待四方衲子,方可据曲录床,又须八面受敌,临机纵夺,邪正不可得而前,透到佛祖著眼不及处,使学者心死意消,便能勃然而兴,凛然而变,方可称此题目。才有毫末许,与人领览,则为佛法罪人矣!岂况隈隈㲯㲯,半死半活,被二十四气辊得,七颠八倒,做主不成,似者般底,欲使丛林茂盛,标准后学,得非难乎!"(《大正藏》47册,1012页)

(6)《应庵昙华禅师语录》卷八:"随所至处,见佛杀佛,见祖杀祖,见阿罗汉

---

① 《故训汇纂》,第2432页。

② 《正字通》,第568页。

杀阿罗汉，所谓出佛身血破和合僧，似这般汉不必多，止得一个半个，足可绍续佛祖慧命，其临济正脉不患扫土，诚不虚来阎浮提打一遭。是故古德云：‘一等踏破草鞋，直须穿教透去，岂不是大丈夫汉说底话，焉似而今有般呆郎隈隈䵝䵝！弄尽鬼怪，更据曲录木床妄自尊大，又将从上一言半句妄行批判诳惑后昆造地狱业，是可怜悯！’”（《续藏经》69册，539页）

按，这三处的“隈隈䵝䵝”为引申义，形容迟疑、拖沓，不能干脆爽利地契机应机。均为贬义。例(4)“何况”之前的句子描摹的是“行脚高士”荡尽种种妄情俗念、毫无执著牵系的情境，“何况”之后的句子与之相反。“隈隈䵝䵝”等词状写“末上”(即下等根机)纠缠、粘连于情识分别，不干脆爽利的情态。例(5)例(6)“隈隈䵝䵝”亦与前文的“见佛杀佛”“临机纵夺”等词意思相对。例(6)“弄尽鬼怪”，指禅僧应机示机时故弄玄虚，虚妄施为。

进一步查阅禅宗语料，发现有不少与之音近形似的异形词。除了“隈隈䵝䵝”，还有“隈蓑、猥猥毸毸、隈隈隗、隈隈摧摧、毸毸毸毸”等。

这组词语，原是形容人的外貌猥琐、邋遢，后引申指行事迂回曲折而不直截了当，禅籍则有特定的含义，形容禅僧根机迟钝，不能干脆爽利地契机应机。

“隈蓑”，仅1例：

(7)《法演禅师语录》卷二：“上堂云：‘三处移场定是非，顽心不改在家时，呼兄唤弟长如此，且作隈蓑老古锥。’”（《大正藏》47册，657页）

按，“蓑”有下垂义。《玉篇·艸部》：“蓑，草垂貌。”《集韵·灰韵》：“蓑，草木叶垂貌。”又：“蓑蓑，下垂貌。”《文选·张衡〈南都赋〉》“敷华药之蓑蓑”李善注①。

从语音看，“隈蓑”叠韵。“隈，《广韵》乌恢切，平灰，影母”。“蓑，《广韵》素回切，平灰，心母”。

例句中“老古锥”是对年老禅师的谑称。“隈蓑”修饰老古锥，形容老禅师不干脆爽利，啰唆、拖沓的样子。相同偈语又见于《古尊宿语录》卷二一。

“猥猥毸毸”，见1例：

(8)《雪岩祖钦禅师语录》卷二：“你若不具杀人不眨眼底气概，便未免被五蕴四大，牵入阴界中去也。又其不然，今日三，明日四，寒一上，热一上，信一半，疑一半，安有成办底时节，安有到家底消息！你须是奋不顾身，一往直入，百万军中，直取颜良一个头子，号令天下始得。你若只猥猥毸毸、殃殃祥祥、东寻西讨、觑地觅针，又济得什么事！”（《续藏经》70册，612页）

按，从句群看，“你若”前后句子意思截然相反，前者强调禅僧须有“杀人不眨眼”的手段，要毫不留情地杀尽分别妄想及种种尘俗执著，当下了悟。如果“猥猥毸毸”的话，断然成不了大事。据此推断，“猥猥毸毸”当指接机应机不干脆之义。后有“殃殃祥祥、东寻西讨、觑地觅针”等词，语义上有很强的关联性。查许宝华等《汉语方言大

① 《故训汇纂》，第1960页。

词典》,上海话有"央腔"一词,意思是不干脆;不痛快[①]。"殃殃祥祥"语音相近,亦为其义(另文考证)。

"猥"与"限"相通。《说文·犬部》朱骏声通训定声:"猥"假借为"限",实亦发声之词。《汉书·律历志》"寿王猥曰"颜师古注:"猥,曲也。"[②]《新集藏经音义随函录》卷一一:"猥鄣(上乌内反,正作隈也。《字林》云:映隈,隐翳处也)。"(《高丽藏》34册,1033页)又卷四:"屏猥,(上卑领反,下乌悔乌诲二反,隐蔽处也,下正作隈)。"(《高丽藏》34册,761页)

也作"隈隈摧摧"。例:

(9)《善一纯禅师语录》卷一:"端节上堂:'无米包粽子,客来没款待,蒿汤备礼仪,大家同聚会。隈隈摧摧,垒垒堆堆,但得一时和气。蔼然赤日,白舌自然远遁他方,雄符朱敕,蒲剑艾虎总不消在。何故?家无白泽之图,必无如是妖怪。"(《嘉兴藏》39册,904页)

按,"垒垒堆堆"是形容臃肿不灵便的样子。

也作"隈隈隓隓"。例:

(10)《古尊宿语录》卷三八:"上堂,且如禅师者,须是己事分明,具择法眼,遍参知识,方辩祖宗法胤,水乳岐分,若不然者,何名衲僧行脚!不遇师匠,最苦莫过于此,可惜许!大丈夫儿,莫隈隈隓隓地!"(《续藏经》68册,251页)

按,《正字通》"隓"和"摧"相通[③]。

又作"毸毸毸毸",例:

(11)《神鼎云外泽禅师语录》卷一:"僧拟开口,师便打。进云:'某甲到遮里箭尽弓折了也,乞和尚慈悲,示个安乐法门。'师打云:'者纳败阙汉,不打更待何时!'乃竖拂子云:'大众见么?所以道,欲明向上事须是向上人。若毸毸毸毸地则不得也,直下便见更无回互;才涉思惟,剑去久矣!何况蹋步向前,问禅问道,穿凿商量,挑著屎担傍家走。'"(《嘉兴藏》33册,260页)

按,直下便见,才是大机大用。"毸毸毸毸"意思与之相对。

四、斗斗呞呞

形容发怒吼叫的样子。

(1)《虚堂和尚语录》卷四,无隐侍者请:"斗斗呞呞,雷驱电驰。垂手未游象外,虚空突出毫厘。目前难遏密,冷落有谁知!"(《大正藏》47册,1013页)

按,"斗斗呞呞"仅见1例。查阅禅籍,有"抖呞"一词。例:

---

① 许宝华、[日]宫田一郎主编:《汉语方言大词典》,北京:中华书局,1999年,第936页。

② 《故训汇纂》,第1424页。

③ 《正字通》,第1244页。

(2)《景德传灯录》卷二四，处州涌泉究和尚："师上堂良久曰：'还有虎狼禅客么？有则放出一个来。'时有僧才出，师曰：'还知丧命处么？'曰：'学人咨和尚。'师曰：'什么处去也？'问：'狮子未出窟时如何？'师曰：'抖哘地。'曰：'狮子出窟后如何？'师曰：'盖天盖地。'"(《大正藏》51 册，405 页)

按，此公案又见于《五灯会元》卷八，《五灯严统》卷八，《五灯全书》卷一八等。均作"抖"。

关于"狮子出窟"的话题禅师常常拈起。如：

(3)《续传灯录》卷四，雍熙永禅师："僧问：'师子未出窟时如何？'师曰：'且莫哮吼。'曰：'出窟后如何？'师曰：'退后著。'"(《大正藏》51 册，492 页)

(4)《环溪惟一禅师语录》卷二："到佛祖不到之地，见佛祖未见之处，特立独行，孤风凛凛。如狮子出窟，踞地哮吼，群狐屏迹。"(《续藏经》70 册，391 页)

(5)《古尊宿语录》卷二四："问：'师子未出窟时如何？'师云：'吼。'曰：'出窟后如何？'师云：'悄。'"(《续藏经》68 册，161 页)

按，"师"同"狮"。禅师为了考验学人，有时会出反语，所以关于"狮子未出窟时如何"的答语，有"抖哘""且莫哮吼""吼"等词。比勘可知，"抖哘"即吼、哮吼。

"斗"，音 dǒu。《说文·斗部》段玉裁注："～，假借为斗陗之斗，因斗形方直也，俗乃制陡字。"《说文·斗部》朱骏声通训定声："～，俗字作陡。"[①]"陡"有突然的意思，也可以表示程度深[②]。

"哘"，音 hǒu，义同"吼"，怒吼声。《广韵》呼后切，上厚晓。侯部。《说文·后部》："～，厚怒声。从口、后，后亦声。"《说文·后部》朱骏声通训定声："～，俗作吼。作吽。"《集韵·厚韵》："～，怒声。"[③]又《正字通》"哘"："许偶切。侯上声。《说文》厚怒声，又宥韵，音姤，义同吼。"[④]

以上可知，"斗哘、抖哘、斗斗哘哘"等词是形容发怒时的神情。

禅籍还见"嗔斗哘地"一词。例：

(6)《正法眼藏》卷一："于中有一般汉撞著物不解转，剌著屙漉漉地，遮般底椎杀万个亦无罪过。若是本色底，拨著便上皎人火急，却似剌猬子相似，未触著时自弄毛羽可怜生，才有人拨著便嗔斗哘地，有甚么近处！"(《续藏经》67 册，557 页)

(7)《枯崖漫录》卷三："又云，冷坐守枯桩，没转身底，多是违时失候，一回寒彻骨，亲畅快底，十分和气春风。衲僧家两眼如铃，嗔斗哘地，玩弄神机，风云自异。"(《续藏经》87 册，42 页)

也作"嗔斗吼地"，例：

① 《故训汇纂》，第 978 页。
② 《汉语大词典》(缩印本)，第 6919 页。
③ 《故训汇纂》，第 350 页。
④ 《正字通》，第 147 页。

(8)《雪岩祖钦禅师语录》卷一:“冬夜小参,拜谢梅涧首座,‘冬至月头,卖被买牛,冬至月尾,卖牛买被,全提古佛规猷,突出衲僧巴鼻,可中一个半个,不受人瞒,才闻举著,剔起眉毛,嗔斗吼地,笑道二祖甘不丈夫,断臂求心,埋没自己,殊不知深雪堆中,自有涧底寒梅一树,清香旖旎。’”(《续藏经》70册,597页)

(作者单位:常州工学院人文社科学院)

天寿太子考*

王　平　王春霞

关于天寿太子，分别见于古代碑刻、戏曲文献和地方方志。但是，到目前为止，学界对于天寿太子的认识还是相当模糊的。为此，本文拟通过相关文献的梳理，并结合不同的史料，对天寿太子进行考证，以就正于方家。

一、相关资料的梳理以及问题的提出

（一）元代碑文中的记载

有关天寿太子的最早材料见于元代至顺元年（1330）十月所立的《十方万岁禅寺庄产碑》（以下简称《庄产碑》），《常山贞石志》卷20介绍了碑况并著录碑文。该碑“高六尺三寸五分，广二尺六寸二十五。首行五十七字，行书篆额，有阴。今在正定府治西北隅”。碑文乃“昭文馆大学士资德大夫太史院使领司天监事□□撰，集贤大学士荣禄大夫咬住篆额，奎章阁侍书学士翰林直学士中奉大夫知制诰同修国史虞集书”[①]。以下择录部分与天寿太子有关联的文字：

> 真定，古镇阳，素称名□。唐天寿太子就城建万岁禅寺，□择胜地，位次于乾。先是临济之道，起于镇阳，故兹□实隶焉。成梵刹□复营赡僧之产，历代增广之。其在灵寿县□（青）廉村者，□□立庄宇一区，为春秋省耕敛入之所，□林地土曰“万岁庄”。东至鲁柏山，西则秋山院，南噎石口，北大名川，俱以分水为界。其□平山县下□乡□□□□，东至□檀庄分水岭，南则煞汉里水心，西七里河，北大沙、营□、把头三岭皆分水为界，前后四至，界内寸土尺地、一草一木悉为万岁田产。然守□□人则能□□□未苟失其守，或未免乎穿窬越境，樵采之弊，故执事者屡闻于官，以是寺规久为不竟。……昔自五代之间，兵革无时。寺罹回禄，凡所传记颠末，在金石者□□孑遗，及汴宋乾德中兴梵刹，迨今四百余年。[②]（笔者注：□为碑文脱落漫漶、无法辨认者）

这段记载告诉我们：天寿太子是唐太子，他依真定城建立了万岁禅寺。该寺后来

---

* 本文为国家社科基金一般项目《元末明初戏曲研究》（11BZW064）、教育部人文社科规划项目《元末明初杂剧研究》（07JA751017）、安徽省教育厅人文社科重点研究基地招标项目（重点）《黄梅戏传播、接受与发展研究》（SK2012A170）、安徽省规划教材《安徽戏曲史》（2013ghjc213）阶段性成果。

①② （清）沈涛：《常山贞石志》（《石刻史料新编》第十八册），台北：新文丰出版公司（据道光二十二年刻本影印），1982年，第13520页（上）、第13520页（下）—13521页（上）。

曾遭火焚，但在宋太祖赵匡胤乾德年间得到复兴，到元至顺元年(1330)，已建寺400余年(按：关于万岁禅寺，现代学者刘有恒考证其"地理位置当在《正定县志》所记的县城西北隅洪济寺、舍利寺一带"[①]，大概位于今之河北正定县城附近)。

(二)元明戏曲文献中载录

天寿太子之事曾被搬上元杂剧舞台，元末钟嗣成的《录鬼簿》就著录了《天寿太子邢台记》这一剧目，入秦简夫名下[②]。后来诸多戏曲文献亦记载之，如《永乐大典》第20737—20757卷"杂剧"部分，曾辑收该杂剧，但却不著作者名氏[③]。该剧也简称为《邢台记》，明代无名氏的《录鬼簿续编》、朱权的《太和正音谱》、臧懋循的《元曲选》"序"等皆收录之，分别列入"诸公传奇，失载名氏"[④]、"古今无名杂剧一百一十本"[⑤]、"无名氏，共一百五种"等目录中[⑥]，还有其他戏曲文献亦多有著录，此处不一一列举。要指出的是：天寿太子的戏曲，仅在元末明初的杂剧剧目中出现，目前已无剧本存世，作者不详，该剧在明洪武前后已经停演。

(三)明清方志中相关材料

《正定府志》"创始明嘉靖间"，最早乃"明嘉靖二十六年所刊"(见清乾隆二十七年重修《正定府志》方观承、张泰开"序")，该志载：

> 唐天寿太子，生而颖异，甫数岁即厌尘嚣，每欲出俗修行，父母常严防之。一日乘隙潜出宫闱，遂隐姓名，以远遁至林山，爱其灵胜，慨然落发苦修，绝口不自言其为太子也。后朝廷物色得之，遣潘、何二丞相往迎，竟不出，乃于山巅建望京楼，以舒慕亲之心。又凿山为室，镌刻佛像，名曰千佛堂、百佛堂。创立寺宇，敕赐为天宁万寿禅寺。及入寂，葬于东林山之阳。潘、何二相被其感化亦不复返，后卒并葬西林山下。萧萧双冢林山下，徒使英雄泪满襟。其碑上句也，今相公庄、防驾庄、望驾坡、尚存遗迹云。[⑦]

应该说，《正定府志》中的记载是相当具有故事性的。这段颇具文采的叙述将一个不顾一切、立志修行的太子形象展现出来，这是目前所能见到的介绍天寿太子出家最为详细的资料。该志还记载了当地与之相关的古迹：

> 望京楼　在平山县北二十里东林山。《通志》相传赵武灵王建，故址尚存。

---

① 刘有恒：《从〈真定路十方万岁禅寺庄产碑〉看正定历史上另一座临济宗寺院》，《文物春秋》2009年第3期，第69页。

② (元)钟嗣成：《录鬼簿》(《古典戏曲论著集成》二)，北京：中国戏剧出版社，1982年，第132页。

③ 《永乐大典目录》(第十册)，北京：中华书局(据灵石杨氏刊《连筠簃丛书》影印)，1986年，第646页(上)。

④ (明)无名氏：《录鬼簿续编》(《古典戏曲论著集成》二)，北京：中国戏剧出版社，1982年，第296页。

⑤ (明)朱权：《太和正音谱》(《古典戏曲论著集成》三)，北京：中国戏剧出版社，1982年，第42页。

⑥ (明)臧懋循：《元曲选》，杭州：浙江古籍出版社，据民国七年(1918)涵芬楼影印本缩印，1998年，第15页。

⑦ (清)乾隆二十七年(1762)方观承、张泰开、郑大进等序本《正定府志》"卷三十九·仙释传"。

又:《邑志》:唐天寿太子修行林山,怀念父母,作"望京楼"。后人诗云:"哀哀父母恩难报,时复登楼望玉京。"[①]

综合以上诸文献,我们得出如下一些看法:天寿太子为唐或五代后唐时期的太子或皇长子,后出家为僧,他落发修行的寺庙是河北正定的"天宁万寿禅寺",或称"万岁禅寺"。这位具有传奇色彩的太子事迹在元、明时期或被镌刻在碑文,或被搬演上舞台,或被载录至方志。

除了以上资料,我们再未发现其他有关天寿太子的记载。这位太子究竟是何朝太子?因何出家?杂剧剧目与他相关的本事如何?本论文将作详细考证。

二、天寿太子具体朝代的筛选

根据资料,我们对照相关线索逐一考察、筛选,来确定天寿究竟为何朝太子或皇长子。

(一)天寿应为晚唐以后人,但不在晚唐诸太子之列

天寿太子的生活年代不会早于晚唐武宗时期,由元《庄产碑》可考知这一点:在天寿太子依真定(古镇阳,今正定)城创建万岁禅寺之前,"临济之道,起于镇阳,故兹□实隶焉"。按,这里的"临济之道"就是临济宗,该宗派由义玄禅师创立,是唐末、五代时期从禅宗南宗中产生的五个流派之一,其发源地就在"河朔三镇"中成德镇所辖的镇州,镇州的治所就在真定。《庄产碑》表明万岁禅寺"隶属"于临济宗,是临济宗的支派。有材料表明:"临济义玄到镇州传法的时间大约是在唐武宗会昌五年(845)禁断佛教前后。"[②]因此我们能推导出:天寿太子出家并创建万岁禅寺时间当在唐代晚期武宗会昌五年(845)禁断佛教之后,他应该是晚唐或五代后唐时期一位未登皇帝位但却出家为僧的太子或皇长子。

天寿太子是晚唐太子吗?考察晚唐诸帝王世系,我们可以排除这种可能:自穆宗李恒(公元821年即位)以第三子身份即位,帝王多不以长子身份继大统,计有文宗李昂、武宗李炎、宣宗李忱、僖宗李儇、昭宗李晔、昭宗李柷六位。太子未能继任者有惠昭太子宁(宪宗长子)、怀懿太子凑(穆宗长子)、悼怀太子普(敬宗长子)、庄恪太子永(文宗长子)、靖怀太子汉(宣宗长子)、恭哀太子倚(懿宗长子)、皇太子裕(昭宗长子)七人。这七位太子生活时代在武宗执政前后,然而史料皆未记载他们有"天寿"名号,也无出家的记载。

天寿太子不在晚唐,那么就应当是在五代后唐。关于这一点,《庄产碑》也给我们以启示:"昔自五代之间,兵革无时。……迨今四百余年。"[③]《庄产碑》是元代至顺元年(1330)十月立,上推400余年,当与"五代"后唐(923—936)时间相合。

---

① 《正定府志》"卷之二·地理上·古迹"。

② 杨曾文:《唐五代禅宗史》,北京:中国社会科学出版社,1999年,第427—428页。

③ 《常山贞石志》(《石刻史料新编》第十八册),第13521页(上)。

(二) 天寿与后唐明宗、愍帝、末帝长子无涉,庄宗长子乃是可能的人选

后唐太祖李克用之后有四位皇帝,分别是:庄宗李存勖、明宗李嗣源、愍帝李从厚、末帝李从珂,但他们的长子皆未继承皇位。然据现有的资料看,明宗、愍帝、末帝三帝的长子应与天寿太子无涉。

先看明宗。关于明宗长子有二说:其一,薛居正《旧五代史》(以下简称"薛史")认为明宗有长子,名从璟,为"明宗长子,性忠勇沉厚,摧坚陷阵,人罕偕焉。……从庄宗赴汴州……寻为元行钦所杀"[①]。后来欧阳修作《新五代史》(以下简称"欧史")亦从该说:"明宗四子,曰从璟、从荣、從厚、从益。从璟初名从審,为人骁勇善战,而谦退谨敕。从庄宗战,数有功。"[②]其二,王溥《五代会要》"卷二 · 诸王"仅提到"明宗第二子从璟;第三子从荣,秦王;第四子从璨;第五子从益,许王"[③],并未言及明宗长子为谁。对这两种说法,我们认为薛居正之说更为可信。理由是:薛居正年长王溥十岁有余,经历了整个后唐兴起、发展和衰落,而王溥在后唐覆亡时还是一个十余岁的少年;而且,薛居正曾于清泰(末帝李从珂年号)初年、二年(934,935)两次参加进士考试(时年20余岁),后唐各代的朝野情况他应该是更加了解的[④]。因此,"薛史"的记载应更符合事实,这也就排除了天寿是明宗长子的可能。

再看愍帝和末帝,他们的长子也不是天寿太子。相关材料记载:愍帝即位不久即遇诸镇叛乱,乃"出奔,后病子幼,皆不能从。废帝(即末帝)入立,后及四子皆见杀"[⑤]。至于废帝的太子重吉,则曾"为控鹤指挥使,与尼(即废帝之女幼澄)俱留京师。……乃出重吉为亳州团练使,居幼澄于禁中,又徙废帝北京"[⑥]。以上资料表明:愍帝的太子在很小的时候就被杀;而废帝的太子重吉一直处于政治斗争的漩涡,后为闵帝所杀,他们都不可能是天寿太子。

剩下的只有庄宗(885—926年)长子了。

关于庄宗长子,按欧阳修的说法是魏王继岌:"庄宗五子:长曰继岌,次继潼、继嵩、继蟾、继峣。……同光三年,(继岌)封魏王。"[⑦]

但是,"史"表述明显与其不一致。如较早的"薛史"明确指出继岌只是庄宗的第三子,此在清代四库馆臣邵晋涵的《旧五代史考异》说得很清楚:

> "庄宗纪"称继岌为第三子,然庄宗长子、次子之名,"薛史"与《五代会要》皆

---

① (宋)薛居正等撰:《旧五代史》(第三册),北京:中华书局,1976年,第692—693页。

② (宋)欧阳修撰,宋 · 徐无党注:《新五代史》(第一册),北京:中华书局,1974年,第161页。

③ (宋)王溥:《五代会要》,上海:上海古籍出版社,1978年,第19—20页。

④ 关于薛居正与王溥的相关考证如下。一、薛居正年龄。《宋史》载其因服丹砂中毒,于"(太平兴国)舆归私第卒,六年六月也,年七十",知其生于后梁乾化二年(911)。二、薛参加后唐科考事,亦见《宋史》:"清泰初,举进士不第,为《遣愁文》以自解,寓意倜傥,识者以为有公辅之量。逾年,登第。"(元 · 脱脱《宋史》第26册,中华书局,1977年,第9109、9110页)。三、王溥年龄。《宋史》载:"(太平兴国)七年八月,卒,年六十一。"(《宋史》第25册,第8801页),由此可推知王溥生于后梁龙德三年(922)。

⑤⑥⑦ 《新五代史》(第一册),第161、172、152—154页。

不载。①

按:今人所见之“薛史”通行本并无此记载,如中华书局本。主要原因在于自“欧史”出,“薛史”则渐不为世人所重,“元、明以来,罕有援引其书者。传本亦渐就湮没”②。今本“薛史”,乃邵晋涵据宋以来典籍辑录而成,但遗漏亦多,以致其“庄宗纪”不载该资料,然邵在“宗室列传·三”之“魏王继岌,庄宗子也”③一语下,又补引“庄宗纪”中相关记载予以考异。

另外,宋王钦若等撰的《册府元龟》卷265、卷277也仅说:“魏王继岌,庄宗子,同光三年封。”“继岌,皇子也。”④但是,却没有提继岌为长子。

我们认为:“薛史”和其他一些资料较“欧史”更早,记载更直接,且多为修史者在后唐所闻所见的第一手资料,因而更加可信——庄宗长子不是继岌。

庄宗长子并非继岌。此还可从继岌的身世和庄宗正室、次室相关情况可以得到进一步证明。

首先,继岌非庄宗正室所生,其母刘氏在庄宗嫔妃中列第三(庄宗的“正室”和“次室”分别是韩氏和伊氏⑤),关于刘氏,《北梦琐言》详细载录了她的来历:

> 太祖(李克用)攻魏州,取成安,得后(刘氏),时年五六岁,归晋阳宫,为太后侍者,教吹笙。及笄,姿色绝众,声伎亦所长。太后赐庄宗,为韩国夫人侍者。⑥

这个韩国夫人就是“正室”韩氏,刘氏当时是其婢女。刘氏为太祖所得时年仅五六岁。查:李克用攻克魏州成安在唐昭宗乾宁三年(896)六月⑦,由此可推算出刘氏大约生于是昭宗大顺元年(890)前后,待其“及笄”(15岁)被庄宗宠幸,应在天祐二年(905)之后。在此之前,庄宗已娶正室韩氏、次室伊氏等,应该已有子嗣。其次,史载当刘氏生继岌时,庄宗“以为类己,爱之,由是刘氏宠益专”⑧。这里的“类己”二字,透露了一个秘密:庄宗应该是自觉或不自觉地将继岌与“不类己”继岌的兄长作比较。其三,正史对韩、伊二氏及其子嗣情况皆不言及,恐与修史者曲意隐讳有关:二妃在晋高祖石敬瑭造反时,曾有一段“为契丹所虏”⑨的说不清的经历。

综上所述:庄宗长子非继岌应为不谬。这个“不载”于史著的神秘长子,应该就是天寿太子。

---

① (清)邵晋涵撰,曾贻芬点校:《旧五代史考异》(傅璇琮等主编《五代史汇编·一》),杭州:杭州出版社,2004年,第200页。

② (清)永瑢等撰:《四库全书总目》,北京:中华书局,1965年6月版。第411页(中)

③ 《旧五代史》(第三册),第691页。

④ (宋)王钦若等编纂、周勋初等校订:《册府元龟》(册四),南京:凤凰出版社,2006年,3018页、3147页。

⑤ 《旧五代史》(第三册),第675页。

⑥ (五代)孙光宪撰,贾二强点校:《北梦琐言》,北京:中华书局,2002年,第332页。

⑦⑧⑨ 《新五代史》(第一册),第37、143、147页。

(三)庄宗长子与天寿太子相关联的分析考证

其一,庄宗废嫡立庶与天寿的"甫数岁即厌尘器"。

史载:"同光二年四月己卯,皇帝御文明殿,遣使册刘皇后为皇后。"[①]这是一件为史家所诟病的丑闻:庄宗废弃正室韩氏,而册立刘氏为皇后,乃废正立偏,事关后唐宫闱秩序之紊乱,国体之无序。

关于继岌生母刘氏,史书记载多为负面:工于心计、冷酷无情、侍色争宠、淫乱无行等。其"父刘叟,黄须,善医卜,自号刘山人"[②]。入宫后,"刘氏方与嫡夫人争宠,皆以门族夸尚,刘氏耻为寒家"。当失散多年生父刘叟历尽艰辛找到她时,为了掩盖自己"寒贱"的身份,她不仅不认父,还冷酷地"于宫门笞之"[③]。刘氏姿色出众、能歌善舞、擅长吹笙,加之"多智,善迎意承旨",因此颇得庄宗欢心。在她生了皇子继岌后,宠待日隆,"其他嫔御莫得进见"[④],从此为庄宗所专宠,"自下魏博战河上十余年,独以刘氏从"[⑤]。刘氏最终取代了嫡夫人韩氏的地位。

由一个地位卑贱的婢女上升至皇后,刘氏手段可谓高超。但是,庄宗全力扶持和大臣的妥协让步却是至关重要的。在立皇后的问题上,太后刘氏(李克用之妻)、庄宗以及诸大臣的立场是不一致的:刘太后不喜刘氏,主张按长幼、嫡庶体制立嫡夫人韩氏为后;庄宗宠爱刘氏,要立刘氏为后,并让说客说服大臣们支持他;而以宰相豆卢革、枢密使郭崇韬为首的诸大臣,为了争取庄宗支持来掣肘宦官和伶人干政,于是迁就了庄宗的要求。结果在庄宗和诸大臣的合力下,地位低的刘氏取代了嫡夫人韩氏而成为皇后。据司马光《资治通鉴》(卷273)载:

> 先是,上欲以刘夫人为皇后,而有正妃韩夫人在,太后素恶刘夫人,崇韬亦屡谏,上以是不果。于是所亲说崇韬曰:"公若请立刘夫人为皇后,上必喜。内有皇后之助,则伶宦辈不能为患矣。"崇韬从之,与宰相帅百官共奏刘夫人宜正位中宫。癸未,立魏国夫人刘氏为皇后。[⑥]

这样的结果当然招致抗争,"韩夫人等皆不平之,乃封韩氏为淑妃,伊氏为德妃"[⑦]。庄宗的补偿措施也许可以稍稍均衡内帏关系,但是,无疑给韩氏、伊氏等嫡夫人造成极大的精神创伤。

母贵子荣,母卑子辱。作为庄宗的长子天寿,自幼生活在皇家,后宫的明争暗斗使他幼小心灵蒙上阴影;生母失宠所带来的失意、痛苦、无奈,更如毒蔓一样缠绕着他。一个锦衣玉食,前程似锦的嫡太子,遭此打击,"甫数岁即厌尘嚣",自然就不足为

① (宋)吴缜撰:《五代史纂误》(王云五主编《丛书集成·初编》),台北:商务印书馆(据知不足斋丛书本排印),1937年,第11页。
② 《新五代史》(第一册),第143页。
③ (五代)孙光宪撰 贾二强点校:《北梦琐言》,北京:中华书局,2002年,第332—333页。
④ 《新五代史》(第一册),第143页。
⑤ 《五代史纂误》,第11页。
⑥ (宋)司马光:《资治通鉴》(第十九册),北京:中华书局,1956年,第8915—8916页。
⑦ 《新五代史》(第一册),第143页。

奇了。这应当就是天寿幼年厌弃尘世的真正原因。

其二，后唐佛风昌炽与天寿的“每欲出俗修行”。

《正定府志》中曾记载天寿“每欲出俗修行”，此亦与后唐佛风昌炽的背景有关。

佛教在晚唐的武宗会昌时期一度被禁断，但由于藩镇的保护，依然有相当大的势力。据唐末三圣院僧慧然所集录的镇州临济慧照禅师(即义玄)“行录”载：

> 适丁兵革，师即弃去。太尉默君和于城中舍宅为寺，亦以“临济”为额，迎师居焉。后拂衣南迈至河府，府主王常侍延以师礼。[①]

据考，这个王常侍“应是王绍懿。……唐宣宗大中十一年(857)命‘节度副使、都知兵马使、检校右散骑常侍、镇府左司马、知府事、兼御史中丞王绍懿，本官充成德军节度观察留后’，当年正授成德军节度使、检校工部尚书”[②]。

到了五代的后唐，佛教更加兴盛。上、下皆礼重禅门，庄宗本人信奉佛教：

> 有胡僧自于阗来，庄宗率皇后及诸子迎拜之。僧游五台山，遣中使供顿，所至倾动城邑。又有僧诚惠，自言能降龙。……庄宗及后率诸子、诸妃拜之。[③]

对于发源于镇州的禅宗，庄宗尤其敬重，他曾专门邀请禅宗第二大宗派曹洞宗分支洞山良价的弟子休静来“京城洛阳传法，弟子达300人”[④]。

在这种风气下，宗室成员皈依佛教者不在少数。如太祖李克用之妾魏国夫人陈氏，在李克用临终前，发愿要“落发为尼”，太祖死后，果然“落发持经，法名智愿。后居于洛阳佛寺”[⑤]。

不仅如此，由于当时佛教势力强大，其教徒往往被庇护，因此那些宗室成员在危难之时常托身佛寺以求保全。庄宗失败时，其弟“存霸乃剪发、衣僧衣，谒符彦超曰：‘愿为山僧，冀公庇护。’彦超欲留之”[⑥]。除存霸外，还有庄宗诸子、废帝之女幼澄，皆于国破时先后出家以避难，此在史书皆有载录，本处不作详叙。

后唐佛教已经深深地影响了整个社会，也融入了皇家的生活。宗室成员不仅可将佛门作为避世的精神家园，以清修来摆脱尘世烦恼；也可在生死存亡的紧急关头，靠躲在袈裟和僧帽下以苟活。而这，就构成了天寿太子“出俗”的特殊的时代背景。

其三，庄宗废长立幼最终导致天寿的遁入空门。

对天寿来说：生母被贬在他幼小的心灵种下出世的种子，佛风昌炽又为他出家创造了必要的社会条件。庄宗的废长立幼则最终使他遁入空门。

庄宗不仅为所宠爱的刘妃挣得一个好结果，也倾力栽培刘氏之子继岌。同光元年(923)夏四月庄宗封不满18岁的继岌“为北都留守、兴圣宫使，判六军诸卫事”，为

---

① [日]大正一切经刊行会编校：《大正新修大藏经》(卷47·诸宗部四·NO1985)，台北：新文丰图书出版公司，1983年，第506页下。

② 《唐五代禅宗史》，第438页。

③ 《新五代史》(第一册)，第144页。

④ 《唐五代禅宗史》，第500页。

⑤ 《旧五代史》(第三册)，第673页。

⑥ 《新五代史》(第一册)，第151页。

使他广结人脉，丰富阅历，增加才干，庄宗在当年冬十月“乙酉……命皇子继岌、皇弟存纪等兄事之(张宗奭)”，“戊戌……以北京留守继岌为东京留守、同平章事”，十一月“己巳……命继岌兄事之(李继麟)”。同光二年春正月“上遣皇弟存渥、皇子继岌迎太后、太妃于晋阳”。三月“皇子继岌代张全义判六军诸卫事”[①]。最终，排行第三的继岌在同光三年被封魏王，当时还不满 20 岁，而包括皇长子在内的其他皇子无一人封王。同光三年伐蜀，继岌居然“为都统”[②]，担任伐蜀的重任。尽管他也打了一些胜战，攻入蜀地并迫使王衍上表投降，但终因年轻无经验，致使大权旁落郭崇韬之手，最后兵败渭南，自缢而死。继岌的悲剧应该与庄宗偏爱有直接关联。

对于继岌之外的其他皇子来说，父皇明显是要拒他们于国政之外，他们整天无所事事，只能算是拥有皇家血统的高贵的多余人；对于皇长子天寿来说，已彻底失去了继承王位的可能。他无法再承受从幼年开始一直叠加的心灵摧残，于是转而追求宗教皈依，终于“一日乘隙潜出宫闱，遂隐姓名，以远遁至林山，爱其灵胜，慨然落发苦修，绝口不自言其为太子也”。

其四，天寿避难后蜀孟知祥处与元杂剧《邢台记》的本事。

前文提及：元杂剧有《邢台记》者，亦名《天寿太子邢台记》。根据剧目名称分析可知：该剧将天寿太子与邢台联系起来。至于该剧所涉及的内容，因剧本佚失，已无法知晓。然检阅古代文献，我们发现了其本事来源的一些线索。

宋代陶穀在《清异录》“四奇家具”条中记载了这样一条资料：

> 长兴四年，明宗晏驾，唐室乱，庄宗诸儿削发为苾刍，间道走蜀。时知祥新称帝，为公主厚待犹子，赐予千计。[③]

庄宗死后，其“诸儿”剃度为僧，已不止天寿一人。明宗并没有加害他们，但明宗死后，愍帝却对他们进行清除。不得已，那些“削发为苾刍”的皇子们不得不通过小路避地后蜀，投奔后蜀太祖孟知祥。此与《天寿太子邢台记》本事来源有关。

关于孟知祥，宋代张唐英《蜀梼杌》记载他：

> 字保胤，邢州龙岗人……李克用镇太原，妻以其弟克让之女，累迁亲卫军使。……(长兴)元年二月，南郊，知祥加中书令，改封其妻琼华公主为福庆长公主。三年，长公主薨。[④]

这里的福庆长公主是庄宗堂妹，嫁给孟知祥，天寿等庄宗“诸儿”乃其子侄。

“邢州龙岗”作为地名有一变迁过程：邢州乃隋开皇十六年(596)所设，治所就在龙岗县，五代时仍称邢州，北宋时属河北路，宣和元年(1119)升为信德府，宣和二年，龙冈县由宋徽宗改名为邢台县，仍为邢州和信德府治所。故宣和二年之后，“邢台”代

---

① 《资治通鉴》(第十九册)，第 8883；8902；8905；8913；8918 页。

② 《旧五代史》(第三册)，第 691 页。

③ (宋)陶穀撰，郑村声、俞纲整理：《清异录》(朱易安、傅璇琮等主编《全宋笔记》第一编第 2 册)，郑州：大象出版社，2003 年，第 111 页。

④ (宋)张唐英撰，冉旭点校：《蜀梼杌》(傅璇琮等主编《五代史汇编·十》)，杭州：杭州出版社，2004 年，第 6090—6091 页。

替了“龙岗”地名。到了元代,“邢台”已成为当时人们的习惯叫法。

中国古人往往以里籍称谓人的姓名,如孔北海为孔融,韩荆州为韩朝宗。孟知祥里籍在邢台,元杂剧《天寿太子邢台记》正是以里籍地名代替孟知祥名讳,其主要内容当与天寿太子投奔经历有关。

这样看来,《邢台记》的本事就比较清楚了:后唐庄宗覆亡后,因愍帝追杀,天寿太子带着一批出家的弟弟,匆匆逃难到后蜀,投奔姑父孟知祥和姑母福庆公主。孟知祥时为后蜀之主,其夫妇接纳天寿兄弟一行,并厚待这些为僧的侄儿们,犹如己出。

(作者单位:安庆师范学院文学院)

“舜耕”与“西楼”之辨
——王田生平史实考证二则

任　荣

王田，字舜耕，号西楼，济南人，明散曲家，著有《王舜耕词》二卷[①]。其生平事迹，前人虽有考证，然略显简单，且尚有问题悬而未决。今笔者据相关材料，对其生平进行梳理辩证，以求澄清史实。

一、散曲家王舜耕不是画家

如同历史上很多名姓不著的文人一样，王舜耕的生平记载也呈现出简单和错乱。舜耕一名取自上古帝舜耕田的典故，常见于古人名。笔者查阅相关史料发现，有明一朝称王舜耕者有四人，而其中三人之籍贯或生平与今山东有关涉。故欲弄清散曲家王舜耕之生平，必须对这四个王舜耕的籍贯、生平进行一一梳理。

第一个王舜耕，名耕，字舜耕，明洪武、永乐间人。《嘉靖山阴县志》载：“王耕，字舜耕，山东单县人，永乐中知县事，贞介愿和，有经济大略，时草昧初营，造事殷远，卫勾摄旗校，络绎旁午，供应调发，民且不堪。耕经理节约，事有制，不废法，亦不病民。内官郑和下西洋，索宝玉，道所经辄纵恣，富家患苦。直入人室庐，探囊发箧，远近骚动。耕言邑小民贫，土产布粟而已，宝玉非所出也。和遂去。耕又善画水墨画，为世所珍。”[②]明隆庆年间《单县志》又载：“王舜耕，号南亩，又号养颐子。洪武间以人才为济宁府训导，后升知县，不愿任。自一目官，遨避于田方，为人蕴藉不羁，工余画图，长于本风马登，对客挥毫为时独，词播天下，脍炙人口。尝出入邹鲁间，晚爱小景写图，题诗其上曰：‘山半吞，云半吐，同作霁雨，一拳突兀海当中，八荒四野无马幾暑。’手稿多散逸，独葡萄古风尚存。”[③]《乾隆绍兴府志》卷二十七“职官志”载“王耕，永乐十二年任”[④]，卷三十四“人物志三，名宦下”又载“《万历志》、《大清一统志》，耕，山东单县

---

① （明）高儒《百川书志》卷十八载：“王舜耕词二卷，不知何许人，嘲咏戏谑之作也，率多小令。”（高儒《百川书志》，《续修四库全书》第919册）按：名王舜耕，作散曲，且善戏谑者，有明一朝除王田外无人，故此二卷《王舜耕词》当为王田之作，详细之考证见正文。

② （明）许东望修，张天夏、柳文纂：《嘉靖山阴县志》卷七，《日本藏中国罕见地方志丛刊续编》，北京：北京图书馆出版社，2003年，第693—694页。

③ 《单县志》卷下，明隆庆刻本，上海图书馆藏。

④ （清）李亨特修，平恕、徐嵩纂《乾隆绍兴府志》（一），《中国地方志集成·浙江府县志辑》，上海：上海书店出版社，2003年，第620页。

人"[①]。从明清相关方志中的记载可以确定明初的王舜耕名耕[②],字舜耕,号南亩,又号养颐子,单县人,永乐十二年曾任山阴县知县,善绘画,亦善填词,且脍炙人口。第二个王舜耕,名坡,字舜耕,弘治年间知县。《两浙名贤录》卷二十九之《浮梁县知县王舜耕坡》载:"王坡,字舜耕,东阳人。弘治初授浮梁县知县。……"[③]第三个王舜耕,名舜耕,字于田,明正德年间人,曾在山东济南为官。《道光济南府志》卷三十五"宦迹三"载:"王舜耕,字于田,南直隶常熟人,正德十六年进士,嘉靖七年巡盐,察灶丁贫困,令运司将纸米价银并粟谷,量行给散,全活甚夥。"[④]此王舜耕善绘画,《续虞山画志·虞山画志补编》载:"王舜耕,字于田,与弟舜渔同榜进士,工写山水,苍老挺拔,仿米尤为神似。"[⑤]第四个王舜耕便是明中叶散曲家王舜耕。《无声诗史》卷六载:"王田,字舜耕,济南人,以县佐请老归田,性敏,喜为乐府词,脍炙人口,远近传播,山水学高房山,不失矩度。"[⑥]《乾隆历城县志》卷四十载:"王田,字舜耕,山东济南人,以县佐请老归田,材敏,喜为乐府词,脍炙人口,远近传播,山水学高房山,不失矩度。"[⑦]从上述材料可以确知散曲家王舜耕名田,字舜耕,济南人,乐府词脍炙人口,且善绘,山水画学高房山。

将四个王舜耕的材料进行比较可知,第二个王舜耕(王坡)和第三个王舜耕(王于田)都与散曲创作无关,故不在本文探讨之范围。第一个王舜耕(王耕)的生平则与散曲家王舜耕(王田)的生平相似。二人除了名、号、籍贯不同之外,皆善填词、绘画。"填词"可以解释为创作戏曲、散曲,也可以解释为创作诗余。不过明朝开国之初吏风整饬尤厉,对文学创作亦采取高压政策,故明初文学创作成就颇低。填词诸家中未见王舜耕大名,染指戏曲且闻名者除了朱权和朱有燉两位藩王外,亦未见有一个填词脍炙人口且善绘画的王舜耕。明中叶的散曲家王舜耕,除了上文的材料提及他山水学高房山外,诸本画史皆未载其大名。因此笔者以为两位王舜耕的生平记载有混淆之处。正确的情况应该是明初的王耕山水学高房山却并不善填词;明中叶的王田词名播天下,却不善绘画。李东阳的《刘尚质南楼题王舜耕山水图》一诗云:"溪声潺湲杂林壑,山势蜿蜒去还却。浮云欲起未起时,半在溪头与山脚。入空高鸟飞欲尽,背屋

① (清)李亨特修,平恕、徐嵩纂:《乾隆绍兴府志》(二),《中国地方志集成·浙江府县志辑》,上海:上海书店出版社,2003 年,第 7 页。

② 明初之王舜耕有资料云其又名王畋。《历代画史汇传》卷二十八载:"王畋,字舜耕,号南亩,单县人,举贤良方正,授山阴知县,客济时以诗酒自娱,善画山水,人多以重价购之。《济宁志》。"(清)彭蕴璨:《历代画史汇传》,据辽宁省图书馆藏清道光五年吴门尚志堂彭氏刻本影印,《续修四库全书》1083 册,第 464 页)根据笔者的考证,明初之王舜耕的生平和明中叶之王舜耕(名王田,字舜耕)有混淆之处(考证详见文中),"畋"这个名可能是王"田"的"田"字的讹误。因为笔者查阅的《嘉靖山阴县志》、《隆庆单县志》、《万历绍兴府志》、《乾隆绍兴府志》以及《民国单县志》皆作"王耕,字舜耕"未见有作"王畋"者。杨廷福、杨同甫编《明人室名别称字号索引》亦载:"王畋,单县人,字舜耕,号南亩",不过未标明资料来源。笔者以为索引资料当来源于此(杨廷福、杨同甫编:《明人室名别称字号索引》,上海:上海古籍出版社,2002 年,第 35 页)。

③ 《两浙名贤录》,明天启刻本。

④ 《道光济南府志》,《中国地方志集成·山东府县志辑》,上海:上海书店出版社,2003 年,第 128 页。

⑤ 邵松年辑:《续虞山画志·虞山画志补编》,民国刻本。

⑥ (清)姜绍书:《无声诗史》,《续修四库全书》1065 册,第 559 页。

⑦ (清)胡德林修,李文藻等纂:《乾隆历城县志》,《中国地方志集成·山东府县志辑》,上海:上海书店出版社,2003 年,第 631 页。

斜阳惨将落。更无剩地与闲人，纵有红尘何处着。南亩老翁双鬓斑，笔法颇似高房山。少年豪宕老疏放，往往醉谟留人间。平生画痴兼山痴，一见此图三叹息。愧我不如楼上人，日日开窗看秋碧。”①又倪濂的《王舜耕山水为缪行人朴题》云：“烟岚万壑吐复吞，雨过泛涨溪流浑。野桥山店夜初晓，香霭不辨东西村。嘉树苍苍迷近远，白云滚滚银涛卷。苔封古道闲无人，未放曦轮上孙巘。舜耕王翁八十余，眼前能看细字书。醉挥老笔元气俱，风景似是图匡庐。多君长才擅专对，好山览遍芙蓉翠。看画骁骁忆晓行，诗成正揽皇华辔。”②李东阳明确地指出山水画的作者号南亩且是老翁，其笔法学高房山。李东阳乃成化、弘治年间人。他称画作者王舜耕为老翁，那么这个王舜耕肯定是明初人，而且据倪濂的诗可以知道这个王舜耕活到了八十多，所以山水学高房山者当是明初的王耕。明中叶的王田只是一位散曲家，并不善于绘画。

问题至此尚未结束，为什么地方志中会将二人的生平混淆，其错误的源头在哪里呢？笔者以为这个错误的肇始者是李开先。李开先是较早的对画家王舜耕进行品评并为其立传的人。在《中麓画品》中李开先评曰：“王舜耕如十丈之柳，百围之柽，气魄不小，然体疏弱，殊非明堂之材。”③《中麓画品》后附有李开先友人胡来贡的跋文。《跋》中记云：“王田，字舜耕，济南人，以县贰致政，善诙谐，信口为词，耸人听闻。”④但是在李开先的《闲居集·〈画品〉又序》一文中云：“王田，字舜耕，单县人，以知县致政，善诙谐，信口为词，耸人听闻。”⑤可见在李开先的笔下已经完全混淆了画家王耕和散曲家王田的生平了。

这里有必要对胡来贡的《〈画品〉跋》和李开先的《〈画品〉又序》二文作一番说明。将两篇文章进行比勘，可以发现，两篇文章文字大体相同，只有部分文字和叙述口气不一样。这不一样的文字反映的信息是不同的。笔者将二文相异之处列表如下，用着重号突出：

《〈画品〉跋》(明抄本《中麓画品》)	《〈画品〉又序》(明刻本《闲居集》)
湖山子村寓与中麓公隐居密迩	胡胡山村寓与中麓子隐居密迩
观其所著《画品》皆论国朝善画者	观其所著《画品》以为国朝善画者
但不详其乡贯字号及仕否行业，茫然不知为何处人，其意以为主于论画而不暇于论人。	但不详其乡贯字号及仕否行业，茫然不知为何处人，予意以为主于论画而不暇于论人。
固执书逐名扣之，中麓公应答如响，遂笔之于册。	固执书逐名扣之，予遂名应之，胡山遂笔之于册。
据此不惟知画，且从而知人。公之博学善记，于是乎尤可见。	据此不惟知画，且从而知人矣。

① (明)李东阳：《怀麓堂集》卷八，文渊阁《四库全书》本1250册，第72页。

② (明)钱穀编：《吴郡文粹续集》卷二十六，文渊阁《四库全书》1385册，第668页。

③④ (明)李开先：《中麓画品》，《续修四库全书》第1065册，第70、75页。

⑤ (明)李开先：《闲居集》卷六，《续修四库全书》1341册，第8页。

续表

《〈画品〉跋》(明抄本《中麓画品》)	《〈画品〉又序》(明刻本《闲居集》)
王田,字舜耕,济南人,以县贰致政	王田,字舜耕,单县人,以县令致政
汪质,字孟文,金陵人	汪质,字孟文,号海云,金陵人①
谢时臣,字思忠,号樗仙	谢时臣,字子忠,号樗山
中麓公魂魄其超千万人而独优者欤?同邑湖山胡来贡跋。	中麓公魂魄其优者欤?呜呼!予恶取当哉。聊述一时间问答之言,附诸《画品》之后云。

从《〈画品〉跋》我们可以知道,李开先的友人胡来贡(即湖山子)读完《画品》后认为该书"虽责备不少,假借有片长,亦不弄造,但不详其乡贯、字号及仕否行业,茫然不知为何处人"。于是胡来贡"固执书逐名扣问",李开先便"应答如响",胡于是"遂笔之于册"。由于李开先全凭记忆便口报出了诸位画家的生平,胡于是感叹李开先"博学善记,于是乎尤可见"②。后来李开先将胡来贡所题的跋文略加修改,删去了胡来贡的部分文字,对跋文的内容进行了修改,并将叙述视角转化成自己,然后将文章收录到《闲居集》中③。李开先在写文章或编订文集时是极不认真的,往往随意为之。弭少庵在《闲居集》集四跋语中写道:"尝自称《闲居集》往往随意成之,信笔书之,不用苦思,有如宿构。"④《〈画品〉跋》中胡来贡之所以将画家王舜耕记录作济南人,笔者揣测可能是由于当时李开先完全凭记忆口报,误将济南散曲家王舜耕的生平移植到了明洪武、永乐间的画家王舜耕头上。王骥德的《曲律》称散曲家王舜耕为"近之为词者",将其与康海、王九思等人并列。所以王舜耕的生活年代当略早于王骥德,应与李开先为同时代人⑤。且李开先为章丘人,王舜耕为济南人,二人居住地相距不过几十里。李开先被罢职后在老家广泛结交文人,词曲唱和。作为散曲家的王舜耕极可能与他有过交往。李开先在《词谑》中亦记有王舜耕作《骂驴》散曲一支以羞辱势利的寺院僧人一事⑥。也许正是因为这层关系,当胡来贡"逐名扣问"至"王舜耕"的时候,李开先便不自觉地将散曲家王舜耕的生平报出。后来李开先将胡来贡的跋文修改编入自己的《闲居集》的时候,可能意识到自己将画家王舜耕的生平搞错了,于是将王舜耕的籍贯改成"单县",将他的官职由"以县贰致政"改为"以知县致政"。不过由于李开先编

① "海云"实则为休宁县画家汪肇的号,李开先在修改胡来贡的跋文时将"海云"误作汪质的号,可见其改动文字之随意。

② 《中麓画品》,第75页。

③ 李开先将别人的文字加以编订算作自己的文章,这不是唯一的例子。卜键在《所见明刻本李开先〈闲居集〉及其他》一文中考证嘉靖年间刊刻的《宝剑记》的序作雪蓑渔者题,其人为李开先之好友苏洲。《闲居集》刊刻时也收录了此文,小注云:"改窜雪蓑之作。"(详见卜键笺校:《李开先全集·附录》,北京:文化艺术出版社,2004年,第1919页)

④ 转引自卜键:《所见明刻本李开先〈闲居集〉及其他》,《李开先全集·附录》,北京:文化艺术出版社,2004年,第1917页。

⑤ 王骥德的生卒年为1540—1623,王舜耕略早于王骥德,故生活年代当为正德、嘉靖年间。而李开先也主要生活于正德、嘉靖年间,因此王舜耕与李开先当为同时代人。

⑥ (明)李开先:《词谑》,《中国古典戏曲论著集成》册三,北京:中国戏剧出版社,1959年,第280页。

订集子时十分随意，所以他并没有将"善诙谐，信口为词"等信息删去，于是画家王舜耕便多了"信口为词"的文学特长，散曲家王舜耕也被人以为"山水学高房山"了。

李开先的《中麓画品》影响力颇大，后来的许多画史都参考和借鉴了《中麓画品》。而地方志的纂修也往往参考这些画史。由于王舜耕乃是下层文人，生平资料缺乏，所以方志的纂修者只能将李开先的记载全部引录，于是便出现了两个王舜耕生平不分的错误。

二、王西楼并未作过《西楼记》

《雨村曲话》是清代李调元品评戏曲的一部著作。《曲话》以辑录前人论述为主，间或附以己见。上卷主要是引录元曲作家的名句，并品评其修辞技巧和音律风格；下卷着重试对明传奇的词采问题作比较深入的探讨。书中精彩之处颇多，但是错误亦有之。如这段话：

作曲最忌出情理之外。王舜耕所撰《西楼记》，于撮合不来时，拖出一须长公，杀无罪之妾以劫人之妻为友妻，结构至此，可谓自堕苦海。舜耕，高邮人。

《西楼》工于调谑，其第六出《私契》所白"见了《锦帆乐府》，日夜称颂大名"，乃舜耕自负，故云"语儿曹：《阳春》古奏，和者甚寥寥"。①

这段话中李调元批评了晚明的传奇偏好结构的形式主义之风。其中提到了高邮人王舜耕和一部名叫《西楼记》的作品。历史上以创作《西楼记》而闻名的是晚明戏曲家袁于令。《西楼记》据云是袁于令根据自己的个人经历所创作的一部传奇。孟森《心史丛刊》中《〈西楼记〉传奇考》一文对此有详细考证，此不赘述。从《雨村曲话》中提到的《西楼记》内容"须长公，杀无罪之妾以劫人之妻为友妻"来看，是与袁于令的《西楼记》一致的。唯一的区别是袁于令的《西楼记》中"须长公"作"胥长公"。《曲话》中提到了《西楼记》的第六出念白，即"其第六出《私契》所白'见了《锦帆乐府》，日夜称颂大名'"也与袁于令的《西楼记》中的情节一模一样。所以可以肯定的是，《雨村曲话》中提到的《西楼记》一定是袁于令创作的《西楼记》。那么李调元何以将袁于令创作的《西楼记》误戴在王舜耕的头上呢？而济南的散曲家王舜耕怎么又变成高邮人呢？

如同因为"舜耕"这个字而造成画家王耕和散曲家王田生平混淆一样，因为"西楼"这个号，散曲家王舜耕的生平再次与别人发生了混淆。王骥德在《曲律》中记云："今世所传《西楼乐府》有二：一为王磐，字鸿渐，高邮人；一为王田，字舜耕，济南人。二人俱号西楼。"②王磐，字鸿渐，他的《朝天子·咏喇叭》一曲盛传至今。钱谦益在《列朝诗集小传》载其"著《西楼乐府》，工题赠，善谐谑，与金陵陈大声并为南曲之冠。诗律亦流丽，有《西楼集》"③。王磐的生卒年为1470—1530。王舜耕的生卒年虽然不

① (清)李调元:《雨村曲话》,《中国古典戏曲论著集成》册八,北京:中国戏剧出版社,1959年,第20页。

② (明)王骥德:《曲律》,《中国古典戏曲论著集成》册四,北京:中国戏剧出版社,1959年,第177页。

③ (明)钱谦益:《列朝诗集小传》,上海:上海古籍出版社,1959年,第347页。按:钱谦益提及王磐创作"善谐谑",也可能是将王磐的创作特点与王田的创作特点相混淆了。

详，但是前文已经考证他大致是和李开先是同时代人。李开先的生卒年为1502—1568。所以王舜耕的生活年代是与王磐相去不甚远。同号“西楼”，生活年代又相距不远，而且皆工散曲，这多重的相似性使得后人常将二人混淆。最先发生错误的便是王世贞。王世贞在《曲藻》云：“王舜耕，高邮人，有《西楼乐府》，词颇警健，工题赠，而浅于风人之致。”①王世贞想评价的人是王磐，但是由于“西楼”这个号的误导，他将王舜耕当成了王磐。这一点王骥德也早有辨正：“舜耕词较鸿渐颇富，然大不如鸿渐精炼。如《浴裙》、《睡鞋》、《闹元宵》、《转五方》等曲，皆鸿渐作。弇州所谓‘颇警健，工题赠而浅于风人之致’者，善指舜耕，非鸿渐也。”②李调元撰《雨村曲话》时大量参考前贤论著，其中就包括王世贞的《曲藻》。于是王世贞的错误自然也被李调元继承了下来。最终《雨村曲话》里出现了“王舜耕，高邮人”的错误说法。

而将《西楼记》置于王舜耕的名下，则可能是由于《西楼记》也曾被简称为“西楼”的缘故。我们知道，书名号是现代人的创举。明清两代是没有书名号的，所以古文献中的书名和人名有时容易混淆。“王西楼”和《西楼记》在古文献中俱作“西楼”。如王骥德的《曲律》中所记载“小令北调，王西楼最佳”，“此体亦是西楼最佳”。此“西楼”是指散曲家王磐“王西楼”。张岱的《张子诗秕·为袁箨庵题旌停笔哭之》云：“西楼一剧传天下，四十年来无作者。”诗中的袁箨庵即《西楼记》的作者袁于令，而“西楼”是指传奇《西楼记》。如果不是对戏曲有所了解的人，是很难区分两个“西楼”的真正含义。又据吴新雷先生考证，李调元之《雨村曲话》成书于乾隆四十七年③，此时距“王西楼”和《西楼记》的时代已经有近二百年了。由于年代久远，加之“舜耕”和“西楼”之误本已是环环相扣，所以李调元也没有能够考辨出这个错误。

三、结论

作为散曲家，王田存世的作品并不是很多④，其创作影响力也十分有限，但是对其生平的梳理依然具有代表性的意义。戏曲创作向来不受正统文坛关注，所以很多戏曲家名姓不著，其生平史实也因为文献不足征而难以确考。因此对王田生平的考证可以告诉我们，一些文献记载在运用前得先证实或证伪，然后方能决定如何运用，否则材料本身就是以讹传讹，再用它来做论据，这必然会错上加错，贻害后世。

（作者单位：淮北师范大学文学院）

① (明)王世贞：《曲藻》，《中国古典戏曲论著集成》册四，北京：中国戏剧出版社，1959年，第36页。

② 《曲律》，第177页。

③ 吴新雷：《中国戏曲史论》，南京：江苏教育出版社，1996年，第262页。

④ 据李昌集先生的辑录，王舜耕现存小令七，套数三。见李昌集：《中国古代散曲史》，上海：华东师范大学出版社，1991年，第633页。

《清代闺阁诗人征略》的文献编纂特色

莫立民

施淑仪《清代闺阁诗人征略》著录了清朝260多年1260多位女诗人的姓名、里居、出身、著述等有关文献资料。此书编撰于民国初年社会转型期，作者又以自己的独特视角来辑录清代女诗人，以此，它有着自己独特的文献编纂魅力。晚清著名诗人易顺鼎为《清代闺阁诗人征略》作序云："造四万八千塔功德，竟出于蛾眉；荟二百数十年光气，长留于麟角。"①现代学者胡文楷在《历代妇女著作考》第十条凡例中说："古代妇女著作，记载极少，翻检群籍，蒐罗资料，至为不易。为求读者之便，故自汉至明，叙述较详。清代作者，已有施淑仪《清代闺阁诗人征略》，足资参考。"②

一

与中国古代女子文学诸多文献比照，《清代闺阁诗人征略》在编纂对象、编纂体例、资料蒐采、文艺思想展示等文献编纂结构上均呈现自己鲜明的个性。

其一，在编纂对象上，它是一部"以事存人"，以搜集、整理清代女诗人生平事迹、轶闻逸事为主的断代文献书籍。

中国古代女性自己辑录女性文学作品，始于晚明沈宜修编纂的《伊人思》，其后，编辑此类著作蔚成风气。其中声名较著者有清初方维仪《宫闺诗史》与王端淑《名媛诗纬》，清中叶恽珠《国朝闺秀正始集》，晚清单士釐《清闺秀艺文志略》。这些女性自己编纂、撰写的有关女性文学书籍，多以选诗或以辑录女作家诗文著作为主，对作家的生平事迹、轶闻逸事着力不多。相比上述书籍，《清代闺阁诗人征略》则在编纂对象上"以事存人"，将主要精力放在诗人生平事迹、轶闻逸事的搜集、整理上，重在辑录清代女诗人的生平与轶闻逸事等"事迹"。《清代闺阁诗人征略》在第一条例言中说："先详姓氏、里居、著述，次列事迹。"它又在第六条例言中说："是编以事迹为主，与选诗不同。凡见其诗而未见其事迹者，姑从缺。"上海书店在1987年影印出版此书时也说："《清代闺阁诗人征略》十卷，补遗一卷。辑录了清代自顺治至光绪一千二百六十余名女诗人的姓名、里居、著述、事迹等有关材料，内容偏重于文艺方面，凡属诗文、词赋、书画等有一艺专长的都予采录，而以事迹为主。"③

---

① (民国)施淑仪：《清代闺阁诗人征略》，上海：上海书店，1987年，第2页。

② 胡文楷：《历代妇女著作考》，上海：上海古籍出版社，1985年，第8页。

③ 上海书店编辑部：《清代闺阁诗人征略·出版说明》，上海：上海书店，1987年，第1页。

《清代闺阁诗人征略》“以事存人”的编纂原则与以选诗或以辑录女作家诗文著作为主的中国古代女性文学其他文献比较，其编纂方法更具叙事与故事性，其所录内容也更为丰富多彩。不妨将它与《国朝闺秀正始集》进行比照，以展示其“以事存人”的编纂特质。

恽珠《国朝闺秀正始集》重在选诗，故其在书中所写的诗人小传对所录女诗人生平事迹记载简略，而以“以事存人”为编纂原则的《清代闺阁诗人征略》却记事丰富详赡，细致饱满。如两书对明、清易代之际著名女诗人黄媛介的描绘就有明显区别。首先，恽珠在撰写诗人小传时，只有概括性的介绍，而《清代闺阁诗人征略》则重视对细节的描述。如恽珠在介绍黄媛介婚姻时只说：“幼字杨氏，杨久客不归，会有大有力者，艳其才，欲夺之，父兄劝改字，誓不可，卒归于杨。”施淑仪则引清人王士祯《池北偶谈》对黄氏婚姻的来龙去脉有较细致的描述：“皆令（黄氏字皆令）做小赋，颇有魏晋风致。少时，太仓张西铭字溥闻其名，往求之。皆令时已许字杨氏，久客不归，父兄屡劝之改字，不可。张闻言，即约某日会某所。设屏障观之，既罢，语父兄曰：‘吾以张公名士欲一见之，今观其人，有才无命，可惜也。’时张方入翰林，有重名，不逾年竟卒。皆令卒归杨氏。”其次，《国朝闺秀正始集》只介绍黄氏的姓名，里居，婚姻与文艺状况，对黄氏生活的其他方面均未着笔。《清代闺阁诗人征略》则不然。它不仅注意对黄氏里居、婚姻、文艺成就等事迹进行状写，而且还注意对其血亲与交游圈进行描绘。此书引清人汤漱玉《玉台画史》记载黄氏血亲事迹说：“黄皆令幼女不知名。吉水远山夫人朱中楣云：‘犹记闲坐湖楼，皆令携幼女过访，发方覆额，遂能以咏诗写帖，楚楚可人。’”此书还引清人阮元《两浙輶轩录》记载黄氏生平交游说：“乙酉遭乱，转徙吴闾，羁白下，后入金沙，闭迹墙东，张无放及夫人于氏资给之。时时往来虞山，与柳夫人为文字交。”这里所说的张无放、于氏、柳夫人诸人，均是关心黄媛介，在其生活窘迫时对她有所帮助的人。其中所说的“柳夫人”，就是明末清初著名女杰柳如是。

概而言之，《清代闺阁诗人征略》“以事存人”的编纂原则，使其叙事生动细致，并且大多能塑造出比较饱满的人物形象。在此编纂原则下，书中人物不是冷冰冰的没有生命的化石古董，而是有血有肉的有生命的载体；她们都还“活”着，读者可以感受到她们的一颦一笑，可以体会到她们的喜怒哀乐。而这“活”的叙事又是在严格的“真实”原则中进行，它没有小说虚构的故事，也没有过多的“削减”、“改写”、“延伸”等写作技巧。可以说，它既有文学的指向，又有学术的基因，更有历史的真实，能为读者研究清代女子诗学提供生动且可信的文献材料。

其二，以时间为经，地理为纬，家族、师友为支撑点的编纂体例。

施淑仪在书中例言二说：“是编专载有清三百年中闺秀，起于顺治，下迄光绪。至明季闺秀甲申后尚生存于世者，亦录之。惟闺秀无科名仕宦可考，其年辈界在疑似间者，不无阑入。若确知其生卒年皆在明时，则虽甚有名，如叶小鸾、翁孺安辈，概不录入。”此则例言表明，《清代闺阁诗人征略》有严格的时间编纂结构。全书共计 10 卷，补遗 1 卷，均按时间先后顺序依次排列。其中卷一著录明清易代之际女诗人 87 人，卷二著录清初顺治、康熙年间女诗人 141 人，卷三著录清初康熙、雍正年间女诗人 118 人，卷四著录清初雍正至盛清乾隆年间女诗人 143 人，卷五、卷六、卷七著录盛清乾隆年间女诗人 323 人，卷八著录盛清乾隆末年至晚清道光间女诗人 164 人，卷九、卷十著录晚清道光至光绪年间女诗人 183 人。补遗 1 卷，共录清代女诗人 102 人，也按从清初到晚清的时间顺序排列。《清代闺阁诗人征略》这种严格的纵向时间编纂结构，可称一种科学、严谨的时间体例安排，由此读者可以纵向地厘清清代女子诗歌的发展走势与流程，清晰地把握清代一代女子诗史替兴革变的基本轮廓。

《清代闺阁诗人征略》不仅有严格的以时间为经度的纵向编纂结构，而且书中还有横向的地理文化生成的符号系统。施淑仪在记载绝大部分清代女诗人时，均把她们的里居，即地理来源放在最主要位置予以介绍。如她在记载清初著名女诗人纪映淮时首先说："映淮字冒绿，小字阿男，上元人。"在记载盛清著名女诗人周映清时首先说："映清字皖湄，归安人。"在记载晚清著名女诗人左锡璇时首先说："锡璇字芙江，阳湖人。"施氏所说的上元、归安与阳湖诸地，均为清代县名，即今江苏南京市江宁区、浙江湖州市吴兴区以及江苏常州市武进区。这些地区均为我国长江下游经济、文化发达之区，也是清代诗学最为昌盛之地。《清代闺阁诗人征略》这种注重考察所载女诗人地理来源的编纂原则，使其能准确地反映清代女诗人在地域分布上的特征，也让此书抹上浓浓的地域文化色彩。

《清代闺阁诗人征略》也特别注重以血亲、师友关系为支撑点来安排内容的编纂。它在按时间顺序排列的同时，又常常将同一家族或同一诗学师友体系的诗人综合在一起。此书例言七云："是编略依时代为次，或母女姑媳相从，或以诗派相近及同社同门者为类，不拘一例，阅者谅之。"例如卷一，起于沈云英，结于魏琴娘，所收均为明清易代之际女诗人，诗人与诗人之间以时间先后排列。但与此同时，它将此期著名的山阴祁氏家族女诗人商景兰、祁德渊、祁德琼等人依次列在一起。除山阴祁氏家族女性诗人群体外，此卷还录有王静淑、王端叔、方维仪、方维则、黄幼藻、黄幼蘩等同胞姐妹，并将她们次列在一处。此书卷二，开始于徐灿，结束于吴湘，此卷所收大多为清初顺治到康熙年间的女诗人。卷内诗人排列也按时间先后为序。但编者又打乱局部的时间顺序，将这一阶段清代女子诗坛著名的"蕉园七子"集中在一起。这七人分别是：林以宁、柴静仪、钱凤伦、冯娴、顾姒、毛媞、张昊。"蕉园七子"结社联吟是清初女子诗坛著名的事件，它对清初女子诗歌创作的繁荣与清初女子诗歌创作特质的确立起到重要的推进作用。《清代闺阁诗人征略》将"蕉园七子"放在一起加以纂辑，如实地反映了"蕉园七子"结社吟诗的文学现象，也真实地再现了清初女子诗坛的风貌。

总之，施淑仪在编纂《清代闺阁诗人征略》时，注重以时间为经，地理为纬，家族、师友为支撑点来著录清代女诗人。这让读者在阅读卷帙时感受到浓浓的血亲家族之风与时代、地理、师友之缘。它与一些或以时间，或以文学体裁，或以社会阶层比较单一的视点来编纂清代女子诗学的古代文献比照，更能切合编纂客体的具体形态，也更能展示编纂客体的真实风貌。这种开放而呈网状结构的编纂体例，称得上是清代女子诗学最具科学性的编纂方式之一。

其三，搜采丰富多彩的清代女诗人研究资料。

《清代闺阁诗人征略》文献编纂的另一重大特色，就是编纂者在著录清代女诗人时自己撰写的文字不多，而是通过辑录大量总集、别集、选集、诗话、词话、笔记、别史、方志等有关研究资料来展示清代女诗人的生平事迹与诗学风采。此书每著录一位女诗人，常常援引多方面的文献材料来描述其生平，评述其诗歌创作特质与成就，且所录文献均注明出处，以备读者查证。例如卷一，共录87人，列举诗集、词集共18种，诗话、词话11种，方志10种，别史4种，笔记3种，丛刊1种。卷二共录141人，列举诗集、词集27种，诗话、词话11种，方志8种，别史3种，笔记2种。统计全书，《清代闺阁诗人征略》共引诗集、词集、诗话、词话、笔记、别史、方志等各类书籍达230种左右。

此书所引书籍有些为清代女子文学研究的常见文献。诗集如沈德潜《国朝诗别裁集》，恽珠《国朝闺秀正始集》等。词集如周铭《林下词选》，缪荃孙《国朝常州词录》等。诗话如梁章钜《闽川闺秀诗话》，沈善宝《名媛诗话》等。词话如徐釚《词苑丛谈》，丁绍仪《听秋声馆词话》等。别史如姜绍书《无声诗史》，张在贞《玉台书史》等。笔记如王士禛《池北偶谈》，史震林《西青散记》等。这些文献或已被今人整理出版，或已被《四库全书》、《续修四库全书》、《四库存目丛书》、《丛书集成》、《香艳丛书》等大型丛刊所收，故比较容易找到。有些为稀见的清代女子文学研究文献。诗集如《桐溪诗述》与《梅里诗辑》。前者只有清嘉庆二十五年(1820)刻本，后者则只在道光三十年(1850)刊刻。笔记如《南野堂笔记》与《桐阴清话》。前者刊于清嘉庆元年(1796)，后者刻于清同治十三年(1874)。这些文献均只有刊本，至今尚未整理出版，且只有极少数图书馆收藏，故较珍贵。有些则为已经佚失的清代女子文学研究文献，仅在《清代闺阁诗人征略》中得以保存。诗集如《枫溪诗剩》，诗话如《香杜诗话》，笔记如《农隙笔谈》等。

大体而言，《清代闺阁诗人征略》所征引的清代女子文学研究材料数量、种类多，而其文献作用又是多方面的。一方面，如果将这些征引书籍从目录上作一个分类编排，可以说是清代女子文学研究文献的一次有意义的汇总，它们具有目录学上的"因类求书"、"因书究学"的学术引领与指导作用。另一方面，此书所征引的一些稀见或佚失的文献材料大多具有文献独占性，它们或多或少具备文献上的辑轶、补缺作用。

其四，着力展示一己的文学批评宗旨。

《清代闺阁诗人征略》编纂于民国初年社会转型时期，受到新时代社会新思潮的影响，施淑仪的诗学观点与旧时代比照，有着诸多的不同。其中主要体现在：

一是德、才并重的文艺思想。

恽珠在《国朝闺秀正始集》例言中，对于所录女诗人入选顺序之标准，她明确写道：

> 排列次序，第一首录宗室红兰主人女县君，作尊天潢也。次录先高祖姑科德氏，作述祖德也。次录族姑恽清于，作重家学也。次录毕韬文，作标奇孝也。次录伊夫人，作美贤淑也。次录尹太夫人，作昭慈范也。次录林氏，作扬贞烈也。次录希光，作彰苦节也。

又说：

> 是集所选，以性情贞淑、音律和雅为最。风格之高尚其余事。至女冠缁尼，

不乏能诗之人,殊不足当闺秀,概置不录。[①]

恽珠以天潢、祖德、贞烈、苦节等作为她录人与择诗的标准,又说"是集所选,以性情贞淑、音律和雅为最"。恽珠所推重的择诗标准表明,她重视文学的内容质素,以"德"为先,至于文学的艺术表达与美感质素则居其次。"德"在中国古代社会居有最高位置,美国学者曼素恩就曾看出了这一点,他说:"在恽珠的时代,大户人家妇女的'才'从属于妇德的一统天下。真正的'才女'首先是一位闺秀。"[②]

施淑仪冲破了中国古代社会以德为先,乃至"女子无才便是德"的固化思想藩篱,其录人与择诗的标准既重德,也重才。《清代闺阁诗人征略》凡例三云:"是编偏重文艺,凡诗、文、词、赋、书、画、考证之属,有一艺之长,足当闺秀之目者,皆录之。非是,虽有嘉言懿行,概不著录。"这段话讲得清楚明确,首先,入选女诗人必须在"诗、文、词、赋、书、画、考证"等"才"方面有突出的特点或成就方能入围,如果不是这样,就是有"嘉言懿行"、道德甚是高尚者也会被摈弃。其次,入选女诗人在德行上也不能有重大缺陷,她必须"足当闺秀之目"。例如卷一所选周琼,字羽步,吴江人,《众香词》称她:"羽步少警悟,工诗词,曾为某大老侧室,继又适士人。"如果按照传统保守妇礼来评判,她就是一个一女而事二夫的"失足"女子。假如用严格的德为才先的择诗标准来选择,她很有可能名落孙山,但在《清代闺阁诗人征略》中她依旧雀屏中选。不过,周羽也不是在德行上犯有淫乱、恶妒、凶残等大错的坏女人。如果周羽在德行上真的犯有不可饶恕的大错,则施淑仪也不屑收录她。

施淑仪之所以能冲破传统社会保守思想的藩篱,提倡"德、才"并重的文艺思想,一方面是因为清季民初社会转型时代社会大势使然,另一方面也因为她是一位具有现代进步意识的新女性。她曾任家乡上海崇明县尚志女校校长。在任校长期间,她积极倡导女权和男女平等,不一味赞同忠孝节烈。其女弟子孙景谢在《清代闺阁诗人征略·附录》中回忆说:"先生之教育,于贤母良妻主义不甚措意,而意在陶成优美高尚之人才。居恒读史,所景慕者,惟法之罗兰夫人,俄之苏菲亚之流,最近则鉴湖女侠秋瑾。班姬、韦母视之蔑如也。"施淑仪在《赠张兰秋表妹二首》诗中就曾明确表达她对"女子无才便是德"陈腐观念的反对:"兰桂寂寂正黄昏,壮志当年喜共论。莫道无才便是德,大家续史至今存。"施淑仪这种进步的教育与文艺思想表现到《清代闺阁诗人征略》中,就展示出编纂思想的新气象。

二是对闺中雄音的推许。

《清代闺阁诗人征略》尤爱在社会上有重大作为的女英杰且对女性雄迈诗风十分推崇。施淑仪在凡例八中明确写道:"是编始托于沈云英、刘淑英、毕著,殿以秋瑾,所以寓崇拜女豪杰之微意。"在凡例四中说:"是编所采,诗文家以有专集行世及入选于诸大总集者为断,美术家以经前辈通人论定者为断,杂著以世有传本为断,惟沈云英仅以《春秋胡传》教授,别无著述传世,以其为希世女杰,破格录之。"基于这样的编纂思想,施淑仪对闺中女杰与女性诗歌中的豪迈之音的编纂特别用心。首先,在文献编

① (清)恽珠:《国朝闺秀正始集·例言》,清道光红香馆刻本。

② [美]曼素恩:《缀珍录》,南京:江苏人民出版社,2005年,第158页。

纂时，她将清代一些有作为的女英杰破格放在最显要的位置。全书排名第一的是明末清初的著名女杰沈云英，排名第二与第三的则是明末清初著名巾帼英雄刘淑英与毕著。这三人均在明末清初社会大动乱中卸下绣襦，披上铠甲，亲自组织或率领一支军队血战疆场，并且取得不凡战果。她们只是在文学上小试身手，不以文鸣。如果以文学成就，即施淑仪所说的"偏重文艺"来论列，她们不应该占据此书的前三名。其次，施淑仪每每对女性诗歌中的豪迈之音进行高度揄扬。如其在此书卷一引《云嫂斋诗话》对清初著名女诗人顾若璞的豪迈文风大加赞赏："若璞文多经济大篇，有西京气格，常与闺友宴坐，则讲究河漕、屯田、马政、边备诸大计。"在此书卷十引民国初年陈去病《鉴湖女侠秋瑾传》对秋瑾豪迈文风与个性称赏不已："读书通大义，娴于词令，工诗文词，著作甚美。又好剑侠传，习骑马，善饮酒，慕朱家、郭解之为人，明媚倜傥，俨然花木兰、秦良玉之伦也。"

主张女性解放，在社会生活中有所作为，为施淑仪一生一以贯之的进步思想。他在其所写的《寄瞿诵芬》诗中吟道："君不见，沈云英奋然独守道州城，又不见，秦良玉手握雄兵保川蜀。"在《题徐安详遗像一绝》中写道："金石论文最有情，壮怀绝似沈云英。"在《追悼秋女士瑾二首》诗中说："扶桑万里只身游，国事驰骋几度秋。惭愧输君先一著，英明侠气动全球。"施淑仪的这种进步思想体现到《清代闺阁诗人征略》的编纂中，使得此书在编纂思想上较之中国古代诸多同类书籍，有着更多的进步因素。

二

从文献编纂的视域来考察，《清代闺阁诗人征略》是迄今为止诸多清代女子文学研究书籍中用力最勤，编纂最为科学、精审的著作之一，堪称清代女子文学研究的经典文献。

此书全力搜辑并描绘清代1200多位女诗人的生平事迹与诗学成就。清代女子诗坛的杰出作家，著名女子诗社，著名女子诗歌创作群体，著名女子诗歌创作世家以及清代女子诗歌的地理分布版图等清代女子诗界的构建质素，均在此书得以展现，应该说，此书无论从宏观与微观上都大体反映了清代女子诗坛的全貌，基本上描绘出清代女子诗歌创作的嬗替盛衰的源流与轨迹，它具有筚路蓝缕的"记载"与"保留"的文学史功能。

需要着重指出的是，作为一部保存历史资料的文献类书籍，此书在文献编纂方法与思想上与中国古代同类书籍比照，则既有汲承，又有新创。其在文献编辑的主要环节，即编纂对象、编纂思想、编纂体例、资料搜采等结构上均展示出自己的独特构成，显得更具科学与前瞻性。其在编纂对象上，以清代一代女子诗人为目标，在"以事存人"的规则下全力搜辑她们的生平轶事与诗学成就，这在清代女子文学研究文献中是独树一帜的。在编纂思想上，编纂者提倡"德"、"才"并重，嘉许闺中雄音，主张男女平等，女性解放，这些具有晚清民初时代特质的进步思想，也冲破了中国古代社会保守思想所划定的禁区。在编辑体例上，编纂者也有诸多新变，如其不仅重视清代女子诗歌的时代演进，而且还重视它的地理分布；不仅重视名家懿士的撰述，而且重视家族、师友与诗坛小作家的考察;不仅重视宏观的扫描与鸟瞰,也重视微观的细读与探幽,等等。在资料搜采上,《清代闺阁诗人征略》注重对他人第一手材料的征引,很少编纂者自己撰写的文字,全书征引书籍达230种左右,搜罗资料之富,在清代女子文学研究文献中可称翘楚。

固然,《清代闺阁诗人征略》在文献编纂上尚有瑕疵,如其漏收了清代一些有作为的女诗人,对一些女诗人时间排列的顺序也未必恰当,但总体来说,在思想上,它重视文献编纂的开拓与新创;在内容上,它重视文献编纂的客观、真实性;在方法上,它重视文献编纂的科学、逻辑性,在资料上,它注重文献编纂的丰富、多元性;它是迄今为止清代女子文学研究文献中编纂最为成功的著作之一。

目前,整理并编纂我国古代典籍与文献的工作方兴未艾,我们理应秉持"汲其精华,去其糟粕"的基本原则,积极汲取我国古代与近代以来一些好的文献编纂经验与规则,努力整理、编纂出更好的古代典籍与文献。《清代闺阁诗人征略》成功的文献编辑经验对我们今天编纂文献,尤其是古代文献理应具有积极的借鉴质素与启示意义。

(作者单位:湘潭大学文学与新闻学院)

徐复先生对中国训诂学的贡献[①]

王华宝

近百年来，中国社会变动巨大，从传统社会走向现代社会，冲击文化生态，改变了中国的文化格局。其间学术研究也经历了多次大规模地对以前的学术、思想、文化等的重新估定，并为现代中国建构新的知识系统，建立新的研究范畴、概念、话语乃至范式体系。在现代语言学背景下，具有悠久历史的训诂学同样面临学科振兴、贴近学术研究的实际以及与时俱进、不断创新的问题。一次又一次地调整学科的发展路向，就成为一代又一代学科领军人物的时代使命。中国训诂学研究会老会长徐复先生就是承担了时代使命的代表人物之一。探讨徐复先生等老一辈学者的学术贡献，学习他们的治学精神，对推动学科的发展，端正当代学术方向，特别是弘扬学术文化精神等，有着极大的促进作用。

关于徐先生的学术思想，有《朴学之光——语言文字学家徐复》[②]、《朴学之路——徐复教授九十寿辰学术讨论会论文集》等图书[③]，关于徐先生的训诂思想，也有华中师范大学黄建中教授撰《徐复的训诂思想》[④]、南京大学李开教授等撰《论徐复教授的训诂学说》[⑤]、吴金华先生撰《训诂学家的乐趣——徐复先生二三事》等专文[⑥]。关于徐先生的具体事迹，南京大学许惟贤教授撰《徐复先生和中国训诂学研究会》[⑦]、许嘉璐教授撰《〈徐复语言文字学晚稿〉序》[⑧]、吴金华先生撰《徐复先生学术纪年初稿》[⑨]、笔者敬撰《一代宗师徐复先生》等文有较为详细的介绍[⑩]。而较为系统而全面地梳理徐先生对中国训诂学贡献的文章，似乎不多。2012年南京师大召开纪念徐复先生诞辰一百周年学术大会前夕，李开教授来电话，提出应当对徐先生在训诂学方面

---

① 本文为“训诂学与民族民俗文化研讨会暨中国训诂学研究会第九届理事会第二次会议”（2013年8月，青海西宁）提交论文，教育部人文社会科学研究一般项目“《史记》金陵书局本与点校本校勘研究”（13YJA770032）阶段性成果。

② 赵宁乐、方向东编：《朴学之光——语言文字学家徐复》，南京：南京大学出版社，2003年。

③ 马景仑、薛正兴主编：《朴学之路——徐复教授九十寿辰学术讨论会论文集》，南京：江苏教育出版社，2004年。

④ 黄建中：《徐复的训诂思想》，《华中师范大学学报》2000年第4期。

⑤ 李开：《论徐复教授的训诂学说》，《朴学之路》，第42－45页。

⑥ 吴金华：《训诂学家的乐趣——徐复先生二三事》，《文汇读书周报》，2006年9月1日。

⑦ 许惟贤：《徐复先生和中国训诂学研究会》，《朴学之光》，第101－111页

⑧ 许嘉璐：《〈徐复语言文字学晚稿〉序》，《徐复语言文字学晚稿》卷首，南京：江苏教育出版社，2007年，又载《南京师范大学文学院学报》，2007年第3期，第1－4页。

⑨ 吴金华：《徐复先生学术纪年初稿》，《朴学之光》，第301－328页。

⑩ 王华宝：《一代宗师徐复先生》，《南京师范大学文学院学报》，2007年第3期，第5－11页，又载《古文献问学丛稿》，北京：中华书局，2009年，第212－224页。

所作贡献多加研究并弘扬。近时，南京师大约稿撰写6万字篇幅的《徐复先生传略》，因不揣浅陋，撰写本稿，向各位先生请教。

一、为训诂学的复生与发展、学科建设等作出了巨大贡献

（一）招生办学

1978年，徐复先生领衔招收汉语史硕士学位研究生，帮助南京大学洪诚先生指导汉语史研究生多名，并为南京大学、北京师范大学、山东大学、武汉大学等校研究生评审和答辩论文。1983年在南京师范大学创办中国古典文献学专业，1984年又领衔招收古文献学硕士学位研究生。先生还常到各地讲学，推动各地开展学术研究，大量的学生有机会亲聆教诲，诚如许惟贤先生所说"听先生讲论答问，无不有如坐春风之感"。2003年9月18日，先生以九十二岁高龄出席"南京师范大学古文献专业成立二十周年暨学术研讨会"，并作大会发言，鼓励广大师生多读书，多出成果。因而，至今有许多弟子在从事训诂学的教学与研究工作。

徐复先生在培养外国高级访问学者方面也做过很多工作。如指导过日本早稻田大学坂田新副教授，其研究课题是"诗经学史"；前苏联国立基辅大学副教授列左年克的研究课题是"汉字和汉字教学"；日本高级访问学者末冈宏的研究课题是"关于清末古文派经学"；瑞士学者冬玛轲的研究课题是"说文解字部首阐述"。还指导过德国耿幽静等人。

（二）执教训诂学班与成立学会

1979年秋天，当时的国家高教部委托南京大学中文系洪诚先生举办训诂学培训班。洪诚先生邀请徐复先生和山东大学的殷孟伦先生共同讲课。洪先生主讲训诂学，徐先生主讲训诂学和音韵学，殷先生主讲训诂学专书。来学习的，都是全国重点高校担任训诂学教学的教师，共二十八位。徐先生殷勤传学，不辞劳苦。已有多位先生记述，此不详述。

训诂学培训班学习期间，倡议成立中国训诂学研究会，许惟贤先生称"起到了重要的催生作用"。后来，徐复先生与陆宗达先生、黄焯先生、殷孟伦先生等积极筹备，于1981年成立中国训诂学研究会。徐复先生被选为副会长；1984年，被选为会长。有关情况，详见许惟贤先生《徐复先生和中国训诂学研究会》[①]。

1981年，徐复先生与省内语言学界同仁成立了江苏省语言学会，被选为会长。鲍明炜先生曾撰写《徐复先生与江苏语言学会》[②]，有详细介绍。学会每年召开一次学术年会，延续至今。

此外，徐复先生1979年被中国语言学会选为理事，1981年中国音韵学研究会成

---

① 《徐复先生和中国训诂学研究会》，《朴学之光》，第101－111页。

② 鲍明炜：《徐复先生与江苏语言学会》，《朴学之光》，第112－114页。

立时被聘为顾问。

（三）推动重要经典的出版

传统学科复兴，读书是根本。而80年代初，书荒仍未过去。中国训诂学研究会主编高邮王念孙、王引之父子《广雅疏证》、《读书杂志》、《经义述闻》、《经传释词》四种书，由江苏古籍出版社出版。徐先生亲自为《广雅疏证》、《经传释词》二书撰写“弁言”。记得当时南京师大古文献专业发书给在校学生，我们虽还不能看懂，然视若拱璧。其时徐先生并邀集同仁，从事《广雅诂林》的编撰工作，组织出版《语言研究集刊》，等等。“高邮王氏四种”的出版，在当时影响极大，至今仍在发行，确实是“上以寿先辈之精神，下以惠后来之沾溉”。

（四）举办纪念活动和建立纪念馆

徐复先生对推动学科的发展有明确的思路，他殚精竭虑，表彰先哲，树立典型，是在承担时代使命，为学科的发展明确方向。

1983年，徐先生数次赴扬州、高邮商议，主持召开了段王学术讨论会，并推动高邮王氏纪念馆的建设，并强调：“我们今天纪念他们、研究他们，就是要学习他们崇尚实证、求索真是的态度和学风，继承和发扬他们刻苦治学的精神和严谨的治学方法，在诸如整理古籍和语言文字研究方面，推动学术前进，以求取得更大的成绩。”①

1985年倡议在段玉裁诞生250周年之际，在金坛市召开全国性纪念大会，建立段玉裁纪念馆。当时徐复先生已是74岁高龄，四下金坛，与当地领导磋商，亲临段氏家乡大坝头考察，为重修段墓出力，并撰写了碑文。纪念馆落成之日，国内外200多名著名专家、学者云集金坛，盛况空前，影响深远。

许嘉璐先生说：“在整个80年代，训诂学研究会是同类研究会中组织活动最频繁、培训人才最多、对高校中文学科教学影响最大的学术组织之一。”这是客观实际的。在陆宗达先生、徐复先生等的带领下，由中国训诂学研究会出面，由许嘉璐先生、唐文先生等中年学者具体协调②，组织对许慎、郑玄、段玉裁、王念孙王引之父子、章太炎、黄侃等学术大师的纪念活动，对表彰先哲、复兴传统学术、繁荣学术空气起到了很大的提倡和促进作用。

先生在九十高龄以后，仍然参加了许多学术活动。如2001年5月18日，亲赴南通，出席“江苏省语言学会成立20周年暨第十四届学术年会”，并作学术报告。5月20日，转道常州，至常州工学院讲学，并倡议加强赵元任先生语言学研究，设立赵元任研究机构，并立像纪念等。

2001年9月1日，亲赴杭州出席“章太炎、黄侃先生纪念会暨国际学术研讨会”，作大会发言、晋谒太炎纪念馆、赴海宁参观王国维故居。

2002年11月，出席“赵元任诞辰110周年学术讨论会暨江苏省语言学会第十五

① 《徐复先生和中国训诂学研究会》一文，《朴学之光》，第109页。

② 许嘉璐：《郑玄辞典序》，唐文编著《郑玄辞典》，北京：语文出版社，2004年。序文记录唐文先生为训诂学研究会做了大量工作，“是为振兴训诂学事业死的”。录此以寄敬仰与哀悼之情。

届学术年会”，并与赵元任先生之女、婿等，为常州工学院赵元任先生塑像揭幕[①]。

二、大量的训诂实践，丰富了训诂学的应用范围

训诂学是一门实践性极强、应用价值很高的学问，吴金华先生根据徐先生的治学经历，提出“跟汉语史建设、古文献校注及字典辞书编纂这三项工作的关系最为密切”[②]。

徐复先生研究成果集为专书的有：《秦会要订补》（中华书局 1959 年版）、《徐复语言文字学丛稿》（江苏古籍出版社 1990 年版）、《徐复语言文字学论稿》（江苏教育出版社 1995 年版）、《后读书杂志》（上海古籍出版社 1996 年版）、《说文五百四十部首正解》（江苏古籍出版社 2003 年版）、《訄书详注》（上海古籍出版社 2000 年版）、《徐复语言文字学晚稿》（江苏教育出版社 2007 年版）、《吴下方言考校议》（凤凰出版社 2012 年版）等；担任《辞海》编委、语词分科主编；主编《广雅诂林》（江苏古籍出版社 1992 年版），参与主编《汉语大词典》、《古汉语大词典》等。徐先生的研究成果基本不出上述三个方面。

关于徐复先生的研究成果，笔者曾撰《通学术之变　成专精之业——徐复先生主要著作述评》一文，收入《朴学之光——语言文字学家徐复》中。除后出的《说文五百四十部首正解》、《訄书详注》、《徐复语言文字学晚稿》等，均有介绍，此不赘述。

先生特别重视对传统小学典籍的校理与研究，成果具在。先生据《尔雅》等证明中国人早就发现白鱀豚，提高了人们对训诂遗产价值与功用的认知，常为人们所乐道。

三、重视俗语言研究等，拓展了训诂学的研究领域

徐先生的研究兴趣在于发现训诂的疑点、盲点和难点，开拓新的研究领域。这对后辈学者影响极大。董志翘教授曾撰写《徐复教授与汉魏六朝以来方俗语的研究》，认为徐先生“能冲破训诂为经学服务的樊篱，不断扩大自己的研究范围，开辟新的研究领域，使训诂学与汉语词汇史研究有机结合起来，这是非常难能可贵的”[③]。王云路教授撰《徐复先生与中古汉语研究》，认为“徐复先生不仅在上古汉语，在敦煌变文等近代汉语领域独树一帜，在中古汉语研究领域同样功不可没”，特色有四点：一是长于溯源；二是长于校勘；三是解释词语精审可信；四是注意他人所忽略的中古典籍[④]。

徐先生《敦煌变文词语研究》、《评〈敦煌变文字义通释〉》等文，集中体现了对俗语言研究的学术见解。这些文章，不仅为学界提供了可信的学术成果，而且提出研究方法上的注意点，指出新的研究途径，深得同仁赞誉。徐老对俗语言特别是敦煌文献语

---

① 先生具体活动，可参拙稿《记徐复先生新世纪学术活动》，载《徐复语言文字学晚稿》，第 655－666 页。

② 《训诂学家的乐趣》，《文汇读书周报》，2006 年 9 月 1 日。

③ 董志翘：《徐复教授与汉魏六朝以来方俗语的研究》，《朴学之路》，第 37－38 页。

④ 王云路：《徐复先生与中古汉语研究》，《朴学之路》，第 39－41 页。

言的研究，直接推动了敦煌文献的整理和敦煌学的繁荣。参见黄征教授《徐复先生对汉语俗语词研究的贡献》①及林家平、宁强、罗华庆著《中国敦煌学史》②的有关章节。

训诂学就其应用价值而言，本身就承担着古代文献解说的任务，运用训诂学知识校勘考释古代典籍，也应当成为语言学家的一种自觉的行为。徐先生明确提出“训诂之学，贵致用于古籍整理”，并做了大量的古籍整理工作，成果丰硕。整理了大量的语言学要籍，如主编了《广雅诂林》，鲁国尧先生赞誉为“堪称尽善尽美，功德无量”；校释了许多常用的要籍，如《后读书杂志》，收录了《战国策》等史书 7 种，《老子》等子书 10 种，《楚辞》等文学类 7 种，读《訄书》杂志 2 篇，附录 3 篇。先生研治之广、堂屋之大、精研之深，可见一斑。

四、注意研究方法，重视理论总结，提高了训诂学的理论水平

先生学养深厚，沉潜于传统典籍的研讨，对理论方法等，虽未有专书研讨，而学术观点分见于论文和大量的序跋之中。如《从语言上推测〈孔雀东南飞〉一诗的写定年代》，从语汇中寻求有时代特征的众多语词，从而考定该诗写定的年代当在东晋而非汉末。这是运用语言学等知识考证诗歌史上重要文献的写作年代的垂范之作。

先生认为“籀读古书，须先治校勘”，故治学重校勘、考释，并注意将实际研究中获得的经验加以归纳、总结，因此，在实践和理论上均多建树。如《校勘学中之二重及多重误例》、《古汉语研究示例》等文，均为前贤精论和个人研究心得的总结，丰富了校勘学等的内容，启迪后学。王继如先生曾谈到：“《校勘学中之二重及多重误例》在校勘学上颇有开创性、启发性，文章发表于 1949 年《新中华》上，却成了‘文革’后南京师大、山东大学、南京大学第一批古汉语研究生的读本，我当时得到油印本的喜悦，至今犹不能忘。”

笔者以前供职于出版单位，曾约请先生撰写训诂学专著，先生说，我辈观点已有陆宗达、洪诚先生著作在，相差不大，不用另做了，但可以找下一代如吴金华辈来做，他们可以结合当前研究现状，做一些新的理论探索。2001 年为饶尚宽教授《训诂学通论》作序时，指出五个特点，即“一曰重视语义，定位准确”，“二曰突出语境，具有创意”，“三曰博采众家，立论公允”，“四曰简明通俗，深入浅出”，“五曰批判继承，推陈出新”，在肯定全书“观点、思路和理论框架是值得重视的，应该引起训诂学界的关注”的同时，也提出“其中有一些问题，比如关于汉语的历时研究论述不够，关于语境的构成尚需深入探讨等等”③。

五、弘扬学术文化精神，端正学术发展方向

许嘉璐教授曾说：“徐复先生淡泊身外，唯学是务，学高德厚，平易谦和，乃一代鸿

---

① 黄征：《徐复先生对汉语俗语词研究的贡献》，《朴学之光》，第 127－133 页。

② 林家平、宁强、罗华庆：《中国敦煌学史》，北京：北京语言学院出版社，1992 年。

③ 徐复：《训诂学通论・序》，饶尚宽《训诂学通论》，乌鲁木齐：新疆人民出版社，2001 年。

儒之典型,为我辈知其不可及而不可不追之者。”道出了徐复先生纯学术化的人生本色、境界及其意义。

1929起至1933年,徐复先生在金陵大学师从国学大师黄季刚先生等,专攻文字、声韵、训诂之学。徐复先生晚年常讲:“季刚先生对于为学之道极为谨严,常教导说:‘学问之道有五:一曰不欺我;二曰不知者不道;三曰不背所本;四曰为后世负责;五曰不窃。’并强调:‘搞小学一定要有深厚的文献语言作基础。’”

1936年2月,徐复先生至苏州国学讲习会,问学于章太炎先生,专治乾嘉以来朴学家著作;除随堂听讲,又致力于语源学、方言学的研究,对章黄学术思想有了进一步的了解。徐复先生在讲课中,时时称引章黄学说,并指出,太炎先生指示青年必读二十一书,季刚先生增益为二十五,是根柢书,是为学“资粮”。徐复先生称之为国学二十五书。即:经学十五书,为十三经加《国语》、《大戴礼记》;史学四书,为《史记》、《汉书》、《通典》、《资治通鉴》;子部二书,为《庄子》、《荀子》;集部二书,为《文选》、《文心雕龙》;还有小学二书,为《说文》、《广韵》。在《师门忆语》一文中,徐复先生写道:“以上二十五书,包括中国四部中最重要的典籍,可以囊括一切,也是治各门学问的根柢。当时社会上盛行梁启超、胡适开列的《一个最低限度的国学书目》,列书一二百种,先生认为泛滥不得要领,没有揭示出重点,故提出以上二十五书以纠正此偏向。”①

先生在古文献的校释等方面继承和发展了乾嘉考据学的优良方法,切实强调“比合、会通以求真是”。先生在为吴金华《古文献研究丛稿》作序时讲道:“在昔高邮王氏、德清俞氏,号称大师,导夫先路,为人所尸祝久矣,余绎其书,要在比合、会通以求真是。比合者,寻绎文理而求其例,排比文例以见其义也。会通者,由表及里,因声求义,明其源流也。”在为李开《戴震语文学研究》作序时又提出了“精”、“通”、“专”之说。先生强调“学贵精”,“精即发明创造,是推动学术发展的原动力。清代朴学之盛,当以此为第一义”;“通谓贯通,亦谓淹通”;“专是说专门之学、专家之业。专的基础是精和通,然后再就一书或一题作深入专门的研究,做到有所发现,有所创造”。先生治学,考订精审,在求实的基础上创新。先生的成功之道,从根本上看,是继承和发扬了乾嘉朴学的优秀传统,即精、通、专,由此而达广博的学术境界,自成大家风范。

徐复先生推崇清初大儒的忧世与乾嘉学术的精微,“示来者以轨则”,其坚韧、朴实、严谨、殉道的精神,引领无数学人献身于学术。关于徐复先生的治学特点和学术特色,笔者曾撰《徐复先生对古文献学的贡献》,概括为:“先生治学大抵以语言学立根基,以文献学致宏大,以考据学致会通,以古籍整理、辞书编纂等致实用,‘精’、‘通’、‘专’为其显著之特色,而根本宗旨则是继承和弘扬中华学术文化精神。徐先生不仅在语言学、文献学等领域取得了杰出的成就,而且以识见卓越著称,以博闻强记闻名,更以数十年来求实的研究方法和勇于创新的学术精神赢得了学人的推服,堪称学界泰斗,一代宗师。”②吴金华先生在纪念徐先生时写道:“作为国学大师章太炎、黄季刚的学术传人之一,徐先生在70多年的教学生涯和学术事业中以‘道德文章’著称。最

① 徐复:《量守庐学记》,北京:三联书店,1985年,第149—150页。

② 王华宝:《徐复先生对古文献学的贡献》,《古籍整理研究学刊》,2000年第6期,第61页。

近20多年来，他虽然退休罕出，但上门求教的中青年学者络绎不绝。人们心悦诚服地把他尊奉为中国训诂学界的学术泰斗和精神领袖。”[①]吴先生仙逝了，但我相信，他的话将永远留在热爱传统文化特别是从事训诂学研究的人们的心中！

中国训诂学研究会前会长李建国先生说过：“徐复先生热爱训诂学事业，热心学会工作，曾亲自四处奔波，为学会筹措活动经费，创造了80年代中期训诂学会的辉煌，并为后来学会工作导夫先路，厥功至伟。”[②]这代表了大家共同的心声。有关徐先生对训诂学的贡献及其对后人的启发，应当成为一个不断探讨的课题。

（作者单位：东南大学人文学院、古典文献学研究所）

① 吴金华：《财经》杂志2006年第16期“逝者”专栏。又载何凌编《吴金华集外集选编》第73页，2012年3月8日印本。

② 李建国：《“徐复教授九十寿辰学术讨论会暨中国训诂学研究会年会”开幕式致辞》，《朴学之路》，第17页。

《古籍研究》征稿启事

一、《古籍研究》创刊于 1987 年，现已出版 61 卷。在学界同仁的大力支持下，已成为古籍整理与研究领域有较大影响的学术阵地。本刊每年出版两期，欢迎学界同仁惠赐稿件。

二、本刊主要刊发与古籍整理和研究相关的各种专门性论文。书评和研究综述亦适量刊载。来稿内容必须原创，不存在版权问题。

三、本刊欢迎电子投稿，请将稿件 WORD 文档投至本刊专用邮箱 gujiyanjiu@aliyun.com。如稿件中造字、图表等不能正常显示，须同时投寄 PDF 文件或纸质稿。请勿一稿多投，勿寄个人。

四、来稿请遵从本刊格式规范，并请在文末注明作者姓名、单位名称、职称、详细通讯地址、电子邮箱和电话，以便联系。

五、本刊稿件由相关领域专家匿名评审。稿件被采用者，将发给录用通知。如稿件寄达后三个月内未收到本刊采用通知，可自行处理。来稿一般不退。

六、本刊不向作者收取任何版面费、审稿费等费用。来稿刊出后，本刊即奉上薄酬，同时寄赠样刊两册。

七、本刊编辑部为便于作者联系和咨询，安排有专人值班，时间：每周星期三和星期五上午 9:00—12:00，联系电话：0551—65107182。

八、本刊通讯地址：安徽省合肥市肥西路 3 号安徽大学文学院《古籍研究》编辑部。邮编：230039。

附：稿件要求及格式规范

1. 来稿要求一般不少于 4000 字，题目不超过 20 个字，副标题不超过 18 个字。

2. 来稿文字须用国家公布的通用简化汉字，标点符号和计量单位须符合最新国家规范和标准。

3. 来稿请按如下顺序排版：论文标题，作者姓名，正文，作者简介，联系电话和电子邮箱。

4. 来稿若属课题研究成果，请在首页用脚注标明课题名称和课题号。

示例如下：

国家社会科学基金重大项目：现存元人著作（汉文部分）总目提要(12&ZD157)

5. 本刊文后不列参考文献，注释一律采用脚注形式，以阿拉伯数字顺序编码，圈码（①②……）标引。古代文献的作者请在朝代外加圆括号。译著须标明原著者国籍，并在国籍外加方括号。引文出处要求按顺序依次准确标明：作者、书（篇）名、出版地或刊物名称、时间及页码。示例如下：

著作：

① 钱钟书：《管锥编(一)》，北京：三联书店，2007年，第36页。

② (元)陶宗仪：《南村辍耕录》，北京：中华书局，1959年，第181页。

③ [古罗马]玛克斯·奥勒留：《沉思录》，梁实秋译，南京：译林出版社，2012年，第10页。

论文：

④ 章培恒：《〈桃花扇〉与史实的巨大差别》，《复旦学报》(社科版)，2010年第1期，第15页。

⑤ 任继愈：《朱熹与宗教》，《皓首学术随笔·任继愈卷》，北京：中华书局，2006年，第26页。

⑥ 程毅中：《古籍数字化须以古籍整理为基础》，《光明日报》，2013年4月30日，第6版。

文章多次引用同一论著，第一次出现时用上述格式标注，再次出现时只需标注论著名称和页码，示例如下：

⑦《管锥编(一)》，第38页。

如果前后连续多次引用同一论著，标注格式示例如下：

⑧⑨⑩《南村辍耕录》，第38、45、27页。

《古籍研究》编辑委员会

2014年10月